U0462795

云南社会治理蓝皮书

BLUE BOOK OF
SOCIAL GOVERNANCE IN YUNNAN

云南社会治理年度报告
（2016）

ANNUAL REPORT ON SOCIAL GOVERNANCE IN YUNNAN
(2016)

主　编／晏　雄　韩全芳
副主编／邹再进　马国芳

社会科学文献出版社
SOCIAL SCIENCES ACADEMIC PRESS（CHINA）

图书在版编目（CIP）数据

云南社会治理年度报告. 2016 / 晏雄，韩全芳主编
. -- 北京：社会科学文献出版社，2017. 5
（云南社会治理蓝皮书）
ISBN 978 - 7 - 5201 - 0684 - 9

Ⅰ. ①云…　Ⅱ. ①晏… ②韩…　Ⅲ. ①社会管理 - 研
究报告 - 云南 - 2016　Ⅳ. ①D677. 4

中国版本图书馆 CIP 数据核字（2017）第 065589 号

云南社会治理蓝皮书
云南社会治理年度报告（2016）

主　　编 / 晏　雄　韩全芳
副 主 编 / 邹再进　马国芳

出 版 人 / 谢寿光
项目统筹 / 谢蕊芬
责任编辑 / 任晓霞　杨　阳

出　　版 / 社会科学文献出版社·社会学编辑部（010）59367159
　　　　　　地址：北京市北三环中路甲 29 号院华龙大厦　邮编：100029
　　　　　　网址：www. ssap. com. cn
发　　行 / 市场营销中心（010）59367081　59367018
印　　装 / 北京季蜂印刷有限公司

规　　格 / 开　本：787mm × 1092mm　1/16
　　　　　　印　张：23.25　字　数：354 千字
版　　次 / 2017 年 5 月第 1 版　2017 年 5 月第 1 次印刷
书　　号 / ISBN 978 - 7 - 5201 - 0684 - 9
定　　价 / 99.00 元

皮书序列号 / B - 2016 - 562

云南社会治理蓝皮书编委会

主要编撰者简介

晏　雄　男，汉族，云南富源人，云南财经大学公共管理学院教授，博士，兼任中国行政管理学会理事、"云南老字号"专家委员会委员、云南省公共经济学会副会长等。主要研究领域：社会治理、文化产业管理等。先后在《中国文化产业评论》《学术论坛》等 CSSCI 来源刊物发表论文 50 余篇；主持完成包括国家社会科学基金项目在内的 10 余项各级纵向课题；主持完成中央编办、云南省委编办等单位的委托课题 10 余项；在经济科学出版社、社会科学文献出版社、北京大学出版社等出版专著、教材、编著 5 部。先后获云南省第十九次哲学社会科学优秀成果奖三等奖、第八届中国管理科学大会论文一等奖和全国 MPA 优秀教师等奖项。

韩全芳　男，汉族，云南曲靖人，教授，中山大学社会学博士，中国社会科学院社会学博士后，现为云南财经大学公共管理学院副院长。主要研究领域：发展社会学、环境社会学。主持中国博士后科学基金项目、教育部人文社会科学项目等 4 项，参与课题研究 30 余项。主要研究成果：《社区分化与社区重构》（专著）、《新生代农民工社区融合与和谐社区研究》（研究报告）、《边疆民族自治地方县级政府规模的影响因素研究》（研究报告）、《矿山社区人口与社会变迁的动力分析》（论文）、《矿区社会问题与社会政策研究》（论文）、《矿区人口性别结构变动研究》（论文）等。

邹再进　男，汉族，四川渠县人，经济学博士，教授，现为云南财经大学科研处副处长、昆明市中青年学术和技术带头人后备人选、云南省区域经济学会理事。主要研究领域：区域经济、旅游管理和公共服务，先后在《光明日报》（理论版）、《人民日报》（海外版）、《旅游学刊》、《商业研究》和《产业经济研究》等报刊发表学术论文近80篇，独立和合作出版《欠发达地区区域创新论》《第三产业发展的区域分析》《服务型政府管理概论》和《旅游公共服务》等学术著作10余部，主持和参与"基层政府公共服务满意度测评研究""云南省药品流通行业十二五规划研究""云南省农村危房改造与抗震安居工程政策性贷款研究"等多项课题。

马国芳　女，回族，云南财经大学公共管理学院三级教授、硕士生导师。长期致力于公共行政管理专业的教学和科研工作，主持完成国家社会科学基金一般项目"西部大开发与政府管理创新研究"、云南省哲学社会科学研究基地重点项目"云南跨境民族地区社会组织现状研究"、云南省哲学社会科学规划项目"云南省政府机构改革及社会中介组织培育的理论与政策研究"和"社会治理视野下云南社会组织发展研究"；主持或参与完成横向课题5项。先后在《中国行政管理》《理论月刊》《云南社会科学》等期刊上发表学术论文40篇、入选国际学术研讨会论文5篇，赴国外参加国际学术会议2次。先后四次获云南省哲学社会科学优秀成果奖。

摘　要

本报告是云南财经大学"云南边疆民族地区社会建设与社会治理"课题组的 2016 年年度报告,由云南财经大学公共管理学院组织本校学者以及云南省政府相关职能部门研究人员撰写。

党的十八届三中全会明确提出创新社会治理,推进国家治理体系和治理能力现代化,实现从社会管理转向社会治理的创新。党的十八届五中全会提出,要加强和改善党的领导,为实现"十三五"规划提供坚强保证。云南地处我国西南边陲,具有边境线长、多民族、多宗教、多元文化、山地分布广、贫困面广、贫困程度深等自然、文化和经济特殊性,其社会治理表现出典型的民族性和地域性特点。云南社会治理对"一带一路"国家发展战略,打造云南沿边开放新高地,使云南成为面向东南亚南亚的辐射中心,推动云南跨越发展具有重大意义。

本报告分为总报告和 11 个分报告。总报告梳理社会治理研究动态及政策走向,重点分析云南边疆地区社会治理的特殊性与治理举措。各分报告主要采用文献研究法、实地研究法、比较研究法、个案研究法等方法,对云南社会、经济、文化、生态领域的治理展开全面研究。分报告结合云南实际,重点对云南的文化治理、公共安全治理、旅游治理、社会组织治理、教育治理、农村贫困治理、非法移民的社会治理、生态治理和电子政务治理等领域进行了阐述,全面分析了云南社会治理的现状、存在的问题以及治理举措。同时,报告全面梳理和回顾了云南民族团结和民族宗教工作的进展。民族问题和宗教问题是云南社会治理中必须长期应对、认真考虑的重要问题。

总体来说,在新的经济社会发展形势下,云南社会治理工作将面临重大历史机遇和挑战，需要按照中央提出的社会治理战略要求，结合云南现实，面向未来，总结云南社会治理的成功经验，探索新模式。在这些方面，本报告进行了有益的探索和尝试。

目　录

Ⅰ　总报告

Ⅱ　分报告

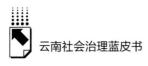

皮书数据库阅读**使用指南**

总 报 告

General Report

B.1
经济新常态下的云南社会治理

晏 雄 韩全芳 马国芳 杨燕红*

摘 要： 云南地处中国西南边陲，具有山地分布广、边疆线长、多民族、多宗教、多元文化的自然和人文特点。云南边疆社会治理面临自然灾害频发、生态环境脆弱、公共安全形势严峻、贫困面广和贫困程度深、边境非法移民众多等诸多特殊问题。经济新常态下推进和创新云南边疆地区社会治理举措，是促进云南边疆地区社会稳定和社会发展的关键。

关键词： 经济新常态 云南 社会治理 和谐发展

* 晏雄，云南财经大学公共管理学院教授、博士；韩全芳，云南财经大学公共管理学院教授、博士；马国芳，云南财经大学公共管理学院教授；杨燕红，云南财经大学公共管理学院讲师。

中共十八届三中全会明确全面深化改革的总目标是完善和发展中国特色社会主义制度，推进国家治理体系和治理能力现代化，同时提出"推进社会领域的制度创新，加快形成科学有效的社会治理体系"。加强和创新社会治理，是我国社会主义社会发展规律的客观要求，是人民安居乐业、社会安定有序、国家长治久安的重要保障。经济新常态下推进社会治理现代化，既是"推进国家治理体系和治理能力现代化"的重要内容，也是促进社会公平正义、全面推进依法治国的重要途径。经济新常态下研究云南边疆地区社会治理问题迫在眉睫。云南地处中国西南边陲，具有山地分布广、边疆线长、多民族、多宗教、多元文化的自然和人文特点。云南边疆社会治理面临自然灾害频发、生态环境脆弱、公共安全形势严峻、贫困面广和贫困程度深、边境非法移民众多等诸多特殊问题。新常态下推进和创新云南边疆地区社会治理举措，是促进云南边疆地区社会稳定和社会发展的关键。

一 社会治理研究动态及政策走向

（一）国内外社会治理研究动态

治理理论是 20 世纪 90 年代在西方发达国家兴起的关于社会管理的一种理论，它的理论宗旨是探讨如何实现对社会公共事务更有效的管理。国外的学者，如罗西瑙、罗茨、格里·斯托克，国内的学者，如俞可平、毛寿龙、徐勇等，他们都尝试对"治理"的概念做出界定。

罗西瑙认为治理指的是一种由共同的目标支持的活动，其管理的主体未必是政府，也无须依靠国家的强制力量来实现，这一点是与统治不同的。[①]罗茨认为，治理意味着统治的含义有了变化，意味着一种新的统治过程，意味着有序统治的条件已经不同于以前。[②] 格里·斯托克认为，治理所指的是

---

① 罗西瑙：《没有政府统治的治理》，剑桥大学出版社，1995，第 5 页。
② 罗茨：《新的治理》，木易编译，载俞可平主编《治理与善治》，社会科学文献出版社，2000，第 86 ~ 87 页。

统治方式的一种新发展，治理的本质在于它所偏重的统治机制并不依靠政府的权威或制裁。他总结了治理概念的五种主要观点：（1）治理意味着一系列来自政府但又不限于政府的社会公共机构和行为者。（2）治理意味着在为社会和经济问题寻求解决方案的过程中存在界限和责任方面的模糊性。（3）治理明确肯定了在涉及集体行为的各个社会公共机构之间存在权力依赖。（4）治理意味着参与者最终将形成一个自主的网络。（5）治理意味着办好事情的能力并不仅限于政府的权力，不限于政府的发号施令或运用权威。政府可以动用新的工具和技术来控制和指引，而政府的能力和责任均在于此。①

20 世纪 90 年代中后期，国内学者开始关注治理理论，对治理理论做出了有益的探索。比如，毛寿龙教授认为英文中的动词 govern 既不是指统治，也不是指行政和管理，而是指政府对公共事务进行治理，它掌舵而不划桨，不直接介入公共事务，只介入负责统治的政治与负责具体事务的管理之间，它是对以韦伯的官僚制理论为基础的传统行政的替代，意味着新公共行政或者新公共管理的诞生，因此可译为治理。② 徐勇指出："作为政治学概念，治理主要指统治者或管理者通过公共权力的配置和运作，管理公共事务，以支配、影响和调控社会。"③ 俞可平的观点较有代表性，他认为"治理"一词的基本含义是官方或民间的公共管理组织在一个既定的范围内运用公共权威维持秩序，满足公众的需要。④ 孙柏瑛将治理聚焦在地方层面，认为治理本质上是地方性的，地方治理是指"在一定的贴近公民生活的多层次复合的地理空间内，依托于政府组织、民营组织、社会组织和民间公民组织等各种组织化的网络体系"。⑤ 陈振明把治理理论的研究归纳为三种途径：政府管

---

① 格里·斯托克：《作为理论的治理：五个论点》，《国际社会科学》1999 年第 2 期。
② 毛寿龙：《西方政府的治道变革》，中国人民大学出版社，1998，第 7 页。
③ 徐勇：《治理的阐释》，《政治学研究》1997 年第 1 期。
④ 俞可平：《治理和善治引论》，《马克思主义与现实》1995 年第 5 期。
⑤ 孙柏瑛：《当代地方治理》，中国人民大学出版社，2004。

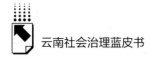

理的途径、公民社会（第三部门）的途径、合作网络的途径。①

"社会治理"实际是指"治理社会"。换言之，就是特定的治理主体对于社会实施的管理。在我国，社会治理是指在执政党领导下，由政府组织主导，吸纳社会组织等多方面主体参与，对社会公共事务进行的治理活动，是"以实现和维护群众权利为核心，发挥多元治理主体的作用，针对国家治理中的社会问题，完善社会福利、保障改善民生，化解社会矛盾，促进社会公平，推动社会有序和谐发展的过程"。② 按照十八大报告，我国的社会治理是在"党委领导、政府负责、社会协同、公众参与、法治保障"的总体格局下运行的中国特色社会主义社会管理。

（二）社会治理政策走向

习近平总书记指出："国家治理体系是在党领导下管理国家的制度体系，包括经济、政治、文化、社会、生态文明和党的建设等各领域体制机制、法律法规安排，也就是一整套紧密相连、相互协调的国家制度。"在国家治理体系中，社会治理体制占有重要位置，创新社会治理体制已成为推进国家治理体系和治理能力现代化的重要内容。因此，对社会治理体制创新的研究，自从中共十八届三中全会提出"创新社会治理体制"之后，国内学术界围绕社会治理体制创新产生了一系列的成果。

在周庆智看来，社会体制的创新既要完善体制内的社会组织建设，又要注重将体制外的社会组织制度化、规范化、法治化，在法治约束和保障公民权利的基础上建立公共权力与公民之间制度化、规范化与法治化的良性互动关系。③ 姜晓萍认为，社会治理体制的创新，应该从完善社会政策体系、构建公民权利保障体系、优化基本公共服务体系、强化社会组织培

① 陈振明：《公共管理学——一种不同于传统行政的研究途径》，中国人民大学出版社，2003。

② 姜晓萍：《国家治理现代化进程中的社会治理体制创新》，《中国行政管理》2014 年第1 期。

③ 周庆智：《社会治理体制创新与现代化建设》，《南京大学学报》（哲学·人文科学·社会科学）2014 年第 4 期，第 148 ~ 156 页。

育体系、建立社会行为规范体系、创新社区治理体系、巩固公共安全体系、健全社会风险预警与应对机制八个方面展开。① 贾玉娇认为，创新社会治理体系的核心议题，涉及顶层设计议题和落实机制议题两个方面的内容，顶层设计议题在于明确社会治理体系创新的总体思路，落实机制议题在于将顶层设计意图所确定的结构性调整和体制变革思路具体化为各项制度和机制。在此意义上，她指出，应该加强社会共享机制、社会监督机制、社会参与机制、利益协调机制以及预防和化解社会矛盾机制的多维完善。② 李立国认为，创新社会治理体制，需要从实现政府治理和社会自我调节、居民自治良性互动；鼓励和支持社会组织参与社会治理，激发社会活力；建立畅通有序的诉求表达、心理干预、矛盾调解、权益保障机制等方面开展。③ 江必新等人认为，社会治理创新既要注重多元主体的合作共治，还要注重依法治理，特别是社会治理主体制度、公开制度、社会协商制度和责任制度等相关制度的建构，另外，他们还指出，社会治理创新还必须正确认识政府治理和社会治理的关系，正确处理社会治理中政府治理和社会自治的关系。④ 宋煜萍针对社会治理创新的既有进展，指出社会治理创新需要从创新社会治理价值体系、社会治理组织体系、社会支持体系三个方面拓展进路。⑤ 郭风英以国家与社会关系变迁为视角，认为转变政府职能，激发社会活力，促进社会治理主体多元化，推动国家－社会的合作治理，是推动我国社会治理体制创新的有效路径。⑥

---

① 姜晓萍：《国家治理现代化进程中的社会治理体制创新》，《中国行政管理》2014 年第 2 期，第 24～28 页。
② 贾玉娇：《从社会管理到社会治理：现代国家治理能力提升路径研究》，《吉林大学社会科学学报》2015 年第 4 期，第 99～107 页。
③ 李立国：《创新社会治理体制》，《求是》2013 年第 24 期，第 14～18 页。
④ 江必新、李沫：《论社会治理创新》，《新疆师范大学学报》（哲学社会科学版）2014 年第 2 期，第 25～34 页。
⑤ 宋煜萍：《"社会治理创新"研究：既有进展与拓展进路》，《江海学刊》2015 年第 6 期，第 123～128 页。
⑥ 郭风英：《"国家－社会"视野中的社会治理体制创新研究》，《社会主义研究》2013 年第 6 期，第 70～75 页。

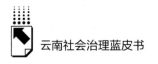

二 云南社会治理的特殊性

（一）自然灾害频发，生态环境脆弱

云南省的地震以强度大、频度高、灾害重、分布广而著称，是我国破坏性地震频繁发生、地震灾害特别严重的省份之一，防震减灾任务十分繁重。全省地面坡度大于25度的面积占39.3%，其中滇西北与滇东北地区占60%~90%；而全省降水总量年均约1100毫米，其中6月、7月、8月三个月占全年降水量的55%~65%。这使得云南成为崩塌、滑坡、泥石流等地质灾害频发、多发地区。此外，干旱、洪涝、低温冷害、冰雹灾害等也时常对云南的局部地区造成严重危害。这种自然灾害多发频发的状况，造成全省社会救助任务十分繁重，因而在社会治理上也必须采取特殊的措施予以积极应对。云南省限制开发区域按行政区划面积计算为30.83万平方公里，占全省面积的78.2%。这些限制开发区承担国家农产品主产区或者重点生态功能区的重要职能，是保障全省乃至全国生态安全、粮食安全的重要区域。因此，云南保护与开发的矛盾较为突出，既要优先保护生态又要尽快提高当地居民收入水平、切实保障基本公共服务，这给统筹社会治理带来极大的压力。

（二）边境线长，社会生活境外干扰因素多

云南省与越南、老挝、缅甸三国接壤，边境线全长4060公里，仅次于新疆，居全国第二位，占全国陆地边境线总长的18%。边境地区少数民族人口相对集中，跨境居住、跨境务工、跨境就读、跨境婚姻等较为普遍。因此，边境地区民众的社会生活以及相关区域的社会管理和社会治理往往容易受到境外因素的影响，特别是中缅边境一线，由于境外大量民族地方武装的存在，干扰正常社会生产生活秩序的因素非常多，而且复杂多变。云南省创新社会治理体制，必须高度重视和考虑这一特殊因素。

（三）民族宗教众多，社会协调要求高

云南省是全国世居民族最多、特有民族最多、跨境民族最多、人口较少民族最多、自治民族最多、民族自治地方最多的省份。而且，由于各民族的历史各不相同，各民族的生产生活习惯习俗也各不相同，各有诸多特别的礼仪和禁忌。特别是除回、满、水族三个民族通用汉语外，其余少数民族基本都使用不同的语言和文字，在许多边远村寨，绝大多数村民都不通汉语和汉话。因此，在社会沟通和社会协调过程中，往往需要一些特殊的桥梁和手段，如小学教育需要双语教学，一些法律法规和政策文件的宣传贯彻需要双语印刷和双语宣讲，与少数民族群众的交流沟通需要通晓少数民族语言文字等。这使云南省的社会治理工作面临一种独有的挑战。

云南省是全国宗教类型最多、分布最广，宗教信仰颇具特色的省份，有信徒340余万人（不包含汉传佛教和原始宗教信徒），占全省人口总数的8.4%，其中少数民族信徒占90%以上，有宗教活动场所4789座（处），宗教教职人员9000余人，爱国宗教团体96个。各民族信奉的宗教种类有佛教、伊斯兰教、天主教、基督教、道教和原始宗教六种。因此，确保宗教和顺在社会治理工作中占有重要地位。

（四）城乡二元结构矛盾突出，统筹社会治理难度大

云南城乡居民收入差距长期稳定在4.2∶1以上，是全国31个省区市中城乡居民收入差距大并严重的省份之一。国际上通常把2.5∶1作为城乡居民收入差距的警戒线。因此，云南省城乡二元结构矛盾十分突出，区域发展严重不平衡，这给其统筹社会治理带来了极大的困难。

（五）非政府组织活跃，社会管理形势复杂

目前有超过200家国际NGO和为数众多的中国本土NGO在云南设立机构或开展项目。其NGO数量甚至超过作为政治中心的北京，位列全国各省区市之首。云南省已成为中国非政府组织最活跃的地方。这些非政府组织在

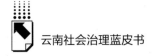

云南开展活动，既激发了云南省社会发展的活力，同时也使云南省的社会管理变得异常复杂，稍不留意，一件小事也可能被炒作成为全国性乃至国际性的热门话题。这给社会治理提出了新的严峻挑战，是云南创新社会治理体制必须高度重视的重要课题。

（六）社会治理理念更新仍需加强

党的十八届三中全会明确提出，"推进国家治理体系和治理能力现代化""加快形成科学有效的社会治理体制"，这标志着我国社会建设理念已从"社会管理"转变为"社会治理"。这是重大的理念转变。与社会管理相比，社会治理强调由管制型政府向服务型政府转变。在主体上，社会治理强调包括政府、市场、社会在内的多元主体共治，而社会管理则以政府为单一管理主体；在方式上，社会治理强调扁平化、互动合作的多向治理方式，而社会管理则注重自上而下的单向方式；社会治理更强调体制机制的建设，以制度建设缓解社会矛盾、保障公共安全。但当前云南在社会建设理念由传统的管理理念向治理理念的转换上尚不到位，突出体现为：社会建设滞后于经济建设的总体地位仍未根本改变，在各级党委政府的目标任务考核中，经济指标过多而社会发展指标不足，重视招商引资而轻视民生保障，一些党政领导人谈起经济建设、经济增长，非常有激情，思路也非常清晰，抓经济建设的能力和水平比较高，但提到社会建设、社会民生，往往是"谈起来重要，做起来次要，忙起来不要"；部分领导尚未充分认识社会治理的重要性，重管理而轻服务、重堵截而轻疏导的现象仍然存在，服务型政府的理念有待强化。

（七）社会治理建设投入仍然不足

由于地理、历史等方面的原因，云南边疆民族地区社会发育程度长期远远低于内地。新中国成立以后，虽然国家和云南省不断加大对边疆民族地区的社会建设投入，使边疆民族地区社会事业得到了长足发展。但直至目前，云南社会发展仍然远远落后于全国平均水平，教育卫生、劳动就业、社会保障、收入分配、居民住房、安全生产等关系群众切身利益的问题仍然比较多，部分低收入群众生活还比较困难。根据国家发改委和国家统计局联合发布的《2005－2009年全国社会发展水平综合评价报告》，云南省社会发展水平与全国相比差距较大，在全国处于偏后位置，在西部地区也排名靠后。其中，云南公共服务领域指数居全国第28位，仅高于广西、海南和贵州；5岁以下儿童死亡率、孕产妇死亡率、初中毕业生升学率、每百万人口拥有公共文化设施数、基本社会保险覆盖率、每万人口拥有收养性社会福利单位的床位数等指标均落后于全国平均水平。2014年，云南高中阶段教育毛入学率为75.3%，高等教育毛入学率为28.3%，分别比全国平均水平低11.2、9.2个百分点；全省每千人拥有医疗卫生机构床位数4.77张，与全国平均水平持平，每千人拥有卫生技术人员4.43人，低于全国5.40人的平均水平。究其原因，主要是云南经济实力弱小，财力十分有限，集中所有可用财力也难以满足社会建设的实际需要。因此，云南社会建设投入仍然不足，提升全省社会发展水平的任务仍然十分艰巨。

三 云南社会治理举措

（一）创新社会治理体制

党的十八届三中全会《中共中央关于全面深化改革若干重大问题的决定》（以下简称《决定》）提出创新社会治理、改进社会治理方式，并强调"加强党委领导，发挥政府主导作用，鼓励和支持社会各方面参与，实现政府治理和社会自我调节、居民自治良性互动"。从《决定》中可看出，要求政府发挥主导作用但并不是唯一作用，在治理过程中，需要调动广大人员的积极性，在建言献策、工作监督、财务管理等方面都需要人民群众积极参与，特别是社会组织人员的积极参与，形成社会治理参与社会化。政府部门在整个治理过程中，应当发挥"领头羊"作用，在政策制定及方案规划上应当有明确的目标和清晰的思路。此外，政府部门对自身需要有清楚的认识

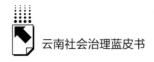

和定位，明确应该干什么不应该干什么，即哪些方面应当放手由社会力量完成，哪些必须由政府部门完成，处理好政府与社会之间的关系，就会在最大程度上避免缺位和越位的失误。

社会治理体制的创新不但表现在政府与社会之间博弈关系上的转变，还体现政府在社会治理方式上的创新，如网格化管理和服务。网格化管理就是根据属地管理、地理布局、现状管理等原则，将管辖地域划分成若干网格状的单元，并对每一网格实施动态、全方位的管理，它是一种数字化管理模式。这一创新的模式是依托现代网络信息技术建立的一套精细、准确、规范的综合管理服务系统，政府通过这一系统整合政务资源，为辖区内的居民提供主动、高效、有针对性的服务，从而提高公共管理、综合服务的效率。因此，实施网格化管理模式，不但可以为群众提供一对一的个性化、精准化服务，而且可以将绩效、责任落到实处，公平的绩效考核制度有利于形成良好的工作氛围，从而调动政府部门工作人员的积极性，避免"搭便车"现象。

（二）解放思想，量体裁衣

一个地方社会治理方式的成功必会招致其他省区市的纷纷效仿，虽然可以借鉴成功经验和模式，但在"取经"过程中要避免东施效颦。现代的社会是开放型社会，生产要素必然会在区域间自由流动，要适应现代化的发展，势必要解放思想、放眼未来、走向世界。在社会治理方式的创新上，区际不可避免地要相互沟通和交流，以碰撞出新奇思维的火花，但在解放思想的同时，也需牢记量体裁衣、因地适宜，即成功经验和模式必须与本地实际相结合，考虑当地的地形地貌、人口数量及结构、经济发展水平及发展速度等。如不因地制宜，最终将是资源和资金的浪费，也会导致当地百姓怨声载道，新的政策和制度将难以继续进行下去。

（三）依法治理作为社会治理的根本途径

依法治理，顾名思义，即依照相关法律或条例治理国家或社会。习近平总书记强调，要切实抓好社会治安综合治理，坚持系统治理、依法治理、综合治理、源头治理的总体思路，一手抓专项打击整治，一手抓源头性、基础性工作，创新社会治安防控体系，优化公共安全治理社会环境，着力解决影响社会安定的深层次问题。现代社会是新型、文明的社会，以往靠暴力来解决问题的方式在当下已不复存在且不适用，百姓已经学会用法律的手段来维护自身的权益，政府在治理过程中，应当顺应时代的要求，完善法律机制，健全法律制度，只有这样，才能形成公平、文明的社会。因此，社会治理必须依靠法治化道路，运用法治思维和治理方式是确保社会长治久安的必要前提。

（四）利用信息技术，整合社会资源

现代互联网等技术的利用不单单表现在扩大百姓视野、满足百姓需求等方面，政府部门也要追上时代的潮流，在政务信息传播、办事预约、效果反馈等方面充分体现了互联网技术的实用和效率，它大大缩短了政府办事的时间，使政府为百姓多做事、做实事。利用互联网的优势，整合社会治理资源，实现便民惠民"微治理"，以信息技术为依托，进一步提升城市治理体系和治理能力的现代化水平。

信息技术的优势不但体现在政府为民办事的效率上，还体现在基层矛盾纠纷的化解上，特别是在偏远地区，如广西、西藏等的边境地区，其远离中心城市，党中央的政策、制度及号召的传播速度一般低于中心地带，加之边境地区特殊的地理位置，生活在那儿的百姓受教育程度往往也较低，而现代电子产品的日益普及和互联网的广泛使用弥补了这一缺陷，即使身处偏远地区，也能在信息方面享受到一般人的待遇。信息的传播使百姓清楚国家的政策和制度，从而避免了一些矛盾和纠纷，即使出现了纠纷，由于百姓在互联网的影响下受教育程度相对较高，政府部门也能以正当、适当的方式予以快速解决。

（五）注重多元发展，维护社会稳定

中华民族是"多元一体"的发展格局，各个地区既要注重整个社会的发展脉络，更要注重自身"元素"的发展特点，特别是边疆地区，由于位

置的特殊性、宗教的多元化，要以和谐发展及社会稳定为目标。边境地区面积占据我国总体面积的大部分比例，由于这些地区在地理位置上的特殊性，它们的和谐发展不仅关乎当地的经济发展状况和当地百姓的幸福指数，而且对我国的外交和贸易都有一定的影响。边境地区，如新疆、广西、云南等地理位置上的特殊性，当地百姓的价值观和思想容易受到境外环境和人员的影响，因此，当地政府更要注重对和谐民族文化的宣传，对于多元的宗教、文化以及价值观更要兼收并蓄以维护社会的稳定和长治久安。习近平总书记在第二次中央新疆工作座谈会上明确指出，做好新疆工作要紧紧围绕社会稳定、长治久安这个目标，并注重增强社会发展活力，提高社会治理水平。

（六）做好精准扶贫工作

2015 年 1 月，习近平总书记新年首个调研地点选择了云南，总书记强调坚决打好扶贫开发攻坚战，加快民族地区经济社会的发展。当下形势日益复杂，贫富差距不断扩大，为保证云南省维稳工作的顺利开展，精准扶贫成为必然趋势。

精准扶贫是粗放扶贫的对称，是指针对不同贫困区域环境、不同贫困农户状况，运用科学有效的程序对扶贫对象实施精确识别、精确帮扶、精确管理的治贫方式。云南省共 129 个县市，88 个尚未脱贫，数量居全国第一，昆明还是唯一至今有"国贫县"的省会城市，全省 574 万农村贫困人口，贫困发生率 15.49%，是全国农村贫困人口较多的省份之一。为确保到 2020 年 574 万贫困人口实现脱贫、贫困县全部摘帽，完成区域性整体脱离贫困的重任，云南省委出台三项超常规举措：超常规资金投入，2015 年云南省财政综合扶贫资金达 1178 亿元，2016 年专项扶贫资金比 2015 年增加一倍，各级财政对口帮扶单位的扶贫资金也相应增加；超常规扶贫工作队伍配备，云南将对全省现有的 4277 个贫困村在每个驻村扶贫工作队至少 3 人的基础上增加到 5～10 人，实现驻村扶贫工作队人数翻番，确保每一个贫困县都有领导挂联；强化监督落实，把脱贫攻坚实绩作为选拔任用干部的重要依据，各级党政机关提拔的处级和厅级干部，必须具有两年基层特别是扶贫工作经历。

（七）推进简政放权工作

云南省政府《云南省2016年推进简政放权放管结合优化服务改革工作要点》（以下简称《要点》）明确提出，除法律法规另有规定外，涉及群众个人事项的审批和服务事项，一律下放至基层，省直部门不再直接办理群众个人事项。

《要点》提出，继续深化行政审批改革，加大放权力度，把该放的权力放出去，能取消的要尽量取消，直接放给市场和社会，所有行政审批事项都要严格按照法定时限做到"零超时"；进一步扩大企业自主权，除法律法规规定和涉及安全、环保的事项外，投资项目强制性评估评审一律取消，除涉及国家安全、生态安全和公众健康等重大公共利益的事项外，能分离的都要分离出去，投资项目开工前的报建审批事项和环节控制在42项以内；进一步深化"先照后证"改革，同步取消后置审批事项50%以上，整合涉及企业的社会保险登记证、统计登记证，实现"五证合一、一照一码"，推行整合个体工商户营业执照和税务登记证，实现只需填写"一张表"向"一个窗口"提交"一套材料"，即可办理工商及税务登记；严格落实各项收费清理政策，防止反弹或变相收费；扩大高校和科研院所自主权，凡是高校和科研院所能够自主管理的事项，相关权限都要下放；坚持"公开为常态，不公开为例外"原则，认真落实行政许可、行政处罚等信息自做出行政决定之日起7个工作日内上网公开的要求，做到权力公开透明、群众明白办事；对行政许可中涉及的职业资格进行清理，凡没有法律法规依据或者法律法规依据含糊、笼统的，一律停止实施。

（八）激活社会组织

改革开放以来，社会组织得到了快速发展，它在服务社会方面起到不可替代的作用，弥补了政府在服务和监管方面的不足，但总体看来，社会组织仍存在不少问题，如社会组织发育不健全，管理中的越位、缺位现象严重。为更好地发挥社会组织的作用，需激发社会组织活力。

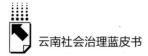
　　首先，政府职能转变，理顺政府与社会组织的关系，打破政府包揽一切社会公共事务的做法，将社会管理和服务的领域放权于社会，为社会组织的发展提供更多的空间和机会。其次，在社会组织管理上降低门槛，精简审批程序，放宽人数、规模、资金等标准要求，使社会组织的设立便捷化。再次，注重社会组织的监管，强化社会组织自律，完善社会组织评估监督制度以及良性竞争和淘汰退出机制。最后，在社会组织的资源获得上，建立政府采购、定向委托等方式向社会组织购买服务的机制，为社会组织的发展提供必要的资源和支持。

分 报 告

Topic Reports

云南文化治理报告

晏 雄　王晓芬　牟 军　何晓波　岳怡静　夏 寒*

摘　要：　文化治理作为社会治理的重要组成部分，具有独特的方式和作
用。近年来，云南各边境州市通过把传统文化与现代文化的有
机对接，针对边疆民族文化多元、跨境民族众多的特点，将各
民族传统的乡规民约、民风民俗、宗教信仰等文化元素与现代
社会治理理论相结合，探索出了各具特色的文化治理模式。同
时，由于云南边疆、民族、贫困的特殊性，文化治理仍然面临
新的挑战。本报告在充分调研的基础上，提出了相应的对策措

---

* 晏雄，男，云南财经大学公共管理学院教授、博士，主要研究方向：社会治理、文化产业
管理；王晓芬，女，云南财经大学公共管理学院讲师、博士生，主要研究方向：非物质文
化遗产；牟军，女，云南财经大学公共管理学院副教授、博士，主要研究方向：非物质文
化遗产；何晓波，女，云南财经大学公共管理学院讲师、博士，主要研究方向：民族学；
岳怡静，女，云南财经大学公共管理学院硕士研究生；夏寒，女，云南财经大学公共管理
学院硕士研究生。

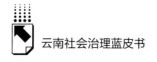

施，以期对云南各州市开展文化治理有所裨益。

关键词：　文化治理　云南实践　效果评价　路径与方法

一　文化治理理论探究

（一）治理理论与文化治理

文化治理可以理解为治理理论与文化视角的结合体，文化治理是在治理这一术语的基础上产生的。要想搞清楚文化治理的含义，必须清楚"文化治理"之根的"治理理论"。福柯将"治理术"（governmentality，又译"治理性"或"统理性"）视为支配他人的技术和自我支配的技术之间的桥梁，其概念涉及自我治理与他人治理间的微妙关联，关注了治理对象自我与自由的维度，深具启发和借鉴意义。

伴随着现代化的发展，西方学者从更深层次研究了治理，这种研究形成了体系，以治理理论的形式表现出来。美国学者罗西瑙认为很多活动领域中的规则对主体间的重要性表现出极大依赖，绝非将重心放在宪法和法律上。在他看来，治理从本质上来说是活动，这种活动是在一定目标和规则的制约下进行的，治理主体并不是唯一的，治理的开展也并不是以国家强制力为充分必要条件；[1] 英国学者格里·斯托克在对治理内容进行解释的时候是分层次的，总共分为五个层次，分别为治理主体的多样性、治理责任不明确、主体之间权力的依赖性、治理网络的自主性和治理工具的先进性；西方学者在研究治理理论的基础上丰富了国家和社会的关系，其充分展现了政府和市场在社会资源配置中的不足之处；1955 年，全球治理委员会委员指出，公共

---

[1]　向德平：《社会治理的理论内涵和实践路径》，《新疆师范大学学报》2014 年第 6 期，第 19～20 页。

的或者私人的机构都需要管理共同的事务以调节各种冲突和矛盾，最终实现可持续性发展的一切方式和手段就是治理。

虽然有关治理的理论观点纷繁复杂，但仍可从中发现共性：在国家治理理念的作用下，政府会有意抑制对微观领域的干预，而将更多的力量放在宏观调控上。换句话说，公共生活这一舞台上，政府不再是唯一的演员，它的身份发生了变化，成为舞台上的领导者，这样一来就使得社会各阶层各主体的活力涌现出来。①

"文化治理"与"文化政策"有异曲同工之妙。法国文化部科研局的杰拉德为文化政策下的定义是非常著名的。② 他说："要想对'文化政策'做出更精准的解释，那么前提是要对'政策'这个词进行精准的描述。政策是从属于体系的，而相关主体是社会组织。"在生活中我们处处可见文化政策，它涉及各个阶层。尽管政策执行主体具有差异性，但政府机构在评估相关的政策过程中，为文化政策量身定做了一系列的目标、工具、执行计划等，而"创造性""文化多样性""文化民主""认同"构成绝大多数欧美国家所追求的重要评估指标。

然而，各国由于历史与政治背景差异较大，其所利用的政策工具亦不相同。不同国家的文化政策都是这个国家的标签，因此，查特兰德依据当时西方国家的实际情况将文化政策分为工程师型、建筑师型、庇护人型、提供便利型。在工程师型中，艺术领域被政府严格控制，只要是对执政委员会和政党政治有积极作用的艺术，政府会毫不迟疑地给予资金和政策上的帮扶。与政治目标相比，艺术自由变得微不足道。建筑师型下的国家都制定有关国家文化发展的指令性文件，在公众和政府官员积极探讨之后，对政策目标进行进一步完善并为其配备相应的工具。政府对各级文化团体给予资金上的扶持。庇护人型是指政府直接将文化领域划分在庇护空间下，对其设立单独的资金划拨、资金使用通道。提供便利型是指政府等部门不进行资金投入，其

---

① 范玉刚：《在全面深化改革中实现国家文化治理》，《湖南社会科学》2014 年第 2 期，第 5 页。
② 郭灵凤：《欧盟文化政策与文化治理》，《欧洲研究》2007 年第 2 期，第 65~66 页。

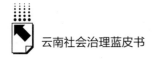

职责仅限于对艺术领域群体及个人实行税收优惠政策。查特兰德和麦考吉认为，冷战时期东欧国家的文化政策就是对这种文化政策的最好诠释。

1996 年联合国世界文化与发展委员会发表相关报告使得治理成为文化发展理念中的新秀。1998 年在名为"文化的力量"（the Power of Culture）的斯德哥尔摩国际会议上一项文化行动计划被准予实施。该报告认为，在全球化趋势下，各个国家的可持续发展离不开文化这一强大的力量，在创造性和文化多样性方面，非政府组织已经成为中流砥柱。这份报告专门拿出一个章节来探讨文化政策，主要内容是肩负着构建民族国家重任的文化政策受到了越来越多的冲击，其不能再受到艺术与遗产的禁锢，个人的文化选择和团体的文化实践也应在此范围之中，这些思想在一定程度上左右了欧洲的文化政策。

埃弗利特指出政府职能转变对于文化政策执行效果影响重大。在传统文化政策中，文化部门与其他部门之间存在不可逾越的鸿沟。一旦经济不景气，用于文化事务发展的资金一定会缩水，这无疑为文化政策的落实设置了障碍。[①] 埃弗利特指出，文化政策得以落实的前提是站在整体的角度创设治理模式和操作方式，打破各自为政的行政格局，使得各个部门之间的沟通与合作频繁起来。欧盟委员会是这样阐述的，"治理"是在欧洲一体化的大范畴之中的，治理的目标是打造更加健康的欧盟与欧洲公民社会之间的关系。20 世纪初，欧洲文化政策和艺术比较研究所通过对艺术领域文艺作品进行较大程度的调查研究，将"文化治理"的定义进一步明确。

在新型理念的倡导下，各种公共组织将在其特定利益角度下合理利用该理念，公共部门寄希望于法律政策并期望得到法律的庇护，营利组织与非营利组织利用治理概念中多元社会主体参与的特性获得平台与政府共同参与治理，整个流程则是创建合作的常规机制以共同处理公共事务，其互相之间的依存度在这种不断合作过程之中逐渐提升治理效果。所以，"文化治理"的出现无疑在文化管理体制发展中具有里程碑的意义，文化管理部门的执政理念也由管理变为合作。

---

① 郭灵凤：《欧盟文化政策与文化治理》，《欧洲研究》2007 年第 2 期，第 67 页。

文化治理研究起源于西方学者托尼·本尼特。本尼特崇尚现实主义，他开创性地将政治、社会、文化理论糅合。他指出，早期的展会、博物馆等文化领域场所在运营过程中充分体现了文化治理的内涵，体现出治理主体的多元性和包容性。在我国，学者王志弘多次就文化治理概念的内涵与外延发表学术成果，虽不可避免地出现一些争议，但对于推动该领域学术发展有重要作用。另外，一些台湾学者也拓展和修正了文化治理概念，内容涉及区别统治与治理、文化治理的公共性等。随后该概念被大陆地区广泛关注，2003年人民网在梳理我国的多项文化政策时首次谈及文化治理，并在一定程度上肯定王志弘对文化治理概念的界定。

一些学者在探究这一概念时提出了颇具启发性的视角，比如胡惠林提出文化治理概念中包含两个超越。第一，文化治理比文化管理更高一个层次。政府强制性实施的文化管理与文化治理之间存在天壤之别，文化治理是以政府为主导，在社会公众集体参与下开展的，其将人与社会的自主性放在了一个制高点，同时将管理手段的弹性毫无保留地展现出来。其对文化概念、文化作用的认识非常深刻，除此之外，对社会共治的创新也是一大亮点。第二，文化治理是"治理文化"质变的结果。文化治理所针对的对象是多样化的，文化产业、文化行为、文化生态、文化环境都在此范围之中，文化治理的过程始终围绕一条主线在行动，即一切行动都是为了营造出更加理想化的文化环境。倘若我们以管理或者是国家管理权力的角度去看待文化治理，那么这一举措的不妥之处是不言而喻的，科学的理念是将文化治理看作文化管理体制的创新，其在促使社会健康发展方面的贡献不可估量，政府、各个机构、公民为文化治理贡献出自身的力量，使得文化影响力淋漓尽致地彰显出来。①

党的十八届三中全会强调文化的改革发展要坚持以人民为中心的工作导向，以激发全民族文化创造活力为中心环节，实现国家文化治理的现代化。这为国家文化治理的发展奠定了基础。

---

① 参见 http://www.wenming.cn/ll_pd/wh/201206/t20120618_712987.shtml，2012 年 6 月 18 日。

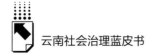

综上，文化治理不仅仅有现实的需求，其理论渊源也是由来已久。中西方学者对文化治理问题的既有研究为进一步思考其理论路径与实践形式创造了条件。①

（二）文化治理

我国有 2.2 万公里长的陆地边境线，有 16 个国家与我国接壤，许多民族与周边国家跨境而居，边疆治理在我国政治治理中的地位十分重要。②

传统社会中的边疆主要是一种特定地理空间范围的疆域的代名词，现代社会的疆域概念不单单指国家行使权利的边缘、边防地带，还指涉文化疆界，也就是说，"边疆"不仅仅具有地理意义，还被蒙上了一层政治面纱，当然文化含义也是意味深长的。但是，边疆这一概念是随着民族历史和文化环境的变化而变化的。就拿我国来说，"边"多指边界、边缘；"疆"多有极限、界限之意，故边疆多指一个国家处于边缘、界限地带的地区。边疆一词涵盖政治学、社会学、人类学、民族学等多领域学科。③ 因此，边疆文化治理在当代语境下显得尤为重要。

关于边疆的治理方式，方盛举提出了软治理的概念，他认为当前在边疆实施的"兴边富民工程""万里边疆文化长廊建设""和谐寺观教堂创建活动""农村电影放映工程""广播电视村村通工程"，等等，都是软治理的具体表现。④ 瞿东华则指出云南边疆的"文化边防"，及文化"守边"的重要意义，在《边疆民族地区和谐文化建设的思考》中，他以云南现状为主线，指出云南民族种类繁多、民族文化资源得天独厚。

---

① 徐一超：《聚焦"文化治理"：问题史、理路与实践》，《中国文化产业评论》2014 年第 3 期，第 137 页。

② 黄健毅：《边疆治理视野下的广西边境文化安全问题及对策》，《广西师范大学学报》2016 年第 1 期，第 14 页。

③ 曹清波：《边疆治理视野下的文化认同问题》，《内蒙古财经大学学报》2014 年第 2 期，第 25 页。

④ 方盛举：《论中国陆地边疆的软治理模式》，《云南行政学院学报》2016 年第 1 期，第 41 页。

以民族文化和区域文化的历史积淀为基础，构建充满时代气息的边疆文化产业，可以升华为边疆治理的新机制。① 正如赵丽莉所说，一个名副其实的文化产业发展或者是地区的发展对于一个民族来说绝对不是一种负担，而是这个民族的职责。卢渝指出，文化产业发展的好坏与地区经济紧密相关，因为现实已经证明，经济落后地区的文化产业是无法与经济发达地区的文化产业相提并论的。② 黄培荣认为，民族文化产业建设之所以层层重叠是因为民族传统文化多样性的客观存在，由于"文化"和"产业"两个重要因素，要思考文化产业的文化内涵和文化产业发展对社会稳定所带来的积极的连锁反应。③ 同时，文化产业在文化治理中贡献明显，其成果在增强民族间交流与融合、增强价值观引导、促进社会和谐方面具有重要意义。

同时，边疆文化治理的作用在"跨界民族"的国家认同和民族认同上具有重要意义。许明哲认为，自近现代民族国家诞生以后，民族由传统意义上的族群共同体（ethnic group）转化为现代意义上的政治共同体（Nation），作为跨界民族，其文化有其自身的特征。站在跨界民族的角度，他们在民族认同和国家认同意识方面所表现出来的茫然相比于原住民族要更加明显，如何正确处理跨界民族的国家认同与民族认同，使他们在认同的选择上不再在民族与国家之间徘徊，这直接影响到整个跨界民族在主权国家内的地位与发展。④

本研究认为，边疆文化治理通过发挥边疆文化的社会功能达到治理边疆、稳定边疆、繁荣边疆的目的。

二　云南文化治理的现状

作为在国内较早提出发展民族文化大省的省份，云南经过十几年的努

---

① 许明哲：《边疆文化构建与边疆治理》，《东疆学刊》2016 年第 2 期，第 2 页。
② 卢渝：《经济欠发达地区发展文化产业的思路及对策》，《山西财经大学学报》2004 年第 2 期，第 2 页。
③ 黄培荣：《文化治理视角下我国边疆民族地区文化反恐问题研究》，广西民族大学硕士学位论文，2015，第 23 页。
④ 许明哲：《边疆文化构建与边疆治理》，《东疆学刊》2016 年第 2 期，第 2 页。

力，已经在公共文化服务体系、民族文化保护和传承、文化产业发展与文化品牌塑造方面取得了令人瞩目的成绩，走出了一条具有云南特色的文化发展道路，在文化建设长足发展的同时，其文化治理的思路与方法也逐渐形成。

（一）繁荣公共文化，搭建文化治理平台

公共文化的发展程度体现了一个国家和地区社会文明的进步程度。发展公共文化不仅可以传承人类优秀文化成果，在文化的传播过程中还可培育人们的民族自豪感和国家认同感。云南省积极推进文化体制改革，促进公共文化繁荣发展，深入实施云南文化精品工程和云岭文化名家工程，不断推进现代公共文化服务体系建设和新闻出版广电事业发展，加大了对民族文化遗产的保护力度，对促进云南社会稳定、和谐发展发挥了重要的作用。

1. 推进现代公共文化服务体系建设

完善公共文化基础设施是推进现代公共文化服务体系的基础，是开展公共文化活动的必要条件。云南省以建设民族文化强省为目标，建立了跨部门的省级公共文化服务协调机制，启动了全省基层综合性文化服务中心建设试点工作，积极有序推进政府向社会力量购买公共文化服务工作，不断完善基础公共文化设施。2015 年，全省文化（文物）事业费 23.20 亿元，占财政总支出比重的 0.41%。[①] 全省各类文化（文物）机构 14198 个，从业人员 76532 人；[②] 群众文化机构 1564 个，群众文化机构从业人员 7198人，乡镇综合文化站 1302 个，馆办文艺团体 351 个（详见图 1）。全省共有各种文化馆 148 个、公共图书馆 151 个、博物馆 86 个；[③] 由文化馆（站）指导的群众业余文艺团体 27042 个，馆办老年大学 36 个（详见图 2）。

同时，云南省各边境州市立足于民族地区实际，创新边疆民族地区基层

---

① 参见《云南省 2015 年文化发展情况分析》，云南省文化厅网站，2016 年 7 月。
② 参见《云南省 2015 年国民经济和社会发展统计公报》，云南省统计局网站，2016 年 4 月。
③ 参见《云南省 2015 年国民经济和社会发展统计公报》，云南省统计局网站，2016 年 4 月。

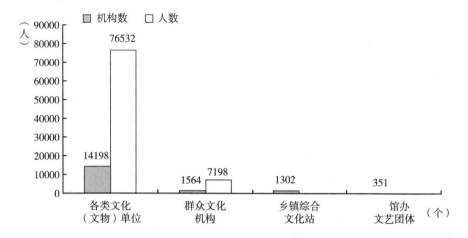

图1　2015年云南省文化机构及从业人员情况

资料来源：云南省文化厅：《云南省2015年文化发展情况分析》。

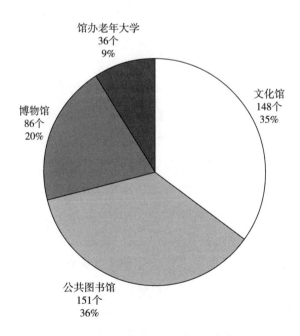

图2　2015年云南省公共文化设施情况

资料来源：云南省文化厅：《云南省2015年文化发展情况分析》。

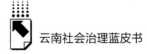

宣传思想文化工作的载体，开展实施了特色民族文化活动，丰富了基层群众的精神文化生活，筑牢了边疆民族地区思想文化阵地，促进了边疆民族团结进步事业。

典型案例1：普洱市积极改善公共文化设施和实施"两大一小"工程

一是普洱市全面实施潜力边疆文化长廊建设工程、贫困地区两馆一站建设工程、兴边富民工程、云南边疆解五难惠民工程、全国文化信息资源共享工程和扩大内需农村综合文化站建设工程。现已建成市县图书馆11个、文化馆11个、文物管理所8个、博物馆6个、非物质文化遗产保护中心1个、乡镇文化站105个、行政村综合文化室994个、专业艺术表演团队8个、全国文化信息资源共享工程市县级中心10个和乡级基层站点24个、农村文艺表演队243个、农家书屋1059个、非物质文化遗产保护传习所（基地）10个、传承小组23个。全市文化馆、博物馆、图书馆、美术馆和乡（镇）文化站自2010年开始全部免费向市民开放，基层文化活动蓬勃开展，文化乐民、育民、富民作用得到进一步发挥。① 二是深入推进农村小广场、小文艺队、大喇叭"两小一大"工程建设。2012年，普洱市在全省各地州市中率先启动实施"两大一小"工程，提出了"每一个建制行政村和部分自然村都建有一个文化小广场、一支小文艺队，配置一套室外大喇叭"的目标。② 截至2015年年末，全市的103个乡（镇）995个行政村，共建成农村文化小广场1905个，村级小文艺队2331支，大喇叭1888个。③ "两小一大"工程突出"务实管用、长效推进"的原则，鼓励各县（区）结合实际、发挥群众主动性，编创富含本民族元素的歌舞，使基层宣传思想文化工作扬正气、接地气、增底气、有朝气，更具科学性、群众性、针对性、实效性。"两小一大"工程实施后，原来喜好打牌、喝酒的村民，现在都不约而同地聚在小广场一起唱歌跳舞，赌博、偷盗、斗殴的人较以前大为减少，人与人

---

① 参见普洱市文产办《云南财经大学赴普洱调研民族文化产业工作汇报》，2016年2月。
② 参见普洱市文产办《云南财经大学赴普洱调研民族文化产业工作汇报》，2016年2月。
③ 参见普洱市文产办《云南财经大学赴普洱调研民族文化产业工作汇报》，2016年2月。

之间的关系更加融洽，人们的精神面貌焕然一新，村风民风都有了很大改善，广大农村呈现一片安定团结、积极向上的新风气。利用小文艺队在小广场演出，宣传农村致富先进典范和先进事迹，增强了广大农村群众加快发展、致富的信心，促进了农村经济的发展。在景谷抗震救灾工作中，普洱宣传文化部门在灾区一线第一时间开通 85 个应急大广播、投入 1000 台收音机，及时把党的政策、党委和政府的声音、抗震救灾的情况和相关知识传播到受灾群众中间，在救灾中发挥了宣传、统筹、指挥、调配的功能，起到了安抚情绪、疏导心理、稳定人心、鼓舞士气的作用。① "两小一大" 工程在边疆民族地区发挥了社会和谐的 "稳定器"、社会稳定的 "防火墙"、干群关系的 "润滑剂" 和脱贫致富的 "催化剂" 的作用。

典型案例 2：德宏州芒市通过开展极富民族特色的文化活动，丰富了群众的文化生活

芒市是德宏州州府所在地，当地世居少数民族有傣族、景颇族、德昂族、阿昌族、傈僳族等，也是中国通向东南亚、南亚的重要门户。芒市每年举办目瑙纵歌节、泼水节、干朵节等重大民族节日文艺活动，并在国庆节期间开展民族团结月活动，参与群众超过 5000 人，社会反响较好。其以民族节日、节庆日、乡镇赶集日为契机，每年组织文艺队伍深入全市各乡镇（村）开展送文艺下乡活动百场以上，每年完成电影放映场次 960 余场。② 芒市还将广场、社区文化打造成为 "十二五" 期间的工作亮点。春节农村文艺展演、庆国庆喜迎十八大农村文艺会演、我的中国梦文艺下乡巡回演出、红红火火过大年下乡巡回演出等大型演出深受广大群众的喜爱。2012年在风平镇团结村成立了由 80 名傣族群众组成的芒市首支农民合唱团，其荣获州级首届彩云杯一等奖、省级优秀奖，不仅让农民群众在 "唱" 中接受教育，同时还培养了很多基层文艺人才，极大地繁荣了农村文化生活，促

---

① 参见普洱市文产办《云南财经大学赴普洱调研民族文化产业工作汇报》，2016 年 2 月，第 20 页。

② 参见《芒市文体广电旅游关于促进民族文化事业发展的情况报告》，2016 年 8 月。

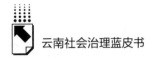

进了边疆民族团结事业的发展。

2. 推进新闻出版广电事业发展

大力推动新闻出版与广电事业的发展，对于提升我国的文化软实力和建设社会主义文化强国有着重要的战略性和基础性作用。云南省坚持"政府引导、市场运作、企业主导"原则，以推动新闻出版广播影视工作，切实履行好宣传报道引导和媒体监管责任，把握正确舆论导向，发挥媒体优势，全面提高公共文化服务水平。目前，全省广播、电视人口覆盖率分别达到96.69%和97.67%。中、短波转播发射台65座，广播电台8座，电视台8座，广播电视台123座，有线电视实际用户427.2万户。① "十二五"期间完成了村村通直播卫星覆盖工程和昆明等7个州市户户通小规模置换试点任务。② 组织优秀出版物展销，开展"书香之家"推荐等系列活动，大力提升版权的创造、管理、使用和保护水平。根据民众与市场的需求，调整图书、杂志、报纸等传统刊物的出版总数与印数，进一步满足全民阅读的需求（详见图3、图4）。

同时，云南省注重挖掘民族文化资源，充分发挥云南与南亚、东南亚的地缘、文缘、人缘和血缘优势，主动融入国家"一带一路"战略建设，深入推进对外文化交流活动，同时积极开展文化贸易，在文化产品和文化服务"走出去"方面取得了显著成效。

典型案例3：云报集团积极探索与境外媒体的新型合作模式，有效传播中国声音，塑造云南形象，打造了报、刊、网一体化的对外传播全媒体阵容

一是与美国和南亚、东南亚国家的主流媒体合作，开办多语种新闻专刊。先后在美国、印度尼西亚、缅甸、孟加拉国、柬埔寨、泰国、老挝7个国家的主流报纸上，推出了中文、英文、印尼文、缅文、柬文5种语言的

---

① 参见《云南省2015年国民经济和社会发展统计公报》，云南省统计局网站，2016年4月。
② 参见《云南省新闻出版广电局2015年（广电部分）部门决算情况说明》，云南省新闻出版广电局网站，2016年9月。

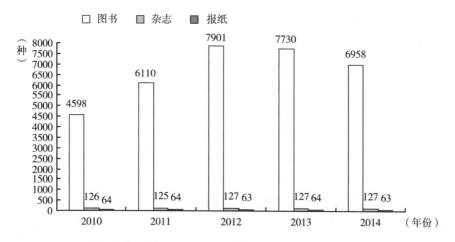

图3 云南省图书、杂志、报纸出版总数情况（2010～2014年）

资料来源：云南省统计局；历年《云南统计年鉴》。

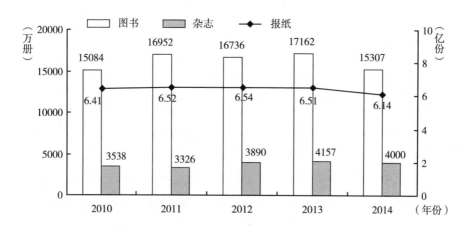

图4 云南省图书、杂志、报纸出版印数情况（2010～2014年）

资料来源：云南省统计局；历年《云南统计年鉴》。

12份《中国·云南》新闻专刊。① 二是积极搭建网络和新媒体传播平台。在云南最大的新闻门户网站——云南网上设置了多语种网站——云桥网的英

---

① 参见云南日报报业集团《主动服务和融入国家发展战略　有效传播中国声音塑造云南形象》，云南省办公厅座谈会，2016年6月。

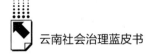

文、泰文、缅文版的链接；与马来西亚星洲网建立网站链接互动；创办了英文网站——云快报。

典型案例4：云南出版集团主要通过文化投资项目实施"走出去"，在南亚、东南亚等国家开发出版市场

主要打造的项目：一是中国东南亚、南亚图书出版（文化交流）互译中心项目。该项目组织全国优秀翻译专家，把我国的优秀出版物翻译出版后输出到东盟各国，同时引进相关国家优秀作品翻译并出版。二是"国门书社"项目。自2013年以来已建设了12个国门书社，下一步将完成规划的26个国门书社的建设。三是境外华文教材发行项目。经过10余年的开拓发展，教材、教辅、图书、文化用品已经辐射东南亚4国，中国已有6个地州12个县的发行网点，面向缅甸、老挝、越南、泰国4个国家，90多所幼儿园、中小学校，为共计41500多名学生提供服务。四是中国云南文化贸易中心项目。2013年在新加坡与新加坡思达出版有限公司共同投资设立了"中国云南文化贸易公司"，进行中国及云南精品文化和产品的宣传、展示、交流和服务；在老挝与万象寮都公学合作成立"滇万文化贸易中心"，共同运作"云南新华书店万象寮都公学校园书屋"，把文化宣传直接放到外方教育机构内。五是东南亚云南出版产业中心——彩云之南（缅甸）印务有限公司项目。该中心为缅甸印制教材、教辅、报刊、社会印品、包装、票据等，将带动云南出版产业在东南亚的出版、印刷、发行全产业链"走出去"。①

典型案例5：新知集团在境外开设华文书局

2011年10月，新知集团在柬埔寨金边开设了首个华文书局，之后又在马来西亚吉隆坡、老挝万象、缅甸曼德勒、斯里兰卡科伦坡、泰国清迈、尼泊尔加德满都、南非约翰内斯堡、印度尼西亚雅加达等地分别开设

---

① 参见云南出版集团有限责任公司《云南出版集团有限责任公司对外文化交流与合作情况汇报》，云南省办公厅座谈会，2016年6月。

8 个华文书局，为云南文化的国际传播和中国文化走出去做出了积极探索和有益尝试。①

3. 加大民族文化遗产的保护力度

文化遗产是各地区文化的精髓，是各民族智慧的结晶，加大对文化遗产的保护，促进人类文化的多样性，使文化沿着可持续发展的道路发展，对于增强民族自信心有着重要的作用。云南省是世界遗产大省，省内世界遗产数达到全国总数的 1/9，全省共有中国传统村落 502 个，数量位居全国第一。云南也是中国非遗保护的试点省份，拥有国家级名录 105 项，省级名录 285 项（含 66 个省级传统文化生态保护区），州（市）级名录 2778 项，县（区）级名录 5422 项；国家级传承人 69 名，省级传承人 1016 人，州（市）级传承人 970 名，县（区）级传承人 1853 名；2 个国家级文化生态保护区、4 个国家级项目生产性保护示范基地、28 个省级非遗保护传承基地（详见图 5）。2015 年，云南省开展了非遗代表性项目整体保护规划和云南民族传统文化生态保护区规划编制，云南艺术学院被列为非遗传承人全国首批培训试点单位，完成了《中国非物质文化遗产普查报告·云南卷》编写。云南省还颁布试行《云南省全国重点文物保护单位保护工程审批管理暂行规定》，进一步规范文物保护工程管理。②

云南省积极引导少数民族群众加强对本民族优秀传统文化的保护和传承，采取了一系列切实可行的措施，弘扬和保护了少数民族传统文化，并且促进了当地的经济社会发展，提升了各族群众的生活幸福指数，增进了各族群众相互了解、尊重和信任，实现了各民族文化共同繁荣发展。

典型案例 6：普洱市江城县创新非遗保护与传承方式

江城县深入全县各乡收集整理文物和非物质文化遗产的有关资料，定期

---

① 参见姚书生《办好新知华文书局 传播中华优秀文化》，云南省办公厅座谈会，2016 年 6 月。

② 参见《云南省 2015 年文化发展情况分析》，云南省文化厅网，2016 年 7 月。

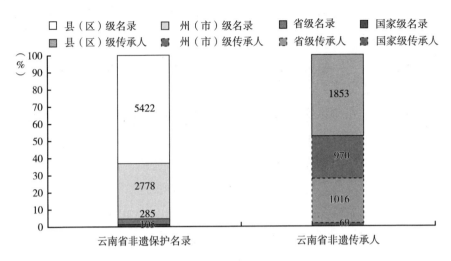

图5 云南省非遗保护名录及传承人情况

资料来源：云南省文化厅：《云南省2015年文化发展情况分析》。

不定期组织民间传承人教学交流，对哈尼族神话故事及传说进行了收集，协助康平乡王纳碑建成了瑶族传承所，建立了江城县瑶族文化传习所，传习所以语言文学、风俗礼仪知识讲座和手工技能培训等形式来进行文化的活态传续活动，主要包括说本民族语言、穿本民族服装、讲本民族礼仪等。① 江城县于2016年2月22日在县城中心街区举办了以"传承文化 共庆元宵"为主题的非物质文化遗产展演活动，活动邀请了江城县的省、市、县非遗传承人为广大群众进行非遗展演，传承人展示了哈尼族传统舞蹈《嘎尼尼》、瑶族度戒舞蹈《玲鼓舞》、傣族传统舞蹈《刀舞拳舞》、彝族传统民歌《祭祀歌》等12个非物质文化遗产项目，在展演活动中还穿插了非遗知识问答环节。该活动以群众喜闻乐见的方式，扩大了当地非遗文化的影响力，加深了民众对江城县非遗项目的了解，促进了各民族的文化交流。②

典型案例7：文山州麻栗坡县非遗保护方式多样化

麻栗坡县投入200余万元创作了大型音舞诗画《国旗下的老山》，并于

———————————

① 参见《江城县民族文化治理材料》，2016年2月。
② 笔者于2016年2月在普洱市江城县调研的田野资料。

2014 年 4 月在麻栗坡县城进行了首演。拍摄制作完成了"声动云南"中涉及该县苗族、瑶族、彝族白倮支系三个民族的代表性传承歌曲 12 首和《文化名人赞云南》麻栗坡县国家级铜鼓舞传承人陆孝宗专题片；制作完成了城寨彝族村宣传片《行走在世外和尘世间的白倮人》。积极组织和动员县内少数民族文化人收集整理民族文化古籍，目前，已搜集整理瑶族古籍 60 余卷 130 余万字，刻制瑶族《歌媒》光碟 60 本；苗族实物古籍已搜集到 110 件；壮族口碑古籍（民歌）已刻制成光碟，么公书及"佤莱"（花背带）艺术已完成拍照工作；刻制彝族白倮支系《倮韵》光碟 60 本；完成国家级文物保护单位大王岩崖画的项目建议书编制工作，并对县内的非物质文化遗产传承人开展了集中培训。① 麻栗坡县通过不断加大对全县少数民族非物质文化遗产的保护力度，强化了民族文化保护和传承，增强了当地民众的民族自豪感。

典型案例 8：德宏州芒市非遗传承方式多元化

芒市已有列入各级保护名录的非物质文化遗产项目 23 个、传统文化保护区 1 个、传承人 52 人；芒市傣族剪纸入选了联合国教科文组织的非遗名录，当地建盖了邵梅罕傣族剪纸艺术馆。2012 年，芒市成功加入了世界 ICCN 非遗城市联盟，建成州内首家非物质文化遗产展示中心；编撰了国家级非物质文化遗产项目"达古达楞格莱标"；启动了省级非物质文化遗产名录"三台山乡德昂族传统文化保护区"和"傣族传统银器制作工艺"项目；成功举办首届国家级非物质文化遗产保护项目"傣族象脚鼓舞"传承培训班与鼓王拔彩赛；完成了"芒市非物质文化遗产展示厅"的开展工作，展示厅实行永久免费开放。② 芒市实施了一系列的非遗保护和传承举措，极大地鼓励了群众参与非遗传承的积极性。

---

① 参见麻栗坡县民族宗教局《麻栗坡县民族文化产业发展工作情况》，2016 年 7 月。
② 参见《芒市民族文化产业发展情况》，2016 年 8 月。

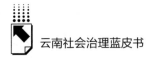
（二）发展文化产业，增强文化治理实效

文化产业是从事文化产品生产和提供文化服务的经营性行业，是经济新常态新形势下繁荣发展社会主义文化的重要途径，同时也是促进产业结构升级调整和转变经济发展方式的重要力量。发展文化产业对于扩大我国优秀传统文化的影响力和提升文化软实力有着极为重要的作用。云南是将民族文化产业列为支柱性产业的省份之一，现已形成比较完善的产业体系，打造了文化产业平台，引导和鼓励了重点文化产业项目发展，设立了创作专项资金资助文化精品，[①] 实现了大师效应和品牌带动，提高了云南特色文化产品的附加值。目前，云南省有 73 家文化企业的主营业务收入达亿元，全省文化产业增加值在全国居于中上水平。[②] 十三五期间，云南省将推动文化产业转型升级，着力打造歌舞演艺业、影视音像业、"金木土石布"民族民间工艺品业、珠宝玉石业、新闻传媒业、出版发行印刷业、文化信息传输业、文化创意和设计服务业、文化休闲娱乐业、会展业十大主导产业，使云南文化产业的整体实力显著提升。[③]

1. 打造民族文化产业品牌

文化产业为公共文化提供了重要的物质保障，对于发展文化生产力起着重要的支撑作用。地域特征显著的云南民族文化品牌是发展云南文化产业不可或缺的优势。云南的文化产业品牌既有享誉中外的茶马古道、香格里拉、七彩云南等，也有石林、元阳哈尼梯等世界自然文化遗产，还有各民族丰富多彩的文学艺术文化。云南现已形成了较为完整的民族演艺产业链，《云南映象》《梦幻腾冲》《印象丽江》《丽水金沙》《吴哥的微笑》等一大批演艺精品在国内外市场享有知名度。云南的民族文化产业品牌对促进地方经济增长，转变地方经济发展方式起到了重要的作用，同时对扩大民族文化的影响

① 参见《云南省 2008～2012 年文艺精品创造实施意见》。
② 参见李开义、张寅《云南"十三五"文化产业发展规划下发　推进跨越式发展》，《云南日报》2016 年 1 月 21 日。
③ 参见《云南省"十三五"时期文化产业发展规划》。

032

力做出了巨大的贡献。

典型案例9：红河州河口县搭建中越民族文化交流大舞台

河口县现有城区文艺队18支，乡镇、农场文艺队90余支，共同构建了河口边境特有的文化长廊景观。现今的中越两国文化交流已形成工作机制，定期进行交流会晤。通过建立中越民族文化交流大舞台，借助"激情河口·多彩口岸"主题活动，实现中越双方定期文艺交流会演，每季度一次，全年共举行4次。文化交流活动与全年各季已有的世界性活动日（如"世界卫生日""国际禁毒日""国际防艾日"等）相衔接，突出活动交流主题，共享发展成果。同时加快边境口岸文化建设，打造了"百年滇越铁路、百年开埠通商"的"两个百年"亮丽文化名片。①

典型案例10：普洱市精心打造普洱民族文化品牌

普洱市通过打造民族文化品牌、发展民族文化产业和大力开展民族文化保护与传承，不断推进文化治理工作。一是依托节庆平台，树立普洱节庆品牌。依托少数民族传统节日泼水节、火把节、新水节、苦扎扎节、十月年节、祭竜节、扩塔节、畬笆节、盘王节、葫芦节，打造中国普洱茶节、中国墨江北回归线国际双胞胎节、江城中老越三国丢包狂欢节、中国西盟木鼓节、中国孟连娜允神鱼节等一批民族节庆文化活动。二是打造精品力作，培育特色文化品牌。打造和推出一批反映普洱民族团结、具有普洱标识的本土音乐、美术、书法、摄影、文学、影视文化艺术精品力作，编纂民族文化艺术集成史志7套46部，积极开展一个民族"一歌一舞一乐"创作和展示活动，累计创作民族文化艺术作品800个，其中电影《茶颂》荣获中宣部精神文明建设"五个一工程"奖，民族歌舞《天赐普洱》荣获"云南文化精品工程"奖项。②

---

① 参见河口县文产办《河口县文化产业发展情况汇报材料》，2015年8月。
② 参见普洱市文产办《云南财经大学赴普洱民族调研文化产业工作》，2016年2月。

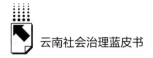

典型案例 11：临沧市沧源县大力打造佤族传统民族节庆品牌

沧源县积极发挥特色民族文化资源优势，以"司岗里"传说为主线积极打造节庆文化品牌。沧源县于 2004 年举办了"中国佤族司岗里狂欢节"，通过逐年打造，中国佤族司岗里"摸你黑"狂欢节成效显现。沧源县同时不断丰富活动内容，每年都精心打造一台具有民族特色的广场文艺演出，2013 年起在原有的"摸你黑"狂欢节活动之前增加了"千人甩发百台木鼓"舞蹈表演；2010 年举办的 1.89 万人参与的"摸你黑"狂欢活动和全长 2270 米的"中国－沧源佤王宴"，均打破吉尼斯世界纪录；沧源县也先后荣获了"沧源国际旅游度假区""国际自然生态旅游目的地"等 5 个旅游品牌证书及"中国最具民俗文化特色旅游目的地""中国最美生态旅游示范县""中国最美休闲度假旅游名县"等称号，入选"2014 年中国十佳深呼吸小城"，名列第七位；翁丁佤寨被誉为"中国最后一个原始部落"。①

典型案例 12：德宏州芒市以文化品牌为引领，不断提升文化企业的竞争实力

芒市通过认真帮助和引导实体文化企业在产品研发上注入文化内涵和文化创新，逐步提高了其品牌意识和宣传意识，促使企业提升了竞争实力。一是以项目为抓手，助推产业发展，实施了芒市华丰珠宝交易中心、芒市国际珠宝小镇等一批文化产业项目，支撑了全市珠宝产业的繁荣发展。二是以建立服务组织为纽带，为文化企业牵线搭桥。成立了芒市珠宝商会，加强与芒市餐饮协会、芒市广告协会等相关协会的联系，有效推进了珠宝、餐饮、民族民间工艺业的发展。三是以展会办节为平台，积极为文化企业做宣传、拓市场，通过成功举办"珠宝玉石（毛料）投标交易会"、中国·芒市泛亚珠宝博览会和玉雕作品"金象奖"评奖大赛等大型珠宝会展营销活动，为芒市珠宝产业发展注入了新的活力，也为打造芒市珠宝文化城增添了新内容。

---

① 参见沧源县文产办《沧源县文产工作情况报告》，2015 年 8 月。

目前全市珠宝经营户 660 多户，从业人员达 4000 余人，其中黄龙玉经营户 340 多户、翡翠经营户 200 余户、加工经营户 85 户、黄金钻石经营户 20 余户，年营业额近 5 亿元，拥有荣宸珠宝、淘宝庄园、宝玉珠宝等多家知名珠宝企业，并已初步形成从毛料进口、加工生产、批发零售、节庆会展、职业培训、产品研发为一体的较为完整的珠宝文化产业链雏形。① 近几年来，珠宝小镇、后谷咖啡、遮放贡米等一批知名文化品牌逐渐广为人知。

2. 推动民族文化资源转换成产业优势和经济优势

云南省将民族文化和特色产业有机结合，在保护和开发传承民族文化的同时，将边疆地区丰富多样的民族文化资源优势转变为产业优势和经济优势，并通过与当地主导产业相结合，带动当地农民，尤其是贫困山区农民脱贫致富。民族特色的文化产业不仅满足了群众日益增长的精神文化需求，还直接创造了经济效益，推动了地方产业结构调整，改善了村民的生活水平。

典型案例 13：普洱市以实施民族文化"珍珠链"战略为载体，依托民族文化、普洱茶文化、生态文化、边地文化等特色资源，大力开发特色文化产业

普洱市在宁洱那柯里"普洱艺术村"引进著名音乐人陈越建立音乐工作室，建立普洱学院绝版木刻实践传承基地、民间制作土窑文化企业瓦渣兄弟，建立宁洱贡茶手工制作技艺体验中心，带动了当地餐饮企业、服务业、旅游业、特色农业的发展，促进了村民增收致富；景东无量山文化传播有限公司以打造彝族歌舞演艺和开发彝族刺绣为主，年收入达到 78 万余元；墨江白鹇鸟演艺有限公司自创剧目开始推向市场，普洱绝版木刻开始走向产业化。普洱市现已培育出以民族特色为主的绝版木刻、黑古陶、织锦、竹编、木雕等民族民间手工艺产业和绝版木刻创作中心、西盟佤山服饰有限公司、

---

① 参见《芒市民族文化产业发展情况》，2016 年 8 月。

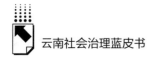

普洱贵鸿陶艺、镇沅民江黑古陶、景谷怡泰祥、宁洱银饰等一批民族特色文化企业。通过民族文化产业链的发展，各民族群众的腰包"鼓"起来了，腰杆"挺"起来了，增强了当地政府的为民意识和爱民情怀，实现了聚民的目的。①

典型案例14：普洱市澜沧县老达保寨唱响《快乐拉祜》，实现村民增收得实惠

普洱市澜沧县酒井哈尼族乡勐根村老达保寨是拉祜族村寨，2012年全村人均纯收入2030元。②老达保寨现有国家级非遗传承人2人。拉祜文化底蕴深厚，群众历来能歌善舞，其常年开展拉祜族民间文化艺术传承、演出活动，多次参加央视、国家大剧院及全国性大型演出。为保护、传承拉祜民族文化，使文化资源优势转化为经济优势，2013年6月29日，老达保寨正式成立澜沧老达保快乐拉祜演艺有限公司，这是普洱市第一家农民自发、自创的演艺有限公司，全体老达保村民都是公司的成员，公司现有200名演员。该公司获2013年云南省"农村文化产业先进典型"荣誉称号，成为宣传和弘扬拉祜文化的一张重要名片。2014年，老达保村民小组经济总收入达到236万元，人均收入为2537元。③民族文化产业的发展带来了较好的经济和社会效益，给老达保村民带来了实实在在的好处。

3. 培育特色旅游文化产业

多姿多彩的少数民族文化和山川自然风光赋予云南丰富并独特的旅游资源。云南省通过深挖民族文化内涵，大力发展文化旅游，已经形成了丽江、大理、西双版纳等文化旅游热点。根据《云南省文化产业发展三年（2016～2018年）行动计划》的规划，到2020年，全省旅游文化产业总收入达到

---

① 参见普洱市文产办《云南财经大学赴普洱民族调研文化产业工作》，2016年2月。
② 参见《澜沧县酒井乡老达保村民小组文化产业发展进程简介》，笔者于2016年2月赴澜沧县的调研资料。
③ 参见普洱市文产办《云南财经大学赴普洱民族调研文化产业工作》，2016年2月。

9000 亿元，力争突破 1 万亿元，旅游文化产业增加值占全省 GDP 比重的 10% 以上，全面实现旅游文化大省向旅游文化强省的历史性跨越。云南省通过吸引来自世界各地的游客到云南旅游，增进了不同民族之间的交流，有利于改善民族文化认同的局限性，促进各民族团结和文化融合。

典型案例 15：普洱市宁洱县那柯里村村民小组创新乡村旅游开发模式

那柯里村村民小组隶属于普洱市宁洱县同心镇那柯里村，现有农民 268 人，2015 年农民人均纯收入 6375 元，经济收入主要来自餐饮旅游服务、茶叶、养殖业和外出务工。近年来，为充分挖掘当地旅游文化资源，其创造了"结合 + 整合 + 提升 = 品牌"的旅游开发模式，整合恢复重建、新农村建设、美丽乡村建设、农村环境综合整治等项目资金，对那柯里茶马驿站进行重点打造，坚持"生态立村，绿色发展"的理念，将清新的自然风光和人文历史文化结合起来，充分利用依山傍水的优势资源，使民居建筑与"山、水、林、田"融为一体，打造出了"小桥流水人家"的田园式村庄。其在发展中充分挖掘茶马古道驿站历史文化，把新农村建设与发展旅游文化产业相结合，进行提升式打造。现在的那柯里已初步建成一个集文化旅游、休闲、餐饮、体验为一体的休闲度假村，那柯里的"农家乐"由 2007 年前的 3 家发展到现在的 18 家，旅店 9 家，商铺 4 家，手工艺品店 3 家，茶庄 3 家。日均接待游客 300 余人，每年营业收入 800 余万元，实现了新农村建设和产业发展的成功对接，创立了乡村旅游的靓丽。①

典型案例 16：德宏州芒市充分发挥边境文化特色和优势

芒市是中国通向东南亚、南亚的重要门户，该市南部与缅甸交界，国境线长 68.23 公里。绚丽多彩的民族文化、极具特色的边境文化、泽润千古的珠宝文化、荡气回肠的抗战文化，让芒市在中国边陲发出耀眼的光芒。芒市对具有民族特色的树包塔、菩提寺等景点进行了打造，建设了东南亚第一空

---

① 参见杨红平《文化与旅游"联姻" 加快"脱贫摘帽"步伐》，2016 年 2 月。

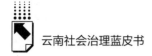

心佛塔——勐焕大金塔，同时注重挖掘发展边境具有民族特色的餐饮文化，使外来游客在观赏美景的同时，品尝到民族美食，并开发出了民族服饰、手工艺品、遮放贡米、后谷咖啡等具有地方特色的旅游商品，丰富了芒市的旅游市场。① 通过突出文化活动场所、文化工作队伍、文化活动品牌建设，逐步建立一个与中国面向西南开放重要桥头堡建设相适应的文化体系，提高了边境各族群众的思想道德素质和科学文化素质，增强了边境地区社会主义先进文化的凝聚力、感召力、影响力和竞争力，有效抵御了境外文化渗透，巩固了民族团结进步与边疆和谐稳定的良好局面。

4. 充分挖掘民族民间工艺品产业潜力

民族民间工艺文化不仅是各民族群众智慧的结晶和代代相传的宝贵财富，更是极具发展潜力的文化产业资源。2014 年，云南确立了"金木土石布"五位一体的云南民族民间工艺品产业发展体系，十三五期间，云南将把"金木土石布"民族民间工艺品产业打造成为文化产业的重要门类，培育 50 个年营业收入上千万元的示范企业、50 个知名品牌、50 个销售示范街区、50 个年产值上千万元的示范村，② 以提升云南文化产业的影响力并促进经济发展。云南省各地民族民间工艺品丰富多样，已经有了大理州鹤庆银器、剑川木雕、巍山扎染、红河州建水紫陶等知名品牌并形成了市场。现今，云南省在民族民间创意工艺品方面年产值达 93 亿元，在珠宝玉石方面年产值达 303 亿元，全省国家文化产业示范基地已达到 10 家。

典型案例 17：普洱市京东县安定镇青云村，抓住民族文化传承示范村建设机遇，将民族文化和特色产业相结合

青云村在彝族"密撒巴"艺术团基础上成立了景东无量山文化传播公司，该公司采取"公司＋协会＋农户"的形式创办了彝族传统刺绣合作社，

---

① 参见《芒市民族文化产业发展情况》，2016 年 8 月。
② 参见《云南省"十三五"时期文化产业发展规划》。

现有社员 300 余名，已开发了定制品类、工艺品类、艺术品类、日用品类四大类刺绣产品，并定期开展培训以提高社员刺绣技艺和工艺水平。该公司不断拓宽宣传销售渠道，通过商家批发、旅行社代销、宣传展销等途径实现了刺绣产品销售收入达 15 万元。青云村在创意云南 2015 文博会上被评为"云南十大刺绣名村"。2015 年青云村总收入达 750.55 万元，比 2012 年增长 29.4%，人均纯收入 8500 元，比 2012 年增长 1710 元。青云村群众在参与文化传承保护和开发中增加了收入，提升了技能，提高了生活水平，成为加强边疆民族地区基层宣传的典范。

（三）充分发挥民间宗教信仰和村规民约的社会治理功能

作为一种社会文化历史现象，宗教不仅是对超自然力量的信仰，同时也是特定的社会行为规范要求的载体。云南现有世居民族 26 个，独有的少数民族有 15 个，众多民族跨境而居。因其特殊的地理位置，云南的宗教文化受到多种文化的影响，不仅有各少数民族的原始宗教，如自然崇拜、祖先崇拜、鬼神崇拜等，还有在文化传播和涵化过程中融入本土文化的次生性宗教，如佛教、基督教、伊斯兰教、道教等。虽然宗教对社会和谐稳定具有某些不利因素，但是云南的众多少数民族村寨，通过引导宗教教义教规中的积极因素，有效地将人们规范到社会所倡导的价值观和行动中，并结合当地实际制定了村规民约，为村寨的和谐稳定发挥了积极的作用。

（1）原生性宗教文化融入村落治理。南本村位于普洱市思茅区龙潭乡，是一个约有 700 年历史的傣族自然村落，至今还完整地保留着许多傣族的传统习俗。祭竜是南本村村民重要的祭祀活动，依旧按传统习俗进行，并充分体现了原生性宗教对村落治理的积极作用。祭竜在每年农历六月由竜头择一吉日，带领本村男人在竜林内举行，妇女和已怀孕的妇女的男人不得参加。竜头是南本村寨中地位最高的人，村里的大事都要请示竜头，竜头同意后方可进行。竜头只能由刀姓原住民担任并由村民选举产

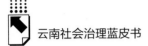

生，竜头及竜头带领下的"八大员"（本村长者）对南本村社会的稳定和发展起到积极作用。村民小组组长一般不由竜头担任，竜头和村寨行政领导在村落的各项事务开展上是相互配合的关系。在当下，祭竜这一傣族原生性宗教活动是南本村宗教文化的重要体现，活动的开展进一步增强了老百姓的凝聚力。①

（2）次生性宗教文化促进美丽乡村建设。老达保村民小组隶属于普洱市澜沧县酒井哈尼族乡勐根村委会，是个传统的拉祜族寨子。1921年，基督教传教士永伟里改变了拉祜族长期有语言无文字的历史，其创造了一套主要用于教授拉祜族基督教徒诵读《新约圣经》和唱"赞美诗"的拉祜文字。② 1928年，基督教传入澜沧县，并把"上帝"与拉祜族的"厄莎"进行巧妙的糅合，在拉祜族村寨广泛推广。1955年，基督教传入老达保寨，如今其大部分成年村民都信奉基督教。村里建有一座竹楼教堂，每到周末村民都自觉来做礼拜，教堂里不仅有拉祜文圣经，还有教拉祜文的老师，因此在村寨里长大的村民都懂拉祜文，这对少数民族语言文化的传承起到了积极的作用。根据基督教教义，信众不能喝酒、不能打架、不能偷盗，因此村里的治安和村容村貌都比较好。老达保寨结合美丽村寨建设，将民族文化和特色产业有机结合，打造了老达保拉祜风情实景剧——《快乐拉祜》，并成立了老达保快乐拉祜演艺有限公司。老达保寨成为保护和传承拉祜文化的重要基地，担任老达保快乐拉祜演艺有限公司副董事长的村民李娜倮，也从普通农村妇女成长为十八大党代表。③

（3）村规民约促建和谐村寨。芒丙村隶属于德宏州芒市中山乡，寨子里的村民以前比较爱喝酒，严重影响了日常生活，给村寨和谐稳定和经济发展带来了巨大不良影响。为了有效维护社会稳定和营造健康生活环境，村委会、村三委研究制定了村规民约——禁酒令，即禁止在村内非法制造米酒、销售米酒等；禁止本寨村民在寨子聚众喝酒、闹事、不务正业等。禁酒令的

---

① 笔者于2016年2月赴普洱市思茅区调查的田野资料。
② 参见云南省民族事务委员会《拉祜族文化大观》，云南民族出版社，1999，第41页。
③ 参见普洱市文产办《云南财经大学赴普洱民族调研文化产业工作》，2016年2月。

实施有效地遏制了饮酒酗酒后闹事的现象，深受村民们的支持，全村村容村貌得以改善。①

（4）村规民约与民族风俗联手治毒出奇效。勐滨村上利车老寨隶属于普洱市澜沧县勐朗镇，是个哈尼族村寨，共有63户212人。由于交通便利、新型毒品渗透加剧和基层组织薄弱等，2013年该寨有88.9%的农户涉毒，占总人口45.8%的村民吸毒。吸毒问题导致村民生活贫困、家庭破落、妻离子散、偷盗和抢劫等犯罪行为时有发生。面对严峻的毒情形势，上利车老寨村民小组实施了村规民约治理毒品问题，并通过"一事一议"将禁毒工作融入哈尼族"做礼"以及婚丧嫁娶和农忙期间互相帮助等风俗习惯之中。按村规民约，凡吸毒人员及其家庭成员不得参与"做礼"等事情，外人也不可主动帮助吸毒人员家庭处理大小事务，孤立和边缘化吸毒人员及其家庭，以示对吸毒行为的惩戒；涉毒家庭不得享受国家相关强农惠农政策。村民小组自发成立了禁毒联防队，每周在村寨巡逻3~4次，加大了禁毒巡防力度。当前，全村仅有5人正在戒毒所接受戒毒，余下64人戒断巩固均在3年以上，戒断巩固率高达92.8%，是我国吸毒成瘾人员平均戒断巩固率（5%）的近18.6倍。上利车老寨通过充分发动基层人民群众的力量，并且巧妙地运用乡规民约和民风民俗，有效提升了人民群众戒毒防毒的自觉性。②

（5）村民对村规民约和宗教的社会整合功能认可度高。笔者于2016年8月在云南省德宏州芒市三台山德昂族乡允欠村和芒海镇吕尹村户那村民小组做了一系列调查。三台山德昂族乡允欠村是全国唯一的德昂族乡，而芒海镇吕尹村委会有景颇族、傈僳族、傣族、汉族四个世居民族。此次调查共发放问卷100份，收回有效问卷88份，回收率为88%。其中村民所认识的村规民约对村民日常行为的影响和非正式组织对社会的整合功能情况见图6、图7。

从图6、图7中可以看出，调查对象中有85.22%的人同意或非常同意本民族的乡规民约、风俗习惯等传统文化对自己的日常行为起到了明显的规

---

① 参见《中山乡民族传统文化》，2016年8月。
② 参见《普洱市社会治理典型案例》，2016年2月。

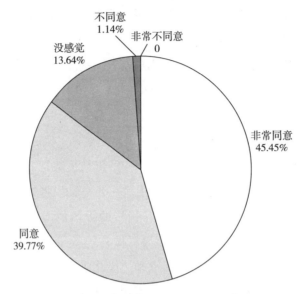

图6 乡规民约对村民日常行为的规范作用

说明：调查问题为"本民族的乡规民约、风俗习惯等传统文化对您的日常行为起到了明显的规范作用"。

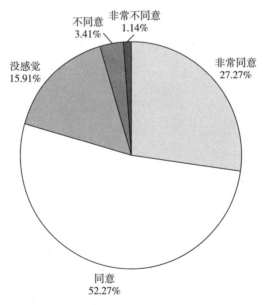

图7 非正式组织对村子的社会整合功能

说明：调查问题为"在您周围，本民族的正式组织（村委会、党支部）之外的民族性非正式组织（如宗教组织、民族团体等）对村子的社会融合功能能得到充分重视和运用"。

范作用，仅有 1.14% 的人不同意此观点。有 79.54% 的人同意或非常同意本民族的正式组织（村委会、党支部）之外的民族性非正式组织（如宗教组织、民族团体等）对村子的社会整合功能能得到充分重视和运用的观点，仅有 4.55% 的人不同意或非常不同意此观点。根据调查结果可以得出，云南省边疆少数民族地区的村民对村规民约和宗教的社会整合功能认可度高，凸显了发挥村民自治的能动性。利用村规民约是促进边疆少数民族地区的社会环境和谐稳定的重要方式。

三 云南文化治理存在的主要问题

云南最早提出建设"民族文化大省"的方针，近年来更是确立了"民族文化强省"的发展战略，并在民族公共文化和民族文化产业的发展方面取得了丰富的经验和相当的成果，但是具体到政府在文化治理中发挥的功能及文化治理取得的成效而言，还存在如下问题。

（一）文化治理规划制定的针对性有待加强

自 2012 年中共云南省委颁发了《关于贯彻落实党的十七届六中全会精神加快建设民族文化强省的意见》之后，地方政府加强了各地民族文化建设的紧迫感和责任感，并依据《意见》的精神出台了相关的实施意见。

然而，有的地方政府虽然根据本地区的实际情况出台了文化建设的发展规划，但由于对民族文化资源统筹规划研究不够，制定的规划往往针对性不强；还有的地方政府过分关注文化产业所带来的经济效益，忽略了民族文化产业的发展应与当地文化适应能力和公众文化需求相衔接，致使规划制定的理念偏离了文化治理的初衷，文化治理的社会效益没有得到体现。

（二）政府在文化治理中的职能定位有待厘清

政府在发展民族文化产业的进程中，存在职能定位不清的问题，特别体现在民族文化产业发展中的"越位"与"错位"以及对民族文化产业监管上的"缺位"。

云南是较早将民族文化产业列为支柱性产业的省份之一,在文化产业起步阶段,云南因经济基础薄弱、基础设施落后、招商引资能力低下等客观条件的限制,需要政府对产业的发展进行积极引导,政府在这一时期发挥了积极的主导作用,不仅制定相应的政策措施为民族文化产业的发展搭建平台,而且提供资金支持。今天民族文化产业已初具规模,国有文化企业也基本完成文化体制的改革,在大多文化企业已经有能力独立经营的情况下,政府与文化企业、公共文化单位之间仍然存在政企不分、政事不分的关系,对企业经营仍然习惯性地指手画脚,这使文化企业包括文化产业"始终躺在政府怀里",[1] 造成了政府在民族文化产业发展中的"越位"与"错位"。

(三)文化治理的主体有待多元化

在推动文化创新发展的进程中,政府、企业、社会组织与个人都可以成为文化治理的主体。然而,现阶段云南边境州县文化建设的主体仍显单一,人民群众投身于文化改革发展的积极性、主动性和创造性还未充分被调动起来。

各类民间组织作为政府的补充力量,在社会治理中发挥着重要作用,能够推动科技进步,促进公益事业发展。民间组织中有公益组织、妇女儿童组织、基金会等,对政府进行社会治理有一定的促进作用。民间组织在基层治理中有着独特优势,能够有效整合各种资源,作为法律和行政等"硬约束"的补充,培育群众的社会责任意识、道德准则等,其倡导服务、志愿的精神,可扩大基层民主,开拓基层治理空间。民间组织中群众自发的文艺组织、文化艺术协会等开展的文艺活动,不仅丰富了群众的精神生活,也倡导了中华民族尊老爱幼、乐于助人等传统美德,提高了群众的思想认知水平,促进了社会主义精神文明建设。文艺组织、文化艺术协会等演出的很多节目在传承民间艺术的同时,也与国家政策相结合,其通过喜闻乐见的方式,既

---

[1] 吕绍刚:《文化产业不能始终躺在政府怀里》,《人民日报》2010 年 01 月 08 日,http://culture.people.com.cn/GB/22226/56132/86940/86942/11064332.html。

丰富了群众的业余生活，又起到了一定的宣传教育效果，有利于政府顺利开展工作。但是，这些在基层治理中有着独特优势的力量并没有发展壮大起来，有的民间力量反而呈现式微的趋势，如认为"本民族中德高望重的人在协调邻里纠纷方面的作用越来越弱"的村民达到60.23%，见表1。

表1　"本民族中德高望重的人在协调邻里纠纷等方面的作用越来越弱"调查统计

单位：%

回答	非常同意	同意	没感觉	不同意	非常不同意	有效样本数
频数	12	41	13	15	7	88
比例	13.64	46.59	14.77	17.05	7.95	

（四）公共文化服务体系有待构建和完善

云南省在构建公共文化服务体系方面，有规划，有政策，[1] 然而在具体实施的过程中，民族地区的公共文化产品和服务依然存在服务对象单一、没有充分体现少数民族传统文化和风俗以及公共文化基础设施建设比较滞后的问题。

实行文化体制改革、发展文化产业的目标是满足人民基本的文化需求和实现经济效益。满足人民基本的文化需求是第一目标，然而，民族地区文化市场的面向主体还是以游客为主，面向本地居民的文化产品的数量还是满足不了居民日益增长的文化需求。

民族地区公共文化服务体系的决策者和执行者，不重视少数民族文化元素在公共设施中的展现，比如忽视少数民族语言文字在图书、报刊、电影、电视等文化产品和服务中的使用，民族地区的城市建设及民居等都没有体现出民族特色等。这就需要我们积极创新基层宣传思想文化的手段和载体，利用媒体、电视、报纸等传播平台，以喜闻乐见、通俗易懂的方式，比如编排宣传党的政

---

[1] 参见云南省文化厅网站《关于加快构建现代公共文化服务体系的实施意见》，2015年11月24日。

策措施的快板小品、用当地少数民族语言播报新闻、惠民政策、民族音乐等，用健康向上的思想和文化占领农村阵地，既丰富群众的生活，又传播先进文化，还带动当地群众的文艺热情，在潜移默化中改变人们的观念、行为和生活。

公共文化基础设施是完善公共文化服务体系的基础，是开展公共文化活动的必要条件。边疆地区要建设文化中心、图书室、文化馆、文物管理所、博物馆等基层公共文化设施，确保各市县乡实现全覆盖。然而从调研访谈的资料中我们看到，当地群众对图书室的利用率并不高，村民到图书室借书或看书的比重仅为样本数的37.93%，见表2。开展文化活动的一些基本设施还不完善，村民希望政府提供的娱乐设施或帮助排在前三位的分别是娱乐场地，占41.56%；乐器、音响设备，占14.29%；体育器材、12.99%，见表3。因此，当地政府部门需提高对公益性公共文化的投入力度，构建完善的公共服务体系，这样才能满足当地居民的文化精神需求。

表2　"您经常到村里的图书室去借书或看书"调查统计

单位：个，%

回答	非常同意	同意	没感觉	不同意	非常不同意	有效样本数
频数	12	21	22	5	27	87
比例	13.79	24.14	25.29	5.75	31.03	

表3　"您希望政府提供哪些方面的娱乐设施或帮助?"调查统计

单位：个，%

希望政府提供的帮助	频数	比例
文化交流、文艺方面	6	7.79
体育器材	10	12.99
电脑、知识	2	2.60
娱乐场地	32	41.56
交通设施	1	1.30
老年活动场所	6	7.79
乐器、音响设备	11	14.29
资金	7	9.09
茶室	1	1.30
公厕	1	1.30
合计	77	100

（五）民族文化传承和保护的方式有待创新

民族文化是各民族在其历史发展过程中创造和发展起来的具有本民族特点的文化，闪耀着民族智慧与民族精神的灿烂光芒。现实中的一些民族传统文化面临逐渐消失的危机，笔者在调查中发现，村民们认为"本民族传统文化正在慢慢消失"的比例高达78.95%，见图8。而政府在民族文化保护方面的投入也不足，村民希望政府在资金和技术方面提供支持的比重分别为40.48%和21.43%，见表4。因此，政府需要不断创新民族民间传统文化的传承保护方式，充分发挥自身优势，以民族文化传承示范村建设为主，结合美丽村寨建设，将民族文化和特色产业有机连接，在保护和开发传承民族文化的同时，将边疆地区丰富多样的民族文化资源优势转变为产业优势和经济优势，走出一条脱贫致富路。

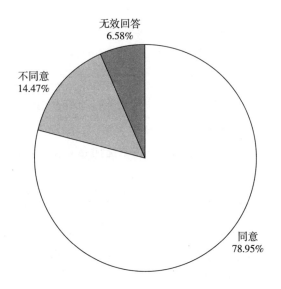

图8　民族传统文化消失统计示意

说明：问题为"本民族的传统文化正在慢慢消失，你同意这个说法吗"。

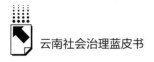

表4　"你们希望政府在文化保护方面提供哪些支持"调查统计

单位：个，%

希望政府提供的支持	频数	比例
资　　金	34	40.48
技　　术	18	21.43
交　　通	15	17.86
法　　律	11	13.10
无效回答	6	7.14
合　　计	84	100

四　云南文化治理的特殊性

（一）云南的边疆地域属性，决定了文化治理需要具有国际性视野

文化地理学认为，任何区域都具有独有的文化特征和气质，并置于一定的地理环境中，形成文化地理以区域为单位的研究特点。云南边疆文化治理首先要考虑云南边疆的地缘属性。从政治地理的视角考察，西南的四川与云南，正如梁启超所言，"相辅车者也，故孔明欲图北征而先入南"，"政治上一独立区域也"。同时，云南边疆与东南亚、南亚地区在地缘上同山脉、共水源，在族群及文化诸领域具有深远的历史关系，其根源"莫不由于地势"。

云南位于祖国西南边陲，与邻国的边界线总长为4060公里，其中中越段1353公里，中老段710公里，中缅段1997公里。云南与泰国、柬埔寨、孟加拉国、印度等国相距不远，有出境公路20多条。云南得天独厚的地理区位优势，使其成为连接南亚、东南亚国家和地区的国际大通道。云南边疆文化的形成，地域性是先决条件，文化治理也势必要考虑其独特的边疆地域特征，要具有国际性视野。

文化治理具有国际性视野的标志之一是云南边境贸易互市的繁荣发展。云南与周边国家边民的贸易互市有着长期的历史和传统，近年来，随着与周边国家边民联系的增多、互动的加强，边贸互市的需求加剧，云南的边境口岸得到了长足发展，国家级口岸达到9个，省级口岸12个，地方通道49

条，见表5。"跨境民族相互之间的接触与交往主要有经济性质和感情性质两种。在中越边境线上除设有国家级和省（区）级的口岸凭证件出入境外，在漫长的边境线上，估计有上千条小径可通往两国，他们之间通过大路小径密切接触、交往。"① "边境各族人民的流向，实际上成为测量该国生活状况和社会稳定程度的晴雨表。"②

表5　云南边境口岸概况

			省级口岸 （12个）	地方通道 （49条）	
	国家级口岸（9个）				
非边境口岸	类型	口岸名称	片马、猴桥、陇川（章凤）、乔岛、南伞、清水河、勐阿、打洛、大董、都龙、董干、田蓬	中越	和平、马林、杨万、大布、勐洞、小坝子、金厂、老卡、坝酒、新寨、十里村、南课、农富
	空港	昆明、景洪			
	水港	普洱		中老	易武、勐伴、尚勇、劲满
边境口岸	接壤地段	口岸名称		中缅	布朗山、巴达、小街、富岩、南段、阿里、班顺、公信、腊富、翁嘎科、岳宋、新厂、雪林、岩帅、班老、河外、勐堆、勐捧、艺信、艺海、芒棒、姐勒、姐相、雷允、勐嘎、筒壁关、茜马、苏典、自治、胆扎、鹿马登、独龙江
	中越边境	河口、天保			
	中老边境	金平、磨憨			
	中缅边境	畹町、瑞丽			

资料来源：笔者于2016年8月到云南文山、德宏边境地区调研所得。

文化治理具有国际性视野的标志之二是云南跨境民族的互动往来。在云南与邻国的4060公里边界线上，分布着16个跨境民族以及我国尚未确认的克木人。这些跨境民族跨居范围广，有的不止跨居两国，其中跨居中、越、老、缅4国的有苗、瑶、哈尼、拉祜等族，跨居中、越、老三国的有傣、彝族和克木人。③ 地理位置上的相互连接使得跨境民族有较早的互动系统，另外，跨境民族有明显的同一原生形态民族特征和稳定的沟通途径。尽管分属于不同的国家，但边境跨境民族普遍存在通婚现象，并且形成长期的传统和稳定的圈

---

① 赵利生：《民族社会学》，民族出版社，2009，第37～38页。
② 范宏贵：《中越两国跨境民族概述》，《民族研究》1999年第6期。
③ 方铁：《云南跨境民族的分布、来源及其特点》，《广西民族大学学报》（哲学社会科学版）2007年第5期。

子。"民间传统中的通婚是有一定的地理圈子的，我们姑且将这种圈子称作通婚圈，它代表的是一个村子与其他村子之间形成比较固定的交换关系。"① 一方面，共同的族源、文化模式和价值观念使得跨境民族更易于形成身份认同和情感认同，这奠定了双方交往和互动的情感基础；另一方面，持续不断的相互迁移和通婚，加深了跨境民族的民间往来，繁荣了民间文化，为维持和巩固民族认同提供了充分条件。边民互动深入日常生活、教育、节庆、宗教、习俗等各个领域。仅以笔者调研的中缅边境跨境民族婚姻状况为例，见表6，就可管中窥豹，看出云南边疆文化治理中对跨境婚姻的管理需要具有国际性视野。

随着时代的发展，通婚圈也存在一定的变迁。近年来，云南边境跨境婚姻的通婚范围更大了。"民族传统的婚姻圈被打破，族际通婚、远距离通婚成为司空见惯的现象，传统的婚姻网络也由此遭到破坏"。② 这些变化，为我们认识婚姻所带来的社会和文化变迁提供了新的思考方向。

表6 2014年德宏州中缅边境跨境民族婚姻及生育子女状况

单位：人，%

	缅籍边民入境通婚	女性人数	通婚生子女总数	合法生育子女数	无证生育子女数	早育子女数	抢生子女数	多育子女数
51个乡镇（街道）、2个农场	13422	12372	14750	11915	1543	188	737	367
比例		82.18	—	80.78	10.46	1.27	5.00	2.49

资料来源：转引自赵淑娟《中缅跨境婚姻子女的生存状况调查——以云南省德宏州盈江县为例》，《理论探讨》2015年第3期。

（二）云南民族的多样性和文化资源的丰富性决定了文化治理要与云南民族文化强省的战略地位相契合

云南向来以优美的自然风光和丰富多彩的少数民族文化而著称。得天

---

① 王铭铭：《人类学是什么》，北京大学出版社，2002，第72页。
② 杨筑慧：《妇女外流与西南民族婚姻习俗的变迁》，《云南民族大学学报》（哲学社会科学版）2009年第6期。

独厚的地理位置和复杂多变的环境条件造就云南生物的多样性。云南地貌西北高东南低，垂直差异大，立体特点明显。云南气候四季如春，冬暖夏凉，有从北温带到南温带，再到高原气候区的 7 种气候类型。复杂多变的地貌和环境条件造就出云南众多的少数民族，各民族形成了不同的文化形态。

云南民族众多，文化资源的独特性和丰富性显现了文化的多样性。云南有"动物王国""植物王国"和"民族王国"的美誉。中国 56 个民族中，有 52 个民族在云南均有分布。云南民族文化是云南文化的主要构成部分，也是中国少数民族文化最为富集的地区之一，是研究世界民族文化的重要活化石，是人类文化宝库的璀璨明珠。这种文化资源的丰富、厚重、多样、富集，可以说是不可多得的。除了自然环境，少数民族文化无疑是云南发展的重要资源之一，在产业发展中具有不可替代的地位，是云南省的一张"名牌"。云南文化贯穿于各民族的日常生活，语言、文字、建筑、饮食、服饰、节庆、乐舞、宗教文化等异彩纷呈。

表7　2005 年、2010 年、2015 年云南省产业发展状况

年份	经济总量（亿元）	年均增长（％）	人均生产总值（元）	第一产业增加值（亿元）	第二产业增加值（亿元）	第三产业增加值（亿元）
2005	3462	—	7809	662	1426	1375
2010	7720	11.8	15749	1106	3224	2890
2015	13718	7.05	27368	1354	4037	5849

资料来源：根据 2005~2015 年《云南统计年鉴》历年数据整理而得。

表8　2005 年、2010 年、2015 年云南文化产业发展状况

单位：亿元，％，个

年份	文化产业增加值	占全省生产总值比例	年均增幅	工商机关注册文化产业企业数	全国文化产业增加值占地区生产总值比例超过 5% 的省、市排名
2005	210	4.3	16	18270	—
2010	440	5.9	20	20432	—
2015	600	6.1	22	21359	6（北京、上海、广东、湖南、湖北、云南）

资料来源：根据 2005~2015 年《云南统计年鉴》历年数据整理而得。

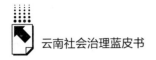

（三）云南经济、文化和社会发展的不平衡性，决定了文化治理的艰巨性和长期性

近代云南经济、社会、文化发展的一个最大特点就是不平衡性，这种不平衡不仅表现在不同区域之间，如以省会昆明市为中心的周边辐射地与处于边疆的迪庆藏族自治州、怒江傈僳族自治州、德宏州等，社会发展极不平衡；而且还表现在不同民族间的发展不平衡，比如，滇西地区的白族、纳西族早在唐宋时期就吸收和借鉴了较为发达的中原汉族文化，其生产方式也受其影响较大，文化开放程度、现代化程度较高，而在云南边疆的诸如基诺、独龙等民族，由于其所在地理环境的封闭性和民族文化的保守性，至20世纪50年代，仍处于原始社会的发展阶段，是"直过民族"① 的典型。并且，由于云南少数民族地区的自然地理条件差异很大，云南形成经济类型多样、文化复杂的局面，社会整体发展不平衡，仅以笔者调研的云南三个典型社区为例即可看出这种差异性，见表9。

表9　云南三个典型社区的现代化水平比较

典型个案	社区类型	主体民族及比重	支柱产业	2015 年人均纯收入	受教育程度	主体身份	社区(村)政务公开程度
昆明顺城社区	城市社区	回族(92%)	服务业(92%)	31274 元	高中及大学(69%)	生意人(92%)、市民(100%)	满意(86%)
	恩格尔系数	现代化家电普及率	消费观念	民间宗法势力影响	社会流动水平	对现状的满意度	休闲生活质量
	31%	100%	理性(65%)	很强(48%)	高(63%)	很好(43%)	很好(67%)
大理新华村	农村社区	白族(98%)	小手工业(80%)	17312 元	高中及大学(43%)	农商(78%)	基本满意(67%)

---

① 直过民族：新中国成立之初，政府把部分生产力水平处于原始社会阶段的少数民族，如基诺、独龙族等，直接引导到社会主义社会。

续表

典型个案	社区类型	主体民族及比重	支柱产业	2015 年人均纯收入	受教育程度	主体身份	社区(村)政务公开程度
大理新华村	恩格尔系数	现代化家电普及率	消费观念	民间宗法势力的作用	社会流动水平	对现状的满意度	休闲生活质量
	42%	82.3%	基本理性(78%)	很强(63%)	较高(31%)	(53%)	一般(39%)
德宏允欠村	边境、农村社区	景颇(33.7)傈僳(29.8%)	农业(86%)	4572 元	高中及以下(67%)	农民(88%)	说不清(45%)
	恩格尔系数	现代化家电普及率	消费观念	民间宗法势力的作用	社会流动水平	对现状的满意度	休闲生活质量
	67%	68%	盲目(87%)	非常强(54%)	弱(43%)	满意(52%)	低(34%)

注:表中的百分比是对当地社区的问卷调查中被调查者选得最多的一项答案的数据。

资料来源:笔者 2016 年 8 月赴德宏调研以及 2015 年赴新华村、顺城社区调研所得资料。

作为民族传统文化核心的宗教文化一直是云南民族问题、边疆文化治理问题的重要内容。云南宗教问题的国际性和复杂性随着近年来境内外边民交往的密切而日趋明显,尤其是中国－东盟自由贸易区建设的启动,澜沧江(湄公河)、怒江(萨尔温江)、瑞丽江等次区域经济合作步入全面纵深发展阶段,民间往来增多,宗教交流日益普遍,见表10。

表 10　云南宗教情况

宗教派别		信仰民族	主要分布地	民族居住地域接壤国家	已登记活动场所	教职人员	信教群众
佛教	汉传佛教	汉、白、彝以及纳西、蒙古、拉祜等族中的部分群众	滇中、滇西、滇南、滇东北	老挝、缅甸、泰国	寺庙 617 座	1344 人	121 万余
	藏传佛教	藏、普米、纳西、怒族和摩梭人	迪庆、丽江、怒江	缅甸	寺院 57 座	2736 人	18 万余
	南传佛教	傣、德昂、布朗、阿昌等族的大多数和佤族中的部分群众	临沧、普洱、西双版纳、德宏、保山、红河	缅甸、老挝、越南	佛寺 1654 座	1597 人	约 107 万

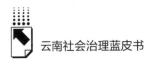
续表

宗教派别	信仰民族	主要分布地	民族居住地域 接壤国家	已登记 活动场所	教职人员	信教群众
道教	汉、瑶、彝、白、壮、纳西和佤族中的部分群众	滇中、滇西、滇南和滇东北	越南、缅甸、老挝	道观 112 座	350 人	13 万余
基督教	傈僳、景颇、拉祜、汉、佤、怒、苗、彝、壮、白、哈尼、独龙等族的部分群众	全省范围均有分布	缅甸、老挝、越南	教堂及活动点 1761 个	4381 人	约 50 万
天主教	汉、苗、彝、景颇、怒、藏族	昆明、昭通、大理、保山、怒江	缅甸	教堂 56 座	138 人	8 万余
伊斯兰教	回族	全省范围均有分布	缅甸、老挝、越南	清真寺 787 座	3498 人	60 万余

资料来源：高志英：《多元宗教与社会和谐——云南少数民族宗教信仰发展问题调查研究》，《云南行政学院学报》2007 年第 4 期。

云南民族众多，宗教信仰复杂，决定了其宗教的长期性、民族性、国际性、复杂性、群众性的相互交织，但各民族以相互尊重、并存包容为主要发展趋势，这是云南民族宗教发展的主要特征，也是云南各民族和睦相处、社会稳定的基础之一。正如江泽民同志所说"宗教、民族无小事"，民族问题与宗教问题相交织，将不可避免地影响云南边疆少数民族和谐社会的建设。①

（四）少数民族文化是亚文化，在与主流文化的接触和调适过程中容易被同化，因此文化治理要注重对传统文化的开发、保护和传承

首先，云南边疆文化的一些主要资源流失、变异现象严重。云南边疆文化作为一种民族亚文化、区域亚文化，在与主流文化的调适、对抗、冲突和融合的过程中，逐渐被涵化。云南边疆文化的独到之处就在于多彩的少数民

---

① 高志英：《多元宗教与社会和谐——云南少数民族宗教信仰发展问题调查研究》，《云南行政学院学报》2007 年第 4 期。

族文化交融成一种极具边疆地域特征的民族文化。作为民族传统文化资源的一些风俗习惯、宗教仪式和活动日益简化甚至消失，在现代化和市场经济浪潮的冲击下，许多文化要素，如传统节日、宗教仪式、民间习俗等的社会功能正在发生改变。比如，对傣族人民来说，比较神圣的宗教性节日泼水节，原本一年一次，但在旅游业的商业性炒作下，演变为每天都过泼水节，见到游客就泼水，失去了节日原本的文化韵味。另外，民族语言、民族服饰是区分不同民族的重要标志，受汉文化的冲击，年轻一代使用本民族语言、穿戴本民族服饰的频率越来越低，甚至对其缺乏自豪感，由此导致传承困难，民族文化资源流失严重。

其次，一些民族中文化传承出现断裂现象。在受外部环境影响较大的一些地区，各民族青年对传统仪式和习俗不再感兴趣，转而向往新的经济生产和生活方式。这不仅导致民族传统文化的参与者缺乏必要的文化自觉意识，而且使文化的传承变得日益困难，一些优秀的传统文化因此而失传。[1] 比如，随着改革开放的深入，在坝区、交通沿线和离中心城镇较近的地区，经济发展较快。而许多边远山区，交通不便、信息闭塞、产业结构单一、民众观念保守，发展明显滞后，因此，很多年轻人选择外出务工，逐渐习得城市生活方式，返回家乡后，再难以承袭原来的传统文化和生活模式。

再次，文化结构和传统文化形态正在被打破。乡土社会是费孝通先生在描述传统中国社会文化模式时提出的一个概念。乡土社会中的人多是同族聚族而居，基本生活在由血亲和姻亲关系连接的村落中，形成一个个相对稳定的社交圈和文化圈。[2] 乡土社会中，人口很少流动，人们的生产、生活都局限在一定地域范围内，表现为以土地为中心的农耕经济。以寨老和长老等村寨头人为中心形成了家庭、家族和宗族多层次的社会结构，封闭的社会结构形成了稳定的文化结构和传统文化形态，正是这种稳固的社会和文化结构使

---

① 徐祖祥：《中越跨境民族文化生态类型及发展趋势》，《广西民族师范学院学报》2014 年第 4 期。

② 费孝通：《乡土中国》，三联书店，1988，第 112 页。

文化传统得以形成和流传。随着国家政治权力在乡村完全取代了传统的村社组织，城市化吸引了大批农村剩余劳动力进入城市，其习得城市生活方式。外出务工的青壮年回乡后，不仅带回了全新的文化观念，还直接影响到村寨各种传统活动和仪式的举行。比如，红河一带由于成年男子几乎全部外出务工，原本只能由男子主持的祭献寨神的仪式只能由妇女主持。文山苗族的花山节是宗教传统节日，现多带有娱乐性和商业性，随着外来文化的冲击，民族地区脆弱的传统社会及其文化体系面临解构的危险。

云南民族传统文化处于不断调适的动态过程中，不同民族之间的文化交流与互动都是民族文化重构的过程。文化重构不是简单的大改组或重组，而是有意识、动态的再生产过程。正确处理好解构和重构的关系，对多民族地区的民族文化保护和传承具有重要意义。云南省在全国率先提出了民族文化强省的战略构想，积极探寻优秀传统文化的保护、传承和发展机制。云南积极开展少数民族传统资源普查工作，抢救保护了大批珍贵的民族文物，民族古籍抢救整理和出版工作取得了明显成效，见表11，民族语言文字不断得到推广应用，并率先在全国建立民族传统文化生态保护区和实施民族民间传统文化传承人命名制度，积极发展民族文化产业，积极组织举办各类民族传统文化艺术活动。①

表 11　云南省少数民族古籍整理和保护情况

散存民间的 古籍类型	彝族古籍	傣族古籍	纳西族古籍	藏族古籍	瑶族古籍	壮族古籍	白族古籍
数量册(卷)	18000	23000	4000	8000	3000	800	100
合计	56900						
翻译整理出版民族 古籍数	500 多册,2000 余种		占古籍总数 (百分比)		0.87%		
已抢救民族文献数	20000 余册		占古籍总数 (百分比)		35.15%		

资料来源：云南民族宗教网，2015 年 7 月 23 日。

---

① 木帧:《云南民族发展研究文集》（第一集），云南民族出版社，2011，第 27 页。

五 云南文化治理创新前瞻

民族地区文化建设的具体实践展现了文化治理工作的长期性和艰巨性，围绕完善社会主义现代化治理体系这一总目标，云南边疆民族地区文化治理还有许多工作需要关注。

（一）建设边疆思想文化阵地

文化凝聚着国家的精神力量，能够调控和导向人们的思想和行为，文化的教育功能延伸了国家的软实力，发挥的是不同于政治和军事的软治理功能，其作为一种不同于行政、法律的方式，对国家政治、经济等各方面的管理进行了一定的补充。利用历史传承下来的道德规范来带动群众自我管理，有利于边疆地区的稳定发展。要将国家的主流意识形态传播并融入边疆地区，对民族文化进行指引，充分发扬中华民族传统文化，将社会道德文明和价值观念延续下去，强化全国人民的思想基础，将不同民族文化兼并融入边疆文化中，激发国民的爱国家爱民族精神，构建国家认同的文化根基。文化的价值取向关系到党和国家的权威，关系到国家安全和民族和谐。要将社会主义核心价值观体现在边疆地区的治理实践中，引导群众从自身做起，增强国家文化软实力。边疆地区民族文化丰富多样，要将民族文化中优秀的部分传承下来，也要抛弃族群文化中某些落后的观念。伴随现代生活方式和文明的自然进化，各民族之间进行文化交流要求同存异，共同维护民族团结。

中国传统文化中，仁爱、孝义、德善等道德文化有着强大的教化力量，能够塑造个人的人格，完善个人品性，引领社会健康发展。要加强边疆地区文化传播平台的建设，保证国家的实时政策方针及时传达到边疆地区，要大力弘扬优秀民族传统文化，将党的路线方针政策进行广泛宣传，从而加强边疆各民族群众的国家意识、公民意识、国防意识等，增强民族凝聚力，提升百姓幸福感，确保国家的主流意识形态的主体地位，保持经济发展、民族团结、边疆稳定、社会和谐的良好局面。

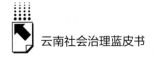

（二）发挥宗教文化的作用

云南边疆地区宗教信仰较为复杂，多种宗教并存，而宗教文化直接关系到民心的稳定。宗教文化传承演变至今，一直影响着信教群众的思想和行为，宗教文化长期存在于人们的生活中，人们自幼就接受宗教文化的熏陶，宗教礼仪、禁忌等对民族的衣食住行、风俗习惯等有着重要影响。引导和教育信教群众追求社会主流意识形态，规范自身行为举止具有重要的现实意义。

宗教信仰中倡导的道德理念对教化群众友爱向善、构建统一的思想根基、促进社会稳定有着积极的作用。比如，佛教崇尚和平与心静，道教追求宽容忍让，基督教教育信徒奉献社会、多做慈善、不能吸毒、不能贩卖毒品、不能淫乱、不能偷东西等。发挥好宗教的文化作用，利用宗教文化的感召力和影响力引导人们的行为，对于维护边疆民族团结与和谐稳定是一项重大举措。

1. 认真贯彻落实党和国家的方针政策

要将国家的方针政策落到实处，加强宣传教育，提高信教群众宗教政策方面的知识水平，使各级干部重视宗教工作，将党的宗教政策、指导思想在基层工作中得以体现；充分发挥各种新闻媒体的作用，在保证群众信教自由的同时，引导群众识别非法宗教，抵制非法宗教活动。

2. 充分尊重群众的宗教信仰选择

各种宗教之间因其信仰的差异，必然会产生一些冲突和矛盾，同一宗教内部因个体的差异也会产生一些问题，边疆地区情况复杂，国际恐怖势力活跃，因此要将宗教问题作为重点工作加以处理，要加强各个宗教组织的沟通联系、了解各个宗教组织的情况，对宗教问题和矛盾，及时掌握，及时消化，以沟通促进理解，引导各宗教群众相互包容、友善相处，做好信教群众的稳定工作可使宗教更好地服务社会主义新农村建设、精神文明建设。

3. 加大对宗教界人士和教职人员的培养力度，依靠其管理信徒群众

宗教界教职人员在宗教集体中有着不容忽视的影响力，对社会信教成员

的治理有着不可或缺的作用。要开展好民族宗教工作，大力宣传党的宗教政策法规，针对边疆地区各级宗教工作领导、宗教工作干部和宗教教职人员开展学习培训活动，通过以会代训、办培训班、反邪教警示教育宣传和开设民族宗教理论课程等形式，切实加大对基层宗教干部、宗教教职人员政治理论知识培训的力度，提高其政策法规和理论水平。依据国家有关法律法规和宗教教职人员认定办法，对教职人员进行考核。配精配强宗教工作人员，加强村、组等基层干部宗教知识培训工作，开展宗教从业人员教育，提高信仰群众遵纪守法意识，以和谐社会和谐民族团结为主体，规范宗教活动场所的建设和活动，指引宗教信徒健康发展。针对边疆地区信教群众点多面广的特点，可配备基层宗教协管员，建立政治上可靠、熟悉本地情况、有一定宗教学识和政策水平的宗教协管员队伍，协助宗教主管部门管理宗教事务，准确及时掌握各种宗教信息，切实加强宗教事务管理。

4. 切实维护宗教界人士的各项权益

一是保障教职人员的基本待遇。积极为宗教教职人员办理社会保障，做好宗教界代表人士生活补贴发放工作，为生活较为困难的教职人员提供最低生活保障补助，协调有关部门为宗教教职人员参加社会保险和医疗保险办理有关手续提供便利，确保宗教教职人员全部享受相应的社会保障补助和政策待遇。二是鼓励宗教界人士参政议政。积极鼓励宗教界人士参政议政，举办宗教界代表人士座谈会，推举人员参加州市人代会、政协会。三是定期对有影响力的宗教界人士进行走访慰问，认真倾听他们的诉求，积极采纳他们提出的合理意见建议，充分维护宗教界人士的各项合法权益。

5. 维护各宗教的和谐团结

要严厉打击非法宗教聚会，对境外势力的宗教渗透行为进行坚决抵制。对私设点、自封宗教称谓、非法聚会、打着基督教旗号进行非法活动的基督教活动点及传教人员进行全面摸底调查，及时制止一切非法宗教活动，将影响社会安全的隐患坚决予以消除。另外，可以基层文化活动室为阵地，不断加强国情教育、宗教法律法规和反宗教渗透等内容的宣传，增强广大群众抵御非法宗教渗透的意识，打牢反宗教渗透基础。密切注重宗教传教，非法传

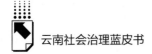

教，境外宗教敌对势力的渗透、颠覆破坏活动，特别是对于宗教改信问题，要及时掌握相关情况，会同民宗、统战等相关部门，对各宗教突现的矛盾进行及时化解，帮助村、组通过村规民约、村民自治等方式，依法依规、依情依理地维护民族优秀传统，维护各宗教之间的团结，维护边疆的和谐安宁。

6. 创建和谐宗教活动场所

积极创建"和谐寺观"和"无邪教宗教活动场所"等活动，与菩提寺、观音寺、福音堂等宗教重点活动场所签订"和谐寺观"创建目标责任书，通过不断加强反邪防邪调研，制定创建活动实施方案和评选标准，依法管理宗教事务。

（三）依托国家政权与地方社会力量，发挥民族风俗的约束功能

云南边疆地区是乡村社会，农村是相应的社会主体。在我国现代化建设的进程中，农村能否实现稳定发展在一定程度上反映了建设成果。在现代化转型过程中，怎样实现乡村社会的平稳过渡，也是当前的重大课题。乡村社会是国家政权建设的基础性单位，国家在政权建设中应跳出国家进入－地方回应框架，完善村民小组的功能和作用，引导社区性有效力量的合理介入，发挥宗族力量的积极作用，使国家政权从国家－社会二元对立的思维束缚中走出来，多维度地选择建设路径，最终实现乡村社会的稳定。①

边疆地区的民族风俗是民间生产劳动和社会生活中形成的习惯，是历史发展积淀下来的产物，是人们共同遵守的一种生活模式。边疆地区的民族风俗有一定的道德约束作用，规定和暗示生活中生老病死、衣食住行等各方面什么事该做、什么事不该做，时刻约束着人们的行为。由此延伸出村规民约的内涵：地域性群体在长期的生活中约定俗成的道德规范和行为规制。边疆地区的民族风俗大多崇尚积极向善、尊老爱幼、勤劳诚实、忠孝节义等传统美德，有很多规范社会道德和有利于群众身心健康的准则和

---

① 王德福、林辉煌：《地方视域中的国家政权建设：实践与反思》，《中国农业大学学报》（社会科学版）2011 年第 4 期。

风俗，将边疆地区的民间风俗、礼仪习惯上升为贴近群众生活的村规民约，通过村民自治的方式，不仅能够引导群众和睦相处、互相帮助、传承良好的道德文化和思想观念，还能在一定程度上规范群众的行为，保持和谐稳定的社会环境，成为政府治理的辅助力量，节约政府治理成本。边疆民族地区地域性族群中的长老、头人等权威人士，对当地的治理也起到一定的辅助作用，能够协助处理一些纠纷矛盾等。中华民族几千年的历史中，一直推崇"百善孝为先"的传统理念，在以家庭养老为主要方式的现代社会，孝文化对于解决养老问题、维护家庭和谐、传递亲情伦理秩序起到了促进作用。

（四）发挥文化产业的治理功能

发展边疆地区文化产业，一方面可以提高我国的综合国力和文化软实力，促进社会文明进步，增强中华文化的影响力；另一方面可以满足群众的文化需求，引导社会情绪，舒缓社会压力。在该过程中，要强化政府在引导梳理、政策制定方面的积极作用，推进文化产业发展；要重视培养龙头文化企业；更要扶持特色文化产业和相关中小文化企业发展。

1. 文化与扶贫结合，发展民族文化产业

边疆地区要充分发挥自身优势，以民族文化传承示范村建设为途径，结合美丽村寨建设，将民族文化和特色产业有机连接，在保护和开发传承民族文化的同时，将边疆地区丰富多样的民族文化资源优势转变为产业优势和经济优势，走出一条脱贫致富路。要按照云南"金木土石布"的民间工艺品产业发展体系，加大对民族传统文化的保护与传承力度，整合重组民族文化资源，挖掘创新迎合市场需求的相关文化产品，积极申报和推介文化产业项目。要抓好特色文化产业村（镇）建设，注重对农村演艺、特色文化餐饮、传统文化手工艺产业的鼓励、引导和扶持，扎实推进云南省文化产业创意产业园区、云南省特色文化产业示范村的建设。

2. 文化与旅游互融，培育特色文化产业

边疆地区因其特殊的历史条件、交通区位优势、得天独厚的人文自然资源，形成了独具特色的文化旅游资源。要把文化旅游产业当作"十三五"期间转方式、调结构、促群众增收的新兴战略性支柱产业，立足边疆地区丰富多样、底蕴浓厚的民族文化，开创旅游与现代科技、信息平台、文化资源相融合的新局面。完善旅游配套服务和基础设施，培育旅游新产品，全面推进以"优化结构、转型升级、体质增效"为主线的旅游再发展，加快传统旅游业向现代旅游业的转型升级。按照旅游业发展需结合农业、文化、体育和科技的时代新要求，设计、开发和生产有当地特色的旅游产品，建设旅游产品专业市场，组织筹建旅游产品销售网络系统。重点打造以传统民族工艺为代表的旅游纪念品，开发与培育品牌旅游产品。通过深挖文化内涵，吸引游客、发展旅游，让文化与旅游"联姻"，并通过与当地的第一、第二、第三产业相结合，加快边疆贫困地区"脱贫摘帽"步伐，带动当地农民，尤其是贫困山区农民脱贫致富。边疆地区旅游业的发展可以加快边疆地区的城镇化进程，大量来自五湖四海的游客到边疆地区旅游，不同民族之间交往愈加频繁，有利于改善和突破单一文化认同的局限性，增强边境地区对于各民族文化及主流文化的了解和接受。

（五）完善公共文化服务体系

完善公共文化服务体系，旨在实现向公众普遍提供丰富优质的文化服务的目标。政府向社会提供的是具备基本性、均等性和便利性的公共文化服务，旨在保障全体公民平等地享有基本文化权利。公共文化服务的"三性"，是在实践中得出的对其特点认识和理解的概括总结，是各部分有内在联系的统一有机体。在公共文化服务的"三性"中，均等是核心，公共文化服务的最终目标是让每一个人都能享受到文化服务；基本是尺度，要达到最基本的服务水平；便利是基础，要提供贴近群众生活的服务。政府提供公共文化服务，出发点应立足于被服务主体的实际状况，被服务主体是创造文化的人民群众，服务的落脚点在于服务目标"三性"的充分体现。

针对云南边疆地区的实际情况，采取行之有效的手段和举措，改善农村公共文化设施，促进边疆民族团结进步事业，筑牢宣传思想文化阵地，维护意识形态领域安全，丰富群众精神文化生活，对于边疆地区的治理问题有着重大意义。通过完善公共文化服务体系来保障群众的基本文化需要，构建社会文化环境，提高国民整体素质和文化程度。在公共文化建设中引入社会力量，创造一种良好的建设公共文化服务体系的大环境。积极动员群众参与文化活动，由被动接受文化变成主动参与，提高自我文化服务能力，使全社会形成文化自觉。

公共文化服务体系的完善需要文化"软件"与"硬件"的共同保障，文化服务基础设施是必需的硬件基础，是开展公共文化活动的必要条件。边疆地区要建设文化中心、图书馆、文化馆、文物管理所、博物馆等基层公共文化设施，确保各市县乡实现全覆盖。同时，积极创新基层宣传思想文化的方法和平台，利用媒体、电视、报纸等传播平台，以喜闻乐见、通俗易懂的方式，比如编排宣传党的政策措施的快板小品、用当地少数民族语言播报新闻、惠民政策、民族音乐等，用健康向上的思想和文化占领农村阵地，在丰富边疆人民生活内容的同时，对文化也进行有效传播，在无形中使得人们的眼界得以开阔，观念得以革新，精神生活状态得以改善。

（六）发挥民间组织文化交流的作用

作为政府的有效补充力量，各类民间组织在社会治理中扮演了重要角色，能够推动科技进步，促进公益事业发展。民间组织中有公益组织、妇女儿童组织、基金会等，对政府进行社会治理有一定的促进作用。民间组织在基层治理中有着独特优势，能够有效整合各种资源，作为法律和行政等"硬约束"的补充，培育群众社会责任意识、道德准则等，倡导服务、志愿精神，扩大基层民主，开拓基层治理空间。民间组织中群众自发的文艺组织、文化艺术协会等开展的文艺活动，不仅丰富了群众的精神生活，也倡导了中华民族尊老爱幼、乐于助人等传统美德，提升了群众的思想认知水平，促进了社会主义核心价值观的践行。文艺组织、文化艺术协会等开展的演出活动在传承民间艺术的同时，也与国家政策相结合，通过喜闻乐见的方式，既进一步满足了人民群众的日常精神生活需求，又发挥了一定的宣传教育效

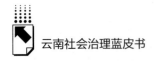

果，为政府顺利开展工作提供了有利条件。民间文化的交流，作为一种隐性的力量，对于促进各民族和谐及和睦的国际关系有着重大意义。

（七）协调文化治理中的各种关系

首先，应协调好公共文化和文化产业之间的关系。在推动精神文明建设，实现社会主义文化强国建设的进程中，实现文化产业与公共文化的繁荣是一个关键步骤。文化产业与公共文化所担负的任务目标相同，即实现社会效益，两者都应当融入社会主义核心价值体系中。文化产业与公共文化的不同之处主要是它们的性质、服务对象和服务内容以及文化产品的受众群体、提供主体、层次类别等方面。公共文化是文化建设的基础，公共文化的蓬勃兴盛为文化产业的进军领域提供了导向基础；文化产业是文化建设的填充，文化产业的兴旺为公共文化的更新升级提供了多维动力。[①] 就云南省的文化更新升级前景而言，必须重视公共文化与文化产业的互动格局，努力构建公共文化与文化产业统筹发展的有效机制。文化产业发展取得的经济收益可以用来建设公共文化，公共文化建设取得的社会效益用来保障文化产业的长足发展。

其次，应协调好社会效益与经济效益的关系。文化产业发展的成败最终取决于两个目标能否实现：一是社会效益，二是经济效益，其中实现社会效益是首要目标。文化产品的提供要破除政府单一的供给模式，将准公共文化产品交由市场提供，发挥市场活力，向群众提供多层次的文化产品。另一方面，文化产业的发展能够带动民族地区的经济发展，政府的财政收入也会随之增多，政府有了增加公共文化的财政支出的保障，就可实现社会效益。社会效益的实现，可以促进经济效益的实现，两者在发展中相互促进。民族地区政府在文化产业发展的过程中，应当设立正确的目标，重点关注社会效益的实现，同时合理地追求经济效益，使群众在丰富精神文化生活的同时，也能收获一定的经济收入。

---

① 张彩凤：《科学发展观视角下的公共文化和文化产业发展》，《中共济南市委党校学报》2008 年第 2 期。

（八）准确定位政府在文化治理中的职能

基于公共文化和文化产业的区分，政府在文化体制改革中，应准确定位其职能，在公共文化的发展中切实进行"积极性作为"，[①] 在法律、政策、技术等方面给以大力支持，包括财政上的补贴，使其在市场经济环境下能有很好的生存与发展。政府在文化产业的发展中应该"选择性作为"，发挥对各时期的战略规划以及文化安全的监管的职能。[②] 而依据《文化产业振兴规划》的精神，政府的作用是制定市场规则，发挥企业的市场主体作用，也就是政府的"选择性作为"。

（九）构建全方位的保障体系

首先，拓宽文化建设的融资渠道。民族地区文化建设要积极拓宽投资渠道，放宽各类社会资本的进入门槛，破除单一的投资机制，充分调动社会各方面的力量，整合资源，帮助民族文化产业进入市场，进而实现发展壮大。其次，培养高素质人才队伍。对于公共文化和文化产业的发展来说，人才队伍的建设十分重要。结合民族地区地理位置等条件的实际情况，当地政府要探索一套符合当地实情的人力资源体系，吸引所需人才，在无形中产生良好的社会影响力，在未来不断吸引更多的人才主动参与公共文化和产业的发展，形成利好的人才集聚效应。同时，民族地区文化产业发展过程中要关注民间艺术家、非物质文化遗产的传承人，为传承人的生活及其传承少数民族文化工作提供保障，使得少数民族特色多元的文化永葆活力。

（十）开发与传承民族文化、培养文化自觉和民族意识

如何在当前全球化的大趋势下，既促进具有差异性的民族文化间的沟通与交融，又使其很好地保持本民族的特点，实现民族优秀传统文化的开发与

---

① 王克岭：《西部民族地区文化产业发展中的政府作用——基于微观视角的解读》，《企业经济》2011 年第 10 期，第 145～146 页。

② 曹钰涵：《民族地区文化产业发展中的政府行为研究》，湖南大学硕士学位论文，2013。

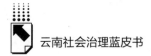
传承协调共进，是当前政府工作和民间文化自我发展现状中的重要课题和难题。云南建设民族文化大省，首先需要适应以市场为导向的经济社会环境，这就要充分利用资源优势，赋予其特色化的商业内涵，为优秀民族文化注入鲜活的经济发展动力，形成经济优势，进而利用经济支撑实现民族文化的保护。以民族文化资源为依托，打造创新型文化产业，在开发中保护，在保护中传承。

当前，民族文化传承保护工作刻不容缓。在各界仁人志士的关注和建议下，一系列传承保护民族文化的政策和举措，从中央到基层政府得到了开展。在全国范围内，云南省较早提出建设民族文化强省，并且主动有效地探索了一系列的民族区域文化的保护、传承和发展机制。比如，保护与发展少数民族语言文字，抢救、整理、出版少数民族古籍，发展民族文物保护与博物馆建设，调查保护民族文化资源，培养民族民间文化艺人，保护开发世界文化遗产等。在这些政策和措施下，云南民族地区传统文化在一定程度上得到了传承与发展，但要从根本上让各民族群众认识到繁荣发展民族文化的重要性，提高群众文化自觉，增强民族认同感，将是一项长期、系统的工程。①

---

① 徐祖祥：《中越跨境民族文化生态类型及发展趋势》，《广西民族师范学院学报》2014年第4期。

B.3
云南公共安全治理研究报告

韩全芳　葛绍林　肖斌　李坤　王欣　徐崴威*

摘　要： 公共安全是社会安定及良好社会秩序的一种重要体现，是人民安居乐业的重要保障。本报告梳理了当前云南的公共安全，主要包括：地震、滑坡和泥石流灾害等自然灾害；矿难、交通运输事故等事故性灾难；毒品犯罪、艾滋病病毒的扩散与传播、暴恐袭击事件、边境公共安全等社会安全事件，在此基础上深入分析云南公共安全治理存在的问题并提出对策建议。

关键词： 公共安全　治理　云南

公共安全是指社会和公民个人从事和进行正常的生活、工作、学习、娱乐和交往所需要的稳定的外部环境和秩序。公共安全包含了信息和食品的安全、公共卫生和公众出行规律的安全、避难者行为和人员疏散场地的安全，建筑和城市生命线的安全、恶意与非恶意的人身安全及人员疏散等。当前公共安全主要依据成因分类，包括自然灾害、事故灾难、公共卫生事件、社会安全事件。

习近平总书记在主持中共中央政治局第二十三次集体学习时发表讲话强

---

* 韩全芳，云南财经大学公共管理学院教授、博士；葛绍林，云南财经大学公共管理学院副教授；肖斌，云南财经大学公共管理学院讲师、博士；李坤，云南财经大学公共管理学院讲师、博士；王欣，云南财经大学公共管理学院在读硕士研究生；徐崴威，云南财经大学公共管理学院在读硕士研究生。

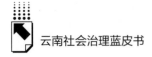

调"公共安全是社会安定、社会秩序良好的重要体现，是人民安居乐业的重要保障"。要牢固树立安全发展理念，自觉把维护公共安全放在维护最广大的人民的根本利益中来认识，扎实做好公共安全工作，努力为人民安居乐业、社会安定有序、国家长治久安编织全方位、立体化的公共安全网。党的十八大提出要加强公共安全体系建设；党的十八届三中全会围绕健全公共安全体系提出食品药品安全、安全生产、防灾减灾救灾社会治安防控等方面体制机制的改革任务；党的十八届四中全会提出了加强公共安全立法、推进公共安全法治化的要求。党和国家把维护公共安全摆在更加突出的位置，并做出了一系列部署。

本报告紧密结合云南的边疆性、多元民族性、多元文化性和特殊区位性等现实省情，重点梳理云南的自然灾害、事故灾难、社会安全事件三大类公共安全现状，剖析云南公共安全治理面临的难点，并提出公共安全治理对策。

一 云南公共安全现状

（一）自然灾害

自然灾害是指给人类的生存、生活环境带来危害或损害的自然现象，包括干旱、洪涝、冰雹、暴雪、沙尘暴、台风等气象灾害；火山、地震、山体崩塌、滑坡、泥石流等地质灾害；风暴潮、海啸等海洋灾害；森林草原火灾和重大生物灾害等。云南的自然灾害主要包括地质和气象灾害，具体的自然灾害包括地震、山体崩塌、滑坡、泥石流、干旱、冷冻等。

1. 地震灾害

云南位于青藏高原隆起地带的东南边坡，处于印度板块与欧亚大陆碰撞地带，自新生代以来，由于受青藏高原地壳物王侧移和阿萨姆顶点楔入的共同作用，区内深大断裂发育，并且构造活动极为复杂，新构造变形和地震十分强烈。因此，云南是中国大陆地震活动最频繁、地震灾害最严重的省份之一。云南分布有 8 个主要地震带，见图 1。

（1）小江地震带。北起巧家，向南经东川、寻甸、嵩明、宜良、澄江、江川，到华宁县南部，全长约 300 公里，是云南省地震活动最强烈的地震带，历史上曾发生过 1500 年宜良 7.0 级、1733 年东川 7.3/4 级和 1833 年嵩明 8.0 级等地震。

（2）通海—石屏地震带。主要包括峨山、通海、建水、牟县，全长约 100 公里，是全省地震活动比较强烈的地震带，历史上曾发生过 4 次 7.0 级以上地震，最大震级地震为 1970 年通海 7.8 级地震。

（3）中甸—大理地震带。北起中甸，经丽江、剑川、洱源、大理、弥渡，南到南涧，全长约 350 公里，历史上曾发生过 1515 年永胜 7.3/4 级、1652 年弥渡 7.0 级、1925 年大理 7.0 级和 1996 年丽江 7.0 级地震。

（4）腾冲—龙陵地震带。北起泸水，向南经腾冲、龙陵延伸至潞西，全长约 180 公里，历史上曾发生过 1929～1930 年腾冲 6.0 级震群和 1976 年龙陵 7.3 级、7.4 级地震。

（5）澜沧—耿马地震带。包括耿马、沧源、双江、澜沧、孟连、勐海等县，全长约 250 公里，是全省 7.0 级以上地震最活跃的地震带，仅 1941 年以来，就发生过 6 次 7 级以上地震，最大地震为 1988 年澜沧 7.4 级地震。

（6）大关—马边地震带。从四川的马边、雷波到云南的永善、大关，全长约 150 公里，以 6.0 级以上地震活动为主，最大地震为 1974 年大关 - 永善 7.1 级地震。

（7）思茅—普洱地震带。以频繁的 6.0 级地震活动为主，最大地震为 1979 年普洱 6.8 级地震。

（8）南华—楚雄地震带。发生过多次 6.0 级以上地震。

云南地区地震活动性具有频度高、强度大、分布广、震源浅的特征；地震的活动主要与活动性断裂密切相关；时间上具群发性，活跃期与平静期交替发生，具有准周期性；空间上丛集成带成簇成区，具有重复性和迁移性；非地震区带上的地震活动具有随机性。云南地区在空间分布上，5.0 级以上地震活动具有较大的随机性，并且分布广泛，几乎在每一平方度范围内都曾

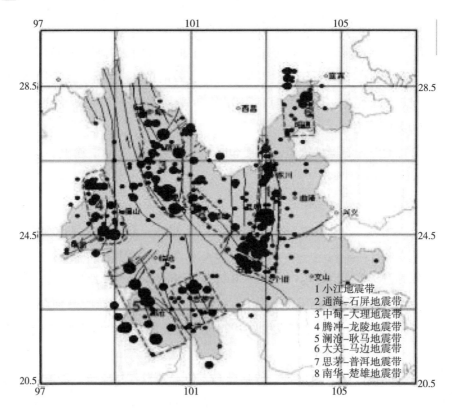

图1 云南八大地震带

资料来源：云南省地震局防灾研究所。

经发生过5.0级及以上的地震，尤其是7.0级以上的大震（6.0级以上的地震被认定为强震），在空间分布上极为不均匀，它具有显著的空间丛集分布特征。据1900年以来的数据，云南自1900年以来平均每年发生3次5.0~5.9级地震，并且每3年发生2次6.0~6.9级地震，每8年发生1次7级以上地震，见表1。

2014年，云南及周边地区（北纬20°~30°，东经96°~107°）共发生可确定为1.0级及以上的地震20385次，其中1.0~1.9级地震15467次，2.0~2.9级地震4149次，3.0~3.9级地震718次，4.0~4.9级地震41次，5.0~5.9级地震7次，6.0~6.9级地震3次。2014年10月7日21时49分

表1　1951～2014年云南重要地震案例数据记录

时间	地点	震级	死亡（人）	受伤（人）	毁坏房屋（间）	经济损失（亿元）	受灾人口（万人）
1951.12	剑川	6.3	423				
1966.2	东川	6.5	306				
1970.1	通海、峨山、建水、玉溪、石屏	7.7	15621	26783	338000	38.4	
1974.5	大关、永善等	7.1	1423	2000	28000		
1976.5	龙陵	7.4	96	2442	42000	24.4	
1985.4	禄劝、寻甸	6.3	22				
1988.11	沧源、耿马等20个县市	7.6、7.2	748	3759	750000	25.1	
1995.7	孟连、西盟、澜沧、沧源、勐海（3次）	5.5、6.2、7.3	11				60
1995.10	武定、禄劝、富民、禄丰等8县	6.5	59	808		7.4	
1996.2	丽江、鹤庆、中甸、永胜等9县	7.0	309	4070		40	
1998.11	宁蒗、盐源	6.2	5				
2000.1	姚安、南华、大姚等	6.5	4				
2003.7	大姚、姚安、元谋等10个县,70个乡镇	6.2	16				100
2007.6	宁洱	6.4	3	419		189.86	
2014.8	鲁甸	6.5	617	3142失踪112	676100		22.97

　　资料来源：周琼：《云南历史灾害及其记录特点》,《云南师范大学学报》（哲学社会科学版）2014年第6期,第24页。

普洱市景谷傣族彝族自治县发生6.6级地震，此次地震为该区域最大地震。2015年云南及周边地区（北纬20°～30°，东经96°～107°）共发生9622次可定位为1.0级及以上的地震，其中1.0～1.9级地震7672次，2.0～2.9级地震1778次，3.0～3.9级地震160次，4.0～4.9级地震9次，5.0～5.9级地震3次。该区域最大地震为云南省临沧市沧源佤族自治县5.5级地震，时间

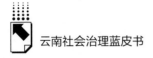

为 2015 年 3 月 1 日 18 时 24 分。①

2. 滑坡、泥石流灾害

云南省受自然条件的约束，目前是我国受地质灾害危害最严重的地区。云南省的地质灾害主要常见类型包括泥石流、滑坡、地面沉降、地面塌陷、地裂缝和石漠化。其中，直接造成生命财产的损失以及对经济社会发展有制约影响的主要灾种有滑坡、泥石流。滑坡、泥石流的灾害点较多并且涉及面比较广泛，还具有很强的突发性。云南省是典型的山区省份，地处六大水系的上游或源头区，河流溯源侵蚀性很强，陡坡地带面积分布很广泛（大于25 度坡地面积占总面积的 39.3%），特殊的地理地貌易造成滑坡和泥石流等自然灾害的形成与发展。往年的地面调查资料和遥感解译资料显示，云南省发生滑坡的地点记录在案的有 6012 例、泥石流沟 3349 条、地面塌陷点 245处、其他地质灾害点有 26 处。②

地质灾害危害。1949～2000 年统计数据显示，整个云南省因发生地质灾害而造成的死亡人数达 9000 余人，有 21000 人受伤，直接的经济损失高达近 72 亿元。从 20 世纪 90 年代以来，地质灾害造成的直接经济损失平均每年可达 4.5 亿元人民币。各类地质灾害导致的死亡人数平均每年达 169人；全省 129 个县级行政区对灾害都有记录，受地质灾害的对象已涉及全省国民经济的各个部门。全省因地质灾害而死亡的人数和直接经济损失在2001 年、2002 年连续两年居全国第一。云南省 129 个县级政府的驻地中，共有 41 个城镇因地质灾害受到不同程度的损害。1986 年以来，受滑坡地质灾害的影响，碧江县城整体很难治理，因此撤销了县制；耿马、镇沅、西盟和元阳 4 个县城的地质灾害发生也较为频繁，为保障安全，政府采取了易地搬迁措施；同样，因地质灾害的原因而实行局部搬迁的县城还有盐津和镇康；维西县和德钦县的搬迁方案已被纳入考虑范围之内，目前已经在认真地讨论与考证之中。在云南省 1419 个乡镇政府的驻地集镇中有 160 余个镇

---

① 云南防灾减灾网，http://www.yndzj.gov.cn/yndzj/301698/index.html。

② 《云南省地质灾害防治规划（2003～2020 年）》，2004 年 2 月 25 日云南省人民政府办公厅云政办〔2004〕44 号公布。

直接受到滑坡、泥石流威胁或危害，其中有 79 个镇受到较严重的危害；还有近 5000 个自然村的 30 余万农村人口处在地质灾害发生频繁的地带，时刻受到地质灾害的威胁。禄劝普福 1965 年发生了滑坡地质灾害，掩埋了 5 个村庄、死亡人数达 444 人；昭通头寨沟 1991 年发生滑坡地质灾害，死亡人数达 216 人，这两次地质灾害是比较典型的灾例。

生产活动地质灾害。矿产资源开采属于人为工程活动，它对地质环境的扰动最为剧烈，因此，矿山与其周边地带都是滑坡、泥石流的高发区。目前，云南省约有 150 个大型和中型的矿山受到地质灾害危害的影响，并有数以千计的小型矿山受到地质灾害的影响。其中，受地质灾害危害较为严重的矿山有东川和易门的铜矿、个旧的锡矿、兰坪的铅锌矿、开远的小龙潭、禄丰一平浪、宣威田坝和楚雄吕合的煤矿等矿山。小龙潭煤矿在治理方面投入了近亿元的经费，但受地质灾害的危害和威胁目前仍未彻底消除。1996 年，元阳县老金山的金矿开采区 4 日内连续发生两次滑坡，有 372 人死亡。

云南省有 1000 余座水库和电站均遭到地质灾害的严重破坏。1989 年 1 月 7 日，漫湾电站左坝肩发生滑坡地质灾害，漫湾电站在此次灾害中受到了严重的损害，因此增加了一大部分计划之外的工程处理费用，约达 1.2 亿元，并且工期也推迟近 1 年，这时期产生的间接经济损失约达 10 亿元；2000 年 8 月 13 日，盈江县汇流河电站发生滑坡地质灾害，毁坏了 1 幢 4 层高的楼房，41 名职工被埋，死亡人数达 13 人、受伤 26 人，造成了近 800 余万元的直接经济损失。云南省由于受到泥石流灾害的影响，目前有 13000 多公顷的农田沙石化。沙石化最严重的区域是小江、大盈江、南汀河和鹿鸣河等流域；1974 年的雨季仅大盈江流域的芒胆河 1 次泥石流灾害就造成近 467 公顷的土地沙石化。[①]

（二）事故灾难

事故灾难是在人们在生产和生活过程中发生的，直接由人的生产及生活活

---

① 《云南省地质灾害防治规划（2003～2020 年）》，2004 年 2 月 25 日云南省人民政府办公厅云政办〔2004〕44 号公布。

动所引发的，它是违反人们的意志、迫使活动暂时或永久停止，并且造成人员的大量伤亡和经济损失或环境污染的意外事件，是具有灾难性后果的事故。

2015年，全省各类伤亡事故起数、死亡人数同比分别下降22.82%和2.93%；生产经营性事故起数、死亡人数同比分别下降63.2%、9.9%；较大事故起数、死亡人数同比分别下降17.33%、11.62%；工矿商贸事故起数、死亡人数同比分别下降20.77%、15.35%。其中：金属与非金属矿事故同比分别下降16.42%、2.6%；化工、危险化学品事故同比分别下降40%、50%；建筑施工事故起数、死亡人数同比分别下降32.35%、23.46%；冶金机械等行业事故起数、死亡人数同比分别下降25%、26.53%；农业机械事故起数、死亡人数同比分别下降46.67%、50%；煤矿事故起数、死亡人数同比分别下降42.11%、74.6%；生产经营性道路交通事故起数、死亡人数同比分别下降13.58%、0.32%。烟花爆竹、民航飞行、水上交通、渔业船舶未接报事故。[1]

2016年1~8月安全生产情况。云南省发生的各类生产安全事故共377起，造成465人死亡，按可比口径来分析，同比分别下降36.9%、上升2.4%。其中重大事故1起，造成10人死亡，同比起数持平，死亡人数下降23.1%；较大事故33起，死亡125人，同比分别下降31.2%、38.1%。[2]

1. 分行业领域情况

（1）农林牧渔业发生事故7起，死亡6人。其中农业企业事故6起，死亡6人；农业机械事故1起，未造成人员死亡。

（2）采矿业发生事故44起，死亡57人。其中煤矿事故8起，死亡17人；金属与非金属矿山事故36起，死亡40人。

（3）商贸制造业发生事故33起，死亡34人。其中化工和危险化学品事故2起，死亡2人；冶金机械八大行业事故25起，死亡24人；批发和零售业事故6起，死亡8人；烟花爆竹领域未发生事故。

---

① 云南安全生产监督管理局官网，http：//www.ynsafety.gov.cn/contents/229/15768.html。
② 云南安全生产监督管理局官网，http：//www.ynsafety.gov.cn/。

（4）建筑业发生事故 69 起，死亡 87 人。其中，道路建设工程事故 22 起，死亡 26 人；房屋建筑及市政工程建设事故 26 起，死亡 34 人；轨道交通建设工程事故 6 起，死亡 6 人；水利建设工程事故 3 起，死亡 3 人；安装装饰工程事故 6 起，死亡 6 人，电力建设工程事故 1 起，死亡 1 人；其他建设工程事故 5 起，死亡 11 人，其中公墓施工事故 1 起，造成 2 人死亡，企业拆除安装事故 3 起，死亡 3 人，企业基建事故 1 起，死亡 6 人。

（5）交通运输发生事故 198 起，死亡 253 人，其中道路运输业事故 176 起，死亡 239 人；铁路运输业事故 22 起，死亡 14 人；水上运输业和航空运输业未发生事故。

（6）其他行业发生事故 26 起，死亡 28 人。其中居民服务业事故 4 起，死亡 4 人；修理业事故 1 起，死亡 1 人；租赁业事故 2 起，死亡 3 人；商务服务业事故 2 起，死亡 2 人，水利业事故 1 起，死亡 2 人；公共设施管理业 2 起，死亡 3 人；电力行业事故 5 起，死亡 5 人；燃气行业事故 1 起，未造成人员死亡；信息传输业事故 5 起，死亡 5 人；技术服务业事故 2 起，死亡 2 人；娱乐业事故 1 起，死亡 1 人。

2. 较大、重大事故情况

较大事故情况。29 起生产经营性较大事故中，按行业分，道路运输事故 25 起；工矿商贸事故 4 起；煤矿事故 3 起；火灾 1 起。按地区分，昭通市 5 起，曲靖市 4 起，楚雄州、西双版纳州、临沧市各 3 起，文山州、大理州、保山市、怒江州各 2 起；昆明市、普洱市、德宏州各 1 起。

重大事故情况。8 月 22 日一辆重型非载货专项作业车在红河州通建高速公路 K20＋261M 处失控冲向对向车道与一辆违法载人的小货车（核载 3 人，实载 12 人）发生碰撞，导致 10 人死亡。

（三）社会安全事件

社会安全事件通常是一种统称，它主要包括重大刑事案件、重特大火灾事件、恐怖袭击事件、涉外突发事件、金融安全事件、规模较大的群体性事件、民族宗教突发群体事件、学校安全事件以及其他社会后果严重的突发性

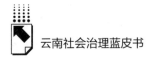
社会安全事件。

1. 毒品犯罪

当前，毒品问题的全球化愈演愈烈，目前仍然处在范围不断扩大的时期，一些国家及地区的毒品问题仍在持续蔓延、泛滥，而且制造毒品、贩卖毒品、滥用毒品的问题也呈现更为严重的趋势。随着毒品的种类、来源不断增多，吸毒人员不断扩大，毒品问题已成为全世界最难解决、最难根除的社会性顽症。在毒品问题全球化的大背景下，毒品的快速扩张在中国依然是非常严峻复杂的，同时，受境外毒品不断渗透的影响，国内制造毒品的问题也日益凸显，并且滥用毒品的问题也不断严重，这使得毒品对整个社会的危害性变得更大。2015 年，全国破获毒品刑事案件共 16.5 万起，同比增长了13.2%；抓获毒品犯罪嫌疑人 19.4 万名，同比增长了 15%；缴获各类毒品102.5 吨，同比增长了 48.7%。[1] 云南毗邻"金三角"毒品来源地，这给其禁毒工作带来了巨大的压力和严峻的挑战。

目前，境内海洛因和冰毒片剂的主要来源地是"金三角"地带。中国国家禁毒委员会办公室与缅甸、老挝中央禁毒委员会合作开展的卫星遥感监测数据显示，近年"金三角"地区种植罂粟的总面积达 60 万~70 万亩，罂粟的产量平均每年可制成 600 余吨鸦片，或制成海洛因 60 余吨。同时，该地区的冰毒片剂平均每年的产量大大超过了海洛因的产量。2015 年，云南、广西、四川、贵州等省、自治区执法部门缴获了 7.3 吨"金三角"海洛因、11.2 吨冰毒片剂，这次缴获的海洛因数量占全国海洛因缴获总量的 83%，缴获的冰毒片剂数量占全国冰毒片剂缴获总量的 93.3%。中国国家毒品实验室检验数据显示，2015 年的前三个季度，"金三角"海洛因占同期国内查缴海洛因总量的 93.8%，冰毒片剂占同期国内查缴冰毒片剂总量的 87.9%。[2]

2015 年是云南省第三轮禁毒人民战争的收官之年，在全省各公安机关的多措并举下，截至 11 月 30 日共破获毒品案件 1.5 万起，同比上升

---

① 中国禁毒网：《2015 年中国毒品形势报告》。
② 中国禁毒网：《2015 年中国毒品形势报告》。

19.2%，抓获犯罪嫌疑人 1.6 万名，同比上升 15.6%，缴获各类毒品 23.3 吨，同比上升 9.2%。2015 年，云南警方与缅甸、老挝、越南等国共同开展禁毒工作，缴获毒品 363 千克，抓获犯罪嫌疑人 26 名，全省共查获各类制毒物品 276 吨。①

截至 2015 年 12 月底，云南全省登记在册的吸毒人员有 20.1 万人，已对其中的 11 万多名吸毒人员分别落实了各类管控措施。2015 年，云南省新发现 2.5 万名吸毒人员，其中一些吸毒成瘾人员被依法收戒。全省街道和乡镇共成立社区戒毒办公室 1179 个，村（居）委会共成立社区戒毒工作小组 4419 个。全省 11 个戒毒康复场所安置容量达到 6700 人，累计安置社区康复人员 2.5 万余人次。云南省卫生和计划生育委员会共建立美沙酮门诊 60 个、拓展服药点 103 个，覆盖 15 个州市、68 个县市区。2015 年，云南省通过群众举报查破毒品刑事案件 2166 起，缴毒 2.4 吨。②

2. 艾滋病的扩散与传播

全国艾滋病疫情。截至 2011 年 9 月底，全国 31 个省（区、市）均有艾滋病的疫情报告，有近 93% 的县（区）报告了艾滋病病毒感染者或病人人数。累计报告艾滋病病毒感染者及病人人数排在前 6 位的省（区）分别是云南、广西、河南、四川、新疆、广东，6 个省（区）的报告人数占全国报告总人数的 75.8%。累计报告艾滋病病毒感染者及病人人数排在前 20 位的县（区、市）主要在云南、广西、新疆、河南和四川。云南、新疆、广西、广东、四川、贵州 6 省（区）因注射吸毒而感染艾滋病病毒的人群的估计感染数平均人数在 1 万人以上，因注射吸毒而感染艾滋病病毒的人群的估计感染数占全国该人群估计感染数的 87.2%。由于各类人群感染率差异较大，因此有明显的地域差异，其中吸毒的人群（特别是注射式吸毒人群）感染率最高。云南、新疆、四川、广西、贵州、广东等省（区）为感染水平较

---

① 《云南警方 2015 年缴获各类毒品 23.32 吨》，《人民公安报》2016 年 2 月 1 日，http：//epaper. cpd. com. cn/szb. html？t = szb&d = 20130801。

② 《云南警方 2015 年缴获各类毒品 23.32 吨》，《人民公安报》2016 年 2 月 1 日，http：//epaper. cpd. com. cn/szb. html？t = szb&d = 20130801。

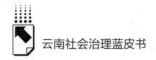

高的哨点，并且较为集中，如云南的红河州、广西的梧州市、新疆的伊犁州吸毒者感染检出率超过50%。①

云南艾滋病疫情。截至2015年10月31日，云南省存活的艾滋病病毒感染者有87634例，其中艾滋病病人33412例；死亡26510例，新发现的艾滋病病毒感染者中，90%以上是通过性传播途径感染。2015年，云南省艾滋病疫情呈现新的特点。首先，性传播途径比例在持续攀升，在2016年新发现的艾滋病病毒感染者中，性传播途径占91.4%，较上年同期上升了1.9%。其次，青年学生和老年人的报告人数增加，60岁以上老年人所占的比例为13.7%，较上年同期增长了1.7%；15~24岁青年学生艾滋病病毒感染者达94例，较上年同期增加了28.8%。再次，边境地区报告的外籍人员感染艾滋病病毒的人数也在逐年上升，相当于云南省累计存活数的10.3%。② 经测算2011~2015年减少HIV"二代传播"550~700人，云南省的艾滋病防治工作已实现了"两降一升"的目标。2014年与2010年相比，采用静脉注射吸毒的人群中艾滋病病毒新发感染率从2.26%减少到1%；暗娼人群感染艾滋病病毒新发感染率从0.45%减少到0.24%；艾滋病抗体呈阳性的产妇所生带有艾滋病病毒婴儿的感染率从6.49%减少到3.16%；艾滋病患者病死率从8.30%减少到4.35%；治疗患者的病死率从3.56%减少到2.21%。

云南艾滋病防治面临的困境。第一，艾滋病流行的时间比较长，患者的基数比较大，而且存活的艾滋病病毒感染者和患者人数仍位居全国之首。在艾滋病病毒的传播途径中经性传播感染病毒者人数正在急速上升，通过性传播已成为主要传播途径。由于防治目标人群的不断扩大，重点地区及人群对艾滋病的预防控制难度在不断增加，随之而来的是，对艾滋病病毒感染者及患者治疗救助的压力也在不断增大。第二，近年来新型毒品的扩散、泛滥，给艾滋病的预防工作带来了新的挑战。第三，需要加大宣传力度，动员和支

① 卫生部、联合国艾滋病规划署、世界卫生组织：《2011年中国艾滋病疫情评估报告》。
② 中国疾病预防控制中心：《云南新发现艾滋病病毒感染者逾九成系性传播》，http://ncaids. chinacdc. cn/yqjc/hdjz2/201512/t20151201_ 122524. htm。

持社会组织参与到艾滋病预防控制工作中。第四，目前距实现联合国艾滋病规划署提出的到 2020 年实现"3 个 90%"的目标还有一段距离，艾滋病的预防控制工作还将面临巨大挑战。

3. 暴恐袭击事件

3·1 昆明火车站暴力恐怖案指的是 2014 年 3 月 1 日 21 时 20 分左右，在云南省昆明市昆明火车站发生的一起以阿不都热依木·库尔班为首的新疆分裂势力组织一手策划的严重暴力恐怖事件。该团伙共有 8 人（6 男 2 女），现场被公安机关击毙 4 名、击伤抓获 1 名（女），其余 3 人也全部落网。此案共造成 31 人死亡、141 人受伤。

2014 年 9 月 12 日，3·1 昆明火车站暴力恐怖案一审宣判，判决被告人伊斯坎达尔·艾海提、吐尔洪·托合尼亚孜、玉山·买买提死刑，剥夺政治权利终身；判决被告人帕提古丽·托合提无期徒刑，剥夺政治权利终身。2014 年 10 月 31 日，3·1 昆明火车站暴力恐怖案二审判决，维持一审判决。2014 年 9 月，9 名疑涉昆明火车站 3·1 严重暴力恐怖犯罪案件的嫌疑人在印度尼西亚被印度尼西亚警方发现，其中 4 人在苏拉威西被警方围捕，3 人逃进森林，另 2 人趁乱逃入马来西亚。2015 年 7 月，印度尼西亚法院对其中 3 名来自中国新疆的嫌疑人进行审判。

4. 边境公共安全

云南省总体面积占全国面积的 4.11%，约为 39 万平方千米，在全国各省级行政区中面积的排名居第 8 位。云南省处于广西壮族自治区与贵州省的东面，四川省的北面，西藏自治区的西北面。云南省的国境线长 4060 公里，与 3 个国家接壤，西面与缅甸（主要口岸是瑞丽）接壤，南面与老挝（主要口岸是磨憨）接壤，东南方与越南（主要口岸是河口）接壤。云南有 25 个边境县。

与其他地区的安全问题相比，边境地区的公共安全问题面临的挑战及压力更大。公共安全事件具有特殊性，即使是边境地区的各类突发事件与内地的突发事件相同，但由于边境地区特殊的地理位置、自然条件、经济社会环境及民族宗教等因素叠加起来而变得更加复杂。此外，近年来民族分裂和宗教极端势力在一些边境地区活动比较猖獗，且呈现不断扩张的趋势，严重威胁到社会的稳定发展与国家安全和安定。近年来，随着经济快速发展，人口快速流动，区域开发力度的加大，各种自然灾害、事故灾难、群体性事件等突发事件的发生频率显著上升，这对边境地区人民的生产生活及社会的安定造成了很大的影响，甚至对民族团结、边疆安全和国家统一大局也构成了一定的威胁。边境安全是保障国家安定与安全的一道外围屏障，因此，安全问题在很大程度上会受诸多因素的影响。在全球化的背景下，边境安全问题所面临的威胁和挑战在不断增多，若要切实地维护好边境的安全，就必须要积极地开展针对边境安全的研究。只有积极、系统地深入研究边境的安全问题，才能切实维护好边境的安全，才能提供有效的理论依据和现实的指导方法。

所以说，研究云南边境安全具有很大的必要性。根据云南边境地区的特殊地理位置深入分析边境地区公共安全问题的发展规律以及公共安全治理体系所存在的问题，从而强有力地推动边境地区公共安全治理体系现代化的进程，具有非常重要而又紧迫的现实意义。

二 云南公共安全治理存在的问题

云南边疆民族地区是我国国家安全和边防安全的重要地带，也是我国地缘政治的重要地理屏障。边疆民族地区的安全与稳定将直接影响到我国总体国家安全战略的现实走向。云南与越南、老挝、缅甸等东南亚国家交界，陆地边境线长达 4060 公里，[①] 是国家"一带一路"战略的重要支点，其特殊的地缘政治位置，决定了它在国家安全战略建构中具有特殊的地位。近年来，由于美国"亚洲再平衡"战略的实施，云南边疆民族地区的地缘政治环境越来越呈现复合化趋势；而随着国内社会的深刻转型，云南边疆民族地

---

① 云南省地方志编纂委员会：《2015 云南小康年鉴》，云南出版集团、云南人民出版社，2016，第 96 页。

区的社会风险也有增大的趋势，其安全形势呈现复合化趋向及国内冲击与国外冲击相叠加、族际问题与区域问题相叠加、传统安全与非传统安全相叠加等特点，公共安全问题越来越突出。随着云南经济社会加快发展与转型发展深入推进，各州（市）开发力度加大，人口流动频繁活跃，云南省宏观安全形势面临较大挑战，自然灾害、事故灾难、公共卫生事件以及社会安全事件等发生的频率有所提升。云南省民族宗教文化格局较为复杂，近年来，因国外以及国内多重复杂因素的影响，宗教极端势力以及分裂势力的渗透活动有所增强，跨境安全事件有所增多，对云南边疆民族地区人民的生产生活、社会稳定造成一定的影响，甚至对民族团结、边疆安全构成威胁。

（一）自然灾害进入多发频发期

由于云南省地理地质环境特殊，受印度板块和青藏地块双重动力作用的影响，目前云南已进入强震活动期，地壳运动和强震活动剧烈、频繁。云南省气候条件复杂，地质环境脆弱，近年来受全球气候异常变化的影响，暴雨、干旱、冰雹等极端天气时有发生，且时间、空间分布出现异常，特大洪涝灾害、山洪地质灾害、森林火灾、旱灾等发生的概率较高。由于云南水利基础设施建设历史欠账较多，部分老旧水坝安全隐患依然突出。由于云南对外开放步伐加快，加上个别地区和部门监管不到位，有害外来生物的防控形势依然严峻，局部地区的农业、林业生产和生态环境存在潜在的风险。据有关部门统计，2015年，云南省因各种自然灾害而受灾的人次达1331.77万，全省直接经济损失达144.83亿元，其中农业损失高达88.42亿元。各种灾害导致的死亡和失踪人数分别为87人和17人；旱灾导致164.96万人口需要生活救助，10.69万人口被迫接受紧急安置转移；有9.04万户家庭的32.26万间房屋被认定为一般损坏，11804户家庭的41029间房屋严重损坏，3101户家庭的8210间房屋全部倒塌；农作物受灾和绝收的面积分别为1064.24平方千米和155.63平方千米。就全省全年自然灾害发生的总体特点而言，洪涝和地质灾害、旱灾、低温冷冻和雪灾所造成的经济损失排在前几位；影响最广、发生次数最多的灾害为洪涝灾害、地质灾害和风雹灾害；

导致受灾人口数量最大的灾害为旱灾、洪涝和地质灾害；导致农作物受灾面积和绝收面积最大的灾害为旱灾、洪涝和地质灾害；造成倒塌房屋数量最多的灾害为洪涝和地质灾害；造成严重损坏房屋数量最大的灾害为地震灾害；造成一般损坏房屋数量最多的灾害为风雹灾害。[①]

（二）事故灾难防控形势严峻

云南省安全生产工作历史欠账较多，配套安全基础设施建设滞后，社会安全防范意识薄弱，安全事故灾难隐患短时期内无法消除，安全生产事故呈多发态势，形势较为严峻。由于云南目前正处于追赶与跨越式发展时期，公路、铁路、机场、电力、炼油等大中型基础设施项目建设仍处于较快发展阶段，由此带来的重特大事故发生概率依然较高，预防与处置因基础设施与生命线工程而导致的安全事故难度依然较大。随着机场、高铁和公路的增多，各种重特大交通事故的防范和处置难度激增。危险化学品泄漏、重金属等威胁生态环境的问题依然存在，突发性的重大、特大环境污染事件的隐患难以从根本上消除。就云南安全生产管理所面临的形势而言，云南省加快发展与转型发展同步推进，历史包袱较多，新问题与新情况日益出现，制约和影响安全生产的关键性问题仍未解决，管理工作任重道远，安全生产形势短时期内无法实现根本性好转。其主要存在三个突出问题：一是强化监管、严格执法仍存在问题。"打非治违"和安全生产专项整治工作有待提高，部分企业非法违法行为导致的安全事故占比依然较高；煤矿、非煤矿山和重化工等传统行业转型升级压力较大，工作推进困难重重，安全生产日常监管不到位，隐患排查整治不及时，执法过于软弱、过于宽松、不想执法、不敢执法、胡乱执法的问题较为突出；安全生产大检查不严格、不深入、不规范，存在敷衍塞责、只做表面工作的问题。二是企业主体责任落实需加强。与安全生产行政责任得到强有力的落实相比，企业主体责任落实不到位已成为安全生产

[①] 周桂华、杨子汉：《2015年云南主要自然灾情分析》，《灾害学》2016年第3期，第138～145页。

管理的难点和短板，特别是在当前经济下行压力不断增大的情况下，高危行业企业和"散、小、弱"企业落实安全保障的问题显得更加突出。三是监管基础工作仍需加强。虽然全社会高度关注安全监管，各级党委政府高度重视和推进安全监管，但安全监管的基础性工作还存在诸多问题，监管对象不清、责任不明，检查缺乏标准，工作缺乏系统性、全面性、规范性，监管能力、临管水平与监管任务与要求仍不相适应。①

（三）公共卫生事件防控难度增大

云南省卫生基础薄弱、食品安全面临新挑战，传染病防控形势较为严峻，新发传染病、群体性不明原因疾病等引发重大、特大公共卫生事件的可能性较高，防范高致病性禽流感、口蹄疫等动物疫情传入或暴发的难度较大。近年来，云南的老疫病、老疫区虽然得到有效控制，但不排除在某种条件下可能出现新情况。食品安全风险隐患依然较多，加上居民的一些饮食习惯仍未得到改变，食物中毒事件将不可避免，食品安全事故防范压力依然较大；部分区域假冒伪劣药品仍然较为猖獗，打击任务较重，公众生命健康安全面临威胁。云南与越南、老挝、缅甸等国接壤，边境线长，特殊的省情、特殊的地理位置决定了其既要"控内"又要"防外"，输入性疫病疫情的老问题依然存在，防止周边疫病疫情输入仍将是云南省公共卫生事件防控的一大任务，公共卫生事件防控难度增大。与此同时，云南省是一个"边、山、少、穷"的省份，由于财政困难等因素，"重处置、轻建设"的情况普遍存在，公共卫生应急经费不足，州（市）、县级公共卫生应急经费不足尤为突出。这种现实困境导致州（市）、县级公共卫生基础设施建设、信息化建设以及物资储备体系建设滞后。应急队伍装备差、专业人才匮乏、缺乏培训和演练、物资储备保障差，这些影响到突发公共卫生事件处置和紧急医疗救援规范化、科学化发展，突发公共卫生事件处置和突发事件医疗救援能力不强。

---

① 杨亚林：《关于 2015 年全省安全生产工作情况和 2016 年重点工作安排的汇报》，云南省安全生产信息网，2016 年 6 月 7 日，http：//www.ynssafety.com/index.php/yaowen/show/360.html。

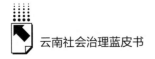

（四）社会安全面临新的威胁

因云南省经济社会的加快发展与转型发展，经济社会结构发生了明显而深刻的变化。边疆民族地区政治与社会生态的脆弱性，致使在经济发展、社会建设、资源开发、生态保护和对外开放过程中，传统生产生活方式与现代生产生活方式的矛盾日益突出；利益格局的重新分配与调整，造成个别地区社会矛盾突显，暴发群体性事件的诱因日益增加。近年来，云南省因"涉军"、"民师"、生态环保、征地拆迁、涉法涉诉、劳资纠纷、市场管理、民族宗教等因素引发的群体性事件时有发生。如晋宁"10·14"事件、"涉军"群体"5·18"反越游行事件、"6·16"聚众上访事件等。① 云南省反恐维稳形势依然严峻，昆明"3·1"恐怖事件暴露了云南省反恐应急管理的弱点。近年来"三股势力"在云南边境偷渡的问题突出，仅2014年，累计核查涉恐案件4000余条次，破获相关偷越国（边）境案件67起，查获涉案人员401人。② 伴随着人口的频繁流动，云南省社会管理的任务日益加重、压力日益加大；互联网时代所带来的网络安全与信息安全问题日益突出，也使得云南省新形势下维护社会稳定的任务艰巨。近年来，涉黑涉恶、涉黄涉赌、涉枪涉爆等治安刑事案件时有发生。如腾冲"1·30"持枪杀人案、文山"3·19"投毒案、楚雄"6·9"爆炸案、曲靖宣威"6·15"破坏铁路设施案等。③ 由于云南边境线长，边境政治舆情复杂，跨境公共安全问题突出。云南省边疆民族地区的对外开放，打破了传统的国内公共治理模式，一些涉及边疆、跨境、国际因素等的特殊公共治理问题开始成为云南社会安全治理的新挑战。诸如跨境婚姻、跨境走私、跨境贩毒、跨境人口买卖、跨境军火交易、跨境涉黄赌毒、宗教文

---

① 云南省地方志编纂委员会：《2015 云南小康年鉴》，云南出版集团、云南人民出版社，2016，第395页。

② 云南省地方志编纂委员会：《2015 云南小康年鉴》，云南出版集团、云南人民出版社，2016，第394页。

③ 云南省地方志编纂委员会：《2015 云南小康年鉴》，云南出版集团、云南人民出版社，2016，第395页。

化跨境渗透以及"三非"人员跨境流动等近年来所带来的安全威胁呈上升之势。与此同时，缅甸内战对云南边疆地区也存在安全威胁，难民的涌入与管理挑战地方政府的常态管理。

（五）宗教文化因素引发的公共安全问题有所抬头

云南边疆民族地区是多元民族、多元宗教、多元文化的汇集区域，文化形态复杂，不同宗教的信众较多。云南外来的宗教种类繁多，佛教、伊斯兰教、基督教、天主教、道教五大宗教均有信徒，形成多元宗教信仰。[①] 近年来，部分宗教在信徒发展、教派文化、信仰差异等方面引发的矛盾较多，甚至带来较为恶劣的社会冲突事件。云南多民族聚居地区众多，各民族之间在语言、文化、习俗等方面存在的差异，在特定时候可能会成为影响边疆民族地区公共安全的诱因，某些偶发事件往往容易引发民族间的冲突和矛盾。伴随着时代的变迁，少数民族历史上所尊崇的民族习俗以及传统的民族社会结构正面临巨大的适应性挑战，特别是个别地区在执行国家民族与宗教政策上的偏差，可能会成为民族冲突事件的导火索。此外，由于云南毗邻西藏，达赖喇嘛分裂势力的影响不可忽视，其敌对渗透是云南边疆民族地区社会大局稳定的潜在隐患。目前，境外宗教渗透和非法宗教活动已成为云南边疆民族地区必须认真面对的新挑战，虽然近年来政府高压的打击态势使这一问题有所缓解，但很难从根本上解决。受地缘等因素影响，云南某些边境地区群众在语言、文化、习俗上与境外比较接近，因而比较容易受到境外宗教活动的影响。近年来，云南某些边境地区传教活动频繁，教堂数量增长较快，信教群众又多集中在农村和偏远山区，很难对其依法管理。受国际政治气候的影响，某些外部势力和某些境外组织试图打着民族宗教的幌子，以帮助某些弱势群体为借口，插手云南边疆民族地区的社会事务，蛊惑普通群众对抗当地政府和社会组织，这也成为边疆民族地区社会治理的一种新隐患。

---

① 赵沛曦：《多元宗教与社会和谐——云南丽江少数民族宗教文化互动的调查研究》，《云南师范大学学报》（哲学社会科学版）2009 年第 4 期，第 56 页。

（六）公共安全应急管理尚存短板

近年来，云南省应急体系建设取得了显著的成效。然而，面对新的公共安全形势，仍然存在以下几个方面的短板。一是体制建设仍然滞后，应急联动机制亟待完善。"重处置、轻预防"的现象不同程度存在；部分州市政府、有关部门应急管理办事机构人员配备少、年龄知识结构不合理、业务水平不高；应急管理办事机构普遍存在人员不足、职能职责不清等问题。二是基层应急管理能力弱，推进范式有待转变。基层应急预案的实用性、针对性和可操作性有待提高；对基层应急管理的重视程度不高、投入不足、人员不足、装备不精；风险隐患排查不到位；应急知识的普及宣传形式化、实际效果差；人民群众的自救互救能力有待提升。三是应急资源整合难，集成效率低。应急队伍之间的协同作战、联合演练不足，地区之间、部门之间、军地之间的协调联动机制不健全；应急物质储备缺乏全省性统筹协调和布局；政府应急平台和部门专业应急平台技术标准不一、互相独立、互联互通难；监测预警体系纵向联系紧密，但横向整合难度大，联系程度低。四是应急救援专业队伍结构布局不合理，专业化水平不高。综合应急救援队伍数量不多；专业应急救援队伍在性质上多为兼职队伍，装备难于达标、培训演练不够；与对外开放战略相适应的重大项目应急救援力量有待提升，跨境国际应急合作机制有待完善。五是社会动员机制建设滞后，应急管理的社会参与程度需要进一步提高。社会动员政策体系不完善；社会力量参与程度低、参与方式单一；社会组织培训不足，金融、保险参与度低；志愿者队伍建设滞后；救灾捐赠机制不完善。

三 云南公共安全治理的对策及建议

近年来，边疆地区公共安全出现一般公共安全事件（自然灾害、事故灾害、公共卫生事件以及社会安全事件等）与边疆特殊公共安全事件相互叠加、相互交织，对边疆民族团结、边疆安全、国家统一以及人民生产生活、社会稳定构成了新的威胁，严重影响了边疆地区的公共安全治理格局。

党的十八届三中全会提出推进国家治理体系和治理能力现代化的全面深化改革目标，边疆地区公共安全治理是国家治理体系中的重要环节，安定、有序的边疆公共安全环境是推进国家治理体系"善治"目标的题中之意，亦是适应国家"一带一路"战略目标的必然选择。对此，我们应从完善国家治理体系的整体战略高度来推进边疆地区公共安全的有效治理，以重塑治理理念、推进公共服务均等化、完善突发事件应对机制、加大非传统公共安全打击力度等为主要方式，实现边疆民族地区公共安全治理能力的现代化。

（一）转变和创新治理理念，把公共安全治理纳入国家安全治理体系

1. 加强公民意识教育和法治观念教育，增强公民的国家认同感

在国家治理结构框架下，公民意识、法治观念以及民族国家认同等意识形态的教育和灌输是维护边疆民族地区公共安全的基础，意识形态、价值理念教育以内化的方式构建现代公民个体，使得公民、族群、社群在维护国家统一、社会稳定中产生巨大的凝聚效应。在边疆公共安全治理格局中，强化边疆民族地区"国家认同、公民责任意识、法治观念的输入，是维护边疆多民族地区社会稳定及多民族、多宗教团结的基石"。[①] 公民的国家认同意识、民族认同意识以及法治意识的强弱将直接对边疆地区公共安全环境产生重大影响，尤其会对公共安全危机预警机制的成效产生决定性影响。因此，我们在推进边疆公共安全治理过程中，要进一步强化以国家认同、公民责任意识以及公共安全危机意识为主要内容的意识形态教育，应以完善国民教育体系和公共文化服务体系为抓手，把爱国主义教育、理想信念教育以及公共安全教育纳入大学和中小学学校教育体系，以社会主义核心价值观教育筑牢青少年对国家、民族的认同感和归属感。在推进边疆民族地区公共文化服务体系建设的同时，积极探索从多层次、多角度强化公民国家观念、法治观念、公民责任观念教育，尤其应进一步理清国家统一与民族多样性、宗教信

---

① 周平：《中国族际整合模式》，《学术探索》2009 年第 6 期。

仰的关系，正确看待边疆经济社会发展中出现的各种利益矛盾和冲突，明确民族情感、宗教信仰在社会经济政治生活中的范围和作用，不断增强民众对国家的认同、对中华民族的认同和对中华文化的认同。通过不断创新国家认同教育形式，强化公民对边疆地区和国家核心区域同属一个利益共同体的认知，建立起公民对国家、中华民族的强大信心和信念。

2. 坚持开放发展的理念，为边疆公共安全治理奠定坚实的物质基础

我国边疆公共安全问题的产生和发展是多重因素共同作用的结果，包括民族差异因素、地域因素、宗教文化因素等。然而，在本质上讲，边疆公共安全问题产生的根源在于国家整体区域间的发展不均衡，边疆地区长期处于贫困落后的现状是产生各种公共安全问题的最根本原因。长期以来，由于历史文化、区域环境以及国家治理模式等因素的共同影响，处于国家主权边缘地带的边疆地区一直相对贫困、落后，发展问题是解决边疆地区所有问题的核心和关键。因此，我们应以发展的理念来推进边疆公共安全治理。一是要结合国家"一带一路"战略和沿边开发开放，努力推进边疆地区经济结构转型升级，加快优势资源开发利用，培育区域优势产业和经济比较竞争优势。二是要加大对外开放力度和对外经济合作交流，努力提高边境经济合作区、跨境经济合作区的发展水平，通过深度融合与互惠互利开放合作，与周边国家建立广泛的利益共同体，以为我国边疆地区经济发展提供动力引擎。三是加快边疆地区交通、通信网络等基础设施建设和教育、科技、文化、卫生等公共服务设施建设，加大扶贫开发力度和对口支援力度，重点增强边疆地区经济社会发展的自我造血功能，为边疆地区经济社会发展和公共安全治理奠定良好的物质基础和前提条件。

3. 推进边疆地区公共服务体系建设，构建全体国民利益共同体

近年来，随着我国经济社会结构的深刻变革，人们的利益诉求日趋多元化、多样化，人们基于利益需求的各种冲突和矛盾正成为公共安全问题的重要组成部分。边疆民族地区由于长期处于贫困落后的状况，教育、医疗、就业等各种公共服务没有得到及时、有效的改善，各种不满情绪长期聚积，成为产生公共安全问题的诱发性因素。当这些不满情绪被民族分裂势力、宗教

极端势力诱导和蛊惑，出现公共安全诱发因素相互叠加现象，各种公共安全事件就会出现。

在边疆公共安全治理进程中，我们应着力构建全体国民的利益共同体意识。一是要着力完善边疆与核心区之间互联互通的基础设施建设，构建起国家整体范围内的经济社会一体化发展格局。二是要着力推进边疆地区公共服务的均等化。一方面，进一步加大对教育、医疗、社会保障等基本公共服务的建设力度，增强中央和省级政府对边疆地区的财政转移支付力度，确保边疆基本性公共服务持续改善，以不断满足民众对基本公共服务的需求。另一方面，要着力增强以就业为核心的公共服务。就业是民生之根本，亦是维护边疆地区社会稳定的重要基础。长期以来，受经济发展环境和教育水平的限制，边疆地区就业容量小、人口素质低等因素一直比较突出，农村剩余劳动力得不到有效转移，就业困难长期存在，并成为影响社会稳定的重要因素。对此，我们要进一步提高边疆地区各级学校的升学率，大力发展职业教育，增强人口素质，以教育现代化实现公民现代化，努力提升公民的就业能力。同时，要大力扩展就业渠道，加大边疆地区剩余劳动力向东部发达地区转移，增加边疆地区居民收入，有效维护社会和谐稳定。

（二）探索和改进公共安全治理机制，加大对非传统安全事件的打击力度

1. 加大宣传和舆论引导，切断各种民族宗教分裂势力、恐怖主义势力的思想渗透

非传统安全事件是构成边疆地区公共安全的重要组成部分。近年来，在国际反华势力借助所谓"民族问题""宗教问题"以及"人权问题"极力干扰和破坏我国的发展与稳定的背景下，边疆地区相继出现由国内外暴力恐怖主义、民族分裂主义以及极端宗教主义势力操纵和挑起的暴恐事件和突发群体性事件，严重破坏了边疆地区的社会稳定和发展。这些事件的共同特征是首先通过互联网媒体及其他电子媒介进行极端宗教思想和极端民族主义思想渗透，在境内培养思想极端主义分子，并借助各种机会歪曲不同民族、群

体之间的关系，误导公众舆论，制造民族冲突、宗教冲突等突发公共安全事件。针对国内外恐怖主义势力、民族分裂势力不断进行极端主义思想渗透的现状，我们在边疆公共安全的治理过程中，要进一步加大宣传和舆论引导，依托学校、基层组织、大众传媒以及宗教组织开展反渗透宣传，大力宣传党和国家的民族政策、宗教政策，在尊重民族传统和宗教信仰自由的前提下，客观阐述宗教与社会、民族与国家的关系，引导信教群众和各个少数民族群众树立正确的宗教、民族观念，强化爱国主义教育和社会主义核心价值观教育，占领边疆公共安全之舆论宣传主阵地。加大网络媒介和其他电子媒体的监管与监控，及时清理各种宣扬和煽动各种暴力恐怖主义、民族分裂主义和极端宗教主义的信息，杜绝各种违法信息传播渠道。同时，要依托各类基层组织深入开展社区、村镇走访调研活动，鼓励广大群众举报"三股势力"的信息传播渠道，及时发现和铲除各种恐怖主义滋生的温床。

2. 严厉打击各种民族宗教分裂势力、恐怖主义势力，维护边疆民族地区大局稳定

近年来，各种分裂和极端势力异常活跃，恐怖主义活动日趋频繁并呈现向内地发展的趋势，严重威胁边疆地区乃至全国范围内的发展与稳定。因此，严厉打击各种民族宗教分裂势力、恐怖主义势力成为当前我们强化边疆地区公共安全治理的重要任务。

首先，结合国家打击暴力恐怖主义活动专项行动，加大对"三股势力"的打击力度，边疆地区基层政府应积极配合和支持边防部队、武警、国安部门开展暴恐事件专项打击活动，同时，要积极发动群众，构建预防和打击暴恐势力的群防群治网络，形成以公安安全部门为主导、基层政府大力协助、各类社会组织和公民群体广泛参与的打击恐怖主义格局。其次，要进一步加强国际反恐合作，实现边境国家反恐信息共享，压缩恐怖主义的国际生存空间。我们要依托"上海合作组织"框架、大湄公河次区域合作机制等国际合作机制平台，加强与中亚、南亚、东南亚国家的反恐双边、多边合作，积极与阿拉伯国家、国际反恐组织沟通与协调，强化打击恐怖主义国际协作机制。

3. 进一步加大跨国犯罪打击力度，维护边疆经济社会正常发展秩序

跨国犯罪包括跨国贩毒、跨国人口买卖以及走私活动等。近年来，随着国家"一带一路"战略和沿边开放战略的深入推进和实施，边疆地区与邻国之间的经贸、人员往来日趋频繁，这有效地带动了当地的经济发展，然而同时也给边疆地区的公共安全和社会稳定带来了新的更大挑战，尤其是以跨国贩毒、跨国人口买卖以及走私为主要内容的跨国犯罪不断增多，成为威胁边疆地区经济社会发展的重要阻碍。因此，我们在加大边疆地区对外开放的同时，要积极加强边境防控，提升边境安检质量和水平，努力打造安全边疆，以公安、边防部门为主体，对贩毒、走私、人口偷渡等违法犯罪行为进行严厉打击。同时，在广大边民群众中做好法制教育，尤其要对参与跨国犯罪行为的危害及法律惩处进行广泛的宣传，并制定出台举报各种犯罪线索的奖励机制，鼓励广大民众参与到打击跨国犯罪的斗争中来，共同维护边疆地区社会的和谐稳定。

（三）强化公共安全应急管理体系建设，增强突发公共安全事件应对

1. 强化公共安全教育与宣传，增强公民应对公共事件意识

长期以来，我国边疆地区一直是各种自然灾害、事故灾害及突发公共事件的易发多发地带，地震、泥石流、滑坡、洪涝、极端天气事件和森林火灾、资源开采矿难事以及突发公共卫生事件等一般性突发公共事件严重地影响了边疆地区的经济社会发展和人民群众的生产生活。因此，增强公民对突发公共事件的意识和应对能力就成为我们完善边疆公共安全应急管理体系的重要抓手。

当前，面对边疆地区突发公共事件普遍增多的现实，我们要以强化群众突发事件安全意识、紧急避险意识和自救互助能力为重点，广泛开展应急知识普及宣教工作，切实加强基层政府在应急知识普及宣教工作中的组织领导，完善制度，明确责任主体，形成应急知识普及宣教工作长效机制和社会动员的知识基础。在完善边疆地区社会治理架构中，把应急科普宣传纳入应

急管理部门年度工作计划，建立常态化的应急科普宣传机制。多形式、多渠道并举，加强面向农村边远山区、贫困地区的应急知识普及宣传。加强基层应急知识普及宣传教育基地建设，着力培养一批熟练掌握应急知识普及宣传的人才队伍。

2. 建立健全突发事件应急管理体系，提升边疆地区突发事件应急管理能力

建立健全突发事件应急管理体系，提升边疆地区各级政府应对突发事件的能力，是彰显边疆地区公共安全治理体系和治理能力现代化的重要内容。当前，面对边疆地区各类自然灾害、事故灾害、公共卫生事件、社会安全事件等一般性公共安全事件频繁发生的现实，推进各级政府突发事件应急管理体系建设就成为我们推进边疆地区公共安全有效治理的迫切需要。对此，一是要建立健全突发事件监测预警体系，形成省、州（市）、县三级相互衔接、规范统一的突发事件预警检测网络体系。包括构建完善的突发事件应急管理平台、监测预警网络、预警信息发布体系等，保障各类突发事件在发生前得到及时有效的监测和预判，同时也确保其能够得到有效的提前处置。二是要建立健全突发事件应对预案。按照"横向到边、纵向到底"的要求，规范突发事件应急管理预案编制，实现预案动态管理。依据信息公开的要求，做好预案备案和社会公布。切实加强预案培训演练，实现演练常态化和规范化。三是要进一步增强基层突发事件应对能力建设。应急管理能力建设的重点在基层，难点也在基层。推进边疆公共安全治理体系和治理能力现代化，要充分结合边疆地区的社会治理特征，充分发挥公安、边防部队在突发事件应对中的骨干和突击力量作用，努力提高公安、边防救援队伍的综合协调能力，形成统一指挥、协调有序、运转高效的应急救援联动体系。四是构建"横向到边，纵向到底"的边疆地区突发事件应急管理组织体系，实现应急管理"五级全覆盖"。强化地震、地质、气象、交通、电力、电信、市政公用设施、安全生产、公共卫生防疫、动物疫情、反恐、环境污染事件和医疗救助等领域专业应急救援队伍力量建设。建立健全各地、各部门协调配合机制，推进专业应急救援力量快速、有序、高效集成，形成救援合力。通过构建科学、有效的突发事件应急管理体系，实现边疆地

区一般性公共安全事件的有效预防与及时处置，为建立和谐、稳定边疆奠定基础。

3. 推进突发事件应对跨境、跨区域合作机制建设，增强边疆地区突发事件应对信息共享和共同应对

当前，我们应主动服务和融入国家"一带一路"战略，围绕辐射中心建设，充分发挥边疆地区重要开放门户的作用，以维护国家边疆安全为重点，强化跨国突发事件应对交流和合作，积极构建跨国突发事件应对管理交流合作平台。

建立应急管理的国际合作交流平台，通过高层交流、联合训练、应急培训等渠道，提高共同应对新挑战、新威胁的能力。拓展与邻国同级行政区域之间的应急管理国际合作，加强边境安全、反恐、缉毒、灾害救援、经济犯罪、网络犯罪、传染病疫情防治以及生态环保等领域的双边与多边应急管理合作。建立针对跨境重特大突发事件的风险评估、信息研判、预警监测、应急响应、海外派遣、现场协调、科普宣教等工作机制。建立区域性预警机制，依托各国已建立的应急预警监测平台，加强预警信息的互联互通，建立完善的信息传递、公开和反馈机制。深化自然灾害、联合反恐、联合执法、疾病卫生等合作，建立双边或多边的突发事件联防联控、联合协同机制。

B.4

云南旅游治理研究

邹再进　姜　科　刘　艳　沈芳竹*

摘　要：　旅游治理问题自20世纪80年代受到学界和实业界广泛关注以来，人们一方面不断探索和构建其理论体系，另一方面积极展开实践，取得了丰硕的成果。云南的旅游治理虽然起步较晚，但其在旅游产业持续、快速、健康发展中发挥了巨大的作用。本报告从旅游治理的框架构建着手，在分析云南旅游治理的现状和存在的问题基础上，提出了促进和完善云南旅游治理的对策。

关键词：　云南　旅游　治理

一　旅游治理概述

（一）治理理论

在西方国家管理面临危机、公民社会不断发展以及社会组织迅速成长的背景下，治理理论在公共管理理论的基础上逐渐形成并发展。治理理论既继承了新公共管理对工具理性的追求，又引入了价值理性（即政治价值、民

---

* 邹再进，云南财经大学教授，主要研究方向：旅游管理与公共服务；姜科，云南财经大学公共管理学院助理研究员，主要研究方向：公共管理；刘艳，云南财经大学公共管理学院行政管理专业2015级硕士研究生，主要研究方向：行政管理；沈芳竹，云南财经大学公共管理学院行政管理专业2015级硕士研究生，主要研究方向：行政管理。

主价值或公共价值）的内涵，体现出公共管理之公共性与技术性的有机统一。治理理论倡导政府与私营部门以及公民社会的伙伴关系，主张政府、市场、公民社会组织以及个体公众共同参与管理一定范围内的公共事务，追求实现经济、效率、效能、公平之目标。[①] 治理理论的核心理念是公共管理中多元权力主体并存和多向度权力运行的机制，其实现了公共领域与私人领域的渗透、外部理性化与内部经济化的整合、政治价值与工具理性的互补。[②]

1. 善治

治理是政府与其他公共组织、私营部门、公民社会等建立合作伙伴机制，共同管理公共事务，促进社会发展进步的行为。不过治理并不是万能的，各参与主体之间必然存在利益冲突，冲突导致共同目标无法达成等，各种原因和不确定因素都会导致治理失灵。善治，则是应对治理失灵的方法。我国著名学者俞可平对善治做出了总结，首先尝试将善治的中西方含义进行结合，这具有重要意义。他认为，善治的本质是让政府与公民共同参与一定范围内公共生活的管理，旨在追求公共利益的最大化。[③] 其次，他提出了善治的十个基本要素，对我国治理和善治理论研究领域的进展以及具体实践的推动起到关键性的作用。善治意味着政府观念与职能的转变，解构现有权力，鼓励公民参与，强化公民意识，在改变政府运作方式的同时，更多地体现人民的主人公地位以及政府的服务角色，以此形成政府与公民社会合作互惠的新型治理模式。

2. 多中心治理

多中心治理理论作为目前公共管理领域的前沿理论，与官僚行政理论具有明显的区别，其强调建立多个权力中心或者服务中心，打破单中心的政府服务模式。在这种范式下，政府变直接管理为间接管理，通过制度和模式的

---

① 黄建荣：《公共管理新论》，社会科学文献出版社，2005，第276~279页；曾峻：《公共管理新论：体系、价值与工具》，人民出版社，2006，第107~140页。
② 李德国、蔡晶晶：《作为公共管理的治理理论》，《理论与现代化》2004年第5期，第54~58页。
③ 俞可平：《治理善治》，社会科学文献出版社，2000，第79页。

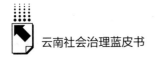

创新，纳入更多参与主体，从而形成全新的社会治理氛围。

多中心治理具有以下特点。

①强调公共服务供给主体的多元化。除政府之外，社会组织、社区、企业、志愿者等都应成为公共服务供给的主体，以此形成复合型的网络治理模式，达到资源共享、相互配合、满足公众多元化需求的目标。

②强调各个中心的自主组织、自主治理。多中心治理的结构是网络型的，且按照一定的规则组织，公民可以采取多样灵活的方式与途径直接向服务主体表达自己的利益诉求。

③强调公众的参与和保证公民利益的最大化。在多中心治理框架中，公民通过参与政策制定，切实保障自身利益；同时，还可以通过与政府的互动以及对政府治理绩效的评价，对政府行为进行监督。

④强调治理过程中的合作与竞争。"多中心"意味着参与主体的多元化和供给服务主体的多样化，各主体之间关系平等、资源共享，既相互合作，又追求自身利益的最大化。①

3. 网络治理

斯蒂芬·戈德史密斯和威廉·D. 埃格斯提出，网络治理指政府与第三部门、非营利组织、志愿者组织等通力合作，共同参与公共管理、提供公共服务的新型模式。② 我国著名学者陈振明认为，网络治理是政府部门为促进公共利益最大化的实现，与多元主体（其他公共组织、企业、私营部门和公民等）合作互惠、资源共享、相互依赖，更好地管理公共事务、优化公共服务的过程。③ 网络治理模式在汲取新公共管理追求市场、效率等要素的基础上，把公民参与、协商对话等精神融入公共服务中，④ 通过制度、组织

---

① 褚奇松：《"多中心治理理论"视野下服务型政府建设的思考》，中央民族大学硕士学位论文，2014。
② 斯蒂芬·戈德史密斯、威廉·D. 埃格斯：《网络化治理：公共部门的新形态》，孙迎春译，北京大学出版社，2008，第72页。
③ 陈振明：《公共管理学》，中国人民大学出版社，2005，第82页。
④ 罗冬林：《区域大气污染地方政府合作网络机制研究——以江西省为例》，南昌大学博士学位论文，2015。

等的创新，追求治理效果的最大化。

网络治理的特征有以下几个方面。

①多中心的公共行动体系。政府部门、私营部门、第三部门和公民个人等在制度、信息、物质等方面相互依存、相互依赖。

②反思理性的"复杂人"，这是网络治理途径的行为假设。

③合作互惠的行动策略。各主体之间相互依存、利害相关，其更倾向于彼此配合、共同创造互惠多赢的条件与局面。

④共同学习的政策过程。①

（二）旅游治理

20 世纪 90 年代，旅游业将治理引入旅游发展的研究之中。墨菲（Peter E. Murphy）在其著作 *Tourism：A Community Approach* 中初次系统地将社区居民参与解决问题纳入旅游发展过程中的研究范围。② 然后由甘恩将其引入旅游发展治理过程中。③ 随着国内外旅游治理理论研究的不断涌现和具体实践的日益创新，旅游治理逐渐成为旅游发展领域的研究热点，形成了较为完善的理论体系和丰富的研究成果。

1. 旅游治理的主体

根据治理理论，旅游治理需要多元化主体的参与，政府、私营部门、第三部门以及公众都应成为旅游治理的参与者。

（1）地方政府

一般情况下，旅游景区所在地政府是旅游景区所有者的实质性代表，在相关法律法规范围内，拥有景区资源的使用权、开发权、管理权等，并依法获取景区收益。④ 旅游治理离不开政府的主导作用，需要政府有效地制定政

---

① 陈振明：《公共管理学》，中国人民大学出版社，2005，第 84~86 页。

② 李海军、杨阿莉：《社区参与何以照进现实——社区参与旅游进展研究》，《阴山学刊》（社会科学版）2012 年第 5 期，第 123 页。

③ 郑天强：《基于可持续发展的珠峰旅游区治理结构优化研究》，西南财经大学硕士学位论文，2014。

④ 薛海霞：《大同市旅游景区治理模式研究》，山西财经大学硕士学位论文，2009。

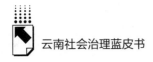

策、实施政策以及构建管理体系。治理理论要求在一定程度上对政府的权力和行为进行弱化和限制，但政府依然是旅游治理中不可替代的主要力量，在旅游治理的进程中起着引导、规范、沟通及协调的作用。

（2）旅游景区管理机构

在景区所在地人民政府之下，通常会设置旅游景区管理机构，代为管理和监督旅游景区的经营、开发。旅游景区管理机构在实际治理过程中，不仅要追求经济效益，也要力求促进景区的社会效益、环境效益、人文效益的均衡协调发展，促进旅游发展的可持续，因此，其具体的执行措施和行业监管等对旅游治理和旅游行业的健康发展至关重要。

（3）旅游行业协会

旅游行业协会作为非营利性的社会组织，代表和维护行业的共同利益以及全体会员的权益，连接行业会员与政府，发挥了中间作用。在旅游治理的过程中，旅游行业协会的主体作用不容忽视。旅游行业协会向会员宣传政府的相关政策、条文等并帮助政府促进具体措施的执行与落实；同时，制定行业规范并监督会员的遵守、执行情况，约束会员行为，维护市场秩序。旅游行业协会既要发挥参谋助手作用，又要加强内部建设，促进我国旅游业的稳定和持续发展。

（4）社会公众

社会公众既包括旅游景区的当地居民，也包括旅游消费者。景区居民作为旅游景区内的常住人群，与旅游业的发展息息相关，在享受景区发展带来的利益和承受影响等的同时，也对其产生广泛的影响，所以在旅游治理的过程中，其作用不可忽视。作为旅游产品的购买者，旅游治理的好坏直接关系到旅游消费者的利益满足状况，因此旅游消费者也是旅游治理主体的一部分，其不仅能够通过自身行为的约束和模范作用，保护旅游资源，促进旅游业的发展，还可以通过政务留言、信件、微博等途径为旅游治理建言献策。

（5）旅游经营者

旅游经营者是指以营利为目的，从事旅游经营活动的公民、法人和其他经济组织,包括旅游餐饮业经营者、旅行社经营者、旅游交通业经营者等。旅游经营者为旅游消费者提供商品和服务,直接与消费者发生关联,是旅游治理的重点对象,也是旅游治理的重要主体。在经营过程中,旅游经营者要履行其应有的义务,约束自身行为,维护旅游市场秩序。同时,其可以行使合法权利,通过各种有益实践促进旅游治理和旅游业的健康、可持续发展。

2. 旅游治理的内容

(1)旅游行业治理

行业治理是拥有对行业活动进行管理、组织等权限的机构,对行业市场秩序和行为规范等进行引导和管制的行为,包括内部治理和外部治理两种方式,两者互为条件,相互促进。[①] 在现代旅游业发展中,以住宿、交通、饮食、娱乐等为主的旅游要素行业,不仅是现代旅游业的重要支撑,也是旅游发展的主体部分和促进旅游业发展的重要力量。旅游行业治理,包括对旅行社业、旅游交通业、旅游餐饮业、旅游购物业等重点要素产业进行治理,分析其存在的主要问题,有针对性地提出对策及解决措施,促进旅游行业稳定、有序地发展。

(2)旅游景区治理

旅游景区不仅是旅游产品的主体部分及旅游业的核心要素,同时也是旅游产业链的中心环节,对旅游业的整体发展至关重要。因此,旅游景区的治理是旅游治理的一个重要课题。目前,我国旅游业发展形势迅猛,人们的旅游需求越来越多,但旅游市场发展势头强劲的同时,对景区的管理、经营等也提出了更高的要求。寻求景区治理的有效模式,促进旅游景区的持续、协调发展,是促进旅游治理顺利进行的关键环节。

(3)旅游目的地治理

旅游目的地治理需通过目的地不同组织与个人的配合、协作,共同对目的地的营销、开发等策略进行研究和设计,协同治理,促进目的地发展,而

---

① 林宁:《我国社会导游的行业治理体系研究》,上海师范大学硕士学位论文,2014。

且治理对象不仅包括决策性事务，还包括执行性事务（如营销）。[①] 旅游业面临的发展环境与挑战快速变化，随着大众旅游的普及，人们对旅游的需求越来越多，要求也越来越高，而且国家政策的实施与调整也对旅游业的发展产生了重要影响。对旅游目的地进行治理，探索合适、有效的治理途径与模式，能够让目的地适应变化的发展环境，提升目的地的核心竞争力，同时促进旅游目的地的可持续发展。

（4）旅游危机治理

旅游危机指扰乱旅游景区正常经营秩序，影响游客对景区的信心的非预期性事件。[②] 旅游业对产业环境非常敏感，容易受到不确定事件的影响，进而打乱旅游业的运转秩序和目的地的经营活动，对旅游景区、旅游市场以及消费者等产生不同程度的破坏和影响。因此，对旅游危机进行治理，是旅游治理过程中的必然选择。建立有效的危机预警机制，制定化解危机的多元化战略，对于提升旅游竞争力、提高旅游经济和社会效益以及促进旅游的可持续发展意义深远。

3. 旅游治理的模式

通过对国内外旅游治理现状和经验的梳理、分析，结合我国旅游业的具体情况，笔者总结了旅游治理的主要模式，主要包括以下几种。

（1）政府主导治理模式

长春净月潭景区是政府主导治理模式的代表。20世纪90年代，长春市委、市政府成立净月潭旅游经济开发区，改革景区的经营方式及管理体制，对经营业务进行调整，实行区域化、专业化管理；同时成立了净月潭旅游发展集团公司，主要负责景区经营业务的开发。[③]

政府主导治理模式的特点是将景区管理部门与旅游行政管理部门合二为

---

① Cooper C, Scott N, Baggio R, Network Position and Perceptions of Destination Stakeholder Importance, *An International Journal of Tourism and Hospitality Research*, Vol. 20, 2009, pp. 33 – 45.

② UNWTO, *Handbook on Natural Disaster Reduction in Tourist Aeras*, Madrid：World Tourism Organization, 1998, p. 4.

③ 许孝媛：《旅游景区开发与经营模式研究》，南昌大学硕士学位论文，2012。

一，将旅游景区的所有权、经营权、开发权和保护权进行整合、协调，从政府层面上可以较好地对景区实施一体化、全方位的管理。

（2）政企合作治理模式

政企合作治理模式的代表是四川省雅安市碧峰峡景区。在此种模式下，政府统一规划，可以授权某特定企业对景区进行经营、开发、管理等，由企业组织一方或多方进行投资建设，促进旅游景区资源达到优化配置和旅游景区经营的统一规范，实现旅游景区的社会、文化、经济、生态的协调、均衡发展。

政企合作治理模式的特点是整合政府资源与企业资源，规避政策风险，使所有权、经营权和管理权相分离，在创新管理机制、优化产业结构的同时，较好地实现景区的有序和良性发展。

（3）国有公司治理模式

陕西旅游集团公司是国有公司治理模式的典型代表。陕西省通过整合、调整全省主要文物旅游景区的行政管理机制、市场营销职能和发展开发战略等，以国有资产无偿划转的方式组建了省属国有独资公司——陕西旅游集团公司，以此促进文物旅游资源的保护和陕西省旅游业的持续发展。

这种模式的特点是实行旅游景区的政企分开、事企分开、所有权与经营权分开，完成了资源、要素、产品和经营性企业的整合，一般而言，此种模式对于文物资源较为丰富的区域更为适用。

（4）上市公司治理模式

上市公司治理模式的典型代表是黄山景区。20 世纪 80 年代中期以前，安徽省政府直接负责黄山景区的开发建设和经营管理；1996 年 11 月，黄山旅游发展总公司独家发起成立了黄山旅游发展股份有限公司，以其拥有的多家企业的经营性资产进行出资，经营业务范围主要涵盖景区经营业务开发、酒店管理、旅行社、购物娱乐等。

该模式运行需要必要的政策环境、自身条件、管理主体和人力资源，其主要特点是所有权、经营权、保护权和开发权相分离，旅游景区整体上市，

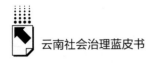

景区经营垄断特征明显，监督相对比较健全，在市场融资、经营机制、资源保护等方面具有一定的优势。[①]

4. 旅游治理的方式与途径

（1）法律法规的支撑

旅游治理离不开相关法律法规的引导和支持，产业发展、市场秩序、利益相关者的权益保护等，均需要明确的法律条文加以界定和制裁。笔者通过对国外旅游治理的分析发现，一些旅游治理相对成功的国家，其相关法律法规体系都比较健全。如美国的国家公园治理模式，其国家公园的有效保护和不断发展是建立在一系列法律、法规基础上的，《国家公园事业法》《国家公园系列管理法》等规定了旅游治理的过程、决策、执行等具体环节。

（2）监督与控制的保障

旅游治理的具体实施情况、市场秩序、突发事件等，都需要加强监督与控制，规范相关利益主体的行为，引导旅游治理的正确方向，同时加强旅游安全的治理，维护正常、稳定的旅游秩序。旅游业相关法律法规的贯彻落实，旅游管理部门的行政执行过程，旅游经营者的行为规范等，都需要加以监督和控制。监督与控制，是实现旅游治理顺利开展和旅游业健康发展的保证。

（3）组织机构的促进

旅游治理过程中的政策实施、措施执行等依赖于相关机构的具体落实，因此旅游治理的推进和发展离不开相关组织机构的完善和职责的明确界定。旅游景区地方政府、旅游资源主管部门、旅游行业协会等机构设置及内部管理机制等不断调整和适应新的发展形势，为旅游业的健康、有序和稳定发展起到了保障和促进作用。加强社会组织建设，行业协会、旅游公益性组织等同样是促进旅游业发展、推动旅游治理建设的重要组成部分。

（4）公众参与的推动

治理理论的发展和应用要求旅游治理主体的多元化和网络化，公民参与意识的增强推动了旅游共同治理的发展。社区居民和社会公众作为旅游业发

---

① 诸国强：《旅游景区治理模式研究——以乌镇为例》，上海交通大学硕士学位论文，2014。

展的直接或间接参与者，是营造景区环境、提供旅游商品和服务的重要力量，同时也是旅游治理过程中的关键环节。公众参与的共同治理模式，使旅游治理的各个主体之间的联系和互动更为紧密、及时，推动了旅游治理的发展，同时，也有利于保障经济效益和社会效益的实现。

（5）技术应用的推进

随着科技的进步和信息技术的发展，现代技术的应用已经成为促进旅游治理发展的不可缺少的力量。现代技术在政府政务中的普及和应用，促进了信息的及时更新与沟通，对于政府部门在旅游治理中主导作用的发挥起到了保障和推动作用。同时，信息技术在促进旅游的国际、国内合作，加强对外开放和内部建设中也起到至关重要的作用。现代技术的应用和发展，同样是控制旅游危机、加强旅游安全建设的重要途径和方式。

二 云南旅游治理现状分析

（一）云南旅游资源概况

云南省位于我国西南边陲，总面积约为 39 万平方千米，与广西、贵州、四川、西藏等地毗邻，国境线长 4060 公里，与越南、老挝、缅甸三国接壤。北回归线穿过云南省南部，其地势北高南低，气候区域差异明显，垂直变化显著。云南省以山地为主，多有盆地和高原台地，动植物资源极为丰富；地质奇特，多有温泉、溶洞、火山、石林等奇观。得天独厚的气候条件、奇特的地形地貌、丰富的自然资源，为云南省旅游业的发展提供了十足的优势和便利。经过长期的建设和发展，云南省已经建成大批特色旅游景区，吸引了大量的国内外游客。云南省的旅游景区、景点多达 200 多个，国家级 A 级以上景区 134 个，① 更有丽江古城等被列入世界自然遗产名录。除此之外，

---

① 云南省人民政府：《旅游资源》，http：//www. yn. gov. cn/yn_ yngk/yn_ sqgm/yn_ zrzy/ 201302/t20130220_ 9737. html。

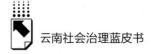

云南省跨境旅游发展突出，独特的地理位置和丰富壮观的自然景色吸引了大量的海外游客，为云南省的经济发展及交流起到了极大的促进作用。

云南省旅游资源丰富多样、风景独特，发展旅游业的优势极为突出。根据旅游资源的特征和属性，可以简单地将云南省的旅游资源分为两大类，即自然旅游资源和人文旅游资源。

1. 自然旅游资源

①水域水体旅游资源：昆明滇池、瑞丽江、大叠水瀑布、澄江抚仙湖、海峰湿地、三江并流、河口南溪河、大理洱海、西双版纳纳板河、昆明阳宗海、拉市海、大理蝴蝶泉、曲靖念湖等。

②大气类旅游资源：指由于气候特征而形成的多样气象景观，如红河云海、腾冲热海、玉龙雪山、白马雪山垂直气候等。

③地质地貌旅游资源：昆明轿子雪山、大理苍山、石林、阿佤山、禄丰恐龙化石、文山薄竹山、独龙江峡谷、香格里拉虎跳峡、昭通大山包、陆良彩色沙林、腾冲火山、宜良九乡溶洞群等。

④生物类旅游资源：腾冲银杏村、西双版纳热带雨林、大雪山原始森林、迪庆草甸、普洱太阳河森林、河口花鱼洞、黑颈鹤自然保护区、勐海榕树王、莫里热带雨林等。

2. 人文旅游资源

①遗址古迹类旅游资源：大理崇圣寺三塔、灵关古道、束河古镇、官渡古镇、元谋猿人遗址、南诏太和城遗址、茶马古道、石屏古城、滇僰古道、朝阳楼、滇越米轨铁路等。

②民俗风情旅游资源：民居建筑（傣族干栏式建筑、摩梭井干式建筑、彝族地面建筑）、民族服饰（傣族筒裙、苗族百褶裙、纳西族"披星戴月"衣）、民族歌舞（彝族老虎笙、瑶族长鼓舞、傈僳族鸟兽舞、畲族祭祀舞）、民族特色饮食（汽锅鸡、丽江粑粑、侗族打油茶、大理砂锅鱼）、民族节日（白族本主节、普米族朝山节、彝族火把节）等。

③休闲娱乐旅游资源：各种公园（云南民族村、昆明金殿风景区、昆明湿地公园、西双版纳植物园、昆明大观楼公园、世博园）、旅游度假区

（阳宗海旅游度假区、西双版纳国际度假区、泸沽湖、玉龙雪山度假区等）、民族艺术表演（云南映象、省民族歌舞团、傣族孔雀舞等）。

④购物类旅游资源：傣族纺织品傣锦、云南名花、云南鲜花饼、松茸、鸡枞、烟草、龙陵紫皮石斛、茶叶、云南药材、食用菌类、宣威火腿等。①

（二）云南旅游治理措施

1. 旅游行业治理

①广泛宣传和认真贯彻落实《中华人民共和国旅游法》，修订并颁布实施了《云南省旅游条例》及一批规章制度。大力推进旅游标准化建设，制定出台了16项地方标准，初步形成了涵盖旅游要素各领域的标准体系。

②积极推动省、州（市）旅游行政管理体制"局改委"改革，进一步强化旅游行业综合管理能力。积极探索导游管理体制改革，形成了《云南省导游管理体制改革方案》，已在大理、西双版纳两州市启动改革试点工作。

③不断完善旅游市场综合监管机制，出台了加强旅游市场监管的有关措施，制定了旅游市场监管行政执法与行政监察联动制度、旅游执法质监协同查处制度，建立了旅游投诉统一受理机制等。

④加大旅游市场监管力度，出台了旅游行业"十五不准"，开展了针对旅游市场突出问题的专项整治，加大了对违法违规行为的查处力度，切实解决游客反映的突出问题，不断提高旅游服务质量和水平。进一步完善"云南旅游安全组合保险"制度，保障企业和游客的合法权益。

2. 旅游景区治理

①继续实施大项目带动战略，全力推进350个旅游重大重点项目建设，建成项目90个，完成投资1231.91亿元，是"十一五"完成投资618.24亿元的1.99倍。推进传统景区改造，新建了一批文化娱乐、康体养生、休闲度假旅游区和自驾车（房车）露营地。

---

① 张明磊：《近十年云南旅游产业发展研究》，云南财经大学硕士学位论文，2011。

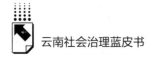
②推动接待服务设施国际化发展，引进国际品牌酒店集团 24 家和旗下品牌 48 个，建成 30 多家国际品牌酒店和 50 多家中高端酒店，总投资超过 600 亿元。

③加大公共服务设施建设力度，在通往楚雄、大理、保山、曲靖等高速公路沿线建成一批高水准的休息站，提升了主要干线公路休息站点的国际化水平；在各重点旅游景区、旅游城镇、公路沿线休息站等建成一批符合国家标准的旅游厕所。积极推进旅游城市、旅游景点、旅游饭店等智慧旅游试点，大力推动产业融合发展，促进了全省旅游产业转型升级和提质增效。

3. 旅游目的地治理

①紧紧围绕打造国内一流、国际著名旅游目的地的目标，巩固提升"七彩云南、旅游天堂"的整体品牌形象，加大旅游宣传推广力度，做"亮"云南旅游形象，吸引了更多的海内外游客。

②积极开展"请进来""走出去"宣传促销，在国家旅游局支持下，邀请组织海外、国内客源地的旅行商、公众媒体来云南踩线和采访报道，宣传推介云南旅游新产品新业态，先后组织了近百个旅游促销团赴其他国家、中国港澳台地区及沿海发达地区开展宣传促销和业内交流活动。

③积极推动旅游对外开放，加强与东南亚和南亚等周边国家的区域旅游合作，不断提升边境口岸通关效率，改善口岸旅游服务设施，促进边境跨境旅游健康发展。积极推进国内区域旅游合作，不断扩大与"长三角"、"珠三角"、环渤海地区和"泛珠三角"区域旅游合作，深化滇港"一程多站"旅游联合营销和滇台旅游合作。加强与周边省区的交流与合作，积极探索无障碍旅游区建设。推动省内州市之间的旅游合作，加快昆玉红旅游文化产业经济带合作建设，推动金沙江沿江州市建立旅游合作共建机制等。

④充分利用会展宣传促销，组团参加国内外各种旅游展、旅游交易会和博览会等，有效地提升了云南旅游的知名度和影响力。

⑤积极促进智慧旅游发展，加大网络宣传营销，不断完善政府旅游公众信息网，建立了云南旅游官方微信，完成了 35 个 A 级景区的智慧旅游全攻略上线运行，开发建设了"自驾旅游攻略 APP"，及时发布云南旅游相关信息等。

4. 旅游危机治理

①在昆明市、丽江市、大理白族自治州等多地设立旅游警察，治理旅游乱象，应对突发事件，为游客增加安全感。旅游警察的成立，不仅能够协助其他执法、管理部门共同处理旅游纠纷、投诉案件等，确保分工明确、互动联合，同时还可以促进机制制度的完善和调整，督促旅游案件的及时处置和解决，依法制裁、打击违法犯罪行为，提高行动效率，维护旅游秩序，建设良好、稳定的旅游市场环境。

②建立常态化的旅游市场违法违规行为的查处信息共享机制和旅游市场监督检查情况公布机制等，加强信息沟通，促进信息交流，进一步健全危机预警机制，提升了危机预警能力和应对突发事件的能力。

③加强旅游安全的宣传与教育，进一步促进《中华人民共和国旅游法》《云南省旅游条例》等的贯彻落实，切实保障游客与企业的合法权益，整治旅游秩序突出问题，打击旅游市场违法违规行为，净化旅游市场环境，维护旅游秩序，以此促进旅游业的稳定、安全、有序发展。

（三）云南旅游治理的主要成效

在长期的建设进程中，尤其是"十二五"期间，云南省围绕旅游"二次创业"，加快推进旅游强省建设，促进旅游经济持续快速增长，产业体系不断完善，竞争能力显著提高，综合带动效应进一步增强，不仅在推动全省产业结构调整、扩大内需和就业、传承民族文化、保护生态环境和促进经济社会发展等方面做出了重要贡献，也为旅游产业"十三五"发展打下了良好的基础。

1. 旅游经济持续快速增长

"十二五"期间，在省委、省政府高位推动，各州（市）、各县（市、区）党委、政府狠抓落实，各级相关部门大力配合，各级旅游管理部门和广大旅游工作者的辛勤努力下，实现了全省旅游经济持续快速发展，旅游接待总人数和旅游总收入继续保持快速增长的态势。2015 年，全省旅游接待总人数从 2010 年的 14165.96 万人次上升为 2015 年的 32914.03 万人次，旅游总收入从 1006.83 亿元增加到 3281.79 亿元，完成"十二五"规划目标的131.7% 和 164.1%；年均增长率分别达 18.7% 和 26.0%，增幅比"十二五"规划目标增长率提高了 6.7 个百分点和 11.3 个百分点，也比"十一五"年均增长率提高了 3.0 个百分点和 6.9 个百分点。

2. 旅游产业体系不断完善

"十二五"期间，云南继续实施项目带动战略，建成新国际会展中心及一批国家公园、旅游景区点和接待服务设施。全省投入营运的旅游景区点达638 个，年接待游客 3.19 亿人次，年综合收入达到 280.5 亿元。旅游住宿设施 3000 多家，其中旅游星级饭店 866 家、经济型酒店 76 家、特色民居客栈 211 家，客房总数超过 10 万多间。评定星级旅游餐馆 226 家（不含旅游住宿设施餐厅），星级旅游购物场所 168 家，星级旅游汽车公司 45 家，星级旅行社企业 424 家，其他旅游要素设施和公共服务设施建设速度加快，促进全省旅游产业体系日益完善，产业综合实力不断增强。

3. 旅游竞争能力显著增强

"十二五"期间，云南省新增两处世界文化遗产，即澄江帽天山化石群世界自然遗产和红河哈尼梯田世界文化遗产，全省世界遗产达到 5 处，占全国世界遗产 45 处的 1/9，成为仅次于北京市（6 处）并与四川省并列的世界遗产大省。拥有国家旅游度假区 3 个、国家生态旅游示范区 3 个，国家级旅游景区 232 个，其中包括 6 个国家 5A 级景区以及 76 个 4A 级景区；国家级省级旅游城镇 38 个，其中全国优秀旅游城市 7 个，全国旅游强县 1 个，全国特色景观旅游名镇（村）12 个，云南旅游名镇 16 个；全国休闲农业与乡村旅游示范县 6 个、示范企业 16 家；形成了石林、大理、丽江、西双版纳、腾冲、香格里拉等一批国内外知名的旅游目的地，使全省旅游市场竞争能力显著增强，"七彩云南、旅游天堂"品牌的知名度和影响力进一步提升。

4. 旅游带动效应日益凸显

"十二五"期间，云南积极推进旅游产业融合发展，综合带动效应不断增强，对经济社会的贡献日益提升。全省旅游业增加值从 2010 年的 450 亿元增加到 907 亿元，占全省国内生产总值的 6.6%，占第三产业增加值的 14.7%，旅游外汇收入占全省出口创汇收入的 14.4%。2015 年，旅游业对交通运输业的贡献达 478.2 亿元，对住宿业的贡献达 509.3 亿元，对餐饮业的贡献达 449.7 亿元，对娱乐业的贡献达 256.3 亿元，对商品零售业的贡献达 792.8 亿元，游览花费达 416.7 亿元；旅游带动就业人数达到 698.02 万人，其中旅游直接就业人数达 248.94 万人，带动间接就业人数达 449.08 万人；并初步建成 150 个民族特色旅游村，200 个旅游特色村，带动建成 18 个国家园林城镇、51 个省级园林城镇，旅游产业的综合带动作用进一步凸显。①

三　云南旅游治理中存在的问题

（一）旅游行业治理问题

1. 旅行社问题层出不穷，市场定价不规范，服务标准不统一

"赌团"一般指旅行社在接"零团费"和"负团费"的团队时，通过不正当途径获得效益，其采取"买团"来提高游客进店购物次数和消费时间，用购物返佣来贴补团款。部分导游强制性逼迫游客到定点商店购物，不断辱骂未购物游客，导致游客来云南旅游的投诉量持续上升，云南旅游形象严重受损。

旅游指定的购物商店，尤其是团体和私人经营的珠宝店，普遍存在质量和价格不相符、假冒伪劣产品冒充真品的问题，它们还在在旅游黄金周提高价格蒙骗游客。景点门票和酒店住宿费标价虚高，导游和经销商互相勾结收取回扣现状严重。"四黑"现象，即贩卖假冒伪劣商品；旅游定点餐馆尤其是海鲜大排档短斤少两，甚至出现"天价虾""天价鱼"；欺客宰客；黑团

---

① 本部分主要数据均来自云南省旅游发展委员会编制的《云南省旅游产业十三五发展规划纲要（草案）》。

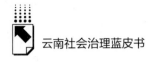

黑导甩车现象普遍存在。

代表性名牌旅游产品严重老化，缺乏产品创新，难以吸引旅游者的注意力，对一些著名旅游景区缺乏长远规划和投资，降低了其对海外游客的吸引力。[①]

2. 旅游人才缺口较大，缺乏专业的旅游管理人才

人才是一个国家快速发展的重要保障，旅游人才是推动一个国家旅游业发展的核心力量。一支高素质、专业能力强、实力雄厚、积极创新、工作认真负责的旅游人才队伍，是促进云南旅游业不断发展的关键因素。随着旅游业的不断发展和创新，大众对于旅游的喜好和目的也有一定的变化，为了适应这一变化，需要更多专业、综合素质较高的旅游人才。旅游市场的竞争，从根本上来说就是旅游人才的竞争、专业队伍的竞争。现阶段，云南省旅游业专业人才缺乏，而通晓国际事务、擅长海外经营、精通各国语言的旅游人才更是稀缺。旅游从业人员素质偏低、良莠不齐，导致了云南旅游业发展的滞后。[②] 此外，一些旅游管理者多是农民，他们的管理知识不健全，服务质量和服务水平较低，很难制订出合理有效的旅游发展计划，做出科学的决策，组织有特色、有档次的旅游活动。随着云南旅游行业的快速发展，旅游行业人才仍有较大缺口，人力资源开发力度不够，人才保障机制和开发机制相对滞后。

3. 导游素质普遍较低

云南旅游界的导游大部分是半路出家，凭借自己对家乡的一些了解成为导游。云南持证上岗的导游仅占少数，大部分导游不具备专业的旅游知识，对历史、地理、民族风情、特色文化所知甚少，甚至对主要风景区的了解也是一知半解。因此导游的素质普遍较低，语言枯燥乏味、讲解缺乏激情、内容单调简单，不能引人注意。其对于游客的问题不能回答得游刃有余，只言

---

① 陈丽丽：《旅游目的地游客管理模式研究——以兴隆山景区为例》，西北师范大学硕士学位论文，2007。

② 岑蜀娟、李波：《云南旅游面临的新问题及对策》，《经济问题探索》2008 年第 10 期，第127 页。

片语无法满足游客的需求，也无法调动游客的情绪。有的导游甚至为了牟取私利千方百计"宰客"赚钱，搞得游客和导游之间关系紧张，最后不欢而散。导游属于长期高消耗体力的职业，其承受压力较大，人际关系复杂多样，这导致部分导游对待工作冷漠，行为暴躁，容易与游客产生摩擦和矛盾。目前，由于云南省导游工资制度不够完善，收取回扣、索要小费、强制购物等成为导游收入的主要来源。由于服务质量差、工作态度恶劣，顾客满意度低，游客"上书"消协的事情时常发生，这严重影响了云南旅游业的发展。

（二）旅游景区治理问题

1. 景区景点开发力度不够，缺乏特色的旅游产品

由于对现有旅游资源的总体开发程度不高、基础服务设施不到位、行业管理较差、缺乏统一的规划和管理、公众保护意识薄弱、人为破坏比较明显，云南省独特的旅游资源优势很难转化为经济优势。一些具有较高历史文化价值和民族特色的旅游产品得不到重点开发和深层次的利用；忽略游客体验，产品过于雷同；旅游产品缺乏特色，供需错位，难以满足市场需要甚至遭到淘汰。云南省的国家级旅游景点和 5A 级景点基本上是以名胜古迹为主，尤其是大理、丽江、香格里拉，具有浓厚的古城特色，以西双版纳和红河哈尼族为代表的民族生活和民族文化，以及以鸡足山、白塔寺为首的宗教文化，这些景点具有不同程度的相似性，缺乏特色和辨识度。同时，云南省缺乏主题公园和文化乐园，这使得喜欢追求挑战性的游客很少光顾云南。

2. 环境破坏和生态污染严重，缺乏监督管理

近年来随着旅游业的快速发展，旅游的人越来越多，因管理不善旅游资源遭到不断破坏，环境恶化日趋严重。一些开发商和私人集团只顾眼前利益，为了获取更大的利润忽视旅游区的整体协调性以及其所蕴含的历史、文化和民族风格，完全不顾当地的自然资源、交通条件和市场需求情况，不留余地地对环境进行开发，盲目发展。他们大肆拆毁房屋，乱砍滥伐森林，推平山坡，填补洼地，其目的是为了建造更多宾馆、度假村、停车场、购物中

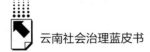

心等，这使自然环境遭到严重的破坏。设施建设与环境之间不协调，景点开发不到位，由此对旅游环境造成破坏，导致游客量锐减。① 部分制造商和生产商不当的经济行为与农民错误的农业耕作生产方式破坏了当地的生态平衡，导致水污染、空气污染、生态污染等频发，给旅游业的可持续发展造成严重损害。

3. 游客整体素质较低，缺乏环境保护意识

旅客的素质也是良莠不齐，大部分旅游者环境保护意识薄弱，通常表现为无纪律性、散漫、个性张扬跋扈、无团体意识等。中国游客"大声喧哗""当众脱衣""随地吐痰"等行为随处可见；很多带孩子的家长让孩子随地大小便；景区内随意乱扔垃圾，随便践踏花草和在名胜古迹乱涂乱画等现象较为普遍。此外，一些热点旅游景区只注重短期效益，缺乏长期可持续发展的观念。

（三）旅游目的地治理问题

1. 政府政策实施监督力度不够，旅游机制不健全

云南旅游机制的不健全是其旅游业乱象丛生的根本原因，法律法规建设不完善难以适应旅游的发展脚步，进而出现了一系列关于旅游发展的问题，有些问题甚至无法可依，监督管理缺乏人力资源和相关技术支持。② 云南省把旅游发展作为一个新的经济增长点，并制定了相关的发展规划，出台了许多发展旅游的扶持政策，但是欠缺专门的管理部门对各地旅游业进行统一管理和有效监督。"旅游经济秩序尚未规范，加上市场环境的不成熟，导致许多开发商把旅游开发项目作为获取利益的手段，蜂拥而上、违法违规地发展旅游业，导致任意定价，价格过高，蒙客、宰客现象常有发生；一些不法分子投机取巧，谋取私利。"③ 通过政府官员的主观评判来衡量政策落实情况，

---

① 岑蜀娟、李波：《云南旅游面临的新问题及对策》，《经济问题探索》2008 年第 10 期，第 127 页。

② 多淑金：《我国乡村旅游业发展存在的问题及对策》，《经济纵横》2009 年第 10 期，第 76 ~ 78 页。

③ 李克亮：《刍议云南旅游业存在的问题和对策》，《区域经济》2015 年第 8 期，第 24 ~ 26 页。

容易出现各种寻租行为。此外，部分政府官员为追求自己的政绩和利益，不着眼于当地的现实情况，不考虑社区民众和游客的根本利益，利用政府出台的相关支持政策盲目地大肆开发。

2. 政府对社区民众参与制定和执行政策的认识不到位

"水能载舟，亦能覆舟"。只有依靠群众，尊重群众，相信群众，才能把云南旅游业做大做强。在现实生活中，由于受各种因素的制约，政府有关部门在制定政策的过程中很少征求社区民众的意见，甚至忽视民众的参与，不及时与民众沟通，政策执行缺乏民众参与机制，政策制定的公开透明度较低，政策接受者对于政策一知半解，政策执行的风险系数增大。这最终导致政策不能充分实施，严重损害广大人民群众的利益，政策也难以被人们接受和认可。社区民众常常埋怨政府有关部门在制定旅游规划时不及时征求他们的意见，不尊重他们的意愿，不听他们的想法，不进行认真详细的宣传，只注重眼前利益，甚至不考虑他们基本的生活保障就盲目开发旅游项目。

3. 缺乏制约、规范旅游开发商和私人集团行为的法律法规

由于缺乏相关的监督管理和完整的法律法规，很多景区的产品开发处于粗放无序状态。[①] 虽然云南省大部分县市在景区的整体布局上曾做过一些详细规划，但是在实际操作过程中由于受到各种各样的利益诱惑，常常抛弃原有规划另搞一套——有项目就上，任意布局，这使旅游项目建设存在很大的随意性。由于没有约束，不少私营部门、集团乃至个人随意篡改旅游项目，对环境和历史人文景观造成负面影响。

（四）旅游危机治理问题

1. 旅游危机事件层出不穷，难以控制

旅游期间存在很多的不确定性因素经常被忽视，在危机发生以后人们才意识到问题的严重性。目前我国旅游危机管理机制不健全，应对危机能力较弱，且旅游危机管理不足，恢复工作往往不被重视甚至被忽视，这就制约了

---

① 周文静：《泰山风景名胜区管理体制改革研究》，山西财经大学硕士学位论文，2007。

旅游业的发展。例如，普者黑返昆明的大巴失事事件、昆明火车站砍杀事件、西双版纳导游辱骂不购物旅客事件、把旅客关小黑屋事件等影响极坏。散客拼团引起的延误、接待不到位、导游服务质量差、导游强制游客购物等导致投诉增多。而相关负责机构不及时处理，甚至无人受理和工作人员态度欠佳等事情也时有发生。云南旅游产业链中，关于旅行社、导游、景区、旅客等一系列的不科学、不合理、不规范的举措，只会让到云南旅游的游客好感全无，阻碍云南旅游业的发展。

2. 旅游的生物多样性遭到破坏

得天独厚的生物多样性是云南所具有的特色，是云南旅游业发展的最大优势。[1] 但是，一些地区缺乏对生物多样性进行保护的意识，开发商只注重眼前利益，对森林进行乱砍滥伐、对野生动物进行乱捕滥杀的现象时有发生，甚至国家级的重点保护资源也遭到破坏，这样下去将会对生物多样性造成毁灭性打击。大量游客在旅游期间所进行的一系列活动会对动植物的生命活动周期产生影响和干扰，破坏种群结构；生活生产用水和工业废水的排放则导致水体污染，破坏了水生生物的多样性；[2] 旅游基础设施的建设破坏了植物覆盖率和动物以及微生物的栖息地。

四　云南旅游治理的对策及建议

（一）旅游行业治理

1. 率先改变旅游业的游戏规则，完善旅游服务

近年来，云南旅游恶性事件频频发生，严重制约了云南旅游的发展。为了解决现有的问题，促进云南的旅游发展，必须从以下几个方面着手。

---

① 刘青：《东南亚旅游发展对云南旅游发展的借鉴作用》，《云南师范大学学报》2003 年第 1 期，第 426 ~ 431 页。

② 杨帆、李桂兰、肖相元：《生态旅游中的生物多样性问题——以三清山风景区为例》，《江西林业科技》2008 年第 2 期，第 56 ~ 58 页。

一是严厉打击旅游接待过程中出现的不签订合理规范的合同、任意转团拼团、不遵守合同规定事项、擅自变更或取消行程等行为。尤其对使用"黑车"、把游客关"小黑屋"、强制逼迫游客消费、辱骂不购物游客等严重违法违规行为进行惩戒。

二是加强对旅游购物企业的管理和规范，整治高价产品、假冒伪劣产品，严厉打击在销售商品过程中通过导游、售货员、"医托"的虚假宣传，诱导游客购物的现象。

三是重新确定旅游从业人员的薪酬模式，提高进入旅游行业的门槛，使不具备专业素养的无道德人员无法进入旅游业，让该行业的从业人员不再靠提成为生。

2. 全面提高旅游人才素质，打造一支专业化人才队伍

人才是社会发展的宝贵资源，旅游人才是旅游业发展的核心竞争力。旅游业的兴旺发达，需要专业人才做支柱，没有人才保障，旅游业就会停滞不前。因此，对于旅游景区来说，人才至关重要。要树立科学人才观，实施旅游人才战略，使旅游人才在总体结构上能够充分满足云南旅游产业发展的需求。① 要学会尊重人才，重视人才，合理使用人才，给予人才优厚待遇。建立适合云南省旅游业发展的人才竞争机制，除了培养各类专门人才及高层次旅游人才，还要注重旅游人才在德智体美方面的发展，同时加大对在职旅游从业人员的培训和教育。

3. 加强导游队伍的道德培养，全面整顿导游队伍

导游是旅游业运行过程的核心，其素质好可推动旅游业快速稳定发展。② 加强旅游人员队伍建设，提高导游的道德品行，使其树立正确的道德观念和价值观念，在工作中时刻严格要求自己，自觉遵守职业操守。首先，导游要重视提高自身素质。导游要不断充实自己，上知天文，下知地理，对于

---

① 岑蜀娟、李波：《云南旅游面临的新问题及对策》，《经济问题探索》2008 年第 10 期，第 127 页。

② 孙海娜：《我国导游服务市场探析》，《企业技术开发》（中旬刊）2012 年第 4 期，第 24 ~ 25 页。

游客提的问题就能游刃有余地回答。其次，导游是一个需要消耗大量体力的职业，导游拥有强健的身体，便能随时随地向游客提供其所需要的服务。在带团过程中，导游要有意识地思考和总结发生的问题和出现的紧急状况，遇到棘手的问题及时查阅相关资料，丰富自己的阅历，不断提高自身的带团能力。在工作过程中，导游要秉着全心全意为人民服务的信念，把游客的利益放在第一位，对工作认真负责。再次，规范导游薪金制度。付出与收获要成正比，要采取各种激励和鼓励的手段激发导游的工作热情，制定相应的奖惩制度来规范导游的行为。作为新时期的导游应该放眼未来，不仅要多才多艺，还要不断进行旅游创新，丰富自己的阅历，及时适应旅游业的新发展。

（二）旅游景区治理

1. 充分发挥文化资源优势，开辟具有特色的旅游市场

云南深厚的民族文化底蕴有着独特的魅力，丰富多彩的民俗活动，多种民族的传统文化使云南的旅游产业有着很强的竞争力。云南省应充分挖掘、利用旅游文化资源，重视品牌建设与创新。[1] 云南可重点打造文化旅游品牌产品，如手工艺品、民族饰品等旅游纪念品或茶、咖啡等具有当地特色的产品；打造具有云南特色、能够传播当地民俗文化的景区，在吸引游客体验云南特色旅游的同时，扩大云南文化的影响力，传承和弘扬云南民族文化；完善景区配套服务设施，形成吃、住、游一体的综合旅游中心，重点开发体验当地特色的传统民居住宿、民族风情等拥有文化品位和文化内涵的娱乐型产品。提高景区知名度，从实际出发，策划和组织一些富有当地特色和民族风情的节庆活动，通过公众和媒介的传播提高其知名度，并拉动经济增长。此外，对云南旅游行业人员进行综合培训，对工作人员的业务能力和文化素质进行培训、考核，打造一支高素质、责任心强、专业化的服务队伍，向旅客提供诚信、优质的服务，重新塑造云南旅游服务业的形象。[2]

---

① 杨莹：《云南省旅游业发展对就业的影响研究》，北京交通大学硕士学位论文，2014。
② 赵琴玲：《平遥旅游产业可持续发展研究》，山西财经大学硕士学位论文，2011。

2. 注重生态保护，强化旅游可持续发展

生态环境是人类生产生活的基础，也是推动旅游业长期发展的动力。在开发旅游资源的过程中，首先要加大对旅游资源的保护力度。采取强有力的措施保护生态环境，合理利用旅游资源，创建生态保护与旅游开发和谐发展的良好局面。做好文物古迹和非物质文化遗产普查工作，全面掌握文化资源情况，并对之加以合理使用。在美丽乡村建设中积极开发民族地区的旅游资源，对民族特色突出、保存完好的重点村寨进行保护建设。其次，制定科学合理的旅游规划，不以牺牲环境为代价来发展旅游和经济，强调人与自然和谐相处，开发与保护并重。加强环境保护教育，让当地居民积极加入保护生态环境的行列，使本土居民和外来游客认识到环境保护的重要性和紧迫性，从自身做起，共同保护美好家园，推动云南旅游可持续发展。强化可持续发展就是不以商业和私人利益为目的对生态环境进行破坏，这要求我国旅游行业不断加强环境保护意识，不断宣传生态环境保护，从而促进自身的发展。

3. 提升公民旅游素质，倡导文明旅游

提高公民旅游文明素质的关键。首先，要全面开展素质教育和社会公德教育。其次，普及旅游文明教育应从小抓起。一个人的行为举止与他从小所接受的教育和生存环境是密不可分的，好的习惯都是从小开始培养的，因此对中小学生开展旅游文明教育至关重要。教育部和相关部门应进行积极研究，将文明旅游作为重要教学内容列入教科书。相关执法部门应加强处罚力度，对人们在旅游期间的不文明行为给予惩戒。在普及素质教育的同时，教育机构在开展素质教育活动过程中可适时地对学生进行旅游文明教育，倡导文明旅游，这有利于文明旅游的深层次推广。

（三）旅游目的地治理

1. 政府加强监督管理，完善旅游市场规章制度建设

一是建立健全政策法规。必须由多部门、多学科专家和听证会来共同商议相关的旅游开发项目，而且这种科学论证制度不受当地旅游项目行政机构的制约和影响。

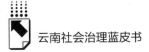

二是严格执法。相关部门在旅游治理过程必须按照相关法律法规规定，做到执法必严、违法必究，使具体措施落到实处。

三是启动长期保护机制。对于完成并且经过科学论证的旅游规划，若由于各种因素未能及时实施，对规划中涉及的旅游资源要开启长期有效保护机制，让相关利益主体严格遵守和执行。

四是发挥政府主导型战略。旅游业的发展离不开政府的支持，由于旅游业牵扯多个行业，在进行市场整顿过程中，必须充分发挥政府的主导型作用。运用综合性手段对旅游市场进行整顿，各部门做好自己分内的事情，一旦出现问题就由相关部门负责处理，政府各部门联动起来杜绝"部门保护主义"。

2. 积极鼓励公民参与旅游政策制定，强化公民参与机制保障①

首先，不断完善公民参与机制，把政策制定执行得更加公开化、透明化、合法化，实现公民参与制度创新；政府要积极宣传公众主动参与旅游政策制定的必要性，鼓励人们从不同层次、不同角度、不同渠道参与旅游政策的制定与执行，以提出方案和意见；明确规定公民参与的法律法规，保障公民参与的合法性与公平性，提高工作效率。② 其次，政府要转变观念，不断与社区民众沟通交流存在的问题，尊重民意，征询意见，让公民勇于参政议政，提高政策执行的效率。加强公民自身的政治素养与道德文化，将每一位公民的文化知识和参政议政能力充分发挥出来，不断增强公民的主体参与意识，提高公民的沟通协调能力和理解能力，使政策的制定更为顺利。建立健全完善的公民参与机制有利于促使社区民众自觉保护环境、保证政策的顺利实施、调动公民的积极性。一定程度上改变社区民众以往的消耗资源的生产生活方式，可降低政策执行的难度和风险。

---

① 齐一鸣：《我国公共政策制定中公民参与现状及问题研究》，河北大学硕士学位论文，2014。

② 缪健颖：《政府绩效管理中的有限公民参与探析》，《宁德师范学院学报》2015 年第 3 期，第 23～26 页。

3. 加强对开发商的监管力度，稳定市场秩序

旅游开发是集旅游经济、城市建设、景区规划、景点建设、社会环境、历史文化、民族特色、风俗习惯等为一体的综合行动，因此在制定旅游规划和开发项目之前，应进行由多部门、多学科专家学者参与，社区民众积极发言的严格论证。除此之外，要建立健全各项管理监督体制，加强对开发商和商贩的管理与控制，稳定市场竞争秩序。

（四）旅游危机治理

1. 改进和完善旅游危机管理机制，科学评估危机管理效果

首先要确定危机来源，清楚把握危机发生的路径，以便进行有效的预防和控制。

其次要开启旅游危机预警机制，科学合理地对出现的危机进行有效的评估。然后要完善相应的旅游危机管理机制，并实施计划。①

导游强迫游客购物最根本的原因在于导游自身缺乏基本保障，所以要想真正消除强迫购物和回扣，就必须保障导游的合法权益。导游要能通过自己优质的带团服务获得游客的认可，从而获得合法的报酬。

同时，国家相关部门要加大对导游薪酬制度的规范力度，早日出台行之有效的导游薪酬管理制度，做到真正从根本上解决问题。云南旅游业要想做大做强也要严厉打击给云南旅游"抹黑"的行为，一旦发现强迫游客购物、随意变更行程、降低接待标准等行为就得严惩不贷。

为了进一步解决扰乱旅游市场秩序、侵害旅游者基本权益等突出问题，对于所涉及的旅游、公安、工商、交通、税务、质检、民航、海关、价格主管等部门，要厘清它们分别负责的领域和工作。今后如果发生侵犯游客权益的事情，各部门可以根据责任划分的范围进行有效的监管。②

---

① 唐恋：《基于协同治理视角的目的地旅游业后危机管理研究——以三亚信任危机为例》，扬州大学硕士学位论文，2013。

② 冯万荣：《云南旅游业发展存在的问题及对策研究》，《消费经济》2016 年第 7 期，第 122 页。

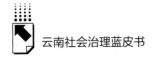

2. 树立整体旅游资源开发的核心观念，提高生物保护意识

要时刻保持生态环保开发意识和生物资源保护意识，建立长期可持续发展的旅游开发机制，开展有利于保护生物多样性的旅游活动，使人与自然协调一致。同时，要全面宣传保护生物资源，尤其是稀有的珍贵生物资源，谋求人与自然的和谐相处和发展，以确保旅游资源时空上的持续性和扩展性。严禁对生物资源随意践踏，大肆毁灭；加强对植被的保护和修护，制定相应的法律法规制约和惩罚开发商和私人集团的违法犯罪行为。根据旅游环境的承载能力合理控制一定的游客量，避免资源的过度利用。①

参考文献

黄建荣：《公共管理新论》，社会科学文献出版社，2005。

曾峻：《公共管理新论：体系、价值与工具》，人民出版社，2006。

李德国、蔡晶晶：《作为公共管理的治理理论》，《理论与现代化》2004 年第 5 期。

俞可平：《治理善治》，社会科学文献出版社，2000。

褚奇松：《"多中心治理理论"视野下服务型政府建设的思考》，中央民族大学硕士学位论文，2014。

斯蒂芬·戈德史密斯、威廉·D. 埃格斯：《网络化治理：公共部门的新形态》，孙迎春译，北京大学出版社，2008。

陈振明：《公共管理学》，中国人民大学出版社，2005。

罗冬林：《区域大气污染地方政府合作网络机制研究——以江西省为例》，南昌大学博士学位论文，2015。

李海军、杨阿莉：《社区参与何以照进现实——社区参与旅游进展研究》，《阴山学刊》（社会科学版）2012 年第 5 期。

郑天强：《基于可持续发展的珠峰旅游区治理结构优化研究》，西南财经大学硕士学位论文，2014。

薛海霞：《大同市旅游景区治理模式研究》，山西财经大学硕士学位论文，2009。

林宁：《我国社会导游的行业治理体系研究》，上海师范大学硕士学位论文，2014。

许孝媛：《旅游景区开发与经营模式研究》，南昌大学硕士学位论文，2012。

---

① 戴鸿斌：《云南森林旅游资源可持续发展模式研究》，西南林业大学硕士学位论文，2005。

诸国强：《旅游景区治理模式研究——以乌镇为例》，上海交通大学硕士学位论文，2014。

张明磊：《近十年云南旅游产业发展研究》，云南财经大学硕士学位论文，2011。

陈丽丽：《旅游目的地游客管理模式研究——以兴隆山景区为例》，西北师范大学硕士学位论文，2007。

岑蜀娟、李波：《云南旅游面临的新问题及对策》，《经济问题探索》2008 年第 10 期。

多淑金：《我国乡村旅游业发展存在的问题及对策》，《经济纵横》2009 年第 10 期。

李克亮：《刍议云南旅游业存在的问题和对策》，《区域经济》2015 年第 8 期。

周文静：《泰山风景名胜区管理体制改革研究》，山西财经大学硕士学位论文，2007。

刘青：《东南亚旅游发展对云南旅游发展的借鉴作用》，《云南师范大学学报》2003 年第 1 期。

杨帆、李桂兰、肖相元：《生态旅游中的生物多样性问题——以三清山风景区为例》，《江西林业科技》2008 年第 2 期。

孙海娜：《我国导游服务市场探析》，《企业技术开发》（中旬刊）2012 年第 4 期。

杨莹：《云南省旅游业发展对就业的影响研究》，北京交通大学硕士学位论文，2014。

赵琴玲：《平遥旅游产业可持续发展研究》，山西财经大学硕士学位论文，2011。

齐一鸣：《我国公共政策制定中公民参与现状及问题研究》，河北大学硕士学位论文，2014。

缪健颖：《政府绩效管理中的有限公民参与探析》，《宁德师范学院学报》2015 年第 3 期。

唐恋：《基于协同治理视角的目的地旅游业后危机管理研究——以三亚信任危机为例》，扬州大学硕士学位论文，2013。

冯万荣：《云南旅游业发展存在的问题及对策研究》，《消费经济》2016 年第 7 期。

戴鸿斌：《云南森林旅游资源可持续发展模式研究》，西南林业大学硕士学位论文，2005。

Cooper C, Scott N, Baggio R, " Network Position and Perceptions of Destination Stakeholder Importance", *An International Journal of Tourism and Hospitality Research*, Vol. 20, 2009, pp. 33 – 45.

UNWTO, *Handbook on Natural Disaster Reduction in Tourist Aeras*, Madrid：World Tourism Organization, 1998, p. 4.

B.5

云南社会组织治理报告

马国芳　郑秀娟　胥曼*

摘　要：　如何真正从社会建设现实出发对国家与社会的互动过程进行
　　　　经验说明与验证的研究显得十分迫切。云南省积极贯彻党的
　　　　十八大精神，在积极培育、发展社会组织方面提出了一系列
　　　　具体的措施。但是，与沿海一些省份相比，地处西南边疆的
　　　　云南，经济社会发展状况一直处于欠发达状态，为社会组织
　　　　的发展所提供的原动力不强，这就意味着如果完全依赖于自
　　　　发动力，云南社会组织的发展将要经历一个漫长的过程，因
　　　　此要求地方政府要有意识地为社会组织营造有利的政策环境、
　　　　宽松的舆论环境、足够的发展空间，提高它们的自主、自立、
　　　　自治的能力，扩展和增强其社会功能，尤其是强化其联系政
　　　　府与社会、政府与市场的桥梁作用以及服务于经济社会发展
　　　　的功能。

关键词：　云南　社会组织　治理

一　云南社会组织发展基本分析

（一）云南社会组织总数统计分析

改革开放以来，云南社会组织快速发展，社会组织总数 2010 年为

* 马国芳，云南财经大学公共管理学院三级教授、硕士生导师，主要研究方向：区域公共管理；
郑秀娟，云南财经大学公共管理学院讲师，主要研究方向：社会组织发展与社会人群行为；
胥曼，云南财经大学公共管理学院硕士研究生，主要研究方向：行政管理。

12618 个、2011 年为 13518 个、2012 年为 15295 个、2013 年为 16954 个、2014 年为 19959 个、2015 年 6 月达到 21085 个。省级新登记社会组织 139 个，比 2013 年增长 18%；直接登记社会组织 107 个，占新登记总数的 90.68%。[①] 这反映自 2013 年云南省出台《关于大力培育发展社会组织加快推进现代社会组织体制建设的意见》《关于取消社会团体设立分支（代表）机构审批的通知》等多个政策文件以来，全面展开社会组织直接登记工作，行业协会重新登记工作基本完成，社会组织总数呈良性增长趋势。

云南省社会组织总数占全国社会组织总数 606048 的 3.28%。其中社会团体数 12987，占全国社会团体数 309736 的 4.19%；民办非企业单位数 6145，占全国民办非企业单位数 292195 的 2.10%；基金会数 75，占全国基金会数 4117 的 1.82%，具体数据见表 1。这反映经济欠发达的云南省社会组织占全国总数的比例不高，社会组织分布得非常不均匀，而且目前每万人拥有的社会组织数量只有 4.4 个，远远低于大多数国家的万人社会组织拥有数。[②]

从表 1 我们还可以看出，在云南省社会组织总数中，省本级 1265 个，占社会组织总数的 6.59%，其余 90% 以上都分别分布在 8 个州市。其中，昆明市的社会组织数为 4113 个，占全省社会组织总数的 21.41%；社会团体数 1644 个，占全省社会团体数的 12.66%；民办非企业单位数 2468 个，占全省民办非企业单位数的 40.16%。昆明市社会组织数量、社会团体数量、民办非企业单位数量均是云南省各州市最高的，这与昆明市的经济发展有关，另外昆明市作为省会城市，与全国一线二线城市的联系更为紧密，在信息交流和技术共享上，相比云南省其他城市来说，有更多的机会和便利条件。除此之外，截至 2014 年，社会组织数量较多且比例在 5% 以上的还有曲靖市（9.84%）、玉溪市（5.11%）、昭通市（6.1%）、楚雄州

---

① 杨之辉：《云南省社会组织总数已达 19959 个增长 13.9%》，http：//yn. yunnan. cn/html/2015 – 02/10/content_ 3594573. htm。

② 汪锦军：《嵌入与自治：社会治理中的政社关系再平衡》，《中国行政管理》2016 年第 2 期，第 74 页。

（6.1%）、红河州（7.29%）、大理州（9.99%）。由此可见，云南省社会组织初步形成了层次不同、区域有别的发展格局。

表 1　2014 年云南省社会组织概况统计表

单位：个，%

	社会组织数量	占全省（全国）的比例	社会团体数量	占全省（全国）的比例	民办非企业单位数量	占全省（全国）的比例	基金会数量	占全省（全国）的比例
云南省总量	19207	3.17	12987	4.19	6145	2.10	75	1.82
省本级	1265	6.59	884	6.81	313	5.09	68	0.67
昆明市	4113	21.41	1644	12.66	2468	40.16	1	1.33
曲靖市	1890	9.84	1023	7.88	866	14.09	1	1.33
玉溪市	981	5.11	736	5.67	245	3.99	0	0
保山市	463	2.41	387	2.98	76	1.24	0	0
昭通市	1171	6.10	955	7.35	213	3.47	3	4.00
丽江市	679	3.54	504	3.88	175	2.85	0	0
普洱市	902	4.70	759	5.84	143	2.33	0	0
临沧市	802	4.18	733	5.64	69	1.12	0	0
楚雄州	1172	6.10	981	7.55	189	3.08	2	2.67
红河州	1401	7.29	1062	8.18	339	5.52	0	0
文山州	884	4.60	728	5.61	156	2.54	0	0
西双版纳州	327	1.70	262	2.02	65	1.06	0	0
大理州	1918	9.99	1256	9.67	662	10.77	0	0
德宏州	563	2.93	444	3.42	119	1.94	0	0
怒江州	308	1.60	287	2.21	21	0.34	0	0
迪庆州	368	1.92	342	2.63	26	0.42	0	0
全国总量	606048		309736		292195		4117	

注：数据来源于云南省民政厅、各州（市）民政局统计，2014 年 12 月 30 日。（截至 2015 年 6 月 30 日，云南省社会组织总数为 21085 个，其中社会团体 14167 个，民办非企业单位 6829 个，基金会 89 个。但因全国及云南省各州市 2015 年的数据不齐全，因此，本文统计数据分析是以 2014 年统计为准。）

（二）云南社会组织活动领域分类统计分析

2006 年年底，民政部提出了中国社会组织新的分类体系，并用于三类社会组织的年度检查工作。这套分类体系将社会团体、民办非企业单位和基金会划分为 14 个类别：工商服务业、农村及社会发展、科学研究、教育、卫生、文化、体育、生态环境、社会服务、法律、宗教、职业及从业组织、国际及涉外组织、其他。具体分类标准及指标解释见表 2。

表 2　社会组织分类标准及指标解释

大　类	门类	代码	类别名称	指标解释
经　济	S	1	工商服务业	从事工业、商业、服务业等经济类组织，包括商会
	S	2	农业及农村发展	直接为农业及农村发展服务的组织
科学研究	M	3	科学研究	从事自然科学、社会科学研究的组织，包括思想政治工作研究会
社会事业	P	4	教育	从事各种教育活动的组织
	Q	5	卫生	从事各种医疗、卫生、保健服务的组织
	R	6	文化	从事文学、艺术、娱乐、收藏、新闻、媒体、出版等方面的组织
	R	7	体育	从事各种体育运动、健身活动的组织
	N	8	生态环境	从事动物、植物保护，环境保护以及环境治理的组织
慈　善	Q	9	社会服务	从事社会福利、救灾救助、社会保障及社会事务的组织
综　合	S	10	法律	从事各种法律研究、咨询、援助、代理的组织
	S	11	宗教	各类宗教及宗教交流组织
	S	12	职业及从业者组织	职业协会、专门行业从事者组织
	T	13	国际及涉外组织	国际性非营利组织、外国商会、境外非营利组织驻华机构等
	K	14	其他	校友会、友好协会，及其他未列明的组织

注：来自民政部发布的中国民间组织新的分类统计。

按照表 2 这套分类体系，我们对云南省社会组织的分布领域进行了研究。在数量增长的同时，云南社会组织的服务能力也不断增强，影响力不断扩大，在社会治理中发挥了积极作用，业务涉及教育、科技、文化、卫生、环保、公益、慈善等社会生活的方方面面，广泛分布于全省城乡各个领域、各个行业。

1. 社会团体

截至 2014 年 12 月，云南省社会团体有 12987 个，占云南社会组织总数的 67.62%。从 14 类社会团体的统计数据可以发现，2014 年，占云南省社会团体总数比重较大的社会团体类型主要有：农业及农村发展类 29.18%、其他类 16.86%、社会服务类 10.83%、文化类 9.80%、工商业服务类 8.49%、职业及从业组织类 5.10%。在社会团体分类中，农业及农村发展类的社会团体数量较多，影响较大。其主要包括农村专业经济协会、农村扶贫互助组、农村用水协会以及农村社区社会治理组织等。这与党和国家出台的一系列方针政策支持有紧密关系，例如，2002 年，党的十六大提出"积极推进农业产业化经营，提高农民进入市场的组织化程度和农业综合效益"。2003 年，民政部下发了《关于加强农村专业经济协会培育发展和登记管理工作的指导意见》，云南省制定了《云南省农村专业经济协会章程示范文本》；2008 年，云南省民政厅下发了《关于促进社区社会组织建设与管理的指导意见》，对社区社会组织实行登记和备案的双重管理模式。社会服务类社会组织中从事减灾、老龄、残疾人服务及社会事务的组织也很多，正日益发挥着重要的作用。

表 3　2014 年云南省社会组织分布领域概况

单位：个，%

	社会团体数量	占全省(全国)的比例	民办非企业单位数量	占全省(全国)的比例	基金会数量	占全省(全国)的比例
云南省总量	12987		6145		75	
科技与研究	403	3.10	175	2.85	0	0.00
生态环境	217	1.67	4	0.07	6	8.00
教育	299	2.30	4710	76.65	20	26.67
卫生	469	3.61	392	6.38	4	5.33
社会服务	1406	10.83	243	3.95	28	37.33
文化	1273	9.80	178	2.90	5	6.67
体育	633	4.87	268	4.36	0	0.00
法律	221	1.70	4	0.07	1	1.33
工商业服务	1103	8.49	27	0.44	0	0.00

续表

	社会团体数量	占全省(全国)的比例	民办非企业单位数量	占全省(全国)的比例	基金会数量	占全省(全国)的比例
宗教	301	2.32	3	0.05	0	0.00
农业及农村发展	3789	29.18	5	0.08	0	0.00
职业及从业者组织	662	5.10	6	0.10	0	0.00
国际及涉外组织	22	0.17	0	0.00	1	1.33
其他	2189	16.86	130	2.12	10	13.33

注：数据来源于云南省民政厅，2015年12月30日。

目前，云南省共登记农村专业经济协会3171个。在云南农村，普遍形成了"农户＋协会""农户＋合作社＋协会""农户＋企业＋合作社＋协会"等生产经营模式，农村专业经济协会在整合土地资源，促进农业产业化、规模化，提高农业科技水平、改良品种，建立农业标准园、示范园，形成云南省高原特色农业、绿色生态产业等方面发挥了重要作用。农村扶贫互助社从2012年的399个增长到1070个，为云南省精准扶贫、创新扶贫模式进行了积极的探索。在城乡社区登记或备案的7464个社区社会组织（登记4520个、备案2944个）积极开展健康向上的娱乐、文化、体育等活动，推动社区精神文明建设，弘扬社会主义核心价值观。

文化类社会组织主要包括从事文学、艺术、娱乐、收藏、新闻、媒体、出版等方面的"协会""联合会"或"促进会"。这类社会组织在社会团体中的比重也较大，这主要与国家提出的大力培育文化产业，特别是国家在创意文化产业和动漫产业上出台相关政策进行引导有关，也与云南省提出建立文化大省、文化强省的战略密不可分。工商服务业类社会团体占社会团体总量的8.49%，主要包括行业协会商会和异地商会，会员主体为从事相同性质经济活动的单位、同业人员，或同地域的经济组织。近年来，云南省紧紧围绕经济社会跨越式发展战略，重点培育发展与经济发展密切相关的行业协会商会，促进企业产业转型升级，淘汰落后产能，为"大众创业、万众创新"提供服务平台。同时，由于异地商会有异化为同乡会、老乡会的可能，民政部对成立异地商会有一定的限制。近几年，因招商引资的需要，有的市

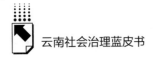

盲目发展异地商会，需引起关注。

从 14 类社会团体的统计数据还发现，生态环境类社会团体的数量在社会团体中所占的比例不多，只占 1.67%。这与云南具有生物多样性的"动植物王国"的称号不相符，也与云南环境保护和环境治理的艰巨任务有差距。2014 年，新修订的《中华人民共和国环境保护法》颁布实施，将依法在设区的市级以上人民政府民政部门登记、专门从事环境保护公益活动连续五年以上、无违法记录的社会组织作为环境公益诉讼的主体，最高人民法院、民政部、环保部下发了《关于贯彻实施环境民事公益诉讼制度的通知》，明确了社会组织实施环境民事公益诉讼制度有关事项。但从事动物、植物保护，环境保护以及环境治理的"协会"或"联合会"的数量在社会团体总数中所占比例没有增加太多。值得一提的是科技与研究类社会团体在全省社会团体中的占比（3.10%）也不高。这类组织大多没有工作经费，只有原来业务主管单位科协和社科联给其少量的补助，开展活动较少。由于该类组织的培育发展环境不是由市场经济的规律决定，即使现在实行直接登记，其增长数量有限且服务质量也有待于提高，政府应给予更多的扶持。2015 年，《中共中央办公厅国务院办公厅关于加强中国特色新型智库建设的意见》下发，提出"由民政部会同有关部门研究制定规范和引导社会力量兴办智库的若干意见，确保社会智库遵守国家宪法法律法规，沿着正确方向健康发展。进一步规范咨询服务市场，完善社会智库产品供给机制"。如果该类社会团体组织作用发挥得好，可以充分体现民间智库的功能。

综上分析，云南省许多社会团体植根基层，活跃于城乡社区，为广大群众理性有序地表达诉求和自我管理、自我服务提供载体，在促进社会既充满活力又和谐稳定方面发挥了"调节器""减压阀"的作用，促进了社会自治。行业协会商会开展行业自律，协调企业之间及企业与政府、企业与社会的关系，在依靠市场手段难以调节、依靠行政力量效果不佳或政府无暇应对的工作方面发挥了独特作用，维护了市场经济秩序。社会团体是政府转移职能的重要承接者，在云南省、市（州）、县政府下放的多项行政审批事项中，有相当一部分转移给社会团体承接，深化了行政体制改革。

2. 民办非企业单位

民办非企业单位是指企业事业单位、社会团体和其他社会力量以及公民个人利用非国有资产举办的从事非营利性社会服务活动的社会组织。它具有民间性、社会性、公益性和非营利性等特性。截至 2014 年 12 月，云南省民办非企业单位数 6145 个，占云南社会组织总数的 31.99%。从 14 类民办非企业单位的统计数据可以发现，教育类民办非企业单位数有 4710 个，占云南民办非企业单位总数的 76.65%，所占比例是最高的。这与国家近年来大力支持教育制度改革，支持民办教育发展的政策有关。2012 年，《国务院关于深入推进义务教育均衡发展的意见》（国发〔2012〕48 号）提出"在公办学校不能满足需要的情况下，可采取政府购买服务等方式保障进城务工人员随迁子女在依法举办的民办学校接受义务教育"，将政府购买社会组织服务运用于教育领域；2014 年，国务院下发的《国务院关于加快发展现代职业教育的决定》（国发〔2014〕19 号）提出，引导支持社会力量兴办职业教育。创新民办职业教育办学模式，积极支持各类办学主体通过独资、合资、合作等多种形式举办民办职业教育；探索发展股份制、混合所有制职业院校，允许以资本、知识、技术、管理等要素参与办学并享有相应权利。探索公办和社会力量举办的职业院校相互委托管理和购买服务的机制。引导社会力量参与教学过程，共同开发课程和教材等教育资源。社会力量举办的职业院校与公办职业院校具有同等法律地位，依法享受相关教育、财税、土地、金融等政策。健全政府补贴、购买服务、助学贷款、基金奖励、捐资激励等制度，鼓励社会力量参与职业教育办学、管理和评价等激励政策。

卫生类民办非企业单位数量仅次于教育类，有 392 个，占民办非企业单位总数的 6.38%。与教育类民办非企业单位相似，近年来，为保障民生，重点解决"看病难、看病贵"等社会问题，国家先后出台了相关政策，如 2009 年 3 月的《中共中央、国务院于关于深化医药卫生体制改革的意见》、2014 年 5 月的《国务院办公厅关于印发深化医药卫生体制改革 2014 年重点工作任务的通知》（国办发〔2014〕24 号）、《国务院办公厅关于全面推开县级公立医院综合改革的实施意见》（国办发〔2015〕33 号），特别是 2015

年6月下发的《国务院办公厅印发关于促进社会办医加快发展若干政策措施的通知》（国办发［2015］45号），对形成多元办医格局的目标，破除体制机制障碍和政策束缚，加快推进社会办医疗机构成规模、上水平发展，不断满足人民群众多样化、多层次医疗卫生服务需求，为经济社会转型发展注入新的动力等方面提出了明确要求。

体育类民办非企业单位数为268个，占民办非企业单位总数的4.36%。2014年10月，《国务院关于加快发展体育产业促进体育消费的若干意见》（国发〔2014〕46号）提出："鼓励社会力量参与。进一步优化市场环境，完善政策措施，加快人才、资本等要素流动，优化场馆等资源配置，提升体育产业对社会资本吸引力。培育发展多形式、多层次体育协会和中介组织。加快体育产业行业协会建设，充分发挥行业协会作用，引导体育用品、体育服务、场馆建筑等行业发展。"还提出，"鼓励社会资本进入体育产业领域，建设体育设施，开发体育产品，提供体育服务"，以及鼓励支持的配套政策的出台。

社会服务类民办非企业单位数为243个，占民办非企业单位总数的3.95%。作为解决民生的重要途径，社会服务类民办非企业单位是近年来云南省政府大力鼓励和支持发展的社会组织类别之一，并投入了大量的资源。2012年以来，民政部、国家发改委、财政部、共青团中央、中国残联等先后出台了《民政部关于促进社会力量参与流浪乞讨人员救助服务的指导意见》《民政部关于加强和创新慈善超市建设的意见》《关于加强青少年事务社会工作专业人才队伍建设的意见》《关于做好政府购买养老服务工作的通知》《关于做好政府购买残疾人服务试点工作的意见》《民政部关于进一步加快推进民办社会工作服务机构发展的意见》《关于鼓励民间资本参与养老服务业发展的实施意见》《中国残疾人联合会民政部关于促进助残社会组织发展的指导意见》等，省级相关部门也出台了意见，但相关政策落实、资金投入还需加强，以形成合力。

文化类民办非企业单位数为178个，占民办非企业单位总数的2.90%，数量较少。2015年，《国务院办公厅转发文化部等部门关于做好政府向社会力量购买公共文化服务工作意见的通知》（国办发〔2015〕37号），将公益性文化体育产品的创作与传播、公益性文化体育活动的组织与承办、中华优秀传统文化与民族民间传统体育的保护传承与展示、公共文化体育设施的运营和管理、民办文化体育机构提供的免费或低收费服务等作为购买主要内容，提出"培育市场主体，丰富服务供给"，把推进政府向社会力量购买公共文化服务与培育社会化公共文化服务力量相结合，规范和引导社会组织健康发展，逐步构建多层次、多方式的公共文化服务供给体系。

科技与研究类民办非企业单位数为175个，占民办非企业单位总数的2.85%。科技与研究类社会组织通过科研攻关、新产品研发、技术创新、高新技术成果（专利）转让、科技项目实施、技术咨询、技术服务等方式，加快提升云南省科技自主创新和产品研发能力。

生态环境类民办非企业单位在民办非企业单位总量中所占比重非常小，仅有4个。云南省拥有得天独厚的地理优势，有动植物王国的美称，但是其生态环境类民办非企业单位数量并不多。由于云南省农村社区建设处于起步阶段，农业及农村发展的公益性民办非企业单位也较少，2014年全省仅有5个。

综上分析，民办非企业单位为云南省提供了多样化公共服务。各类民办教育、医疗、养老、文体、科技等社会服务机构丰富了公共服务内容，对满足群众日益增长的多样化公共服务需求发挥了重要作用。

3.基金会

公益慈善事业机制被称为"第三次分配"，对调节财富差距、保障弱者权益、促进公平正义具有积极作用。发展公益慈善事业凝聚了数万志愿者，其在减贫济困、救灾防灾、助学助医、环境保护等方面发挥了重要作用。2004年《基金会管理条例》出台后，国家加大对慈善事业社会组织的培育发展。2012年，宗教事务局、统战部、国家发改委、民政部、财政部、国家税务总局《关于鼓励和规范宗教界从事公益慈善活动的意见》《民政部国资委关于支持中央企业积极投身公益慈善事业的意见》，2014年《国务院关于促进慈善事业健康发展的指导意见》（国发〔2014〕61号），2015年10月，第十二届全国人大常委会第十七次会议初次审议了《中华人民共和国慈善法（草案）》，鼓励基金会在慈善事业中发挥作用。云南省"省委 12 号文件"也把公益慈善社会组织作为重点培育的社会组织，将登记管理权限下放到县级，降低注册资金，在县级民政部门申请成立非公募基金会的，原始注册资金降低到 100 万元，根据公开、平等、竞争的原则，鼓励降低运行成本，基金会工作人员工资福利和行政办公支出占当年总支出的比例，按照不同基金会规模及实际支出确定，并向社会公示。2015 年，《云南省人民政府关于促进慈善事业健康发展的实施意见》（云政发〔2015〕88 号）出台，为慈善组织营造了良好的发展环境。

截至 2014 年 12 月，云南省基金会共有 75 个，占云南省社会组织总数的 3.90%。云南省的基金会在省厅成立的有 68 个，昆明市 1 个，曲靖 1 个，昭通 3 个，楚雄 2 个。基金会主要为省一级的，州、市成立较少，主要分布在云南的中部和中东部地区。从统计数据上看，主要是教育和社会服务类基金会。至今，科技与研究类、体育类、宗教类、农业及农村发展类、职业及从业者组织没有成立基金会。截至 2014 年，生态环境类基金会为 6 个，教育类基金会 20 个，卫生类基金会 4 个，社会服务类 28 个，文化类 5 个，法律类和国际及涉外组织分别为 1 个。

申报 2015 年"全国先进社会组织"的云南省青少年发展基金会，通过公益徒步等方式累计筹款超过 8 亿元人民币，援建希望小学 1800 多所，资助家庭困难学生 15 万余名，培训乡村教师 38000 余人，配置希望厨房、希望图书室、快乐音乐教室、希望电脑教室等 500 余个，为旱灾区援建希望水窖 28000 余件，帮助 3000 余名经济困难农村青年立足乡土脱贫致富，提供 3000 余万元医疗资助，使 1212 名家庭经济困难的先天性心脏病患儿重获健康，为近百名白血病、重度烧伤、罕见病等重症青少年儿童提供了及时帮助。

二 当前云南社会组织发展存在的主要问题

近年来，云南省社会组织发展较快，在经济社会诸多领域发挥了积极作用，已成为云南省经济社会发展不可或缺的力量。但是，云南省出台的

《关于大力培育发展社会组织加快推进现代社会组织体制建设的意见》也指出，由于思想认识不到位、法规政策不健全、管理体制不完善、扶持力度不够、监管力量薄弱，社会组织还存在数量少、规模小、政社不分、作用不明显等问题。[①]

（一）政府职能转移界限不清

虽然《云南省人民政府办公厅关于政府向社会力量购买服务的实施意见》（云政办发〔2015〕62号）已经出台，但只是对政府职能转移与社会组织购买服务做了原则性的规定，而没有设定可行的依据与标准，从而导致一些政府部门并没有明确应由其承担的职能和交由社会组织承担的职能，以及应由政府与社会组织共同承担的职能。大多数地方政府还没有编制政府购买社会组织服务名录，没有将购买服务经费纳入财政预算，致使一些有能力、愿承接服务的社会组织发展空间受限。一些地方政府甚至出现只让社会组织提供服务，却不给予适当报酬的现象，挫伤了社会组织的服务热情。例如，在参评行业协会商会的调研中，笔者发现，承担政府转移职能方面的经验丰富者并不多，究其原因，是政府部门向行业协会商会购买服务缺乏可依据的规范，只向行业协会商会布置任务、索要信息，影响了行业协会商会作用的发挥。

（二）税收、用地、贷款、社会保险等优惠政策有待完善

虽然财政部与国家税务总局出台了《关于非营利组织企业所得税免税收入问题的通知》和《关于非营利组织免税资格认定管理有关问题的通知》两个文件，但这两个文件并没有对非营利组织的范畴进行明确规定，因而非营利组织的认定迄今为止缺乏具体和可操作性标准，从而使得许多非营利组织没有享受税收优惠。再者，由于公益性捐赠税前扣除资格只适用于公益性

---

① 《关于大力培育发展社会组织加快推进现代社会组织体制建设的意见》，http：//yn. yunnan. cn/html/2013 – 09/02/content_ 2869226. htm。

社团和基金会，而一些公益性民办非企业不具备认定资格，无法领取捐赠票据，这限制了此类社会组织接受捐赠。非营利组织免税资格认定比例极低、有效期限较短、申请程序烦琐。税收优惠政策本是为社会组织解决资金问题的一项扶持政策，然而，由于各种原因，税收优惠政策没有真正发挥其应有的作用。现实中民办学校、民办非营利性医疗机构与公办学校、公办医疗机构在基础设施建设投入、福利待遇、职称评定等方面，政策待遇差别较大。

（三）登记管理机关能力建设亟待加强

目前，云南省社会组织总量位列西部省市区第二，仅次于四川省。但是，全省共有 44 个专职社会组织登记管理人员编制，其中省级 18 个，州（市）、县（市、区）26 个，16 个州（市）中 11 个设立民间组织管理科、配备有 1~2 名专职工作人员，玉溪市、普洱市、昭通市、怒江州、迪庆州 5 个州（市）民管与社会事务科或基层政权科、区划地名科等合并，无专职工作人员，129 个县（市、区）仅 2 个区（昆明市五华区、盘龙区）各配备 1 名专职工作人员。州（市）级登记管理的 2844 个、县（市、区）一级登记的 11688 个（占总数的 74.9%）社会组织长期处于无专职人员管理的状态，与社会组织体制改革加强监管的要求矛盾极为突出。而且，近年来，登记管理机关职能不断拓展，管理任务繁重，其过去只做日常管理、年检、执法工作，后来增加了分类评估、党建、公益捐赠税前扣除、非营利组织免税资格申请、中央财政资助项目申报监管等多项职能，社会组织管理任务日益繁重。云南各级民政部门未设立专门的社会组织执法机构，也无专职执法人员，执法监察任务难以主动有序开展，存在安全隐患和法律风险。

（四）社会组织布局不尽合理

云南省的社会组织中，社会团体占 68.9%，民办非企业单位占 30.8%，基金会占 0.3%。且地区发展不平衡，从州市看，昆明市最多，有 3709 个；怒江州最少，有 250 个；从县级进行比较，最多的五华区有 576 个，最少的红河县只有 20 个。具体来看：一是社会团体主要集中在传统领域和传统产业，并且很大部分由原来挂靠在政府部门的行业协会演变而来，而关于新兴产业、现代服务业、社会管理等领域的社会组织相对较少，分布不均。随着国家经济社会的发展，互联网时代的到来，新的经济形态层出不穷，人们的生产生活方式也发生了巨大的变化，新的经济分类和交叉学科、边缘学科大量增加，社会团体难以跟上时代前进的步伐。二是民办非企业发展结构不均衡。这主要体现在两个方面。首先，地区发展极不均衡。2011 年，全省3805 家民办非企业单位中，在昆明市登记在册的民办非企业单位占总量的47.67%，约为其余 15 个地州的总和，民办非企业单位最多的五华区有 507个，双江等 7 县仍然为 0。其次，涉及领域广泛但发展不平衡。民办非企业单位中以教育类较多，占 59.2%；与城乡居民日常生活联系最为紧密，也是社会最需要的医疗卫生和社会服务的民办非企业单位只有 303 家，仅占6.4%；社会调查与研究、环境保护、心理咨询、社会工作等领域还是一片空白。三是基金会依然集中在教育、扶贫、灾害救济等领域，立足于社会发展和个人全面发展的组织不多。

（五）社会组织独立性不强

很多社会组织在发展过程中，经常与政府行政部门有着千丝万缕的联系，这样一方面可以使社会组织从政府部门获得发展资金和资源，但另一方面正是由于对政府部门的依赖，其发展和扩大受到束缚和限制。在对云南水力发电工程学会的评估中，其基础条件、内部治理和外部评价方面扣分均较少，唯有工作绩效扣分相对较多，这使得其综合排名居中。该学会能按章依法行为，内部管理制度比较规范，比较注重学术交流和研究，其学术研究在行业内具有一定影响力，但存在过分依赖挂靠单位，财务制度不明确、固定资产不明确的问题，且其内部治理效果不佳、常务副理事数过多，结构存在问题。

目前，云南省基金会的公募基金会和非公募基金会各占一半，大多数公募基金会是由政府主导成立的，与政府关系密切，具有官办色彩。在体制管理上，它们是政府职能部门的延伸，具有不同程度的官方特征。业务主管单位将其视为下属的二级机构，把它作为安置人员的场所。而非公募基金会资金规模小，有影响的组织不多，有的基金会成立的目的不明确，甚至有非公募基金会成立了很久，还认为自己是在民政部门登记的用于融资的工具，等同于金融市场的基金会。例如，昆明市见义勇为基金会，是 2003 年 2 月依法成立的公募基金会，其秉承发扬中华民族传统美德，倡导见义勇为，弘扬社会正气，以营造平安、稳定、和谐的政治、治安和社会环境为宗旨，起到了为政府拾遗补阙的作用，受到了各行各界的充分肯定。但是它在发展过程中，由于在结构设置、资金来源和介绍宣传上与政府联系过为紧密，它的民间性、社会性和作为法人的独立性不够，这使该社会组织不能正常地成长和发展。

（六）社会组织的能力亟待加强

从目前总体运作情况看，社会团体的市场化运作机制尚未确立，承担职能的能力低下，正常运作、维持运作和难以运作的大体各占 1/3，有的社会团体或作为政府的附属机构，或作为老同志的"养老"场所、"收费"招牌；有的治理结构不完善，不按章程办事，违规现象时有发生。协会、学会普遍存在人员年龄老化、兼职人员偏多、专业人才缺乏的问题，自我造血功能和服务功能不强，行业的凝聚力、向心力，社会的影响力、公信度不高。

民办非企业单位发展质量不高、规模一般较小，平均每家民办非企业单位的从业人员数约为 29.23 人。财务状况也不宽松，大多单位处于勉强维持状态，抗风险能力较低，仅 2010 年，云南省就有 175 家民办非企业单位撤销登记。同时，民办非企业单位自身建设仍需加强，其存在规章制度不完善、组织机构不健全、财务制度不完善、缺乏持续性的工作精神和服务意识、长期不开展活动、遵纪守法意识不强等问题。例如，大部分民办非企业单位还没有建立健全人员聘用制度，缺乏对专职人员的教育培训、资格评价和社会保障等机制，缺乏具有专业技能的工作人员。大部分民办非企业单位资金筹措渠道单一，资金短缺问题严重，难以获得政府的资金支持，主要依靠个人投资、少量的社会捐助和很低的服务收费维持生存。

专业化已经成为越来越多社会组织发展的关键因素。然而目前社会组织专职工作人员大部分为退休人员或刚毕业的大学生。退休人员将其作为发挥余热的地方，大学生将其则作为进入社会其他行业的跳板和临时过渡的工作。工作人员收入低、社会福利及保障难以落实，人员流动性大，专业化水平较低，极大地限制了社会组织的发展。2014 年，平均每家基金会拥有专职人员 2.79 名，拥有专业助理社会工作师和社会工作师职称的共 15 人，专业化人才的"供求不平衡"显然已成为基金会快速发展的重大瓶颈。

（七）社会认同度有待提高，社会渠道筹集资金不畅

云南省社会组织发展基础薄弱、经济欠发达、社会发育程度不高，得不到社会各界应有的关注和支持。①许多群众对社会组织认识不全面，认为作为"非政府"的社会组织不如党委、政府可靠，对其参与和支持不多；②近年来，媒体对公益组织的一些负面报道引起社会的持续关注，引发了社会公众对整个公益慈善事业公益性的批评，导致公益慈善事业的基金会陷入空前的信任危机。如全国红十字会"郭美美事件"等负面影响极大。③有的群众对参与社会组织活动的方式、渠道了解不多，狭隘地理解社会组织的资源需求。

云南省基金会把募捐的主要对象定为企业，忽视了个人和其他组织的捐赠，募捐范围局限性强，筹集资金效果不好，基金会增值保值能力不强。云南省大部分基金会一直以来以银行储蓄、股票、债券、银行存款与债券的组合等方式管理基金会的资金，普遍存在资金萎缩的现象。基金会难以保值增值，工作经费严重不足，难以吸引优秀人才。例如，云南省生物多样性保护基金会是 2010 年 5 月依法成立的公募基金会，原始资金 400 万元，基金会资金总额为 3930 万元；2011～2012 年捐赠收入 630 万元，捐赠支出 250 万元，开展了重点地区生物多样性保护基础资料库的建设；投入资金 285 万元，开展了云南电视台"地球之声大型公益晚会""金沙江中游流域生态环境监测建设"等项目，为云南省生物多样性保护及生态文明建设做出了一定的贡献；但是该基金会在发展过程中由于得不到社会各界应有的重视和支持，收入和支出严重失衡，投资收益太弱。

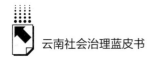

三　云南社会组织治理的对策建议

云南社会组织发展是中国社会组织发展巨幅、多样性画卷上的边疆、民族风情画面，云南社会组织发展必须和云南现代化以及中国现代化的发展保持相对的一致性、适应性。在社会治理创新的场域中，政府、企业、社会作为公共事务的主体，共同承担着服务社会的职责。但如何在政府的简政放权中使社会组织稳健增长？如何让社会的公共空间得到有效的扩张，使社会组织获得自主创新的空间？这些关键性问题成为社会治理创新的重要环节。在这一过程中，明晰政社关系边界的内涵、政府在其中的角色定位以及推动制度创新则是建立健全现代社会组织体制的关键。

（一）地方政府治理理念的变革与创新是关键

社会治理的宗旨是合理回应和满足人们日益增长的权利诉求，其根本目的是实现、维护和发展好人民群众的合法权利。社会治理创新的过程就是公众权利得到充分尊重和政府权力得到规范的过程。相当一段时间以来，政府对社会组织有条件地接纳和承认，强调对社会组织的监督管理远大于对它们的培养扶植。各级党委、政府要从领导干部的思维方式和行为习惯改变做起，摒弃陈旧落后观念，不断强化现代意识、民主意识和法治意识，切实尊重人民群众的主体地位，以回应群众需求、激发社会活力、促进各方力量参与作为重点，坚持问题导向与目标导向相结合。要健全完善治理运行机制，广泛发动群众参与，努力做到治理的科学化、法治化与民本性。

1. 公共利益的理念

云南各级政府应突出强调以公平正义为根本准则，以改善民生为基本追求，以社会和谐为重要目标，以社会安全为底线保证，努力在政策、制度、方法等设计上适应和满足群众的需要，变过去"下面跟着上面干"为"上面围绕下面转、各级围绕群众转"。党的十八届四中全会提出了全面落实行政执法责任制，强化对公共行政权力的监督与问责，这对于促进以保护公共利益为核心的政府治理创新具有重要意义。

2. 法治的理念

全面推进依法治国，把政府活动全面纳入法治轨道，保障各类治理主体的合法权益。一是建立"政府权力清单"。对所有行使行政权力的单位进行系统梳理清查，摸清行政权力底数，取消、下放、转移和整合有关行政权力。二是建立"政府责任清单"。坚持"宽进严出"，加强事中事后监管，明确责任事项、责任主体、追责情形，既防止"越位""错位"，又防止"缺位""失位"。政府干预社会组织的正常运转，但在社会组织需要扶持的方面不进行扶持与帮助，从而容易形成"以权代社"的局面，因此对政府的权利进行法制化规定有利于政府对促进社会组织的快速健康发展提供有力支持。三是建立"市场准入负面清单"。深化行政审批制度改革，最大限度地为社会组织松绑减负。政府的规划引导不应忽视社会组织成长规律而过多使用行政化的手段进行干预，否则就会出现拔苗助长的现象，不利于社会组织的成长。

3. 简政放权的理念

在社会治理创新进程中，地方政府一方面要从政策层面对社会组织给予扶持，赋予社会组织发展的权利，加大政府购买服务的广度和宽度，提供相应的立法支持、资金帮扶、财税优惠；另一方面应从当前中国社会发展的现实出发，合理地评估社会组织的现状和能力，建立健全多元协调机制，发挥多元主体各自的功能。一味地强调"简政放权"或"职能转变"不仅为政府的敷衍塞责留有空间，被委以重任的社会组织也将因"拔苗助长"而难以健康成长。正如李克强总理多次强调的，简政放权的前提是"社会组织有积极性且适合承担"。

4. 公民意识的理念

公民意识是一种国家认同意识，也是一种权利与义务意识。这对云南边疆民族地区的发展至关重要。现代公民意识的培养既能够增强人们的国家认同意识，也是边疆民族地区社会发展的重要条件。通过对公民意识的阐释、宣传、教育和践行，让社会成员理解自己的社会使命，让社会组织理事会成员、高层管理者、内部工作人员、志愿者、捐赠者等明确自己所从事工作的意义,让公益精神在整个社会环境中得到强化,形成全社会共同的使命感,让实际工作中一切行动都围绕使命来展开。

(二)稳中求健,在发展中突出重点

云南省社会组织起步晚、发展慢的现实问题应该受到重视,在发展过程中应当考虑社会资源和特殊地理位置的影响,云南是"集贫困问题、环境问题、民族问题、宗教问题、边境问题、'三农'问题、教育问题、人口问题、安全问题等诸多问题于一身的集中区域。这些'问题集合'决定了实现现代化需要解决的问题更加复杂多样"。① 这种现实存在导致云南省社会组织的发展模式和方式不同于外省的发展方式。云南省社会组织应当在稳定中求得发展,在发展中促进稳定,并突出重点和特点,找到适合于本土社会组织的文化要素,以这些文化要素为基点由内而外辐射,必然会促进社会组织的成长。

1. 认真研究制定社会组织发展的中长期规划

目前,各级政府和职能部门在设计关乎社会组织发展的制度时,大多遵循"事本主义"原则,缺乏长远思考,缺乏部门与地区政府间之间的协调与制度整合。目前社会组织发展中的许多深层次问题以及无长远发展预期都与政府部门"事本主义"的风格有关。社会组织的专业化水平不足曾引发广泛讨论,但多数研究都仅强调待遇差、资金不足等显性因素,未意识到其背后的深层原因。许多社会组织中专业人士不足并不单纯是财力不足所致,而是这些组织对未来发展空间的预期不足,担心组织一旦收缩,招来的专业人才无用武之地。② 由此可见,非稳定的发展预期是当前社会组织发展中亟待解决的问题。各级政府和职能部门应准确定位社会组织,做到让社会组织发展思路清晰、目标明确、措施到位;社会组织应积极与政府沟通,主动为

---

① 马国芳:《云南跨境民族地区社会组织现状研究》,云南人民出版社,2014,第74~75页。
② 黄晓春:《当代中国社会组织的制度环境与发展》,《新华文摘》2015年第24卷,第33页。

社会组织的发展争取更多政策、资金、项目、税收方面的支持。

2. 突出社会组织发展的重点领域

"社会组织"构成复杂，不同类型社会组织的功能取向不一，功能领域涉及面也广。基于此，地方政府应设计出扶持那些对促进经济发展、提升公共服务水平有显著效应的社会组织的制度安排。2013年8月23日，云南省以省委、省政府联合发文的形式制定了《关于大力培育发展社会组织 加快推进现代社会组织体制建设的意见》（云发〔2013〕12号），明确提出"培育发展重点"为"公益慈善类社会组织""行业协会商会类社会组织""城乡社区服务类社会组织""科技文化类社会组织"，以及"将在省、市、县三级设立社会组织培育发展专项资金，重点扶持云南省经济社会发展急需培育的各类社会组织，对符合申请条件的社会组织给予补助"。① 总体来看，云南省党委、政府特别注重经济类和公共服务类社会组织的发展。例如，通过购买式公共服务力促云南携手困难创业服务中心、云南连心社区照顾服务中心、云南振滇社会组织发展研究院，以三社联动探索城郊社区和农村社会工作服务模式、灾区社会工作服务模式和"三区"（边远贫困地区、边疆民族地区和革命老区）农村社会工作模式。在此背景下，各级政府都加大了对公共服务类社会组织的支持，这将对其他类型社会组织向公共服务型组织的转变起导向性作用。对还未在民政部门正式登记注册的社会组织，诸如以备案方式登记的社区群众团体、青年自组织团体以及数量不明的网络社团等社会组织，基层政府可以公益创业园区形式给其提供场地、资金等公共资源支持，引导其参与社区建设并承担公共服务职能。

（三）加强以评促建，促进社会组织的规范化建设

目前全国有10多个省（市、区）的社会组织评估率已达到40%，20多个省（市、区）评估率达到30%，云南省包括2015年的评估数量在内，

---

① 中共云南省委：《云南省政府关于加快推进现代社会组织体制建设的意见》，http://www.yn21st.cn/content/5193.html。

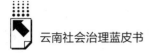

评估率还不到8%。因此，要进一步完善社会组织评估工作，大力培育发展社会组织和推进现代社会组织的体制建设。以云南省社会组织评估工作为契机，民办非企业单位实行规范化建设评估，评估指标内容包括基础条件、内部治理、业务活动和诚信建设、社会评价；行业协会商会的评估指标内容包括基础条件、内部治理、工作绩效和社会评价。许多社会组织反映，经过评估，进一步完善了治理结构，健全了规章制度，加强了财务管理、明确了发展思路。

1. 加大培训和宣传力度

民政部社会组织评估委员会要根据变动的实际情况和坚持科学公正的原则修正不合时宜的评估指标，建立健全科学的社会组织评估与评级体系。云南省应严格按照评估要求客观公正地行使权力，坚守底线，不得暗箱操作。积极培训评估对象，打破其"为评估而评估、为等级而评估"的认识，让评估对象对评估目的和意义有正确认识。同时，对评估专家开展有针对性的培训，增强其实评经验，缩小衡量标准差距，提高评估结果的科学性和公正性。

2. 把评估作为促进社会组织规范化建设的一个过程

为真正实现评估的目的和作用，要改变印发通知后即开始评估的方式，探索印发通知后让社会组织有一定时间准备再实施评估的模式，让准备期成为评估对象有效的规范化建设阶段，提升评估质量和效果。把评估作为登记管理机关全面了解社会组织发挥作用、把握发展需求的过程，也作为管理机关服务社会组织、加强个性化指导的过程。

3. 加强评估工作信息化建设

建议委托软件公司开发具备打分、汇总、统计、分析功能的社会组织评估软件，使专家从烦琐的统计汇总分数的工作中解脱出来，把大部分时间精力投入评估的分析、研究和总结上，提高评估工作效率和质量。

4. 把评估结果与承接政府购买服务相挂钩

把评估结果与承接政府购买服务相挂钩，把评估结果作为社会组织承接政府购买服务的一项资格条件，并根据评估结果公布承接政府职能转移和购买服务的社会组织目录。按照公平、公正、公开、竞争的原则，使政府转移职能有实质性、普遍性、常态化的推进，使社会组织"有事可做"。

5. 建立专家联席会议制度和研讨机制

社会组织评估已有较全面的专家人才资源库，建立专家联席会议制度和研讨机制，定期或不定期召开专家联席会议，相互通报、交流、探讨评估信息，听取大家对社会组织评估工作的意见和建议，以促进云南省社会组织评估工作更加规范和更加完善。

（四）建立健全以项目为导向的政府购买社会组织服务机制

十八届三中全会通过的《中共中央关于全面深化改革若干重大问题的决定》提出，"适合由社会组织提供的公共服务和解决的事项，交由社会组织承担"。这就要求搭建社会组织参与社会服务的公共平台。在社会服务政府购买推行比较早的省（市、区）都已经公布了省、市、县的三类目录。第一类是政府需要转移出来的职能目录；第二类是政府向社会组织购买服务的目录，包括服务的内容、名称、项目、价格；第三类是承接公共服务的主体社会组织的目录。实践中云南省于 2014 年开始了艾滋病防治政府购买项目 77 项，2015 年云南省福彩公益金支持社会组织参与社会服务项目共立项 17 个项目，目前还没有完成政府购买社会服务的一个完整周期，仍然需要进行更多的探索。① 其他省（市、区）在政府购买社会服务实践中已经发现在社会服务的定价、监督机制、拨款以及绩效评估机制中的困难，云南省政府购买社会服务整体制度尚未形成。

云南省需以目前开展的购买社会服务项目为基础，借鉴其他地区的实践经验尽快完善制度体系。①各级政府部门应根据《云南省政府购买社会工作服务实施办法》的要求，建立以项目为导向的政府购买社会组织服务制度，制定购买社会组织服务的管理办法和目录。②将购买社会组织服务经费纳入财政预算，做到权随责走、费随事转，保证社会组织具有承担相应职能

---

① 云南省民间组织管理局：《关于 2015 年省本级福彩公益金支持 NGO 参与社会服务项目立项通知》，http://yunnan.mca.gov.cn/article/tzgg/201508/20150800867010.shtml 2015。

职责的条件，使社会组织"有钱做事"。③梳理出可面向社会组织购买的公共服务事项。逐步将技术服务、行业管理职能以及社区事务性、公益性、社会性工作纳入购买服务范围。④委托专门的代理机构及时在社会组织信息网、公共资源交易网、政府采购与招标网等公共媒体上予以公布，搭建网上申报系统、组织专家对申报单位的资质、业务能力、信用度等进行综合评审。⑤对项目的实施过程加以监督，对实施效果加以评估。鼓励社会组织以项目为支点，不断转变运作模式，用能力求生存，打造服务品牌，找出发展中的薄弱环节，并有针对性地提出社会组织的工作理念和发展导向。

（五）加强社会组织自律机制建设，形成依法自治的现代社会组织体制

1. 建立健全社会组织内部治理制度

以法人治理结构优化社会组织的治理结构、提高其治理水平，社会组织的规范运作需要完善的法人治理结构、明晰产权、建立董事会和协会的内部管理机制、对财务进行管理的体系、对运作方式进行监管等。法人治理结构在社会组织的发展目标、运作方式、服务战略偏位和失灵上发挥了有效的作用，可以遏制社会组织内部少数精英损害机构和公众利益的行为，能够保证社会组织低成本运作和高服务质量。通过财务制度管理的体系制定社会组织会费收取、网络募捐、活动合作、评比表彰、不动产捐赠等行为规范和活动准则。还需要完善社会组织信息公开制度、规范信息公开内容要素、建立信息平台载体。要建立完善的社会组织退出制度。要优化年度检查制度，提高年度检查效能。要健全第三方评估制度，增强评估功效。

2. 完善社会组织自律诚信建设

引导社会组织健全以章程为核心的独立自主、权责明确、运转协调、制衡有效的社会组织法人治理结构。完善会员（代表）大会、理事会、监事会制度，实行决策、执行与监督分立制度。建立民主选举、民主决策、民主管理、民主监督的自治机制。坚持诚信原则，制定行业规范，开展行业自律，增强诚信守法意识，推行服务承诺制，提高社会公信力。坚持非营利原

则，规范社会组织活动。加强公益慈善项目监管和公众监督，防止诈捐、强行摊派、滥用善款的行为。完善社会组织自律监督体系，健全防治"小金库"、乱收费、乱评比等长效机制，严格控制社会组织评比、达标、表彰等活动。

3. 加强社会组织人才队伍建设

高素质人才是社会组织执业水平和自信的保证，除了要严格实施资格考试准入制度，实行执业资格审查、登记备案管理制度外，社会组织员工的职业意识也需要强化，从业人员的业务培训和职业道德教育也应列入发展体系。例如，2011 年，广东省委省政府下发的《关于加强社会建设的决定》将社工人才队伍定位为全省社会建设的人才保障，"每万人拥有持证社工人数"纳入了"幸福广东"评价指标框架体系，作为反映社会服务总量和专业化程度的重要指标，社工服务规划和政策研究服务等五类社工服务列入《2012 年省级政府向社会组织购买服务目录（第一批）》。云南在今后的社会组织发展中，新增社工岗位原则上使用已取得社工职业证书的人员或社会工作专业毕业生，从源头保证从业人员的专业属性。引入省内高校资源，加强社工专业人才培育基地，以提升社会组织的管理者能力和决策水平。加强社会组织从业人员权益保障，研究制定从业人员权益保障政策，督促社会组织建立完善从业人员劳动用工制度。鼓励社会组织建立从业人员养老年金制度，提高其社会保障水平。打造一支高素质的社会组织人才队伍。

4. 加强社会组织党建工作

严格按照中共中央办公厅印发的《关于加强社会组织党的建设工作的意见（试行）》，在省、市、县成立社会组织党建工作统一领导和管理的机构；街道社区和乡镇村党组织负责城乡社区社会组织党建工作。业务主管单位党组织负责指导和管理所属社会组织的党建工作。各级党委组织部门和社会组织党建工作机构建立三项工作机制：统筹协调机制、上下联动机制和直接联系机制。保证党建工作指导上的上下贯通。针对社会组织特点按照"尽建"的原则加大党组织组建力度。在暂不具备组建条件的社会组织，以选派党建工作指导员、联络员或建立共青团组织等方式开展党的工作。新成

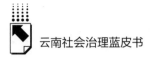
立的社会组织，具备组建条件的，登记和审批机关应督促推动其同步建立党组织。

5. 引导社会组织积极承担社会责任

引导社会组织树立服务社会、服务群众的意识，让其主动配合关系云南省改革发展稳定大局的重大决策，积极参与解决重要的民生问题，投入公益慈善事业，关爱弱势群体。逐步建立社会组织责任体系，推动社会组织发布社会责任报告，促进社会组织建立社会信用体系和市场监管体系。通过建立企业、群众诉求平台为党委、政府决策积极献计献策。利用社会组织参与配合政府公共管理，化解劳资纠纷等社会矛盾，维护社会稳定，促进社会和谐。

B.6
云南教育治理报告

杨 莉　陈美霞　林 云　陆 丹　袁晓丽*

摘　要： 随着我国教育持续快速发展，高校和政府、社会的关系发生了深刻变化，应在政府、学校和社会之间建立新型关系，形成良性互动，推进教育治理现代化的进程。本报告在对云南省教育发展现状进行调研的基础上，分析云南省教育治理的现状和存的问题，基于治理理论提出推进云南省教育治理的对策。

关键词： 云南　教育　教育治理

云南省的教育在取得巨大变化的同时，面对新的发展机遇和挑战，总体上还不适应社会发展对各类型、各层次人才的需要，本报告主要对云南学前教育、义务教育、职业教育、高中教育及特殊教育的发展现状进行调查研究，为进一步推进云南教育的治理提出政策建议。

一　教育治理现状

（一）学前教育

随着云南省经济的发展和社会的进步，云南省学前教育快速增长，并保持了快速发展的良好势头。

---

* 杨莉，博士，云南财经大学公共管理学院教授，主要研究方向：公共政策；陈美霞，大学本科，云南财经大学公共管理学院副研究员，主要研究方向：高等教育及公共服务；林云，博士研究生，云南财经大学公共管理学院讲师，主要研究方向：教育经济学；陆丹，硕士，云南财经大学公共管理学院讲师，主要研究方向：高等教育管理；袁晓丽，云南财经大学公共管理学院硕士研究生，主要研究方向：行政管理。

1. 幼儿园数量

根据2011~2015云南省教育事业统计分析报告数据，从表1可以看出，幼儿园园所总数在逐年增加。

表1 2012~2015年幼儿园数量

单位：所，%

年份	学校数	比上一年增减	其中民办	民办占同级规模比	与上一年相比增长
2012	4768				
2013	5326	558	3841	72.12	11.70
2014	6129	803	4093	66.78	15.08
2015	6540	411	4284	65.50	6.71

资料来源：云南省教育厅公布的《2013年云南教育事业统计摘要》《2014年云南教育事业统计摘要》《2015年云南教育事业统计摘要》。

表1统计数据显示，云南省幼儿园的数量逐年增加，这样既保障了幼儿的入学率，也可以增加就业岗位，对于幼教的需求也相应增多。同样，民办幼儿园也在逐年增加，分别占同级规模的72.12%、66.78%和65.5%。

2. 幼儿园招生数

云南省2013~2015年幼儿园招生数、在校生情况及毕业情况如表2所示。从表2统计数据可见，云南省幼儿园2013~2015年招生数的完成情况远远超过计划要求，其完成率分别为107.81%、114.40%和110.68%。

表2 云南省2013~2015年幼儿园招生数、在校生情况及毕业情况

单位：万人，%

年份	招生情况			在校生总数			在校女生情况		在校少数民族情况		三年毛入园率
	实际招生数	其中民办	完成率	在校生总数	其中民办	增长率	女生数	占比	少数民族	占比	
2013	72.90	29.31	107.81	119.02	58.16	6.05	55.82	46.90	37.95	31.89	54.19
2014	73.69	31.31	114.40	124.58	63.26	4.67	58.66	47.08	41.49	33.30	59.24
2015	74.75	33.85	110.68	129.40	68.28	3.87	61.28	47.36	44.22	34.17	63.82

资料来源：云南省教育厅公布的《2013年云南教育事业统计摘要》《2014年云南教育事业统计摘要》《2015年云南教育事业统计摘要》。

3. 学前教育师资队伍结构

自 2013 年到 2015 年在云南省范围内幼儿园里的教师的数量起伏变化，而专任教师数量则是连续 3 年稳定增长（见表3）。

表3　云南省学前教育教职工人数

单位：万人，%

年份	教职工情况			专任教师情况		
	教职工数		增长	专任教师数	其中民办	增长
	总计	其中民办				
2013	6.69	4.76	12.30	4.01	2.59	12.77
2014	7.45	5.29	11.34	4.47	2.86	11.31
2015	8.15	5.85	9.28	4.90	3.16	9.76

数据来源：云南省教育厅公布的《2013 年云南教育事业统计摘要》《2014 年云南教育事业统计摘要》《2015 年云南教育事业统计摘要》。

从表3 中数据统计可以看出：在教师队伍结构方面，云南省越来越重视教师队伍的素质及能力，更倾向于招聘专业的教师，而专任教师的增多也说明了专业的幼教数量增多。

4. 学前教育师生比情况

教育部 2013 年发布《幼儿园教职工配备标准（暂行）》（以下简称《标准》）规定，为进一步规范各类幼儿园的用人行为，各地新设的全日制幼儿园中，教职工与幼儿的比例需达到 1∶5～1∶7；已设的全日制幼儿园中，在 3 年内逐步达到《标准》要求。云南省 2013～2015 年幼儿教育师生比例分别为 1∶29.66、1∶27.9、1∶26.4，师生结构逐年有所改善。

5. 学前教育专任教师学历层次状况

云南省学前教育师资队伍总数不断增长的同时，专任教师学历合格率也不断提高。具体数据如表4 所示。

从表4 中看出，2015 年专科毕业的教师明显多于 2013 年，其比例从 48.35% 上升到 51.74%，增加了 3.39 个百分点；专科学历的教师比重为 50% 左右，也就是说，在学前教育专任教师队伍里，专科毕业的教师所占比重远远超过排名第二的高中阶段毕业的教师。在教师队伍建设中，教师学历偏低是很大的问题，这不利于幼儿教师队伍的发展，应鼓励高学历毕业生从事幼儿教育。

表4 云南省学前教育专任教师学历层次（2013～2015年）

单位：人，%

		2013年	2014年	2015年
学前教育	总计	40123	44661	49018
	研究生	41	63	64
	比例	0.1	0.14	0.13
	本科	7686	9027	10605
	比例	19.16	20.21	21.63
	专科	19400	22835	25364
	比例	48.35	51.13	51.74
	高中阶段	11329	11130	11536
	比例	28.24	24.92	23.53
	高中阶段以下	1667	1606	1449
	比例	4.15	3.6	2.96

资料来源：云南省教育厅公布的《2013年云南教育事业统计摘要》《2014年云南教育事业统计摘要》《2015年云南教育事业统计摘要》。

6. 学前教育专任教师技术职务结构现状

云南省教育厅公布的2013年、2014年、2015年云南教育事业统计摘要数据资料显示，2013年、2014年及2015年共有专任教师分别为4.01万人、4.47万人和4.90万人（上述3年均含民办园所人数），其中专任教师分别为2.59万人、2.86万人和3.16万人（见表5）。

云南省学前教育专任教师专业技术职称明显偏低，2013～2015年未评级分别占专任教师总数的62.80%、63.49%和64.40%，一半以上都未评级，这与教师学历层次有关。此外，云南省制定出台《云南省关于加强学前教育师资队伍建设的意见》《云南省公办幼儿园编制标准》，并启动实施第二期学前教育三年行动计划，扩大全省幼儿普惠的覆盖率，需要大量引进新的教师，这就使得未评级教师剧增。着力推进教师队伍专业化建设，真正落实到基层还有相当长的路要走。

表5 云南省 2013～2015 学前教育专任教师专业技术职务情况

单位：人，%

	2013 年	2014 年	2015 年
中学高级	99	126	174
比例	0.25	0.28	0.35
小学高级	7221	7595	7877
比例	18.00	17.01	16.07
小学一级	5437	5982	6407
比例	13.55	13.39	13.07
小学二级	1872	2336	2696
比例	4.67	5.23	5.50
小学三级	295	267	296
比例	0.74	0.6	0.60
未评级	25199	28355	31568
比例	62.80	63.49	64.40
总 计	40123	44661	49018

（二）义务教育

义务教育是国家教育体系的基石，也是推进教育公平的主要渠道。2010年 12 月，云南实现"两基"目标，顺利通过国家验收，谱写了云南教育发展的新篇章，这是云南教育改革发展历史上的重要里程碑。由此，云南义务教育也拉开由普及转向均衡发展的序幕。

1. 办学规模

截至 2015 年 12 月，全省义务教育阶段学校数为 14095 所，比上年减少183 所，其中小学减少 195 所，初中增加 12 所；招生人数为 128.75 万人，比上年增长了 0.65 万人；在校生数为 567.27 万人，比上年减少了 5.48 万人；九年制义务教育巩固率为 93.3%，比上年提高了 1.1%。

（1）小学办学规模

2015 年全省小学校数为 12413 所。从 2013 年到 2015 年，全省小学校数中，教学点数由 3931 个减少至 3308 个，共减少了 623 个；一师一校数由1345 个减少到 1170 个，共减少了 175 个（见图1）。

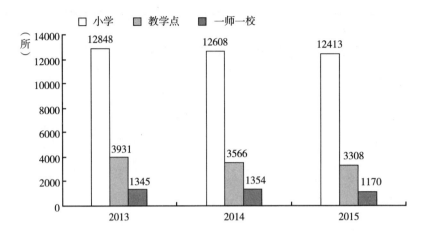

图 1　2013～2015 年云南小学校数、教学点数、一师一校数

全省 2015 年小学净入学率为 99.68%，比 2013 年的 99.50% 提高了 0.18 个百分点（见图 2）。

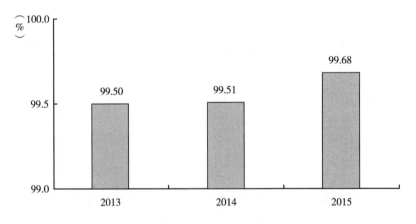

图 2　2013～2015 年云南小学净入学率

全省小学在校生 2015 年为 377.78 万人，比 2013 年的 392.08 万人减少了 14.3 万人（见图 3）。

同年全省每万人口小学在校生为 811.9 人，昭通市最高为 1057.1 人，楚雄州最低为 635.3 人，昆明、玉溪、保山、丽江、普洱、临沧、楚雄、版

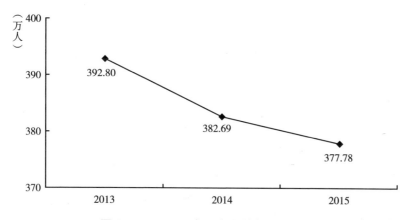

图3　2013～2015年云南小学在校生人数

纳、大理、迪庆10个州（市）低于全省平均水平，其他6州市则高于平均
水平（见图4）。

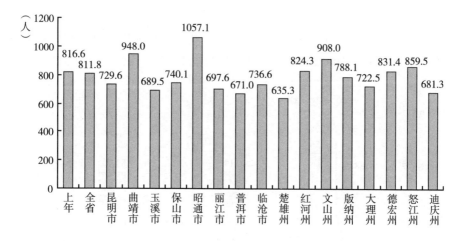

图4　2015年各州市每万人口小学在校生数

综上可见，由于学龄人口的减少，云南小学办学规模近3年出现缩小的
趋势，学校数在3年之内减少了435所。"拆点并校"的农村中小学布局调
整幅度依旧不小，3年间全省教学点数减少了623个。

（2）初中办学规模

2015年全省初中阶段共有学校1682所，比上年增加了12所。其中职业初中由 2013 年的 11 所减少到 2015 年的 3 所，普通初中由 1674 所增长到 1679 所（见图 5）。

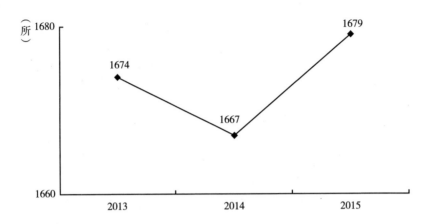

图 5　2013～2015 年云南普通初中学校数

2015 年全省初中学龄人口入学率为 89.70%，比 2014 年减少 0.49 个百分点；毛入学率为 106.36%，比 2014 年减少 1.45 个百分点（见图 6）。

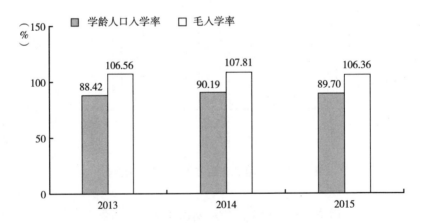

图 6　2013～2015 年云南省普通初中学龄人口入学率、毛入学率

2015 年全省初中阶段共有在校生数 189.49 万人，比 2013 年增长了 1.6 万人（见图 7）。

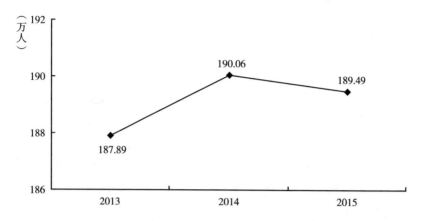

图 7　2013~2015 年云南初中在校生数

2015 年，全省每万人口中初中在校生为 401.9 人，比上年减少了 3.1 人；昭通市最高为 541.5 人，普洱市最低为 327.1 人；曲靖、昭通、文山、大理 4 个州（市）高于全省平均水平，其他 12 个州（市）均低于全省平均水平（见图 8）。

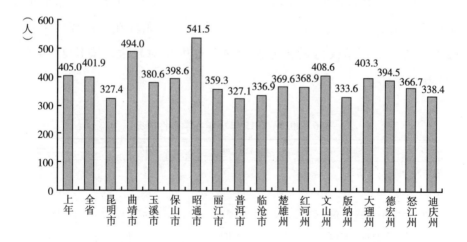

图 8　2015 年各州市每万人口初中在校生数

综上可见，近 3 年全省初中阶段教育规模呈扩大趋势，学校数增加了 12 所，学生数增长了 1.6 万人；学龄人口入学率 3 年间增长了约 1.3%，毛入学率基本保持在 106% 以上。

2. 办学条件

办学条件是开展教育教学活动的前提，也是当下国家县域义务教育均衡发展监测的主要内容。国家县域义务教育均衡发展中关于办学物质条件的评估，主要测量生均教学及辅助用房面积、生均图书数、生均教学仪器设备资产值、每百名学生计算机台数等指标。云南境内地理环境极为复杂，山区较多，交通不便，导致全省寄宿制学校较多；而生均教学及辅助用房面积与生均校舍面积具有较大的相关性，生均校舍面积包含学生宿舍、教工宿舍、食堂等的面积，相对寄宿制学校较多的省份，选择生均校舍相对更为全面。

（1）小学办学条件

截至 2015 年，全省小学生均校舍面积为 7.39 平方米，比 2013 年增长了 0.67 平方米；生均图书数为 19 册，比 2013 年增加了 3 册；生均教学仪器设备资产值为 693.17 元，比 2013 年增长了 244.80 元；2014 年，每百名学生计算机台数为 5.71 台，比上年增长了 0.71 台，但依旧低于全国平均水平 7 台。总体而言，近 3 年小学办学条件在一定程度上得以改善，尤其是教学仪器设备方面，提高幅度相对较大，增长了 54.6%（见表 6）。

表6 2013～2015年小学办学条件情况

	2013 年	2014 年	2015 年
生均校舍面积(平方米)	6.72	7.12	7.39
生均图书数(册)	16	18	19
生均教学仪器设备资产值(元)	448.37	578.07	693.17
每百名学生计算机台数(台)	5.00	5.71	—

资料来源：云南省教育厅公布的《2013 年云南教育事业统计摘要》《2014 年云南教育事业统计摘要》《2015 年云南教育事业统计摘要》。

（2）初中办学条件

2015 年，全省初中生均校舍面积为 8.95 平方米，比 2013 年增长了

0.44 平方米;生均图书为 22.30 册,比 2013 年增长 3.61 册;生均教学仪器设备资产值为 830.65 元,比 2013 年增长了 186.18 元,增长幅度为 28.9%;而每百名学生计算机台数 2014 年比 2013 年稍有增长,为 8.26 台。总体而言,初中办学物质条件有所改善,但幅度相对小学而言要小(见表 7)。

表 7　2013~2015 年初中办学条件情况

	2013 年	2014 年	2015 年
生均校舍面积(平方米)	8.51	8.86	8.95
生均图书(册)	18.69	20.28	22.30
生均教学仪器设备资产值(元)	644.47	721.87	830.65
每百名学生计算机台数(台)	7.71	8.26	—

资料来源:云南省教育厅公布的《2013 年云南教育事业统计摘要》《2014 年云南教育事业统计摘要》《2015 年云南教育事业统计摘要》。

3. 师资情况

师资情况往往体现在教师数量与质量的配置上。数量上,2015 年,小学专任教师有 224835 人,比上年减少了 1039 人,生师比为 16.8,比 2013 年降低了 0.23;初中专任教师数为 123773 人,比上年增加了 1158 人,生师比为 15.29,比 2013 年降低了 0.08。总体而言,近 3 年生师比的变化不大,小学低于国家编制标准的 19∶1,初中高于国家编制标准的 13.5∶1;小学专任教师数量基本能满足办学需求,初中专任教师存在着一定的缺口。

质量上,主要体现为专任教师的合格率、学历、职称等可测量的指标。2015 年,小学专任教师合格率为 99.57%,比 2013 年增长了 0.36%;初中为 99.42%,比 2013 年增长了 0.48%。小学专任教师高于要求学历(专科及以上)人数为 201474 人,占总数的 89.61%,比 2013 年增长了 4.97%;专任教师中高级以上职称教师人数为 118033 人,占总数的 52.50%,比 2013 年只增长了 0.62 个百分点。可见,小学转任教师学历在近三年中得到提高，尤其是本科学历教师增长相对较快，三年间增长了 25.4%（见表8、表9）。

表8　云南小学专任教师高于要求学历教师情况

年份	总数	研究生	本科	专科	高于要求学历教师数	高于要求学历教师所占比例(%)
2013	230220	404	66520	127937	194861	84.64
2014	225874	426	74404	123277	198107	87.71
2015	224835	454	83390	117630	201474	89.61

资料来源：云南省教育厅公布的《2013年云南教育事业统计摘要》《2014年云南教育事业统计摘要》《2015年云南教育事业统计摘要》。

表9　云南小学专任教师中高级职称教师情况

年份	总数	中学高级	小学高级	中高级以上	中高级以上所占比例(%)
2013	230220	733	118703	119436	51.88
2014	225874	1283	115512	116795	51.71
2015	224835	1470	116563	118033	52.50

资料来源：云南省教育厅公布的《2013年云南教育事业统计摘要》《2014年云南教育事业统计摘要》《2015年云南教育事业统计摘要》。

2015年，初中专任教师高于要求学历（本科及以上）的人数为100595人，占总数的81.27%，比2013年增长了4.88个百分点，逐年呈增长趋势，其中研究生学历教师出现快速增长，增长了49.6%；专任教师中高级职称人数为71207人，占总数的57.53%，比2013年增加了2.51个百分点，中学高级教师增长了1倍（见表10、表11）。

表10　云南初中专任教师高于要求学历教师情况

年份	总数	研究生	本科	高于要求学历教师数	高于要求学历教师所占比例(%)
2013	121768	657	92358	93015	76.39
2014	122470	792	96307	97099	79.28
2015	123773	982	99613	100595	81.27

资料来源：云南省教育厅公布的《2013年云南教育事业统计摘要》《2014年云南教育事业统计摘要》《2015年云南教育事业统计摘要》。

表11　云南初中专任教师中高级职称教师情况

年份	总数	中学高级	中学中级	中高级	中高级所占比例(%)
2013	121768	20180	46812	66992	55.02
2014	122470	21561	46999	68560	55.98
2015	123773	24266	46941	71207	57.53

资料来源：云南省教育厅公布的《2013年云南教育事业统计摘要》《2014年云南教育事业统计摘要》《2015年云南教育事业统计摘要》。

4. 教育质量

教育质量是衡量教育发展水平的核心指标。近几年来，云南义务教育质量总体呈提高趋势。2013年，小学毕业升学率为95.55%，2015年增长到97.20%；辍学率逐年降低，2013年为0.46%，2015年则下降到0.23%（见图9）。

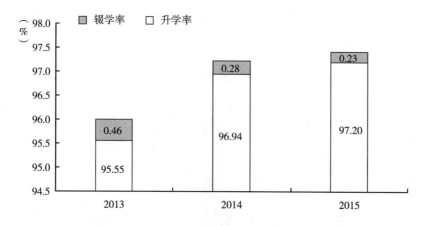

图9　2013~2015年云南小学毕业升学率、辍学率

2013年，初中毕业生生升学率为77.9%，2015年增长到85.70%；辍学率也逐年降低，2013年为2.85%，2015年则下降到1.88%（见图10）。

（三）高中教育

1. 全省高中规模发展情况

2015年全省高中教育规模继续增长，全省高中招生274510人，比2014

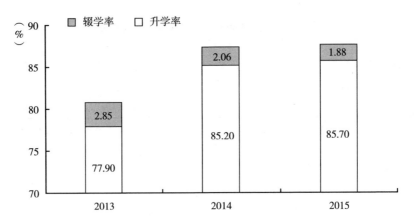

图10 2013～2015年云南初中毕业升学率、辍学率

年增加6444人，增长2.40%；在校生总规模达782813人，比2014年增加14344人，增长1.87%；毕业生总规模达240680人，较2014年增加19040人，增长8.59%，如图11所示。

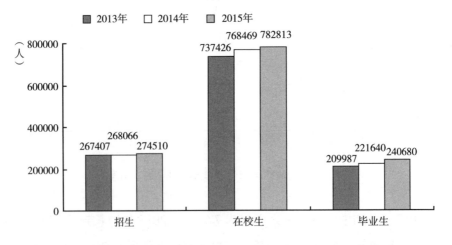

图11 2013～2015年云南省高中招生、在校生、毕业生规模及变化

2. 全省高中招生规模继续增长

2015年，全省高中教育规模继续增长，招生规模为274510人，比2014年增加6444人，增长2.40%。

全省分地区看，其中版纳州、德宏州、保山市、迪庆州高中招生规模幅度有所下降，分别下降 5.64%、3.44%、2.23%、0.35%，其余州市均呈增长势头。曲靖、玉溪、丽江、楚雄、红河、文山、怒江 7 个州（市）的招生规模增幅低于全省平均水平；昆明、昭通、普洱、临沧、大理 5 个州（市）的招生规模增幅高于全省平均水平（见表 12）。

表 12　2013 ~ 2015 年全省分州（市）高中招生情况

单位：人，%

地区	2013 年	2014 年	2015 年	2015 年比 2014 年增加	2015 年较 2014 年增幅
云南省	267407	268066	274510	6444	2.40
昆明市	33686	32069	34460	2391	7.46
曲靖市	43814	44364	44955	591	1.33
玉溪市	13713	13028	13055	27	0.21
保山市	17659	17774	17378	−396	−2.23
昭通市	38964	40819	42440	1621	3.97
丽江市	8166	7937	8102	165	2.08
普洱市	10110	9743	9979	236	2.42
临沧市	10535	10669	11186	517	4.85
楚雄州	15337	15234	15527	293	1.92
红河州	23011	23857	24174	317	1.33
文山州	17394	17705	18048	343	1.94
版纳州	5123	4913	4636	−277	−5.64
大理州	19043	18518	19327	809	4.37
德宏州	5957	6541	6316	−225	−3.44
怒江州	2534	2579	2619	40	1.55
迪庆州	2361	2316	2308	−8	−0.35

资料来源：云南省教育厅公布的《2013 年云南教育事业统计摘要》《2014 年云南教育事业统计摘要》《2015 年云南教育事业统计摘要》。

3. 全省普通高中在校生总规模持续增长

在教育部"加快普及高中阶段教育"政策的引导下，2015 年全省高中在校生总规模达 782813 人，比上年增加 14344 人，增长 1.87%（见表 13）。

表 13　2013～2015 年全省分州（市）高中在校生总规模

单位：人，%

地区	2013 年	2014 年	2015 年	2015 年比 2014 年增加	2015 年较 2014 年增幅
云南省	737426	768469	782813	14344	1.87
昆明市	96896	98089	98934	845	0.86
曲靖市	131637	132170	132558	388	0.29
玉溪市	38481	38954	38397	− 557	− 1.43
保山市	47303	51011	51602	591	1.16
昭通市	97450	108997	115892	6895	6.33
丽江市	23330	23603	23213	− 390	− 1.65
普洱市	28451	28812	28613	− 199	− 0.69
临沧市	28259	29827	30937	1110	3.72
楚雄州	42805	43765	44123	358	0.82
红河州	60466	64732	67634	2902	4.48
文山州	45703	47945	48574	629	1.31
版纳州	13142	13739	13563	− 176	− 1.28
大理州	53825	55214	55953	739	1.34
德宏州	16087	17544	18509	965	5.50
怒江州	7142	7374	7582	208	2.82
迪庆州	6449	6693	6729	36	0.54

资料来源：云南省教育厅公布的《2013 年云南教育事业统计摘要》《2014 年云南教育事业统计摘要》《2015 年云南教育事业统计摘要》。

分地区看，全省 16 个州（市）中 11 个州（市）增长幅度低于全省 1.87% 的平均水平，玉溪、丽江、普洱、版纳 4 个州（市）是负增长；昭通、临沧、红河、德宏、怒江 5 个州（市）增长幅度高于全省平均水平。

4. 全省高中毕业生总规模略微增长

2015 年全省高中毕业生总规模达 240680 人，比 2014 年增加 19040

人，增长 8.59%，增幅比 2014 年的 5.55% 增加了 3.04 个百分点（见表 14）。

表 14　2013～2015 年全省分州（市）高中毕业生总规模

单位：人，%

地区	2013 年	2014 年	2015 年	2015 年比2014 年增减	2015 年较2014 年增幅
云南省	209987	221640	240680	19040	8.59
昆明市	28771	30053	32343	2290	7.62
曲靖市	40243	43580	43959	379	0.87
玉溪市	11172	11615	12452	837	7.21
保山市	13023	13811	15579	1768	12.80
昭通市	26332	25819	31411	5592	21.66
丽江市	6607	7210	7758	548	7.60
普洱市	7834	8629	9032	403	4.67
临沧市	8088	8525	9175	650	7.62
楚雄州	11779	12955	13773	818	6.31
红河州	16552	17095	19438	2343	13.71
文山州	11834	13142	14539	1397	10.63
版纳州	3274	3602	3947	345	9.58
大理州	16263	16654	17701	1047	6.29
德宏州	4125	4895	5103	208	4.25
怒江州	2130	2133	2332	199	9.33
迪庆州	1960	1922	2183	261	13.58

　　资料来源：云南省教育厅公布的《2013 年云南教育事业统计摘要》《2014 年云南教育事业统计摘要》《2015 年云南教育事业统计摘要》。

　　分地区看，全省 16 个州（市）中 9 个州（市）高中毕业生增长幅度低于全省 8.59% 的平均水平，3 个州（市）增长幅度低于 5%；7 个州（市）增长幅度高于全省平均水平，其中宝山、昭通、红河、文山、迪庆 5 个州（市）的增长幅度大于 10%。

　　5. 办学条件发展情况

　　2015 年，随着教育厅加大对教育经费的投入、不断提高资源配置水平，全省高中学校办学条件得到很大改善。全省高中拥有校舍建筑面积 1992.41

万平方米，比上年增加 94.49 万平方米，增幅为 4.97% ；教学仪器设备值达 29.95 亿元，比上年增加 3.01 亿元，增幅为 11.17% ；教学行政用房面积达 946.86 万平方米，比上年增加 35.26 万平方米，增幅为 3.87% ；图书3258.37 万册，比上年增加 153.79 万册，增幅为 4.95% 。

（1）生均校舍面积情况

从生均校舍面积来看，全省总体情况 2015 年较 2014 年有所上升。生均校舍面积由 2014 年的 38.9 平方米上升到 2015 年的 39.6 平方米，增加了0.7 平方米，增加幅度为 1.79% （见图 12）。

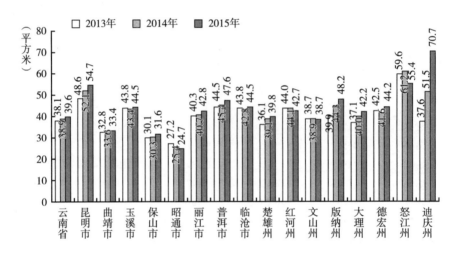

图 12　2013～2015 年全省分州（市）普通高中生均校舍面积情况

分地区看，一共有 5 个州（市）即曲靖、昭通、红河、文山、怒江2015 年的生均校舍面积较 2014 年有所减少；有 11 个州（市）2015 年生均校舍面积较 2014 年有所增长，其中迪庆州增长幅度为 37.28% 。

（2）图书册数

全省总体图书册数情况 2015 年较 2014 年有所增加，由 2014 年的2086.14 万册增加为 2015 年的 2374.07 万册，增幅为 13.8% （见图 13）。

（3）普通高中专任教师队伍建设情况

2015 年全省各州（市）为适应普通高中办学规模的扩大，积极扩大普

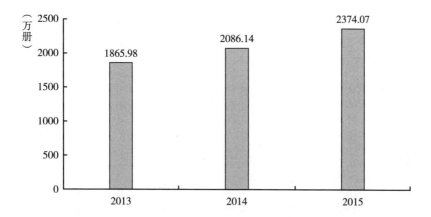

图 13 2013~2015 年云南省普通高中图书册数变化

通高中教师队伍规模，全省高中专任教师 7.67 万人，比 2014 年增加 0.18 万人，增幅达 2.40%；普通高中专任教师学历合格率为 97.83%，比 2014 年增长 0.1 个百分点；高级职称以上教师 14584 人，比例达 28.32%，比 2014 年增长 0.14 个百分点，如图 14 所示。

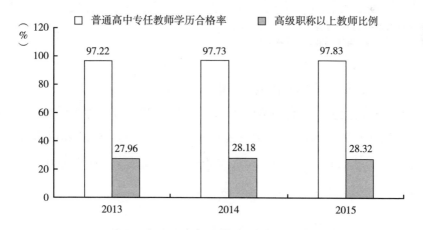

图 14 2013~2015 年全省专任教师合格率及高级职称比例

从具体州（市）的情况来看，2015 年全省 16 个州（市）中，昭通、普洱、临沧、版纳、怒江、迪庆 6 个州（市）普通高中教师学历合格率低于全省 97.83% 的平均水平（见表 15）。

表15 2013～2015年云南省分州（市）普通高中教师学历合格率

地区	专任教师人数(人)			学历合格率(%)		
	2013 年	2014 年	2015 年	2013 年	2014 年	2015 年
云南省	47285	49494	51491	97.22	97.73	97.83
昆明市	6579	6829	7387	98.05	98.64	98.38
曲靖市	7703	7895	8059	98.10	98.07	98.26
玉溪市	2547	2604	2650	98.19	98.27	98.72
保山市	3122	3260	3321	98.08	98.47	98.77
昭通市	4564	5098	5693	94.37	95.08	95.42
丽江市	1679	1732	1778	95.47	98.04	97.86
普洱市	1953	2013	2072	96.88	97.02	97.44
临沧市	1843	1951	2069	94.85	96.31	95.41
楚雄州	2937	3018	3076	97.96	98.18	98.57
红河州	4267	4564	4686	97.49	98.07	98.27
文山州	2979	3123	3130	96.01	97.41	98.05
版纳州	834	852	943	97.12	97.89	97.67
大理州	3887	4007	4067	97.94	98.13	98.06
德宏州	1110	1268	1309	98.38	98.90	99.16
怒江州	678	659	649	97.20	97.12	96.76
迪庆州	603	621	602	96.68	97.10	97.51

资料来源：云南省教育厅公布的《2013年云南教育事业统计摘要》《2014年云南教育事业统计摘要》《2015年云南教育事业统计摘要》。

（4）全省普通民办高中规模情况

2015年云南省民办高中学校数72所，相比2014年的民办学校数60所，增加了12所；2015年民办高中学校在校生5.49万人，相比2014年的民办学校4.81万人，增加了0.68万人；2015年民办教育专任教师0.34万人，相比2014年增长了0.07万人（见表16）。

表16 2013～2015年云南民办高中情况

学校数(所)			在校生(万人)			专任教师数(万人)		
2013 年	2014 年	2015 年	2013 年	2014 年	2015 年	2013 年	2014 年	2015 年
50	60	72	3.86	4.81	5.49	0.19	0.27	0.34

资料来源：云南省教育厅公布的《2013年云南教育事业统计摘要》《2014年云南教育事业统计摘要》《2015年云南教育事业统计摘要》。

（四）职业教育

2015 年云南职业教育发展发展比较平稳，在教育办学规模、办学条件、教师队伍、实训基地和办学质量等方面稳健发展。

1. 职业教育办学规模

中等职业教育学生规模基本保持稳定。2015 年云南省中等职业教育学校 415 所，比 2014 年减少 7 所（见表 17）。

表 17　2013～2015 年云南省职业教育办学规模

年份	中职学校	普通中专	成人中专	职业高中	技工学校
2013	427	82	131	177	37
2014	422	83	130	172	37
2015	415	81	130	168	36

资料来源：云南省教育厅公布的《2013 年云南教育事业统计摘要》《2014 年云南教育事业统计摘要》《2015 年云南教育事业统计摘要》。

2015 年，全省中职学校在校生 59.78 万人，比 2014 年增加 0.87 万人，增加 1.48%；招生 22.03 万人，比 2014 年增加 4802 人，与 2013 年招生 21.96 万人相比，增加了 674 人（见图 15）。总体上，学生规模保持基本稳定。在全省中等职业学校在校生中，女生占比 46.50%。全省中等职业学校中少数民族在校生占 33.24%。

2. 职业教育办学条件

（1）全省中等职业教育办学条件改善较大

经过不断发展，云南省职业教育多元融资模式已经基本形成，学校基础设施和办学条件改善较大，学校建筑面积和固定资产逐年增长，占地面积逐步增加。2015 年校舍建筑面积为 585.45 万平方米，相比 2014 年的 591.44 万平方米，减少了 1.01%；2015 年教学行政用房面积为 299.48 万平方米，相比 2014 年的 305.22 万平方米，减少了 1.88%；固定资产略微增加（见表 18）。

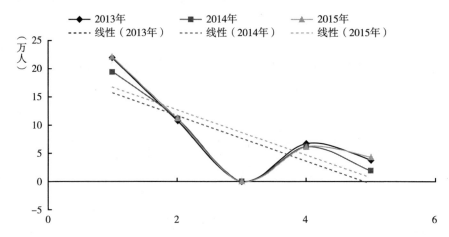

图15　2013～2015年云南省中等职业学校招生数

表18　云南省职业教育固定资产设施情况

年份	占地面积(万亩)	校舍建筑面积(万平方米)	教学行政用房面积(万平方米)	固定资产(亿元)
2013	2.43	549.06	279.45	77.73
2014	2.5	591.44	305.22	81.65
2015	2.52	585.45	299.48	84.59

　　资料来源：云南省教育厅公布的《2013年云南教育事业统计摘要》《2014年云南教育事业统计摘要》《2015年云南教育事业统计摘要》。

（2）高职高专院校基础设施相对稳定

2013～2015年云南省高职高专院校占地面积相对稳定。2015年校舍建筑面积为251.98万平方米，相比2014年的249.68万平方米，增加了0.92%；固定资产、教学科研仪器设备都略微上升（见表19）。

表19　云南省高职高专院校基础设施

年份	占地面积（万亩）	校舍建筑面积（万平方米）	教学行政用房面积（万平方米）	固定资产（亿元）	教学科研仪器设备（亿元）
2013	1.16	245.04	133.79	28.61	4.44
2014	1.15	249.68	137.47	29.77	6.12
2015	1.16	251.98	135.12	31.9	6.85

　　资料来源：云南省教育厅公布的《2013年云南教育事业统计摘要》《2014年云南教育事业统计摘要》《2015年云南教育事业统计摘要》。

（3）职业教育经费投入有所下降，特别是国家财政性教育经费投入大幅减少

2014 年，中等职业教育总收入 59.67 亿元，比 2013 年减少 7.60 亿元，减少 11.30%；其中国家财政性教育经费收入达 49.70 亿元，比 2013 年减少 9.18 亿元，减少 15.59%。高职高专学校的总收入 2014 年达到 9.59 亿元，比 2013 年减少 2.24 亿元，减少 18.93%（见表 20）。

表 20　职业教育经费投入情况

单位：亿元

年份	中等职业教育		高职高专学校	
	总收入	国家财政性教育经费收入	总收入	国家财政性教育经费收入
2012	62.34	51.81	25.06	20.71
2013	67.27	58.88	11.83	9.80
2014	59.67	49.70	9.59	7.98

资料来源：云南省教育厅公布的《2013 年云南教育事业统计摘要》《2014 年云南教育事业统计摘要》《2015 年云南教育事业统计摘要》。

（4）职业教育师资队伍

2015 年云南省普通中专教师 7644 人，相比 2014 年的 7821 人，减少 2.26%；成人中专教师人数稳定，职业高中教师人数略微增加（见表 21）。

表 21　职业教育师资队伍情况

单位：人

年份	普通中专	成人中专	职业高中
2013	7560	2713	10614
2014	7821	2661	10517
2015	7644	2661	10678

资料来源：云南省教育厅公布的《2013 年云南教育事业统计摘要》《2014 年云南教育事业统计摘要》《2015 年云南教育事业统计摘要》。

3. 各州（市）职业教育办学情况比较

（1）各州（市）中等职业学校办学条件比较

2015 年云南省中等职业学校生均校舍面积 12 平方米，其中曲靖、玉

溪、红河、怒江、迪庆生均校舍面积超过15平方米，昆明、版纳位于最后，只有7平方米；全省生均教学实习仪器设备值为0.28万元，丽江最少，只有0.12万元；全省生均图书18.3册，曲靖最少，只有12.5册（见表22）。

表22　云南省各州（市）中等职业学校办学条件比较

地区	学生数（人）	占地面积（亩）	生均占地面积（亩）	校舍面积（平方米）	生均校舍面积（平方米）	教学实习仪器设备值（万元）	生均教学实习仪器设备值（万元）	图书（万册）	生均图书（册）
云南省	484189	25194.24	0.05	5854519	12	135622.68	0.28	884.30	18.3
昆明市	176933	3934.32	0.02	1199187	7	35908.64	0.20	267.35	15.1
曲靖市	68784	3757.74	0.05	1223615	18	18639.29	0.27	85.66	12.5
玉溪市	23149	1263.22	0.05	427682	18	10840.17	0.47	47.27	20.4
保山市	19175	1019.40	0.05	274026	14	4727.58	0.25	45.44	23.7
昭通市	23085	1159.16	0.05	252042	11	4439.56	0.19	47.26	20.5
丽江市	7372	532.48	0.07	107110	15	2730.20	0.12	17.15	23.3
普洱市	18784	2318.68	0.12	285981	15	5401.49	0.29	52.54	28.0
临沧市	16583	913.34	0.06	245154	15	4513.58	0.27	40.00	24.1
楚雄州	18354	1756.71	0.10	224054	12	7259.68	0.40	48.15	26.2
红河州	26492	2384.32	0.09	517622	20	9521.95	0.36	62.74	23.7
文山州	31070	2620.27	0.08	349553	11	14139.23	0.46	60.47	19.5
版纳州	8589	404.44	0.05	60682	7	2321.57	0.27	24.07	28.0
大理州	29212	1486.52	0.05	410330	14	10265.58	0.35	50.53	17.3
德宏州	12716	863.88	0.07	135720	11	2289.93	0.18	22.42	17.6
怒江州	1878	294.30	0.16	38364	20	1882.23	1.00	7.57	40.3
迪庆州	2013	485.46	0.24	103397	51	742.00	0.37	5.68	28.2

资料来源：云南省教育厅公布的《2013年云南教育事业统计摘要》《2014年云南教育事业统计摘要》《2015年云南教育事业统计摘要》。

（2）各州（市）职业教育师资情况比较

2015年全省高中阶段毛入学率为80.10%，昆明、曲靖、玉溪、保山和楚雄高中阶段毛入学率超过全省平均水平；普通高中生师比为15.20∶1，中等职业学校生师比为22.69∶1，普通高中专任教师学历合格率为97.83%，而职业学校专任教师学历合格率只有87.85%；昆明、曲靖、保山等地普高校均规模较大，怒江、迪庆校均规模不足 500 人，职校校均规模相对较小（见表 23）。

表 23　云南省各州（市）职业教育师资情况比较

地区	高中阶段毛入学率(%)	普通高中专任教师学历合格率(%)	职业学校教师学历合格率(%)	普高生师比	职校生师比	普高校均规模(人)	职校校均规模(人)
云南省	80.10	97.83	87.85	15.20	22.69	1683	1277
昆明市	89.83	98.38	84.10	13.39	31.65	1041	2239
曲靖市	86.26	98.26	93.47	16.45	26.59	2367	2149
玉溪市	87.76	98.72	93.52	14.49	17.06	1828	1157
保山市	84.92	98.77	94.29	15.54	17.11	1612	1597
昭通市	56.16	95.42	88.24	20.36	17.52	2365	796
丽江市	70.50	97.86	89.76	13.06	14.80	1450	670
普洱市	70.01	97.44	89.21	13.81	15.59	1192	751
临沧市	53.74	95.41	85.84	14.95	24.21	1628	872
楚雄州	81.99	98.57	89.08	14.34	18.39	2101	734
红河州	60.88	98.27	84.65	14.43	16.94	1779	716
文山州	58.26	98.05	82.01	15.52	17.68	2313	1071
版纳州	62.86	97.67	96.00	14.38	26.43	847	858
大理州	77.47	98.06	89.77	13.76	20.19	1554	1007
德宏州	70.10	99.16	85.77	14.14	26.22	1850	1059
怒江州	46.20	96.76	84.04	11.68	8.82	947	375
迪庆州	69.50	97.51	89.36	11.18	10.71	2243	402

资料来源：云南省教育厅公布的《2013 年云南教育事业统计摘要》《2014 年云南教育事业统计摘要》《2015 年云南教育事业统计摘要》。

（五）特殊教育

1992 年，云南省创办了第一所特殊教育学校，这是当时全国为数不多的特殊教育学校之一。历经 24 年的发展，云南省的特殊教育学校已发展到 60 所，同时，学生规模、经费投入、师资建设等方面都在往良好的方向发展。

1. 在校生人数

2013～2015 年全省的特殊教育学校在校生人数从 5532 人增加到 6862

人，其中昆明市从 478 人增加到 564 人，这得益于特殊教育学校布局规模的扩大，也源于云南省特殊教育办学体系的逐渐完善（见表 24）。

表 24 2013～2015 各州（市）特殊教育学校在校生情况

单位：人

地区	昆明	曲靖	玉溪	保山	昭通	丽江	普洱	临沧	楚雄	红河	文山	版纳	大理	德宏	怒江	迪庆	总计
2013 年	478	376	339	466	685	68	342	52	345	365	510	55	316	224	91	0	5532
2014 年	552	712	337	560	889	77	400	610	381	459	561	63	335	218	102	0	6256
2015 年	565	683	387	609	1044	83	480	676	397	457	697	69	348	250	117	0	6862

资料来源：云南省教育厅公布的《2013 年云南教育事业统计摘要》《2014 年云南教育事业统计摘要》《2015 年云南教育事业统计摘要》。

2. 学校师资数的增长较为明显

全省 2015 年特殊教育学校共有专任教师 1424 人，比 2014 年增加 109 人；昆明和文山的专任教师数最多，丽江、版纳和怒江的专任教师数相对较少；由于迪庆州没有特殊教育学校，所以也没有相应的师资（见表 25）。

表 25 2013～2015 分州市特殊教育学校专任教师

单位：人

年份\地区	昆明	曲靖	玉溪	保山	昭通	丽江	普洱	临沧	楚雄	红河	文山	版纳	大理	德宏	怒江	迪庆	总计
2013	166	135	63	112	119	11	83	73	60	80	137	17	64	26	10	0	1156
2014	177	139	65	128	173	12	88	79	67	86	156	22	78	29	16	0	1315
2015	187	148	68	136	183	15	101	86	66	84	187	22	86	39	16	0	1424

资料来源：云南省教育厅公布的《2013 年云南教育事业统计摘要》《2014 年云南教育事业统计摘要》《2015 年云南教育事业统计摘要》。

3. 特殊教育经费收入稳步增长，办学条件逐步得到改善

截至 2014 年年底，全省特殊教育学校教育经费收入共计 2.08 亿元，比 2013 年增加 0.07 亿元。其中，预算内教育经费比 2013 年增加 0.17 亿元；学杂费从无到有（见表 26）。全省特殊教育学校办学条件比 2013 年也有了一定的提高，其中师生比较 2013 年增加 0.06；占地面积比 2013 年增加

0.01 万亩；校舍建筑面积比 2013 年增加 0.94 万平方米；教学行政用房面积比 2013 年增加 0.94 万平方米；图书比 2013 年增加 3.04 万册。教育经费收入稳步增长，办学条件逐步得到改善。

表26　2013 年、2014 年特殊教育学校经费收入情况

单位：亿元

	2013 年	2014 年	2014 年比 2013 年的增量
国家财政性教育经费	1.92	1.97	0.05
预算内教育经费	1.78	1.95	0.17
民办学校者自动投入	—	—	—
社会捐赠经费	0.01	0.02	0.01
事业收入	0.01	0.01	0
学杂费	—	0.01	0.01
其他教育经费	0.07	0.08	0.01
总计	2.01	2.08	0.07

资料来源：云南省教育厅公布的《2013 年云南教育事业统计摘要》《2014 年云南教育事业统计摘要》《2015 年云南教育事业统计摘要》。

二　教育治理存在的问题

（一）学前教育治理存在的问题

目前学前教育仍然是云南省教育事业发展的薄弱环节，教育资源总量总体不足，特别是一些地区的学前教育仍然是"短板中的短板"，基层幼儿在入园机会、条件、过程、质量等方面与城区幼儿还有较大差距。城镇普遍面临"上公办园难""入民办园贵"等问题。农村存在着入园率低、办园条件不足、教学质量有待提高等问题。这些都极大地制约着全省学前教育的普及、发展和提高。

1. 学前教育幼儿入园率有待提高

截至 2014 年年底，学前教育发展已取得新成效。《云南省学前教育条

例》颁布实施，学前教育第一期三年行动计划圆满完成，全省共争取中央学前教育专项资金 25.43 亿元，省级投入 3.36 亿元，利用农村闲置校舍改建幼儿园 2093 所，在 3120 所农村小学增设附属幼儿园，新建城市幼儿园和普惠性幼儿园 2509 所，设立支教点 129 个，资助贫困幼儿 27.26 万人（次），有效缓解了"入园难、入园贵"的问题。教育规模得到迅速扩张，但是不同地区学前教育发展差距仍然十分明显，3 年毛入园率仍然较低（见图 16）。

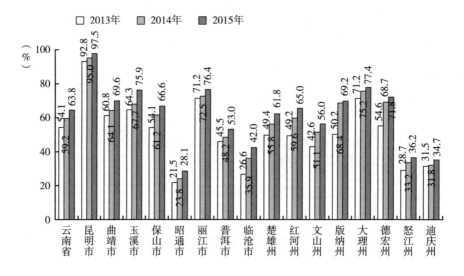

图 16　云南省学前教育入园率

图 16 显示，云南省 2015 年毛入园率为 63.8%，而省会城市昆明已达 97.5%，昭通市却仅有 28.1%。位于不同地区的儿童接受学前教育的机会截然不同，由此可见，不同地区儿童接受学前教育机会不均等造成其教育起点的不公平。

2. 地方政府对发展学前教育认识高度不够、管理不到位

云南省部分地方政府对学前教育发展认识不足，管理有所欠缺，导致部分地方学前教育无发展规划、无专项基金、无师资编制等现象，地方政府对学前教育的重要性认识不足，没有把学前教育与义务教育、高中教育、职业

教育放到同等重要的位置，对学前教育投入少、管理少、过问少。有的地方政府甚至没有将学前教育发展纳入城乡发展规划中，没有设立学前教育发展专项经费，没有将学前教育的师资编制、培养、培训列入计划，依然实施自然淘汰减员，用小学转岗补充实师资队伍。

3. 教师结构层次不合理，数量不足，素质不高

教师队伍不稳定，是长期导致边境学前教育办学及教学质量提高受阻的重要原因。我们在统计数据分析中发现，教师队伍发展不均衡存在的最大问题就是专任教师学历、专业技术职务结构不合理现象严重，教师队伍结构极不合理，学历层次低，超过半数以上的专任教师为未评职称的教师，教师数量严重不足，造成公办幼儿园和民办幼儿园都存在着班级幼儿超额和师生比严重超标的现象。《公办幼儿园教职工编制标准》尚未出台，幼儿园教师数量缺口较大，公办幼儿教师老龄化、女性化、非专业化特点突出，民办幼儿园教师招聘难、流动大、专业化水平低，部分幼儿园办园行为不规范，存在小学化和保姆化倾向突出等问题。

4. 管理体制不完善，相关政策措施配套不到位

学前教育属非义务教育，不纳入国家财政统筹，政策上也不明确，未形成规范的管理体制，导致学前教育的发展受当地经济条件及政府发展战略的影响很大，不同地区发展不均衡。虽然国务院办公厅转发教育等部门（单位）《关于幼儿教育改革与发展指导意见的通知》（国办发〔2003〕13 号）明确指出，幼儿教育是基础教育的重要组成部分，也是一项公益事业，各级办园单位有责任对所建立的幼儿园给予扶持和支持，但在计划经济向市场经济转轨的过程中，国家没有明确规定学前教育的相关政策，尤其没有明确财政支持投入比例的管理政策和除公办幼儿园以外学前教育机构幼儿教师的编制标准及工资筹措渠道。

5. 学前教育中公办、民办幼儿园之间存在较大差距

目前，云南省大量的民办幼儿园的建立在数量上弥补了公办幼儿园尤其是贫困地区公办幼儿园学位的不足，一定程度上满足了当地的儿童接受教育的需求。然而，公办、民办幼儿园之间的差距仍然较大，特别是教育质量方

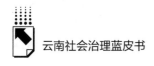

面的差距越来越大。

公办、民办幼儿园发展的差距造成云南省部分地区出现入园难现象。尽管云南省民办幼儿园的数量 2015 年已占全省幼儿园数量的 65.50%，但是这么多民办幼儿园的在园幼儿数量 2015 年仅占全省幼儿数量的 52.77%。相对于公办幼儿园长期以来的科学化、规范化以及稳定的教师队伍、高质量的大集团化的发展模式，民办幼儿园规模小、设施设备难以达到规定标准，教育质量提高直接受影响，极不稳定的教师队伍和较低的教育质量的小作坊式的发展模式也形成了鲜明的对比。若想解决上述问题，需要在制度上加大对民办幼儿园以及贫困地区幼儿园的扶持力度，稳定民办幼儿园的教师队伍，并实现教师素质的提高。

（二）义务教育治理存在的问题

近几年来，随着中央财政加大对西部地区义务教育的优先资助，全省义务教育发展水平随之得到提高，并取得了一定的成绩，但依然存在以下突出问题。

1. 办学条件不佳

全省现有义务阶段办学条件，虽然逐年改善，但是离国家平均水平还有一定差距。如 2014 年全国小学生均校舍面积、生均图书数、每百名学生计算机台数、生均教学仪器设备资产值的平均水平分别为 6.85 平方米、20 册、7 台、913.00 元，而云南小学生均校舍面积为 7.12 平方米、生均图书数为 18 册、每百名学生计算机台数为 5.71 台、生均教学仪器设备资产值 578.07 元，只有生均校舍面积超过全国平均水平，其他都低于全国平均水平，尤其是生均教学仪器设备资产值只有全国平均水平的 63.32%。

2014 年全国初中生均校舍面积、生均图书数、每百名学生计算机台数、生均教学仪器设备资产值的平均水平分别为 11.99 平方米、30 册、11 台、1511.80 元，云南初中相应数值为 8.86 平方米、20.28 册、8.26 台、721.87 元，所有指标都低于全国平均水平，尤其是生均图书数、生均教学仪器设备资产值偏低：前者只有国家平均水平的 67.60%；后者则只有国家平均水平的 47.71%，连一半都未达到。

此外，根据教育部《县域义务教育均衡发展督导评估暂行办法》中的评估标准，基本办学条件 10 项评估指标中，云南全省中小学校在生均占地面积、生均绿化面积、生均校舍建筑面积、生均体育场地面积等方面达标率相对偏低。

2. 编制不足，教师待遇偏低

2014 年，中央编办、教育部、财政部联合颁发《关于统一城乡中小学教职工编制标准的通知》，要求中小学教师编制城乡统一，即小学为 1:19，初中为 1:13.5。云南农村人口分散地区教师编制严重不足，从而导致这些地区的许多小学难以将英语、计算机、美术、科学等课程开设齐全，同时这些地区教师工作量较大。如课题组 2015 年 4 月曾前往巍山、寻甸、广南等县实地调研，有些小规模学校教师每周工作量达 24 课时，"一师一校"教学点教师每周工作量达 30 多课时；而一些寄宿制学校，由于生活教师的缺乏，专任教师既要完成本职工作，还要承担生活老师、心理辅导老师等多重角色。尤其是云南全省实施农村义务教育学生营养改善计划"全覆盖"后，食堂从业人员需求增加至 4.33 万人；加强校园安全人防、物防等措施，使安保人员的需求也增大。而地方财力有限，短时间内还难以配足配齐食堂从业人员和安保人员。

调研同时发现乡村教师待遇偏低，2014 年年底，小学高级教师月工资普遍在 3500 元左右，年收入在 45000 元左右，而云南省 2014 年城镇非私营单位在岗职工年平均工资为 47802 元。可见，乡村教师工资低于城镇非私营单位在岗职工的平均水平。山区农村任教的教师生活环境艰难，待遇过低，导致优秀教师外流较多，山区农村教师队伍不稳定。此外，区域间校长、教师的合理流动制约因素多，教师资源的均衡配置实现难度大。

3. 教育投入不足

虽然云南省不断加大教育投入，办学条件逐年得到改善，但农村中小学办学条件不达标和城区教育资源紧缺的矛盾仍然交织并存，农村中小学办学条件与省定标准还有较大差距，教育投入依旧不足。

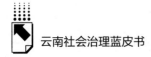

就生均公共财政预算教育事业费而言，云南逐年呈增长趋势，2011 年为 3704.84 元，2015 年增长到 7532.14 元，增加了 1.03 倍。2015 年全国的平均数据官方尚未发布，但 2011～2014 年，云南每年都低于全国平均水平（见图 17）。

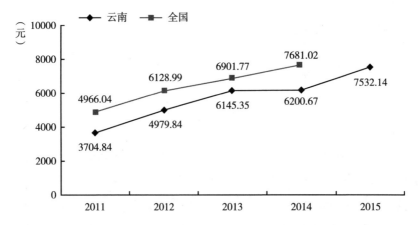

图 17　2011～2015 年云南小学生均公共财政预算教育事业费与全国平均水平对比

云南初中生均公共财政预算教育事业费同样是逐年增长，从 2011 年的 4872.34 元增长到 2015 年的 9335.80 元，增长了 0.92 倍。但也跟小学相同，2011～2014 年低于全国平均水平（见图 18）。

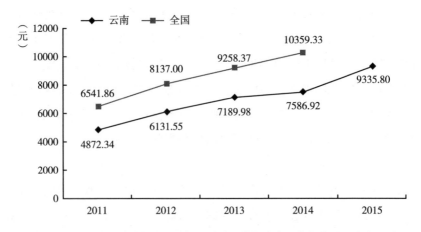

图 18　2011～2015 年云南初中生均公共财政预算教育事业费与全国平均水平对比

生均教育经费方面，2011～2015 年，云南省无论是小学还是初中都低于全国平均水平，而且从排序而言，云南基本都排在后 10 名。如初中生均教育经费（见图 19），2011 年，云南为 5499.45 元，排在全国的第 23 位；2012 年为 6128.22 元，排在全国第 28 位；2013 年为 7778.18 元，排在第 27 位；2014 年为 8949.26 元，排在全国的第 28 位；2015 年为 9481.2 元，排在全国的第 27 位。

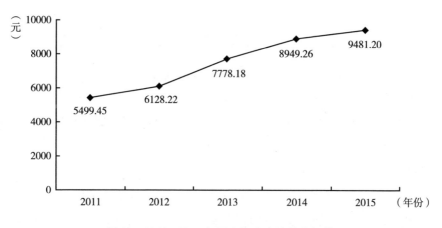

图 19　2011～2015 年云南初中生均教育经费

而与近 4 年都排在首位的北京相比，云南的小学、初中生均教育经费都与之相差甚远。如 2014 年，北京初中生均教育经费为 48875.13 元，是云南的 5.46 倍，二者间的差距日益扩大（见图 20）。

由此可见，云南总体教育投入偏低，导致办学条件差、师资待遇不高，从而致使全省教育质量整体在全国范围内处于低水平状态。

4. 县域义务教育基本均衡发展达标县不多

2012 年，教育部颁布《县域义务教育均衡发展督导评估暂行办法》，2013 年开始全国范围内的义务教育发展基本均衡发展认定工作。2013 年公布的 293 个达标县区，云南无一县区在列。2014 年，全国 31 个省、自治区、直辖市的 2856 个县（市、区）中，已有 29 个省份的 804 个县（市、区）通过了国家义务教育基本均衡评估认定，上海、北京、天津、江苏、

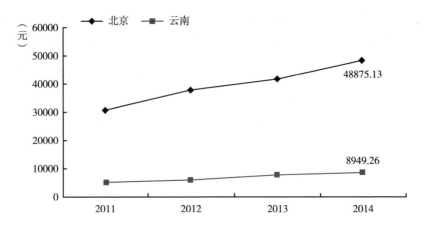

图 20　2011～2014 年云南与北京初中生均教育经费对比

浙江等地已整体性通过国家验收。西部 12 省区中，通过国家评估认定的县四川有 34 个、陕西有 21 个、新疆有 17 个、甘肃有 11 个、重庆有 10 个、青海有 9 个、西藏有 8 个、宁夏有 8 个、广西有 5 个、贵州有 4 个，云南依旧无一县区在列，处于末位。直到 2015 年 12 月，云南省 129 个县区内，有9 个县区通过国家评估认定，通过比例为 6.98%。这与国家"力争在 2012年实现区域内义务教育初步均衡，到 2020 年实现区域内义务教育基本均衡"的目标还相距甚远。

（三）高中教育治理存在的问题

1. 一级高（完）中校数不足

2015 年云南省定一级高（完）中 133 所，占全省总校数的 28.60%；与2014 年的 129 所相比略有上涨，与 2014 年的 28.92% 占比相比，下降了0.32 个百分点。

2. 大班额及超大班额的现象严重

2015 年全省一级高（完）中学校共有高中教学班 7412 个，大班额及超大班额比例为 32.54%，如图 21 所示。

3. 全省各州（市）高中规模地区差异大

全省分地区看，其中版纳州、德宏州、保山市、迪庆州的高中招生

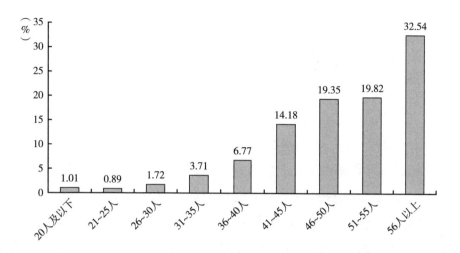

图21 2015年省定一级高（完）中学校在校生班额结构

规模有所下降，分别下降5.64%、3.44%、2.23%、0.35%，其余州（市）均呈增长势头。曲靖、玉溪、丽江、楚雄、红河、文山、怒江7个州（市）的招生规模增幅低于全省平均水平。贫困地区高中教育发展相对滞后。

4. 教育经费投入不足，相关办学条件有待提高

目前，贫困地区高中教育发展相对滞后。教育经费投入不足，发展绝对数量不足，优质资源相对短缺且分配不均，致使地区之间、城乡之间优质高中教育资源分布差距不断扩大。全省生均校舍面积、图书册数、生均设备值持续增长，但速度较慢，各个州（市）发展差异巨大。

5. 教师师资队伍建设有待加强

2015年全省16个州（市）中，昭通、普洱、临沧、版纳、怒江、迪庆6个州（市）普通高中教师学历合格率低于全省97.83%的平均水平，各州（市）发展不平衡，应加大专任教师队伍建设投入。

6. 高中学校同质化现象严重

高中学校同质化现象严重，人才培养模式单一、办学模式单一，难以满足学生多样发展、个性发展需求，加剧了贫困地区高中教育优质资源的供需

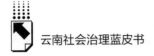

矛盾。支持贫困地区普通高中教育发展，需要大力解决高中教育优质资源不足的问题。

（四）职业教育治理存在的问题

1. 云南职业教育发展的布局不够合理

（1）政府和家庭对职业教育不够重视，职业教育发展困难

由于诸多因素的影响，我国大多数家长及学生本人在一定程度上轻视职业教育，基层政府在决策和宣传上也不重视。在大多数人心目中，职业教育地位低于普通教育，职业教育一直处于弱势地位，加上政府的统筹力度及政策力度不够，职业学校学生继续学习和深造受到一些限制，前景不太乐观，职业教育吸引力不够，发展前景有限。2014 年，中等职业教育总收入 59.67亿元，比 2013 年减少 7.60 亿元，减少 11.29%；其中国家财政性教育经费收入达 49.70 亿元，比 2013 年减少 9.18 亿元，减少 15.59%。高职高专总收入达到 9.59 亿元，比 2013 年减少 2.24 亿元，减少 18.93%。总体来看，中高等职业教育经费投入不足，呈历年递减趋势，职业教育发展缺乏有效措施，还处于相对弱势地位。

（2）职业学校办学资源还不足，办学物质条件较差

2015 年云南省中等职业学校生均校舍面积 12 平方米，其中曲靖、玉溪、红河、怒江、迪庆生均校舍面积超过 15 平方米，昆明、版纳位于最后，只有 7 平方米；全省生均教学实习仪器设备值为 0.28 万元；全省生均图书 18.3 册。2015 年全省高中阶段毛入学率 80.10%，普通高中生师比为 15.20∶1，中等职业学校生师比为 22.69∶1，普通高中专任教师学历合格率为 97.83%，而职业学校专任教师学历合格率只有 87.85%；职校校均规模相对较小，特别是怒江、迪庆校均规模不足 500 人。总体上，全省中等职业学校办学资源只有普通高中的一半左右，而普通高中与职业学校的学生数大体相当。职业学校资金投入不足，专业技术含量较低，设施设备不足，远低于国家标准。

2. 云南职业教育的资金投入不足

现行职业教育管理体制中，权、责、利关系相当模糊，管理责权划分不明，职业教育经费安排由政府、社会共同承担，资金严重缺乏，科研体系不健全，没有设立专项职业教育科研经费。职业学校缺乏可持续发展规划。

（五）特殊教育治理存在的问题

1. 学校分布不均，规模有限

第二次全国残疾人抽样调查数据显示，云南省残疾人人口比例为 6.46%，高于全国平均水平 6.34%；云南省残疾适龄儿童约 7.8 万人。截至 2015 年，全国的特殊教育学校共 2053 所，而云南省的特殊教育学校数仅占到全国特殊教育学校的 2.92%；少数民族地区特殊教育学校数占全省特殊教育学校总数的 35%。由于云南省特殊教育学校较少（迪庆州没有特殊教育学校），且分布不均匀，截至 2015 年年底，全省未入学义务教育残疾适龄儿童人数为 4275 人，视力残疾占 26%，听力残疾占 8%，言语残疾占 5%，智力残疾占 5%，多重残疾占 22%，精神残疾占 2%，肢体残疾占 32%。

2. 教师数量缺口大，专业匹配度低

云南省特殊教育学校专任教师人数占全国的 2.83%；少数民族地区特殊教育学校专任教师数占全省特殊教育学校专任教师数的 35.11%；如果按特殊教育师生比 1∶3 的要求，云南省还缺少 4000 余名特殊教育教师。[1] 全省 1424 名特殊教育教师中，有 60% 以上属于转岗教师，并不具备特殊教育所需要的知识与经验，而特殊教育专业毕业的教师只占 20%，这制约了特殊教育的发展。[2]

3. 残疾学生的公平教育权难以保证

残疾学生想要进入公办学校是非常困难的，特别是在一些没有特殊教育学校的地区，残疾学生只能失学。普通公办学校对残疾学生存在排斥、歧视

---

① 网易新闻，http://yn. news. 163. com/16/0403/09/BJNF2EHH03230LFM. html。
② 昆明信息港，http://daily. clzg. cn/html/2015 - 12/09/content_ 539037. htm。

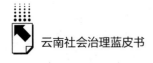

和分类对待的情况。

4. 教育经费不足

特殊教育学校的国家财政性教育经费占各类教育学校总额的 0.25%；事业性收入占各类教育学校总额的 0.01%；其他教育经费占各类教育学校总额的 0.43%。

三 完善教育治理的对策

（一）完善学前教育治理的对策

1. 以政府为主导、社会参与的多元化的学前办园模式

在考虑幼儿学前教育均衡发展时，坚持以政府办园为主、加大政府财政投入力度，以公办教师师资力量为主，发挥城镇公办幼儿园的典型示范效应，在条件许可的情况下优先加快农村学前教育的普及，为农村幼儿提供方便就近、安全的公办、民办相结合的学前教育服务。特别是由于云南省地处边疆、经济不发达、交通不便、少数民族地区居多的实际情况，学前教育的均衡发展必须加强政府主导。同时要积极制订相应的均衡发展规划，加大监督管理的力度，广泛发动和引导社会多元化办园的学前教育。

2. 要注重遵循教育规律与创新相结合

云南省学前教育发展需要立足本地经济社会总体发展实际，结合云南省自身状况，既要坚持科学发展，又要遵循教育发展的一般规律，循序渐进，保持学前教育发展水平的整体提升。创造性地适时提出不同的操作策略和主攻方向，具体问题具体分析，这就需要社会的共同参与，以保障学前教育总体快速均衡发展。

3. 学前教育应向普及化、优质化方向迈进

应开展示范幼儿园办园水平综合评价工作，积极扶持普惠性幼儿园。完善省一级示范幼儿园对口帮扶薄弱幼儿园制度。要完善学前教育专项经费，本着"奖励先进、扶持贫困"的原则，将专项经费主要用于学前教育基础

设施建设，重点扶持贫困农村公办学前教育和奖励引导中心城区优质民办学前教育。对于经济困难的儿童，应采取多种形式帮助他们接受学前教育，从经费投入上体现学前教育的公益性和普及性特点。

4. 保障教师权益，提高教师待遇

政府要加大对学前教育的经费投入，给予民办教师和公办教师相同的待遇将会大大提高民办教师的工作积极性和工作热情；要努力缩小公办幼儿园和民办幼儿园的待遇差距，使人们对民办教师如同对公办教师一样给予肯定和认可。国家要依法落实保障学前教育教师地位和待遇的政策，切实维护学前教师权益，使学前教育教师享有与小学教师同等的评先评优、职称评聘和社会保障等权利。制定民办学前教育教师工资参考标准，确保学前教育合同制教职工工资不低于劳动和社会保障部门发布的最低工资标准，建立健全学前教育教职工养老保险、医疗保险、失业保险等社会保障制度，切实保障农村地区学前教育教师权益。

5. 提高农村地区学前教育教师地位

云南省对农村幼儿教师应尽快出台配套政策，加强农村学前教育师资队伍建设。根据国务院办公厅《关于加快中西部教育发展的指导意见》（国办发〔2016〕37号）文件精神，在不同地区事业单位编制总量可控的范围内，进行合理调配，特别是对农村公办幼儿园教职工的配备更应优先考虑，以达到每班"两教一保"要求，加大农村优质学前教育资源的培育力度。同时要在经费许可的情况下，提高乡村学前教师工资待遇，还应根据不同地区，尤其是边疆、山区等艰苦贫困乡镇，执行地区差异补贴，大幅度提高这些地方学前教师的工资待遇与福利，这样才能吸引优秀教师和优秀大学毕业生到农村幼儿园任教，才能保证农村儿童入园率的提高，让更多的农村幼儿不用远离家乡就能享受优质教育资源。

（二）完善义务教育治理的对策

1. 加大公共财政的投入力度，推进义务教育均等化

义务教育，就其产品属性而言，属于公共产品。所谓"公共产品"是

由政府向全体公民提供的公共服务。义务教育是政府向公民提供公共服务的重要组成部分，提供均等化的教育服务是公共财政的基本职能，而公共财政对教育投入的多寡直接决定了教育发展水平的高低。面对云南教育投入不足、办学条件不高、教师待遇偏低等问题，唯有加大公共财政在教育方面的投入力度，才能有效解决问题。

首先，中央财政应采取专项经费转移支付的方式，加大对云南义务教育的财政支持。云南是一个多民族地区，经济发展滞后。2015年，云南省生产总值为13717.88亿元；人均生产总值为29100.91元，排在全国倒数第二，仅高于甘肃省。云南国家级贫困县多达73个，换言之，云南境内有56%的县为国家级贫困县。而要消除贫困，关键在于经济的发展；经济的发展需要人才支撑，人才则需要教育来培养，需要义务教育为其打下坚实基础。因而，在地方政府财政能力有限的情况下，中央财政理应给予其相应的财政资助，加大对贫困地区的教育专项资助力度。

其次，加强省级政府公共财政的教育投入力度。现行义务教育管理体制是"以县为主，分级管理"。县级地方政府承担了义务教育的主要管理责任，同时也承担了主要义务教育财政投入。全省56%的县为国家级贫困县，县级地方财政显然难以支持义务教育均等化，因而省级政府应加大对义务教育的公共财政投入力度，重点统筹教师工资，建立相应的教师工资保障机制、乡村教师培训财政保障机制等，以此实现公共财政的公平配置，推进义务教育均衡发展。

2. 积极改善办学条件，推行标准化学校建设

办学条件的优劣也直接影响到教育质量的高低。面对云南现有低水平的办学条件，唯有在充足的公共教育财政支持下，积极改善办学条件，推行标准化学校建设，才能实现县域义务教育均衡发展的基本目标。

首先，设立标准化学校建设的专项资金。专项资金的确立能较好实现专款专用，同时专项资金优先保证农村学校与城市薄弱学校的各项建设。

其次，优先加强农村学校与城市薄弱学校的硬件建设，推进硬件资源的均衡配置。由于我国长期实行以城市为主的发展政策，使得各项资源优先保

证城市的发展，相应城市学校的各种教育设施设备都优于农村，城乡差距也随之日益扩大，农村学校办学条件难以达到国家义务教育均衡发展标准。因而，云南省在推进义务教育均衡发展时，重点要关注农村小学与城市薄弱学校的基本办学条件建设，积极推行标准化学校建设、信息化学校建设。

3. 提高教师待遇，均衡配置师资

优秀的师资是提高教育教学质量的根本保障，均衡配置师资是义务教育均衡发展的主要内容之一。当下，云南师资突出的问题集中在乡村教师身上。首先，应提高乡村教师工资待遇，有效实施义务教育教师绩效工资方案，真正体现能者多得；同时，提高地区差异补贴，尤其是边疆、山区等艰苦贫困地区，应大幅度提高这些地方教师的工资待遇与其他福利，这样才能吸引与留住优秀师资。其次，实施教师编制动态管理，保障学校均衡设置课程。由于云南山区面积多达94%，尽管经过"拆点并校"的农村中小学布局调整，但依旧有3000多个教学点，其中有1170个一师一校教学点。这些小规模学校有着其存在的必要性，是保障不能用脚投票选择教育的贫困家庭儿童受教育权的基本途径。因而，在师资配备上，应采取灵活的配置标准，小规模学校可采取班师比的配置标准。再次，优化师资结构，加强多科教师培养；推行地方师范院校免费师范生培养，完善"特岗"教师的招聘制度等。最后，建立有效的校长、教师流动机制，使优秀师资能有效流动到薄弱学校，带动薄弱学校的教学改革与校本培训，提高薄弱学校的教师队伍专业知识与教学水平，实现师资的均衡配置。

4. 加强制度建设，完善相关管理制度

制度是推进各项教育改革的保证。随着国家不断推进义务教育均衡发展，云南近几年也制定、出台了诸多相关政策文件，如《云南省义务教育均衡发展联席会议制度》《云南省县域义务教育均衡发展督导评估实施办法》《云南省县域义务教育均衡发展督导评估细则》《云南省县域义务教育均衡发展进度规划》等，为全省推进义务教育均衡发展保驾护航。但随着义务教育均衡发展的不断推进，制度建设与完善同样应进一步加强。

首先，进一步完善义务教育财政转移支付制度。如中央政府与省级政府

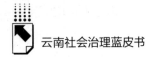

应降低或是取消县级政府对专项资金的配套资金，同时加强对专项资金的监管力度，完善相关政策措施。

其次，进一步完善云南省义务教育办学标准，从制度上缩小城乡之间标准的差异。同时建立标准化学校建设、评估、监督制度，从制度层面宏观设计标准化、信息化学校的建设与监管机制。

最后，进一步完善教师资格制度，从起点保障师资质量，取消教师资格终身制，设立科学的教师认证规范，以动态、发展的理念设计教师资格认定制度，规定教师资格证的有效期，这样有助于教师不断自我完善与提高。同时，建立教师教育与培训制度，有效促使教师不断进行专业技能的培训，实现教师教育教学水平不断提高。

（三）完善高中教育治理的对策

1. 加强一级高(完)中建设

在扩大高中招生规模的同时，要注意提升高中教学质量；提升学生整体素质，不仅要有数量的增加，还要有质量的提高。在政府方面，应完善相应政策法规，提供政策资金支持，做到有章可循；在学校层面，应加大对教师的培训管理，积极培养出高素养、符合社会发展的高中生。进一步提升一级高（完）中数量与质量。

2. 控制班额结构

云南省大班额及超大班额数量较多，应加大投入，减少大班额及超大班额数量，满足高中办学条件，优化结构，使之更利于学生提升学习效率，减轻教师压力；各州（市）发展不均衡，差异较大，应因地制宜，逐步改善。

3. 提升升学率

全省招生规模总体呈增长趋势，但升学率仍然有上升空间，且各州（市）升学率差异加大，应加强对未升学的高中生的辅导工作，使其再学习或就业，这也更利于社会稳定。

4. 加大教育资金投入

资金不足一直是限制学校发展的重要因素，全省教育资金投入逐年增加，但仍不能很好满足学校发展，从生均校舍面积、图书册数、生均仪器设备值来看，各州（市）发展不均衡，很多都低于全省平均水平。加大资金投入及政策倾斜，为学校引进高水平教师、提高学校硬件设施，更利于全省教育发展。按照"地方自主实施、中央综合奖补"的基本原则，不仅要对全省高中教师实施工作岗位补贴，还要对在农村工作的教师给予更大力度的生活补助。

目前，从全省乃至全国来看，很多贫困地区针对高中没有完善的拨款标准，大多数贫困地区的高中主要靠收费维持，因此，必须建立长期的经费投入机制，加大公共财政对普通高中的补贴，设立专项资金，支持云南农村地区建设一批达标的高中，为高中化解债务危机。

5. 推进贫困地区普通高中多元办学

坚持高中办学多元化，在政府主导的前提下，大力发展民办高中；利用东部地区与西部地区合作方式，引进优秀高中到云南省合作办学；还要设立民办高中专项资金，减轻民办高中压力，使高中办学多元化。

（四）完善职业教育治理的对策

1. 深化布局结构调整

第一，统筹各种优势资源，使云南省各（州）市能够实现招生方便、教学资源合理流动，进行全局统筹大力发展中等职业教育。

第二，优化职业院校课程结构。加强学生基本素质教育，一方面抓专业技能培养，另一方面注重文化科技教育，优化配置办学资源，提升中等职业教育学校总体实力。

2. 完善办学机制

第一，优化办学目标，注重培养学生的综合素养，坚持以"就业为向导"。要优化办学环境，尽量实现公平，通过政府来进一步管理职业教育，加强对职业教育的监督与引导，对职业院校办学质量和标准等进行管理与监督。

第二，创新激活职业教育办学机制。开展现代学徒制试点，建立校企联合，培育先进的学徒制度；加大政策支持，推行校企联合培养模式，提升职

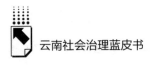

业学校办学效率。

第三，增强职业教育办学的多样性，优化单一制办学模式，提倡多种形式办学，鼓励民办职业教育，同时政府加大对民办职业学校的财政、政策支持，建设一批有特色、高水平的职业学校。

3. 改革教育教学模式

第一，完善学校基础设施，加大资金投入，给学生创造一个利于学习的环境，引进国外先进教育模式，与实际情况结合，形成中西结合的适合中职教育的教育教学模式，与国际水平接轨。

第二，提高学生角色认知，综合培养学生的文化知识、专业技能，帮助学生适应社会环境，引导他们做好职业规划、认识到职业教育的价值，为他们实现职业理想做好基础工作。

4. 不断加强对外开放合作

第一，创新职业教育发展道路。以云南为基点，主动融入"一带一路"建设，提升学校办学的开放性，不断加强学校的对外合作互补。

第二，坚持国际化路线，加强省内学校与省外及国际学校的交流合作，如加强制度交流、技术交流等，提供互相学习的机会，增加高层次人才的对外学习机会。

5. 实现教育开放性和终身性

第一，推进普通教育和职业教育相互渗透。首先，鼓励普通教育与职业学校互享资源，加强师生交流；其次，广泛推广职业学校的特色教育，把普通高校的优势办学特色引进职业学校，互利共享。

第二，建立和完善终身教育体系。现在是全民学习社会、终身学习社会，可适时调整职业教育课程，因地制宜，因时制宜，改进企事业单位职工培训制度，丰富职业院校授课内容，使劳动者和学生接受可持续的技术技能训练。

（五）完善特殊教育治理的对策

1. 完善特殊教育的保障

贯彻落实《残疾人教育条例》、《国务院办公厅转发教育部等部门关于进一步加快特殊教育事业发展意见的通知》（国办发〔2009〕41 号）以及《云南省中长期教育改革和发展规划纲要（2010～2020 年)》，建立完善学前教育、义务教育、高中教育、职业教育以及高等教育的残疾人教育体系，健全残疾人教育的保障机制，将特殊教育纳入云南省教育督导制度和政府的教育评价体系，从而保障残疾人受教育的权利。

2. 加大经费的投入

贯彻落实《中国残联、教育部关于印发残疾人中等职业学校设置标准（试行）的通知》，逐步提高特殊教育的公用财政经费，有效地保障特殊教育的实施，使特殊教育学校的公用经费标准接近或高于普通学校。学前教育、职业教育、义务教育、高中、高等院校等非特殊教育学校，要积极地创造各种条件，以便扩大招收残疾学生规模。同时，为了给残疾学生的生活、学习提供便利和支持，各级各类学校要努力改善办学条件。云南省作为我国少数民族最多的省份，各（州）市特别要注意尊重少数民族的风俗习惯，为少数民族残疾学生创造良好的学习和生活环境。

3. 开展"全纳教育"

建立和完善以特殊教育学校为骨干、以随班就读和特教班为主体的教育模式，依托有条件的教育机构设立特殊教育资源中心，辐射带动特殊教育学校和普通学校，杜绝各种形式的排斥现象，勇于接纳残疾学生，扩大残疾学生随班就读的规模，保障残疾学生享有均等的受教育机会。在云南省，特别要鼓励少数民族地区农村的残疾少年儿童接受义务教育，从而使区域内残疾少年儿童的义务教育得到均衡发展。

4. 加强师资的教育培训

鼓励有条件的高等院校开设特殊教育专业，或举办特殊教育的相关课程培训，加大对特殊教育专业教师的培养，优化特殊教育的师资队伍。鼓励教师引进先进的教育理念及方法，加强教学研究，深化课程教学改革，加强本土化教材建设，不断提高特殊教育的教学质量和水平。从而全面提高残疾学生的思想道德意识、科学文化知识、身心健康素质和社会适应的能力。

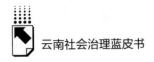
参考文献

李慧勤：《云南教育发展研究蓝皮书》，云南人民出版社，2013。

颜兰、高春玲、张红梅：《农村学前教育发展现状调查与思考——以云南省昭通市若干所农村民办园为调查对象》，《课程教育研究：新教师教学》2014 年第 12 期。

臧国书：《云南民族地区学前教育发展现状与对策研究——以西双版纳州为例》，《学园》2014 年第 10 期。

徐群：《师资配置：当前农村学前教育发展的要务》，《学前教育研究》2015 年第 6 期。

朱青：《当前农村学前教育发展问题及其应对策略》，《大观》2014 年 6 月。

云南省教育厅编《2015 年云南省教育事业统计摘要》，内部资料，2016。

《云南省残疾人事业"十二五"发展纲要》，《中国残疾人联合会》2014 年 4 月。

B.7
云南农村贫困治理报告

李鹏飞　赵永伦　刘 洪　万太勇　胡 伟　尹兆翌　高引春*

摘　要：　本报告立足全国扶贫政策和云南省扶贫攻坚实际情况，系统
地回顾了从 1978 年至今云南边疆地区农村扶贫开发工作的五
个阶段；分析了近年云南边疆地区农村贫困治理的主要做法
和取得的成效；对云南边疆地区农村贫困治理的困境及成因
做了深入分析，进而在理论和实践结合的基础上提出云南边
疆地区农村贫困治理的对策建议，并对云南边境地区贫困治
理前景予以展望；最后，附以宾川县扶贫成功案例和宾川县
茹村"6+"葡萄产业新型脱贫模式案例，以点面结合的方
式展示云南边疆地区农村贫困治理的历史画卷。

关键词：　农村　贫困治理　问题　对策

改革开放以来，云南在边疆农村地区开展有组织、有计划、大规模的扶
贫开发，使绝大多数贫困地区解决了几千年没有解决的温饱问题，贫困治理
使云南省内的革命老区、少数民族地区、边境地区的经济和社会取得了长足
的发展，人们的生活和社会面貌发生了翻天覆地的变化，这为云南加强民族
团结、维护边疆稳定，进一步促进经济和社会发展奠定了坚实基础。不过，

---

* 李鹏飞，云南财经大学公共管理学院政治学系主任、教授；赵永伦，云南财经大学公共管理
　学院副教授；刘洪，云南财经大学公共管理学院副教授；万太勇，云南财经大学公共管理学
　院讲师；胡伟，云南省扶贫办产业金融处主任科员；尹兆翌，云南财经大学公共管理学院行
　政管理专业研究生；高引春，云南财经大学公共管理学院社会保障专业研究生。

云南历史上就是一个地处祖国边疆、少数民族众多、宗教信仰复杂、生产方式落后的省份，虽然其农村贫困治理取得了显著成效，但制约贫困地区经济社会发展的深层次矛盾依然存在，农村贫困人口数量多、贫困程度深等问题尤为明显。具体说来，主要表现为边疆农村地区经济社会发展仍然落后、经济结构不合理、发展体制机制不完善、基础条件差、生态环境脆弱、自然灾害频发、自我发展和自我修复能力较弱、制约瓶颈多、扶贫开发成本高、投入与需求矛盾突出等问题，特别是"直过"民族中部分群众贫困问题突出，脱贫任务十分艰巨。党的十八届三中全会以来特别是2015年以来云南省委省政府按照党中央、国务院全面建成小康社会的总体战略部署，深入贯彻中央扶贫开发工作会议精神和党中央、国务院《关于打赢脱贫攻坚战的决定》，全面落实习近平总书记提出的"三个更加""四个切实""五个一批""六个精准"的指示精神，结合云南实际，强化顶层设计，着力构建精准扶贫、精准脱贫"3＋N"政策体系，明确脱贫攻坚时间表、路线图，细化量化超常规、特惠性、差异化的政策措施，为实现到2020年"确保云南省现行标准下农村贫困人口实现脱贫，贫困县全部摘帽，解决区域性整体贫困"的目标进行了卓有成效的工作。本报告旨在从历史与现实、理论与实践结合角度，对云南边疆地区的农村贫困治理既做写实性描述，也做应然性研究，以期为云南边疆地区农村贫困治理做影像志。

一 云南农村贫困治理的历史回顾

从1978年改革开放至今，云南边疆地区农村"扶贫开发"工作大致经过了五个阶段。

（一）农村改革推动扶贫阶段（1978～1985年）

1978年是我国一个重要的历史转折点，党的十一届三中全会使我国建设发展的重点回到了经济工作上。改革开放以来，云南省委始终把边疆地区农村扶贫工作视为重点工作，改革开放与扶贫工作同时推进。一是推行家庭联产承包责任制度，使农民逐步从贫困中走出来；二是实现以计划经济为主的经济政策，提高农副产品价格，农产品产量大幅增加，广大农民生产积极性空前高涨。

总之，向贫困宣战是这一阶段边疆贫困地区农村的主要工作，体制改革推动大幅减贫。随着改革开放的深入，云南边疆地区农村很快基本消除了绝对贫困现象，提升了贫困地区和贫困人口的自我发展能力。

（二）大规模开发式扶贫阶段（1986～1993年）

一是在实现贫困人口和贫困地区初步减少的基础上，云南省结合中央的扶贫精神，建立了专门的扶贫机构，进行科学的部署和安排。根据1994年《云南省人民政府关于印发云南省七七扶贫攻坚计划的通知》（云政发〔1994〕173号）精神，从全省经济发展角度出发，制定了一套帮助贫困地区休养生息的优惠政策，有计划有步骤地在民族贫困地区确定了一批大中小型基础设施和生产开发项目，通过增加扶贫投入，寻找地方产业经济特色，发挥地方资源优势，提供扶贫项目的资助与开发等措施，促进了民族贫困地区的经济发展。20世纪80年代中期，云南边疆地区农村绝大部分依靠党的扶贫政策和自身的努力拼搏，获得了经济的快速增长，边疆地区农村贫困问题明显得到缓解，贫困人口大幅度减少。

二是结合云南实际划定贫困县。根据《云南省人民政府关于印发云南省七七扶贫攻坚计划的通知》精神，按国家规定农民人均年纯收入不足300元的标准，全省还有700万贫困人口，这些贫困人口主要集中在列入国家扶贫名单中的73个贫困县，分布面积广、连片集中、贫困人口多是其主要特点。

三是采取了一系列扶持贫困地区发展的惠民措施。通过建立专门的扶贫机构、科技扶贫、送科学技术下乡、推广千余项科技扶贫项目和加强基础设施建设、送温暖工程扶持、以工代赈等措施，边疆贫困地区一批生产开发项目和基础设施工程得以实现，这为边疆贫困地区发展提供了极大帮助的同时，也取得了经济效益和社会效益。

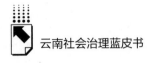

《云南省人民政府关于印发云南省七七扶贫计划的通知》指出，1986年以来，在全省700万贫困人口中，已累计有500万人口的温饱问题得以解决。

（三）扶贫攻坚阶段（1994～2000年）

1994年2月中央召开扶贫开发工作会议，4月5日国务院颁布了《国家八七扶贫攻坚计划（1994～2000年）》。这使中国的扶贫工作有了明确目标、明确对象、明确措施和明确期限，云南边疆农村扶贫开发也进入攻坚阶段。开展以"造血"为主的扶贫工作以来，云南省动员社会各方力量集中财力、人力和物力，使边疆地区经济发展速度明显加快，贫困地区人们的生活得以改善，社会事业全面发展，以政府为主导的公共治理力量得以发挥作用。瞄准县域经济发展，结合地方特色发展产业，使扶贫具有良好的精准度。云南省"八七"扶贫攻坚目标到2000年年底基本实现。

（四）开发式扶贫向综合式扶贫转变阶段（2001～2010年）

进入21世纪，根据中央《中国边疆地区农村扶贫开发纲要（2001～2010年)》精神，云南省委、省人民政府结合实际省情，制定实施了《云南省边疆地区农村扶贫开发纲要（2001～2010年)》等一系列扶持开发政策，使"兴边富民"扶贫开发取得突破性进展。边境一线贫困程度降低，贫困人口数明显减少。"村村通"工程使村容村貌有了较大改善，可持续发展能力得到有效增强，片区综合开发取得实质性成效。2010年9月《党的生活》杂志刊登的《云南扶贫经验是亚洲的财富》指出，通过社会各界的共同努力，云南扶贫开发工作取得了巨大成就，贫困人口从2000年年底的1022.1万人下降到2010年的325万人，贫困发生率由29.63%下降到8.6%；73个国家扶贫重点县农民人均收入由1100元提高到3109元。

（五）区域发展与精准扶贫阶段（2011年至今）

《中国农村扶贫开发纲要（2011～2020年)》和《创新机制扎实推进农

村扶贫开发的意见》颁布实施以来，云南边疆地区的扶贫工作进入了区域发展与精准扶贫"两轮驱动"阶段。

一是制定了新的扶贫发展目标，即稳定实现扶贫对象"两不愁"（不愁吃、不愁穿），"三保障"（保障义务教育、基本医疗和住房），"一高于"（实现农民人均纯收入高于全国平均水平），"一接近"（基本公共服务主要领域指标接近全国平均水平），"一扭转"（扭转发展差距扩大趋势）。新型农村社会养老保险要实现全覆盖，国家新增社会保障投入要向农村尤其是边远贫困地区倾斜。

二是提高扶贫标准。2008 年依据最低收入人群的消费结构来进行测算，核定标准以每人每日 2100 大卡热量的最低营养需求为基准。我国曾经制定过两个扶贫标准，第一个是 1986 年制定的绝对贫困标准，为 206 元；随着物价等因素的调整，到 2007 年标准定为 785 元。另一个是 2000 年制定的低收入标准，为 865 元。到 2007 年年底，调整为 1067 元。2008 年绝对贫困标准和低收入标准合一，统一使用 1067 元作为扶贫标准。此后，随着各相关因素的发展与变化，2009 年上调为 1196 元，2010 年为 1274 元。现在的扶贫标准为 2300 元。

三是确定了扶贫发展的重点区域。以乌蒙山区、石沙化地区、滇西边境山区及哀牢山地区、藏区四个连片特困区为主战场，把连片特困地区扶贫攻坚作为新阶段扶贫开发整体布局的核心，着力推进兴边富民行动，以资源大整合、社会大参与、群众大发动、连片大开发为主要方式，把与扶贫对象脱贫致富密切相关的进村入户项目和解决制约贫困群众可持续脱贫、贫困地区可持续发展的区域性问题紧密结合起来，以区域发展带动扶贫开发，以扶贫开发促进区域发展，坚持"雪中送炭、突出重点"的原则，扎实落实人口较少民族扶持发展规划，通过整体推进加快"兴边富民"工程建设。

四是聚焦精准扶贫。《云南省农村扶贫开发纲要（2011~2020 年）》指出，全省有 73 个国家扶贫开发工作重点县和 7 个省级重点县，连片特困地区涉及85 个县（市、区）。按照农民人均纯收入 2300 元的新国家扶贫标准，云南省贫困人口将超过 1500 万人，其中深度贫困人口 160.2 万人，是云南省扶贫攻坚最难啃的"硬骨头"。组织开展"挂包帮",即全面建立扶贫攻坚"领导挂点、部门包村、干部帮户"的长效机制。建立起全面覆盖建档立卡扶贫为对象的精准滴灌网络,实现"挂包帮"、驻村工作队和"转走访"的全覆盖,明确脱贫时间表,认真落实省委、省政府向中央做出的脱贫承诺,确保 2019 年全部完成任务,2020 年全面巩固提升。

二 近年来云南农村贫困治理的实践探索

(一)主要做法

1. 认清贫困状况,突出治理战略

云南边疆地区农村贫困面大、贫困人口多、贫困程度深,是全国贫困治理的主战场,为了确保云南贫困人口 2020 年如期脱贫,实现边疆地区繁荣稳定和民族团结进步,云南省各级党委和政府高度重视贫困治理工作,始终以高度的政治责任感和强烈的服务意识,把扶贫开发作为"全省最大的民生工程",把贫困治理放在全省经济社会发展的突出位置。

按照党中央、国务院的部署要求,紧密结合云南实际,云南形成和完善了"12355"的新扶贫治理思路,突出区域开发和精准扶贫精准脱贫两个重点。同时,统筹素质提升、产业发展、社会保障三个层次的脱贫路径,狠抓做大蛋糕、找准平台、创新机制、突出重点、合力推进五项工作要求的落地生根,做好整乡(整村)推进、产业扶贫、"雨露计划"、金融扶贫、安居工程"五大扶贫品牌"。

2. 政策体系完备,引领扶贫进程

云南围绕《中国农村扶贫开发纲要(2011~2020 年)》,认真制定了《云南省农村扶贫开发纲要(2011~2020 年)》(以下简称《纲要》)、片区区域发展与扶贫攻坚规划,及时出台了《关于举全省之力打好扶贫开发攻坚战的意见》《云南省贫困县党政领导班子和领导干部经济社会发展实绩考核办法》《关于建立扶贫攻坚"领导挂点、部门包村、干部帮户"长效机制

扎实开展"转作风走基层遍访贫困村贫困户"工作的通知》《进一步动员社会力量参与扶贫开发的实施意见》等全省性的贫困治理工作指导性政策文件。相继出台关于贫困县退出、贫困县约束、责任权力任务资金"四到县"、易地扶贫搬迁、金融支持等重要文件。引导各类社会扶贫资源向建档立卡的贫困乡、贫困村和贫困户聚集,树立新的帮扶理念,实施了整乡推进筑平台、雨露计划拔穷根、产业扶贫换穷业、金融扶贫增投入、安居工程治穷窝的战略工程。

3. "挂包帮""转走访",创新方法路径

2015 年以来,云南启动扶贫攻坚"挂包帮""转走访"工作,这是向贫困宣战、向贫困发起总攻的务实之举,是顺应形势发展,实施精准扶贫的一项重大部署。通过"挂包帮"(领导挂点、部门包村、干部帮户)实行省、州(市)、县(市、区)、乡(镇)四级干部整体联动,覆盖全省 4 个集中连片特困地区、93 个贫困县、476 个贫困乡镇、4277 个贫困村,上下联动、合力攻坚,确保每一个贫困县都有领导挂联,每一个贫困乡、贫困村都有领导和部门、单位挂包,每一个贫困村都有驻村扶贫工作队,每一户贫困户都有干部职工结对帮扶,做到不脱贫不脱钩,不让一个贫困地区掉队,不让一个兄弟民族落伍;确保到 2020 年贫困县全部摘帽。开展"转走访"(转作风、走基层、遍访贫困村贫困户),做到村不漏组、组不漏户、户不漏人,深入了解贫困实情,一起为脱贫致富谋思路、找出路,切实增强扶贫攻坚的精确性和长效性。组建驻村工作队,整合了包村部门、单位及新农村建设指导员、帮户干部和大学生村干部等的力量,做到每个贫困村都有驻村扶贫工作队、都有第一书记,推动精准扶贫、精准脱贫各项措施落实到位。[1]

4. 精准扶贫发力,做强特色产业

扶贫攻坚贵在精准,重在精准,成败在于精准,无论是贫困对象的识别,还是贫困治理项目的安排与扶贫治理资金的使用,都需要精准到村、到

---

① 数据来源于《云南省〈中国农村扶贫开发纲要(2011~2020 年)〉中期评估总报告》。

户、到人。把扶贫开发工作目标任务进行量化：结对帮扶到村到户、产业扶持到村到户、安居建设到村到户、基础设施到村到户、基本公共服务社会保障到村到户、能力素质提升到村到户、金融支持到村到户。为此，云南省全面开展贫困治理的数据库建设，形成了省和州市级、县级、乡村级、贫困户级的四级信息数据库。在此基础上，科学划分贫困类型，坚持因人因地施策、因贫困原因施策、因贫困类型施策，做到对症下药、精准治理。云南按照《纲要》的既定目标和时间节点，进一步绘制了实施精准扶贫攻坚"路线图"，制订到村到户的减贫计划，实行"一村一策，一户一法，责任到人，限期脱贫"。

5. 区域合作驱动，激发内生动力

云南的贫困治理得到了来自社会各方的大力支持，既有来自中央各部委的支撑，也有来自发达地区，如上海市的帮扶，还有来自社会各界的支援。区域合作开发成为对口帮扶的主要形式，由此，云南实施了"坚持区域开发、精准扶贫"的双轮驱动模式，通过创建贫困片区经济联动、县域联合协调机制，切实做到区内联手、区外合作、互信共赢的开发新模式。建立了省市、州市县区、部门三个层次对口帮扶合作机制。创新片区区域发展与扶贫攻坚机制，激发云南贫困治理的内生动力，以整乡整村推进为有效平台和抓手，积极探索跨片区、跨区域和小片区整体连片综合扶贫开发模式。

6. 强化社会参与，引导社会资本

为了挖掘社会扶贫潜力，汇全省之力、聚各方之财、集全民之智，云南出台《关于进一步动员社会各方面力量参与扶贫开发的实施意见》，全面动员社会力量参与扶贫，广泛动员社会资本向贫困宣战。通过"10·17"扶贫日宣传活动，营造全社会参与扶贫、关心帮助贫困群众的氛围。加强与社会各界扶贫治理组织的对接机制，强化全省各级定点挂钩的帮扶力度，拓展合作领域和空间，实现片区县和重点县的全覆盖。

加快扶贫信息化建设，畅通社会扶贫渠道，搭建联系对接平台，发布社会扶贫援助和求助信息，公布社会扶贫项目，促进社会扶贫资源与贫困乡村、贫困户脱贫需求精准对接，实现帮扶需求与供给的有效对接。引进各类社会资本进行多层次、宽领域的经济合作，引导各类企业主体、社会组织和社会各界参与扶贫，努力完善大扶贫格局。创新社会资本的参与方式，初步形成了政府主导、部门协同、东西协作、社会参与、群众自力更生的大扶贫工作格局。

7. 分级管控细化，扎实推进工作

省级层面，制定贫困治理规划与配套政策，负责专项资金计划方案的编制，重点解决基础设施短缺问题。州（市）级层面，重点在于将扶贫开发与区域规划相结合，促进贫困地区城乡产业互动，贫困区域的经济与社会联动及对专项资金项目选点及实施方案的审查批准。县级层面，重点在于对贫困村、贫困户的精准识别。村镇层面，重点在于对贫困对象进行分组归类，摸清扶贫对象、致贫原因、脱贫路径。共同努力做到精准发力，实施精准帮扶，实现精准脱贫。

针对扶贫资金项目管理中存在的制度缺陷和薄弱环节，强化扶贫资金"阳光化"管理，提高扶贫资金管理和使用的安全性、有效性和精准性，建立健全互助资金绩效考评机制和资金分配机制，从源头上加强对扶贫资金项目的管理。强化各级党风廉政建设主体责任，突出全省扶贫资金审计结果应用，实行预算全程跟踪管理，加强财政扶贫资金监管。在项目资金绩效考核上，建立资金绩效、项目绩效、行政绩效三位一体的绩效考评制度体系，将实施的 11 类项目全部纳入绩效自评范围，对财政专项扶贫资金进行绩效考评，并将考评结果作为扶贫项目资金分配的重要依据。深入推进廉洁扶贫行动，更加有效地促进扶贫项目资金属地监管，建立省级部门与地方纪检监察部门协同监管项目资金工作的格局，筑牢扶贫项目资金"防火墙"，财政扶贫资金监管形成常态化。

（二）取得的成效

1. 贫困人口大幅减少

减贫效果明显，减贫目标超额完成，扶贫治理取得新突破。从总体来看，

按照国家扶贫标准2014年全省农村扶贫对象人口574万人，比2011年的1014万人减少440万人；农村贫困发生率逐年下降，从2011年的27.1%减至2014年的15.5%；全省农村扶贫对象人口占全国扶贫对象人口的比重从2010年的8.9%下降至2014年的8.2%。从片区来看，滇西边境山区及哀牢山片区贫困人口从2011年的920.7万人下降到2014年的231.43万人，贫困发生率从32.2%下降到19.8%；乌蒙山片区贫困人口从2011年的920.7万人下降到2014年的207万人，贫困发生率从32.2%下降到15.4%；藏区农村贫困人口从2011年末的19.91万人减少到2014年年末的11.58万人，贫困发生率从63.7%下降到36.4%；石漠化片区农村贫困人口从2011年的107.64万人减少到2014年的66万人，贫困发生率从23.8%下降到14.6%。[①]

2. 收入水平稳步提高

2010年以来，全力推进财政向贫困地区"三农"倾斜投入力度，培育壮大特色优势产业增强发展内生动力，推进农村劳动力转移和返乡创业带动农户增收致富，贫困地区农民人均纯收入保持较快增长，由2010年的3109元提高到2014年的6314元，增长1倍多，年均增长19%，连续保持年均增幅高于全国平均水平。

3. 增收渠道不断拓宽

通过产业扶贫开发项目、特色产业培植项目、稀缺养殖帮扶项目、优质经济林果及蔬菜示范项目，实现了村有骨干产业、户有增收项目，实现由传统单一产业培植到发挥优势、规模发展、种养加一体化特色农业发展的转变，贫困地区增收渠道不断拓宽，经济实力明显增强。2010年与2014年相比，贫困地区人均GDP从8699元提高到18386元，增幅高于全国平均水平。地方财政收入从131.1亿元增加到474.5亿元。

4. 基础设施相对改善

通过精准扶贫与片区开发两轮驱动，制约贫困地区发展瓶颈的基础设施得到有效突破，全省贫困村交通道路硬化率得到大幅提高，基本解决了饮水

---

① 云南省扶贫办：《云南省新阶段扶贫开发战略和政策体系调研报告》，2015年7月。

安全问题，全面解决无电地区的通电问题。贫困地区通公路的自然村的比重从 2010 年的 89.9% 提高到 2014 年的 91.5%，解决了近千万人的饮水安全问题，通电自然村比重从 2010 年的 97.3% 提高到 2014 年的 99%。

5. 生产生活条件明显改善

通过实施改厕、改灶、改厩，兴建沼气，绿化、美化、靓化、庭院硬化等项目，贫困地区的住房条件明显改善，村容村貌和生态环境明显改观，生态环境恶化趋势得到遏制。农村生活环境发生了历史性变化。十二五期间，建沼气池 6.5 万口共 52 万立方米，节能改灶 14.5 万眼；改卫生厕 14.8 万个共 40 万平方米，改卫生厩 15.3 万个共 244 万平方米，改厨房 2.3 万户共 36 万平方米。

6. 人们生计有效改善

通过行政村的"六有"工程，加强了义务教育、就业服务、社会保障、基本医疗和公共卫生、公共文化、环境保护等公共服务和基础设施建设，努力实现城乡全覆盖。着力实施"八大工程"，即基础设施改善、特色产业培育、劳动力培训转移就业、移民新村建设、社会保障和社会事业发展、整乡整村整体推进、人口较少民族整族帮扶、生态建设，贫困地区人们的生计得到有效改善。

7. 社会事业不断进步

促进公共服务向农村覆盖、资源要素向农村辐射、城镇资本向农村转移，形成以城带乡、以乡促城、城乡互动发展新范式；贫困地区社会各项事业不断完善，教育、文化、医疗卫生、广电等社会事业建设加快，以基本养老、基本医疗、最低生活保障为重点的社会保障体系逐步完善，基本公共服务水平得到提高。人均受教育年限逐年提高，有合格卫生室的建制村占比已达 96.5%，有合格乡村医生建制村占比达 94.7%，新型农村合作医疗参与率由 2011 年的 89.5% 提高到 2014 年的 92.6%，参加社会养老保险农户的比重达 48.5%，较 2010 年提高 30.7 个百分点，户户通广播电视、村村通有线电视、自然村通宽带率等指标均显著提高，农村住房条件改善，完成安居工程 11.6 万户。

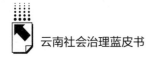

（三）特点分析

1. 主体多元，互为支撑

通过广泛动员有实力、有社会责任的民营企业以挂钩帮扶贫困地区等形式回报社会，鼓励社会组织和个人通过多种形式参与扶贫开发，发动群团组织、社会各界以灵活多样的形式支援帮助贫困地区、贫困群众早日脱贫致富，不断加大高原特色农业现代化、新型工业化、信息化和城镇化"四轮驱动"发展模式。充分调动和发挥政府、行业、群众、社会各方面的作用，共同致力于云南贫困治理的攻坚克难。坚持部门扶贫、行业扶贫、社会扶贫等多方力量、多种举措有机结合和互为支撑的扶贫治理新格局。

2. 整村扶贫，百村推进

"十二五"以来，贫困治理强调整体联动性，不再沿用旧的分兵突进模式，实施五个"绝不"战略：①整体联动，绝不让一个贫困人口"遗漏"。②整族帮扶，绝不让一个兄弟民族"掉队"。③整片开发，绝不让一个贫困地区"空白"。④整乡推进，绝不让一个贫困乡村"落伍"。⑤整合资源，绝不让"一方水土养活不了一方人"。整乡推进是云南省为适应新形势下扶贫工作的新需要而探索出的扶贫开发的新路子。

3. 项目到村、扶持到户

云南不仅贫困面广，贫困强度大，而且区域差别大，为此，云南开始实现扶贫工作由"漫灌式"向"滴灌式"转变，切实将扶贫资源真正落实到每村每户。领导挂点，部门包村，干部帮户，层层推进，步步落实，确保对贫困村、贫困户的帮扶全覆盖。

4. 分区规划，因地制宜

首先，强化片区差异性扶持。针对四大片区自然资源条件、致贫因素等方面的特点，强化区域性特殊扶贫措施，实施集中连片开发。其次，强化分类指导。对边境地区、少数民族地区、革命老区和原战区给予分类扶持；同时，对不同类型的贫困家庭，如劳动力富余、少劳动力的家庭采取分类扶贫措施。

5. 加强宣传，激发动力

社会帮扶是消除贫困的一条重要途径，是扶贫治理的有效形式之一，是一股不可忽视的重要力量。动真情、扶真贫，充分利用报纸、广播、电视、网络、公益广告等新闻媒体宣传扶贫活动情况，引起社会各界的普遍关注，广泛激发全社会的热情，深度挖掘扶贫的潜力。发挥会议、标语、宣传册、宣传栏、橱窗、墙报的积极作用，宣传贫困地区比、学、赶、超活动和先进典型人物与事件，让群众确实感知到实惠，使他们决心更加坚定，愿望更加强烈。

6. 村企共建，互利共赢

内外联动、共建共享。先富带动和帮助后富，云南村企共建合作成效明显，实现了由单一的技术转让、营销合作到以资产为纽带的并购重组、全面合作、多领域的转变。如上海锦江集团出资收购昆明锦华大酒店，上海光明集团投资 8 亿元控股云南英茂糖业，上海浦东发展银行累计授信 75.6 亿元，参与昆明新机场建设和新能源、文化旅游等产业开发等。发达地区具有人才、技术、资金、信息及现代企业管理等优势，引导和支持这些具有优势的大企业和中小民营企业合作参与云南新型工业化、信息化、新能源、现代物流、旅游、商务、金融服务业等领域的务实合作，不断探索经济发达地区与贫困地区结合方式，拓展协作领域，扩大协作规模，提高协作水平，使发达地区人才、资金、技术优势与贫困地区的资源、市场优势有机结合，提高贫困地区农业生产和资源开发利用的水平。另外，贫困地区干部群众及村民到经济发达地区，经济发展较好的县、乡或产业结构调整好的地区参观、学习，让贫困地区群众认识外面的世界，提高其农业产业结构调整的自觉意识，增强其瞄准市场进行商品化农产品生产开发的观念，使云南特色优质农产品直接进入发达地区的市场，这样使两类区域的优势得到充分发挥，实现资源共享、优势互补，实现两地企业相互促进、共同发展、合作共赢的局面。

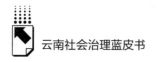

三 云南农村贫困治理面临的
困境及成因分析

云南作为一个集边疆、民族、山区为一体的省份，历来是国家治理贫困的重点区域。由于各民族社会历史发展的不平衡以及特殊的地理结构等因素的影响，云南贫困问题十分复杂，不仅贫困面广，地理分布范围广泛，从总体上呈现集中连片分布的特点，而且贫困程度深，导致贫困的原因错综复杂，绝对贫困人口数量庞大，治理贫困的难度巨大，反贫困成为云南在2020年建成全面小康社会的巨大障碍。

（一）云南农村贫困治理的总体状况

中华人民共和国成立以来，消除贫困就一直是党和政府发展社会经济的重要工作任务，云南作为中国的边疆省份，社会经济的发展水平比较落后，贫困一直是困扰云南发展的重大问题。改革开放以后，尤其是进入21世纪以后，云南在中央政府的大力支持下，掀起了反贫困运动的高潮，贫困治理工作取得了巨大成就。2005～2014年，从中央到地方的各级财政对云南省贫困地区累计投入专项扶贫资金216亿元，使697万农村贫困人口摆脱了贫困，深度贫困人口由337.5万人下降到160.2万人，贫困地区人民的生产生活状况有了巨大改善。但是，云南农村贫困地区的深层次矛盾依然十分突出，贫困人口数量大，贫困程度深，贫困分布集中连片，治理难度非常大，贫困仍是制约云南发展的重要瓶颈。

1. 贫困人口的总体规模

中华人民共和国成立之初，由于受历史发展的影响和长期的战争破坏，云南省贫困面超过90%。经过新中国建立以后的经济建设，特别是改革开放以后的经济迅速发展，贫困人口的数量急剧下降，大部分人口摆脱了贫困。但受自然、社会文化、经济发展基础等多种因素的影响，云南省各地区之间、民族之间的社会和经济发展存在极大的不平衡性，贫困人口的数量仍然十分庞大，是全国农村贫困面大、贫困人口多、贫困程度深的省份之一，脱贫任务十分艰巨。截至 2014 年年底，全省已建档立卡的农村贫困人口有 574 万人，数量居全国第二位，边远少数民族地区的深度贫困人口达 120 万余人，今后脱贫攻坚的难度会越来越大，贫困治理的成本越来越高，相反，贫困治理的成效则会越来越小。按照 2014 年 11 月 17 日云南省扶贫开发领导小组办公室制定并发布的《云南省建立精准扶贫工作机制实施方案》，"十三五"期间，云南全省确定的重点扶持贫困县（区）93 个（其中国家级贫困县 73 个），需要扶贫治理的贫困乡 476 个、贫困村 4277 个。从行政区划来看贫困人口超过 50 万的州市有 3 个（昭通 133.67 万、曲靖 79.96 万、红河 71.64 万），贫困人口超过 20 万的县（区）有 2 个（会泽县 38.5 万、镇雄县 34.5 万），所辖县（区）都属于贫困县（区）的州市有 4 个（迪庆州、怒江州、文山州、临沧市）。集中连片特困地区涉及 85 个县（市、区），贫困面大，区域经济发展水平较低，自然环境条件恶劣，贫困治理的难度很大。聚居在边境线一带的人口较少民族，特别是"直过民族"，由于受历史文化、社会发育水平、自然环境等因素的影响，自我发展能力较弱，是贫困治理最难啃的"硬骨头"。据统计，截至 2014 年年底，云南全省少数民族贫困人口约占全省建档立卡贫困人口的 43%，25 个少数民族综合贫困发生率为 24.2%。云南边境一线的 8 个州（市）共 25 个县，总人口 654.8 万人，聚居有 16 个沿边跨境民族，贫困人口达 64.5 万人，贫困面近 10%。仅独龙、德昂、基诺、怒、阿昌、普米、布朗、景颇等 8 个人口较少民族建档立卡贫困人口占云南全省总贫困人口的比重就高达 11.6%，贫困发生率达 28.6%，高于全省贫困发生率 15.4 个百分点，其中佤、拉祜、傈僳等"直过民族"贫困人口占本民族人口的 40% 以上。民族聚居区的贫困群众存在"语言难、住房难、行路难、增收难、保障难"的五难问题，扶贫开发的难度巨大。

2. 贫困人口的地区分布

云南的贫困问题与云南特殊的自然地理条件和民族文化结构有着密切的联系。自然地理条件作为社会经济发展的基础性条件，给贫困的发生带来关键性影响；历史文化因素则影响着生产方式、社会价值观念、社会结构等反映社会发育水平的变量，进而对社会经济的发展产生促进或制约作用。因此，云南贫困人口的地理分布与居住地自然地理条件和民族文化影响的范围紧密联系在一起。

按照引起云南农村贫困的最根本因素，即自然地理条件和民族文化类型来划分，云南农村贫困人口主要划分为四个集中连片特殊贫困地区，即受自然地理条件和民族历史文化双重因素影响的滇西边境山区及哀牢山片区，受喀斯特地貌影响的滇东、滇东南石漠化片区，受制于人口压力和自然地理条件的乌蒙山片区，以及滇西北的藏区。四大片区涵盖 85 个县（市、区），占全省县（市、区）总数的 65.9%，2010 年四大片区总人口达 2873.9 万人，占全省人口总数的 62.5%。滇西边境山区及哀牢山片区涉及 56 个县，石漠化片区涉及 11 个县，乌蒙山片区涉及 15 个县，藏区涉及迪庆州 3 县。四大片区集中了云南贫困人口的绝大部分，2010 年分布在四大片区的农村深度贫困人口达 288.3 万人，占全省农村深度贫困人口总数的 88.7%；贫困发生率为 10.9%，高于全省平均水平 2.3 个百分点。在四大片区的 85 个县（市、区）中，有 49 个县的贫困发生率均大于 10.0%，且有 17 个县的贫困发生率超过全省贫困发生率平均水平的 2 倍。

表 1　2010 年云南扶贫开发四大片区基本情况

单位：万人，%，元

片区名称	总人口		贫困状况			农民人均纯收入
	人口	占全省比例	贫困人数	占全省比例	贫困发生率	
藏区片区	39.00	0.8	61239	1.9	19.6	3347
滇西边境山区及哀牢山片区	1529.58	33.3	1511480	46.5	11.3	3162
石漠化片区	453.00	9.9	306508	9.4	9.1	3065
乌蒙山片区	852.28	18.5	925073	28.5	11.0	2952
四大片区	2873.86	62.5	2882700	88.7	10.9	3081
全省	4597.00	100.0	3250000	100.0	8.6	3952

资料来源：根据国家统计局云南调查总队"2010 年云南州市县及分类农村贫困监测情况表"及《2011 年云南领导干部手册》145～189 页有关数据整理。

表2 云南省贫困人口的地区分布

单位：个，%

地区名称	国家级贫困县数量	省级贫困县数量	贫困县占比	贫困乡数量	贫困村数量	所属地区
昆明市	3		21.4	18	172	乌蒙山片区
昭通市	10		91.1	90	825	乌蒙山片区
曲靖市	2	3	55.6	50	475	乌蒙山片区 石漠化片区
玉溪市			0	9	75	
保山市	3	2	100	23	207	边疆民族区
楚雄州	6	2	80	25	220	边疆民族区 乌蒙山片区
红河州	6	1	53.8	58	527	石漠化片区 边疆民族区
文山州	8		100	36	329	石漠化片区
普洱市	8	2	100	41	368	边疆民族区
西双版纳州	1	1	66.7	6	75	边疆民族区
大理州	9	3	100	33	300	边疆民族区
德宏州	1	3	80	10	90	边疆民族区
丽江市	2	2	80	15	101	边疆民族区
怒江州	4		100	21	181	边疆民族区
迪庆州	3		100	14	120	滇西藏区
临沧市	7	1	100	27	241	边疆民族区
合计	73	20		476	4306	

资料来源：根据《云南省建立精准扶贫工作机制实施方案》数据整理。

从重点贫困区域的分布情况来看，集中连片特困地区集中的重点治理贫困县（市、区）占比高达92.4%；少数民族自治地方占50.8%；革命老区占46.3%；边境沿线地区占17.6%。云南省的国家扶贫开发工作的73个重点县中，有70个分布在四大片区，另有6个省扶贫开发工作重点县和师宗等9个非重点县（市区），也分布在四大片区。

从贫困人口的民族分布来看，国家和省级扶贫开发工作重点区域与民族地区高度重合，也与特殊困难少数民族分布区域高度重合。四大片区中贫困人口主要是少数民族人口，仅民族自治地方的贫困人口2014年就占全省建档立卡贫困人口的42.99%；傈僳、佤、景颇、布朗、怒、基诺、德昂、独

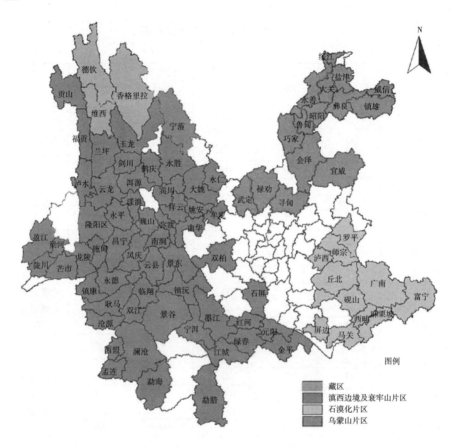

图1 云南省集中连片贫困地区分布

资料来源：云南省扶贫开发调研编印稿件，第24页。

龙8个"直过民族"人口总数仅126万，贫困人口却占全省贫困人口总量的近20%；15个云南特有少数民族中贫困人口191.8万人，占全省贫困人口的33.41%。

3. 贫困人口的类型分析

贫困是一个动态的概念，从不同的角度或根据不同的标准，贫困可以划分为不同的类型。根据贫困的内涵划分，贫困分为广义的贫困和狭义的贫困。狭义的贫困即通常所说的绝对贫困，是指社会个体或家庭所获取的生存资源不能满足其最基本的生存需要，生命的延续受到威胁的状态。广义的贫

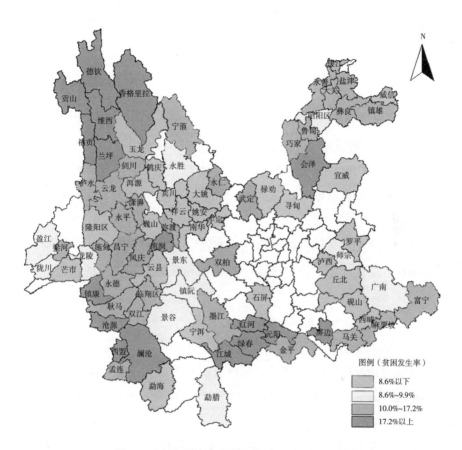

图2　云南省集中连片贫困地区贫困面分层差异

资料来源：云南省扶贫开发调研编印稿件，第25页。

困则还包括人们的社会、文化、生活环境、教育、医疗、预期寿命等处于较低的水平，生活面临较大的风险等状况。根据贫困的成因，贫困可分为普遍性贫困、制度性贫困、区域性贫困和阶层性贫困。普遍性贫困是由整个社会的经济和社会发展水平低下而造成的贫困；制度性贫困则是由社会经济、政治、文化制度引起的生活资源在不同社会群体和个人之间的不平等分配所造成的某些社会群体或个人处于贫困的状态；区域性贫困则是由某区域的自然条件和社会发展水平低下导致的贫困；阶层性贫困则是指由身体素质、文化程度、家庭劳力、生产资料以及社会关系等个体因素导致的贫困。此外，贫困还可以根据其程度不同分为绝对贫困和相对贫困。绝对贫困指缺乏维持生存的必需品，不能维持最基本的生存需求的生存性贫困。相对贫困则是指那些虽解决了温饱问题，但相对于社会发展水平而言，收入不能达到社会平均水平的收入型贫困。

根据云南省政府贫困治理过程中对全省建档立卡贫困户的致贫原因调查数据，云南省贫困户致贫原因呈多样化、复杂化特征。主要存在以下贫困的类型。

一是缺乏生产发展资金导致的贫困，主要分布在石漠化片区和边境地区，贫困户数占所有贫困户比重的46.3%，在该两片区的贫困户中的占比则分别为54.6%、51.6%。

二是技术缺失型贫困，该类贫困户数占所有贫困户比重的32.7%，也主要分布在石漠化片区和边境地区，在该两片区的贫困户中的占比分别为33.5%、38.8%。

三是因病致贫，该类贫困户数占所有贫困户比重的23.9%，主要分布在乌蒙山片区和革命老区，在该两片区的贫困户中的占比分别为35.3%、33%。

四是劳力缺乏型贫困，该类贫困户占所有贫困户的比重为17.7%，主要分布在滇西藏区和滇西边境山区，在该两片区的贫困户中的占比分别为21.1%、20.3%。

五是交通条件落后导致的贫困，该类贫困户占所有贫困户的比重为15%，主要分布在边境地区和藏区等地理条件恶劣、山高坡陡、江河纵横的地区，在该两片区的贫困户中的占比分别为16.8%、16.2%。

六是因灾、因学、因自身发展力不足、因水、因土地等偶然因素或资源缺乏导致的贫困。据调查，在所有贫困户中，自身发展力不足致贫占11.8%（主要集中在边境少数民族地区），缺乏土地致贫占11%（主要集中在滇东南石漠化地区和边境山区），因灾致贫占10.4%（主要集中在乌蒙山片区），因学致贫占9.4%（主要集中在滇西藏区），缺水致贫占5.9%（主要集中在滇东南石漠化地区和滇西边境少数民族自治区），因残致贫占3.5%。

4. 贫困程度的经济分析

贫困程度是贫困治理过程中区分治理对象的重要依据，可以用贫困线来衡量。一般而言，每个国家都会根据自己的实际情况来确定区分贫困和非贫困的标准，即贫困线。在贫困治理中需要社会给予扶持和救济的对象是那些生活水准处于贫困线以下的个人或家庭。在国际上，影响比较大的贫困线标准是世界银行按照 1985 年的购买力平价标准计算确定的人均年消费支出270～370 美元的贫困线标准，即将人均每天消费支出低于 1 美元的个人和家庭列为贫困对象。之后，随着社会经济的发展和生活成本的变化，这一标准几经变化。目前，国际上通行的贫困线标准是世界银行发布的每人每天1.25 美元（绝对贫困）和 2 美元（相对贫困）两条贫困线。

我国的贫困线标准一直低于国际贫困线标准。1986 年的绝对贫困标准为 206 元，2001 年上调为 865 元，2008 年又调整为 1067 元并作为国家扶贫标准，2009 年上调为 1196 元，2010 年上调为 1274 元，2011 年更是大幅度提高到 2300 元，并以该年的物价水平作为基础，根据物价变动水平动态调整贫困线，这个贫困线标准已与国际贫困线标准接近。

云南农村贫困从程度上来看表现出这样几个特征：一是贫困面大。这一方面表现为地理分布范围广，另一方面表现为贫困比例高。全省集中连片的特困地区包括滇西边境山区及哀牢山片区、乌蒙山片区、藏区、石漠化片区四个片区，分布有贫困县 93 个，数量居全国第一位，占全省 129 个县（市、区）的 72.1%。其中国家重点治理的贫困县 73 个，也居全国第一位。到2014 年年底，按照现行贫困标准划分，全省共有农村贫困人口 574 万人，数量居全国第二位。二是贫困发生率高。全省综合贫困发生率达 15.49%，高于全国平均水平 8.29 个百分点，每 10 个农村人口中就有 3 个处于贫困状态。这些贫困人口大多居住在深山区、石山区、边境一线、高寒山区、革命老区、地方病多发区和少数民族聚居区，脱贫难度大。三是贫困程度深。四大连片特困地区共有 85 个县（区），贫困深度指数①小于 - 2.0 的仅有 5 个县，即只有 5 个县的农民人均纯收入高于当年贫困线的 2 倍；全省贫困深度

---

① 贫困深度指数 =（贫困线 - 农民人均纯收入）/贫困线。贫困深度指数越大，说明贫困深度越大；贫困程度指数越小，说明贫困深度越小。

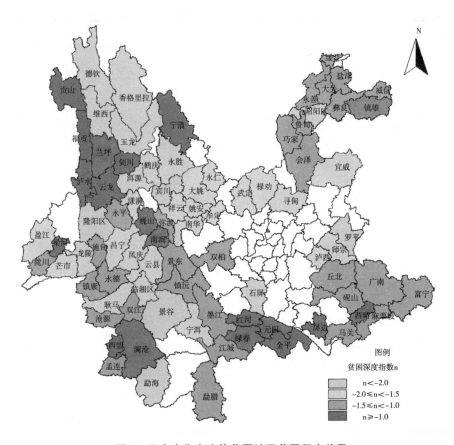

图 3　云南省集中连片贫困地区贫困程度差异

资料来源：云南省扶贫开发调研编印稿件，第 26 页。

表 3　2010 年云南省四大集中连片特困地区的贫困深度指数

单位：个，%

贫困深度 指数（n）	四个片区内 县数	占片区总县市 区数比例	全省各贫困深度的 县市区总数	片区内贫困县市区占该片 区县市区总数的比例
n ≥ -1.0	19	22.4	19	100.0
-1.5 ≤ n < -1.0	28	32.9	28	100.0
-2.0 ≤ n < -1.5	33	38.8	38	86.8
n < -2.0	5	5.9	44	11.4
合计	85	100	129	—

资料来源：根据国家统计局云南调查总队"2010 年云南州市县及分类农村贫困监测情况表"有关数据整理。

指数大于 - 1.0 的 19 个县以及 - 1.5 ~ - 1.0 的 28 个县全部在集中连片贫困区域内，即全省最贫困的 47 个县均分布在四大片区内，占片区内县（市、区）总数的 55.3%；四大片区有深度贫困人口 147.5 万人，占全省 160.2 万深度贫困人口的 92.1%，远高于其总人口（87.7%）和贫困人口（71.4%）所占比重，分别高出 4.4 和 20.7 个百分点；四大片区的深度贫困人口在贫困人口中的比例也高于全省的比例，分别为 30.6%、28.9%；在贫困人口中，深度贫困人口比重最大的藏区达 40.2%，滇西边境山区及哀牢山片区为 33.3%。2010 年，集中连片特困区人均 GDP 不足全国平均水平的 30%，也不到全省平均水平的 60%；农民人均纯收入仅 3081 元，比全省平均水平低了 871 元，只相当于全国平均水平的一半左右。经过近几年扶贫力度的不断加大，贫困地区的社会经济发展较快，2015 年云南省贫困地区农村居民人均可支配收入增加到 7070 元，但也仅为全省平均水平的 85.8%。四是贫困人口比较集中，少数民族贫困人口比例和贫困程度都非常高，脱贫难度十分大。2015 年年底，云南少数民族贫困人口占全省建档立卡贫困人口的 42.99%，15 个特有少数民族中有贫困人口 191.8 万人，其中 8 个人口较少的"直过民族"自我发展能力弱，是贫困治理的最大障碍。

表4　2010 年云南省四大片区深度贫困状况

单位：人，%

地区	深度贫困人口数	深度贫困人口比例	深度贫困人口强度	深度贫困人口占全省的比重	贫困人口占全省比重	片区人口占全省比重
藏区片区	40879	40.2	13.4	2.6	1.8	0.8
滇西边境山区及哀牢山片区	880832	33.2	6.7	55.0	47.8	36.2
石漠化片区	156227	25.0	3.8	9.8	12.1	11.4
乌蒙山片区	396902	27.5	4.9	24.8	26.0	23.0
四大片区	1474840	30.6	5.7	92.1	87.7	71.4
云南省	1602042	28.9	4.4	—	—	—

资料来源：依据省扶贫办提供的"云南省分县深度贫困人口情况表"相关数据整理。

（二）云南农村贫困治理的客观困境

自改革开放以后，云南各届党委、政府都将贫困治理作为一项重要工作来抓，在扶贫减贫方面投入了大量的精力和资金，贫困治理的效果有目共睹。但也应该看到，云南贫困治理的任务仍十分艰巨，今后在贫困治理中还存在诸多困境，其中，导致云南发生较为严重贫困现象的特殊客观因素包括各种自然、历史、经济发展状况、社会结构等，这给云南贫困治理提出了严峻挑战。

1. 自然地理环境的制约

自然地理环境因素是导致云南贫困发生及制约贫困地区未来发展的最普遍和最重要的因素，但在不同的贫困地区，自然地理条件对贫困发生和治理的影响又有所不同。

乌蒙山片区最突出的问题是资源承载过重的问题。由于历史的原因，乌蒙山片区是云南开发较早的地区，历史上中原移民的大量涌入，使这一地区人口密度高于云南的其他地区，自然生态被破坏严重，农村剩余劳动力较多，扶贫对象生存和发展空间有限。据有关专家估计，乌蒙山片区按现行生活和生产水平计算，其生态承载的人口数量仅为现行人口的40%左右，过多的人口导致资源短缺，人们的生存竞争压力巨大，贫困治理中剩余劳动力转移的任务艰巨。此外，乌蒙山片区的交通条件也制约着其社会经济的发展。

滇东南石漠化地区则因其特殊的喀斯特地貌结构，水土流失现象十分严重，导致其水土保持的任务艰巨，缺土缺水问题成为这一地区贫困发生的根本原因，以石漠化治理为重点的土地整治和生态恢复成为解决这一地区缺土少水等制约脱贫发展瓶颈的主要贫困治理内容。

滇西边境山区及哀牢山片区和藏区在自然环境方面突出的问题则是交通问题。区域内山高谷深，河流纵横，阻断了边境地区的少数民族群众与云南内地的经济交流，使这些地区社会经济发展的水平落后于内地，丰富的自然资源无法有效地转化为经济发展的有利条件，工商业的发展水平一直处于较低层次，恶劣的地理条件也使这些地区贫困人口的生存成本要远高于平坝地区，人们的生存环境处于相对封闭的状态。在滇西边境山区及哀牢山片区和乌蒙山片区，不少人口较少的民族生活在高寒山区和坡度大于25°的不适合农业生产的地区，多数居住在生态脆弱区，地震、滑坡、泥石流、山洪等自然灾害频发。生态的脆弱性使"一方水土养不起一方人"，居住分散、交通不便，适应于极低生产力发展水平的居住方式使这些贫困人群的长远发展极为困难。此外，为建设长江中下游生态保护屏障，滇西边境山区一带不少地区被划为天然林保护区、生态公益林区和自然保护区，其主体功能区划属于限制性和禁止性开发地区，这给世代居住在这些地区、"靠山吃山"的少数民族群众的生产生活带来了巨大影响，也是其贫困发生的重要原因。

2. 历史文化因素的影响

数据表明，云南贫困问题与山区、边境和民族密切联系在一起，而这些因素又反过来作用于各民族的社会生产方式，形成了各民族独特的历史文化。云南"一山分四季，十里不同天"的独特地理结构，使各族群众处于相对封闭的文化系统之中，造就了云南众多的山地民族和丰富多彩的民族文化，这既是云南社会经济发展的优越条件，又是云南社会经济发展的一大障碍。由于各民族文化的相互割裂，先进文化和生产技术、发展观念的传播受到限制，云南各民族社会经济的发展呈现巨大差异，发展不平衡的问题十分突出。多数少数民族植根于传统农业经济的文化，缺乏商品经济意识，经济发展的速度十分缓慢。由于居住方式、居住条件的限制，这些民族的教育发展远远落后于云南内地地区，人才资源、文化信息资源匮乏，生产方式落后，社会结构发育不健全，难以迅速提高劳动生产率，与其他地区的社会经济发展差距越拉越大。云南9个"直过民族"都成为贫困治理的重点对象这一事实，间接证明了历史文化对贫困的重要作用。

3. 经济发展水平的限制

一个地区经济的发展是一个逐步积累的过程，良好的经济发展环境和区域内资本积累是经济进一步发展的前提条件。在经济发展水平较差的地区，由于公共产品投资的能力有限，基础设施建设必然受到限制，经济发展环境越来越落后于经济发展水平较高的地区，从而使生产价值的创造受到巨大影响，反过来又影响了资本的积累，如果没有外部力量的介入，必然会形成恶性循环，出现强者恒强，弱者恒弱的"马太效应"，导致贫困状态难以改变。在云南的各贫困地区，由于自然历史条件的限制，财政自给率低，这些地区的基础设施投资远低于经济发达地区，发展后劲严重不足。从财政收支情况来看，2010年，四大片区人均地方财政收入仅为417元，相当于全省平均水平1900元的21.9%；而人均地方财政支出为3059元，财政自给率仅为17.6%，全省为38.1%。2010年，乌蒙山片区、滇西边境山区及哀牢山片区、滇东南石漠化片区、藏区的财政自给率分别只有19.0%、17.0%、18.0%和15.0%，存在巨大的财政资金缺口，致使公共产品和服务的提供严重不足，严重缺乏发展后劲。

由于财政资金的缺乏，云南贫困地区几乎所有的事关社会经济发展的基础设施建设都处于较低水平。中低产田地改造、基本农田和农田水利设施建设、道路交通条件改善、饮水安全、电力通信、居住环境、教科文卫等各项社会事业，这些关系到工农业生产发展和人民生活水平质量提升的基础设施建设和公共产品、公共服务建设投入较低，使贫困地区缺乏社会经济发展的后劲，难以抵御各种生产生活的风险。相关数据表明，尽管2015年云南贫困地区农村公路通车里程已达到19.5万公里，路网密度迅速增加，基本做到了村村通公路，但贫困地区总体路面等级低，通而不畅、晴通雨阻现象突出，目前还有3600个建制村的3.18万公里道路未实现硬化；在水利建设方面，"十二五"期间，云南省加大了投资力度，解决了500多万山区群众的饮水困难问题，但是供水设施建设标准低，配套设施滞后，人均供水能力仅为全国的64%，集中式供水工程仅占全部饮水工程的6.4%；电力建设方面，农村电网改造取得了巨大进展，农村用电难、用电贵的问题得到一定程度的改善，但户均供电容量低，安全隐患多，电力供应不稳定等问题还比较突出；通信设施建设方面，2014年云南农村电话用户已达117.5万户，宽带网络覆盖范围、宽带网速、移动电话普及率等方面均取得进展，但是贫困地区移动基站建设滞后，4G 网络覆盖率低，远远满足不了当地群众依托互联网改善生产生活条件的需要。

4. 社会分层结构的拖累

从社会结构方面看，云南贫困地区普遍社会发育程度低，社会事业发展滞后。云南全省有 12 个民族是从原始社会末期、奴隶社会和封建社会初期直接过渡到社会主义社会的"直过民族"，社会发育程度很低。虽然经过了几十年的社会主义改造，其社会结构仍难以适应社会主义市场经济的要求，其生产方式、生活方式、社会阶层结构、社会事业发展等，仍带有浓厚的原始色彩。在 160.2 万深度贫困人口中，社会发育程度很低的"直过民族"和人口较少民族的贫困人口占据了绝大部分，成为云南贫困治理中"最难啃的骨头"。

（三）云南农村贫困治理的主观困境

综观云南贫困治理的历史，客观因素是影响贫困治理效果不彰的主要因素，但在贫困治理过程中的来自一些干部群众的主观因素也严重制约了贫困治理的效果。治理主体单一、政策不稳定、治理效果难以巩固、治理方式不当等，都使贫困治理效果大打折扣。

1. 治理主体的单一性：挤出效应

长期以来，我国的贫困治理都是以政府主导，在中央的统一部署下，实行分级负责的制度。各级党委、政府对扶贫开发工作负总责，把扶贫开发纳入经济和社会发展战略及总体规划，主要通过财政资金的转移支付功能和专项债务资金，实行政府直接投资项目开发或引导社会其他资金投入贫困地区，促进贫困地区社会经济和各项社会事业的发展，进而达到减少和消除贫困的目的。这种贫困治理模式虽然可以通过集中资金，由政府统一领导、统一规划以保证贫困治理资金的稳定，从而达到迅速消除贫困的目的。但是，以政府作为主要主体会导致贫困治理主体的单一化，一方面扶贫对象对政府扶持的过分依赖使其在扶贫过程中缺乏内生动力；另一方面，政府作为一个程式化决策的主体，在贫困治理过程中一般采用折中的治理标准和方式，难以满足或适应错综复杂的原因引起的综合贫困治理要求。此外，政府主导的贫困治理对其他参与主体具有一定的排斥和挤出效应，强化了贫困治理主体的单一化，不利于各种社会资源参与贫困治理行动。

2. 治理政策的稳定性：波动效应

改革开放以来，我国的贫困治理历经多次调整，扶贫方式和扶贫政策也发生了多次变化和波动，现已进入区域发展与精准扶贫"两轮驱动"的新阶段。云南省的扶贫工作大致与全国同步，贫困治理政策也发生了多次变化。应该看到，贫困治理政策的转变虽有其顺应不同时期贫困治理形势要求的一面，其政策效果也有目共睹，但也给社会各界及扶贫对象造成政策不稳、等待观望的印象，这对贫困治理成效的持续性产生影响。

1978～1985年，我国主要是以建立家庭联产承包责任制为中心的体制改革和逐步放开农产品价格的体制改革来推动扶贫工作的，其主要贫困治理机制是通过调动农民的生产积极性和逐步减少工农业产品的剪刀差，提高农产品价格的方式来增加农民收入，以达到缓解农村普遍性贫困的目的，针对特殊的贫困对象则采用救济式扶贫方式。这一阶段的贫困治理效果是显著的，全国农村贫困人口从2.5亿减少到1.25亿，贫困发生率从30.7%下降到14.8%。第二个阶段是1986～1993年的以大规模开发式扶贫为主要内容的贫困治理阶段，通过成立各级扶贫机构，由财政安排专项扶贫资金，划定贫困县，制定资金、项目和税收优惠政策，发展贫困地区的各种经济建设项目来进行开发式扶贫。第三阶段是1994～2000年以解决温饱为目标，重新划定贫困县的标准和范围，调整国家扶贫资金投放的地区结构，解决重点贫困县的贫困问题的八七扶贫攻坚阶段。第四阶段是2001～2010年以贫困村为基本对象，通过一系列强农惠农支农政策吸引各种资金的参与式扶贫阶段。第五阶段是2011年至今的区域发展与精准扶贫"两轮驱动"的阶段，其目的是解决集中连片地区的规模贫困问题，提高贫困治理效果的稳定性和扶贫质量，实现精准扶贫。

但是在实际的贫困治理中，各地对政策的把握和执行仍存在诸多问题：

一是精准扶贫的思想认识还不到位，产业发展与贫困群众利益连接不够紧密，在扶贫中"大水漫灌"现象时有发生，扶贫项目缺乏充分调研论证，群众参与少，扶贫资金利用效率很低；二是扶贫合力还没有真正形成，差别化政策措施制定不够，社会扶贫缺乏有效可信的平台和参与渠道；三是资源整合还没有实质性突破，扶贫开发责任还没有完全落到实处，贫困人口主体地位没有充分发挥，"干部干、群众看"的问题比较突出；四是精准扶贫、精准脱贫的政策措施还不完善、不配套，存在扶贫对象确定、扶贫资源配置、扶持政策制定缺乏精准针对性的问题。这些问题都会影响政策的稳定性，从而影响贫困治理效果。

3. 治理效果的不确定性：治标效应

按照云南省制定的扶贫规划，到2020年，云南省要稳定实现农村贫困人口不愁吃、不愁穿，义务教育、基本医疗和住房安全有保障，贫困地区农民人均可支配收入增速高于全国平均水平，基本公共服务主要领域接近全国平均水平，农村贫困人口基本实现脱贫，贫困县全部摘帽，区域性整体贫困得以消除。

但从已经实施的贫困治理措施来看，扶贫的效果还不够稳定。一是新的贫困时有发生，不少贫困户稳定脱贫能力差，因灾、因病、因学返贫情况时有发生；二是精准扶贫体制机制不健全，精准识别、精准帮扶的政策不配套、措施跟不上，与实现精准扶贫、精准脱贫的要求差距较大；三是脱贫责任没有真正落实，探索不够、创新不足，到村到户的针对性措施少；四是扶贫力量没有完全整合，各项扶贫政策尚未做到无缝对接，政策冲突、资金分散的现象依然存在；五是受任期制的影响，领导重视狠抓一阵，事情过后偃旗息鼓，治标不治本，限制了贫困治理的长期效果。

（四）云南农村贫困治理困境的成因分析

1. 政府方面的原因

一是精准扶贫体制机制还不健全，帮扶措施还存在"大水漫灌"现象。二是扶贫开发责任还没有完全落到实处，一些贫困县政府还没有把脱贫攻坚摆在政府工作的首要位置，一些地方政府以扶贫名义要政策要资金却没有真正用在贫困人口身上，有些行业部门缺乏有针对性的脱贫攻坚政策安排。三是扶贫合力还没有形成，扶贫领域相关政策衔接不够，社会扶贫缺乏有效可信的平台和参与渠道，社会力量没有充分动员起来。四是扶贫资金投入还不能满足需要，一方面扶贫资金缺口较大，另一方面贫困县统筹整合的资金用于脱贫攻坚的难度仍然很大。五是政府调动贫困群众积极性、主动性、创造性不够，贫困群众参与少，包办代替、大包大揽的做法助长了等靠要思想。六是扶贫项目针对性不强，扶贫项目缺乏充分论证，资金使用效率不高，扶贫设施闲置浪费严重。

2. 社会方面的原因

贫困地区经济基础薄弱，社会事业滞后，内生发展动力不足，国家和社会的支持帮助是十分必要的。但贫困地区社会发育度低，各种内在的社会发展要素的配置不合理，单纯采用以发展地方经济为主的方式治理贫困，其效果必然是不稳定、难以持久的。因此，必须将贫困治理作为社会治理工程的一个子系统，从社会、文化、资源、环境、经济等多个方面形成合力，注重培育贫困区域内部包括民间组织在内的各种社会力量，发挥民间互助的优势。目前云南贫困治理困境产生的重要原因就是过分重视以发展经济为手段的"扶"，而没有综合考虑贫困地区整个社会结构发展的"治"，最终没能实现真正的内涵式贫困治理，达不到稳定脱贫的目的。贫困地区社会资本严重缺乏，民间资本分散，难以形成可以发挥投资作用的资本，落后的基础设施和人才资源的缺乏也使各项生产要素的有机配合难以实现，单靠外界的资本投入实际上难以推动社会经济发展。

3. 扶贫对象本身的原因

经过多年的扶贫努力，云南大多数贫困人口解决了温饱问题，基本退出了贫困行列，除了一部分因各种原因返贫的人外，剩下的扶贫对象大多数都是难啃的硬骨头。深度贫困人口中，除了一部分因为居住地自然资源贫乏、地理位置偏远、"无业可扶"导致不能脱贫的外，其贫困的主要原因是发展能力弱，既缺乏摆脱贫困的能力，又缺乏摆脱贫困的动力。具体表现在：一是一些贫困群众"人穷志短",缺乏改变现状的决心和信心,安于现状,不愿意投身贫困治理过程中。按照辩证法的原理,一个事物的变化,内因是其变化的根本原因,外因必须通过内因才起作用。没有贫困人口自身的参与,贫困治理难以取得成效。二是贫困人口受教育程度普遍偏低,劳动技能和观念更新能力较差,返贫现象比较普遍。数据表明,云南省建档立卡的贫困人口文化水平总体偏低、劳动能力不强,超过92%的贫困人口文化程度在初中以下,42.2%的深度贫困人口主要是因病致贫,16.8%的家庭缺少劳动力,往往无力脱贫。不少贫困户稳定脱贫能力差,因病、因学、因婚、因房等问题返贫的情况时有发生。三是一些地方党委和政府有懒政思想,缺乏创新意识,不注重调动贫困群众的积极性、主动性、创造性,助长了贫困人口的"等靠要"思想。四是贫困人口就业技能少,多数集中在传统的农业生产领域,家庭收入渠道单一,难以实现收入增长。

表5　四大片区2007～2009年人均家庭经营收入分产业构成

单位:元,%

项目		2007 年		2008 年		2009 年	
		数额	比例	数额	比例	数额	比例
一次产业	总计	1435.6	92.4	2060.1	92.7	2067.6	91.8
	农业	907.1	63.2	977.0	61.1	1015.4	62.3
	林业			134.4	8.4	155.4	9.5
	牧业	252.0	17.6	367.8	23.0	321.8	19.7
	渔业			4.1	0.3	4.4	0.3
二次产业		33.9	2.4	38.7	2.4	42.8	2.6
三次产业		75.0	5.2	77.8	4.9	91.2	5.6

资料来源:根据国家统计局云南调查总队历年《贫困监测报告》数据计算,此数据的统计范围为云南省80个扶贫开发工作重点扶持县。由于无法进行数据剥离、无法获得非贫困县的相关数据,所以用此结果来粗略反映四大片区的基本情况。

4. 自然环境的原因

数据表明,云南重点贫困区域的致贫原因虽呈现多样化特征,但大多与自然环境因素有一定的联系。突出表现为:石漠化片区和边境地区缺资金致贫最严重，占比分别达 54.6%、51.6%；滇西哀牢山片区和滇东南石漠化片区缺乏技术致贫比较严重，占比分别达 33.5%、38.8%；乌蒙山片区和革命老区因病致贫严重，占比分别达 35.3%、33%；藏区和滇西边境山区缺劳力致贫问题突出，占比分别达 21.1%、20.3%；边境地区和藏区交通条件落后致贫多，占比分别为 16.8%、16.2%，自身发展力不足致贫也较严重，占比分别为 10.7%、14.0%；边境地区和石漠化片区缺土地致贫多，占比分别为 14.4%、12.5%；藏区因学致贫最高，占比达 13.6%；乌蒙山片区因灾致贫最高，达 17.2%；滇西边境山区和少数民族自治地方缺水致贫最多，分别达 6.5%、6.4%。

此外，云南山区、半山区占 94%，山大沟深，干旱、洪涝、泥石流等自然灾害频发，有"无灾不成年"之说，因病、因灾、因学、缺水、因残致贫问题较为突出，工程移民、建设用地、生态保护和资源开发等也都可能产生新的贫困群体。云南独特的自然地理环境也使云南一些地区成为地震、干旱、泥石流、山体滑坡等地质、气象灾害的多发地，因灾致贫现象比较突出。仅 2009 年以来的旱灾就造成全省 2700 多万人口受灾，大量群众"因灾返贫""因灾致贫"。生态贫困使当地农民陷入经济贫困，为了维持生计，农民大规模砍伐森林，开垦耕地，这又加剧了自然灾害和生态贫困，造成"生态贫困的恶性循环"。

5. 历史文化的原因

每个民族历史文化的传播既增加了本民族社会的稳定性，又使一些不利于社会经济发展的社会要素惯性保留下来，最终使这一民族群体难以超越原有的社会经济发展框架，发展受到限制。贫困的代际传递是民族历史文化传播过程中的一个副产品，贫困的代际传播以具有各种相互作用的经济和心理特征为表征，在一个民族、一个家庭中持续传递。传递的链条越少受到干扰或者说传递过程越是处于封闭状态，代际传播的持续时间越长、效果越强。学校教育的缺乏、经济状况的困顿、较少参与社会活动的机会都构成了贫困的基本特征，这些特征会通过民族或家庭内部的价值交流实现代际传递，从而使一个家庭或一个相对封闭的民族处于持续的贫困状态。从全省少数民族地区的贫困家庭、贫困村寨，甚至整个贫困民族来看，其陷入贫困循环的可能性要远高于其他家庭或民族。由于家长本身受教育水平低下、经济发展薄弱、生活方式落后等问题，子女受教育的机会成本较高。对于一个少数民族，尤其是人口较少的民族，其民族价值的代际传递也会导致整个民族陷入贫困循环之中。

云南边境地区人口较少的少数民族很多都是从原始社会末期或者奴隶社会直接进入社会主义社会，其社会生产长期保存和延续着刀耕火种、游牧迁徙等方式，难以参与现代经济活动并享受现代经济发展的利益。长期的农业社会生产方式使少数民族贫困人口形成难以改变的重本抑末、重农轻商的观念，导致其经济结构单一，市场参与度低，商品经济基础薄弱，由此难以摆脱自然经济、小农经济状况，无法为地方经济的发展提供足够的财力，致使当地基础设施以及教育、卫生等社会事业投资严重不足，陷入贫困的恶性循环。

云南"直过民族"的贫困治理是历史文化因素影响贫困治理效果的典型案例。云南"直过民族"包括独龙、德昂、基诺、怒、布朗、景颇、傈僳、拉祜、佤等族9个民族，分布在云南省13个州（市）的58个县（市、区），主要聚居在271个乡（镇）、1179个行政村，总人口达232.7万人，其中贫困人口占到全省深度贫困人口的大部分。从原始社会或奴隶社会跨越几种社会形态，直接进入社会主义社会的民族大多居住在边境、高山峡谷地区，生存条件艰苦，自我发展能力较弱，目前仍是云南贫困治理中要重点治理的整体性的深度贫困群体。

四 云南农村贫困治理的政策选择

（一）基本思路

从云南的实际情况看，应继续坚持和完善"12355"新时期扶贫开发思路，切实落实已出台的《关于举全省之力打赢扶贫开发攻坚战的意见》等配套文件，继续实施扶贫开发"63686"计划，确保到2020年全省如期脱贫，与全国同步全面建成小康社会。特别是要把解决扶贫对象温饱作为首要任务，把乌蒙山片区、石漠化地区、滇西边境山区及哀牢山片区以及藏区等连片特困地区作为焦点，坚持政府主导、部门协同、社会参与、群众主体、统筹发展，加强基础设施建设，大力培植产业，提高劳动者素质，更加注重增强扶贫对象自我发展能力，注重实现基本公共服务的均等化，巩固提升现有扶贫成果，全面推进贫困人口脱贫，对深度贫困人口进行重点扶贫攻坚，努力促进云南省经济社会更好更快地发展。

（二）总体目标

到2020年，基本解决深度贫困问题，贫困地区基本公共服务主要领域指标接近全省平均水平，生态安全屏障作用不断巩固，稳定实现扶贫对象不愁吃、不愁穿，保障其义务教育、基本医疗和住房，贫困人口综合素质明显提高。实现贫困农户有饭吃、有水喝、有房住、有学上、有医疗、有产业，贫困自然村村内通硬化道路、户户通电、通广播电视、通电信网络。扭转发展差距扩大趋势，城乡收入差距控制在3.5：1以内，基尼系数控制在3.8以内。

（三）主要任务

①改善基础设施。到2020年，贫困地区高稳产农田面积累计达到3300万亩，农田水利基础设施建设水平明显提高；农村饮水安全得到切实保障，自来水普及率进一步提高；全面解决贫困地区无电人口的生活用电；实现全部建制村通水泥（沥青）路，村庄内道路硬化率达到85%以上，实现村村通班车，提高农村公路服务水平和抗灾能力；消除农村危房和人畜共居住房。

②培育优势产业。利用贫困地区自然资源优势，优化布局，调整结构，大力发展高原特色产业。到2020年，实现县有支柱产业、乡有主导产业、村有骨干产业、户有增收项目，初步构建特色支柱产业体系。

③发展社会事业。到2020年，基本普及学前教育和高中阶段教育，加

快发展远程继续教育和社区教育；贫困地区公共卫生和基本医疗服务更加均等化；健全农村公共文化服务体系，基本实现县有图书馆、文化馆，乡有综合文化站，村有文化活动室；完善广播影视供给的公共服务体系，全面实现广播电视"户户通"，农文网培学校"村村有"，自然村基本实现通宽带；重点县低生育水平持续稳定，素质、结构明显改善，实现人口均衡发展。

④修复自然生态。继续实施贫困地区退耕还林、退牧还草、水土保持、天然林保护等重点生态修复工程，到 2020 年，森林覆盖率比 2010 年增加 3.5 个百分点，石漠化得到有效治理，生态安全屏障作用不断巩固。

（四）政策措施

1. 完善政策体系

充分运用国家扶持政策，完善有利于贫困地区、扶贫对象发展的扶贫战略和政策体系，健全有利于发挥专项扶贫、行业扶贫和社会扶贫综合效益的制度，创新"政府主导、部门协同、定点扶贫、对口帮扶、社会参与、群众自力更生"的大扶贫工作机制。

①财税政策。根据《中共中央国务院关于打赢脱贫攻坚战的决定》（以下简称《决定》），云南省应积极争取中央扶贫资金支持，建议中央财政加大对云南省贫困地区均衡性转移支付力度；积极争取中央定点帮扶单位和集中连片特困地区牵头部委逐年增加帮扶资金投入，加大扶持力度；在深度贫困人口较为集中的贫困地区新办劳动密集型企业和农产品加工企业，实行三年内免征所得税政策；建立资源税向贫困地区资源产地倾斜的分配制度，资源产地地方财政资源税新增部分主要用于当地扶贫开发；不断加大各级地方财政扶贫资金的投入力度，充分发挥专项扶贫产业资金、扶贫到户贷款财政专项贴息资金、扶贫信贷资金、互助资金等财政专项扶贫资金"四两拨千斤"的作用；整合扶贫资金，以县级为平台、以项目为载体，采取目标统一、行动同向、各尽其责、各记其功的方式，整合使用各级各部门和社会资源支持的资金项目，改变扶贫资金使用"碎片化"现象，提高资金使用效益；强化县级对到县项目资金整合使用的平台作用，支持县级按扶贫规划统

筹专项、行业、社会扶贫资金，对同一区域集中投入、整合使用、成片整体推进。

②投资政策。建立深度贫困人口帮扶资金的稳定增长机制，资金投入应按照不低于当地地方财政一般预算收入的增长比例。把财政专项扶贫资金和必要的工作经费纳入各级财政预算，逐步增加财政专项扶贫资金的投入。省级财政每年安排的专项扶贫资金按不低于中央财政投入云南省专项扶贫资金的30%予以配套。新增财政扶贫资金主要用于深度贫困群体帮扶和连片特困地区扶持，提高对贫困地区的转移支付和民生改善投入水平，加大各行业部门项目资金向贫困地区的投入力度，逐步降低扶贫对象在教育、医疗和社会保障等方面的负担。拓宽多元化投融资渠道，搭建社会参与平台，畅通社会参与渠道。创新直接融资方式，拓宽多元化投融资产业发展资金。积极利用外国政府和国际金融组织优惠贷款支持贫困地区经济社会发展。

③金融政策。金融扶贫对贫困地区和贫困群众发展产业脱贫增收至关重要。《决定》提出了金融支持脱贫攻坚的一揽子政策，云南省可考虑充分发挥财政资金的杠杆作用，撬动金融机构加大扶贫信贷投入，确保每年扶贫贴息贷款稳定增长，确保贫困县每年各项贷款规模高于上年。积极争取国家农业发展银行移民搬迁发债和贷款政策。扩大农村产权抵押融资规模，满足贫困户多层次的金融需求。实施普惠制金融政策。激励和引导金融机构加大对贫困地区的信贷投放，扩大贷款规模，落实涉农贷款税收优惠、定向费用补贴、增量奖励等政策。延长扶贫贴息期，设立基础设施长期低息贷款。支持有条件的县（市、区）设立合作制金融机构。通过资本金注入和落实税费减免政策等方式，支持融资性担保机构从事中小企业担保业务。

④产业政策。落实西部大开发各项产业政策。国家大型项目、重点工程和新兴产业布局应优先向符合条件的贫困地区安排。应优先审批和核准省级权限范围内贫困地区的产业项目。制定贫困地区承接产业转移的优惠政策措施。引导劳动密集型产业向贫困地区转移。实行差别化的产业政策，支持贫困地区资源合理开发利用。对贫困地区特色优势产业项目给予倾斜。

在保护生态环境的前提下，支持贫困地区合理有序地开发利用矿产、水电资源，对贫困地区矿业与水电开发相结合、技术水平先进的清洁载能工业给予优惠政策。鼓励发展第三产业。加强贫困地区市场建设，加快贫困地区物流、信息流体系建设。建立贫困地区资源开发带动贫困群众脱贫致富的连接机制。

⑤土地政策。用好用活土地政策是一篇大文章，对财政扶贫投入是一个巨大的补充。《决定》支持贫困地区调整完善土地利用总体规划，土地整治项目资金优先向贫困地区倾斜。云南省可考虑继续实施基本农田生态环境保护建设工程，建立耕地保护补偿机制，确保粮食安全。加大对扶贫项目的土地供给，对涉及扶贫开发项目的建设用地给予倾斜。积极稳妥推进土地流转，结合农村土地流转制度、集林权制等改革，采取承包租赁、转包、参股等方式，加大土地集约化经营力度。实行土地等生产要素流转最低保护价制度，增加农民的农业收入和财产性收入。

⑥生态补偿政策。继续实施退耕还林、退牧还草、水土保持、天然林保护、防护林体系建设和石漠化、荒漠化治理等重点生态修复工程，加强生物多样性保护。加强农业面源污染防治、垃圾处理设施建设。加大重点流域水污染防治力度，严格污染物排放标准和环境影响评价，强化执法监督，健全重大环境事件和污染事故责任追究制度。开展生态保护补偿试点，建议加大中央财政对生态林的生态补偿力度，提高补偿标准。建立资源补偿资金，优先用于贫困地区环境综合治理和解决因资源开发带来的民生问题。

⑦人才政策。继续选派科技扶贫团、科技特派员到重点县和片区县工作，建立科技扶贫示范基地，以示范效应带动科技扶贫，以科技扶贫实现深度贫困地区稳定脱贫、可持续发展。加大对深度贫困人口聚居的乡镇、村义务教育的投资力度，对深度贫困人口聚居的乡镇、村的小学、初中、高中实行全免费政策。制定大中专院校、科研院所、医疗机构为贫困地区培养人才的鼓励政策，引导大中专毕业生到贫困地区就业创业。对长期在贫困地区工作的干部制定鼓励政策，对各类专业技术人员在职务、职称等方面实行倾斜

政策，妥善安排定点扶贫和东西扶贫协作挂职干部的工作、生活，充分发挥他们的作用。完善贫困地区机关和事业单位人员的工资待遇政策，逐步提高他们的工资水平，落实艰苦边远地区津贴动态调整制度。

2. 强化保障措施

①强化组织领导。强化"省级统筹、州市负总责、县抓落实"的管理体制，建立片为重点、工作到村、扶贫到户的工作机制，实行各级党政一把手负总责、部门领导是行业扶贫第一责任人的扶贫开发工作责任制。强化各级扶贫开发领导小组的综合协调职能，加强领导，统一部署，加大政策统筹、资源整合力度，扎实推进各项工作。特别是应加强85个连片特困地区县的领导，完善各级领导干部定点挂钩帮扶制度，省级领导挂钩到县，州（市）级领导挂钩到乡，县级领导挂钩到村，党员干部结对帮扶到户。

②强化三大支撑。按照中央构建"三位一体"大扶贫格局的要求，重点突出专项扶贫，实施5万个贫困自然村整村推进、100个特困乡整乡推进、100万户扶贫安居工程建设，完成易地开发扶贫70万人，完成200万贫困劳动力的培训，抓好产业扶贫、以工代赈、老区建设、兴边富民扶贫等。着力强化行业扶贫，实施特色优势产业扶贫工程、基础设施扶贫工程、教育文化扶贫工程、公共卫生与人口服务扶贫工程、民生保障扶贫工程、生态建设扶贫工程，突出解决制约贫困群众可持续脱贫、贫困地区可持续发展的区域性问题。巩固完善社会扶贫，充分发挥中央单位定点扶贫，沪滇对口帮扶协作，省州县党政机关企事业单位和驻滇军队、武警部队定点扶贫的扶贫济困作用，探索建立省内发达地区对口帮扶困地区、企业包村帮扶、村企共建、社会团体参与扶贫制度，积极开展扶贫国际合作与交流。

③强化责任机制。加强对扶贫开发工作的督促检查，制定云南省扶贫开发重要政策措施分工方案及扶贫开发考核奖惩办法，签订目标管理责任状，细化考核指标，对贫困人口数量的减少、农民收入的增加、财政投入力度的加大、收入差距的控制、廉洁扶贫情况等进行重点考核。把考核结果作为干部选拔任用的重要依据，作为州（市）、县（市、区）、乡（镇）工作业绩

的重要标准，作为下年扶贫项目资金分配的主要依据。进一步强化扶贫开发工作责任意识，关注、支持、帮助弱势群体的良好思想意识和巩固党执政根基的政治意识。

五　结语

从云南正在实施的边疆地区农村贫困治理的策略来看，到 2020 年，574万农村贫困人口全面脱贫，88 个贫困县全部摘帽，476 个贫困乡、4277 个贫困村出列的是能够实现的。但是，从历史上看，云南的贫困治理和全国其他地方一样，是政府主导型、渐进式、与区域经济发展相结合的贫困治理，这一贫困治理模式的优点和缺点是共生的，矛盾的二重性可能会在以下层面显现。一是在政府与贫民之间形成张力。高层领导重视，政府强势推进，层层制定政策，强化干部责任，到期都能完成任务。然而，贫困主体的主动性、积极性和内生动力不一定能得到强化，反而可能被弱化，个体素质的降低可能形成更深的贫困代际传递。二是在政府与市场之间形成张力。为完成贫困治理任务，政府动员和动用了大量经济资源，在有些地方、有些环节过度使用资源，使本来稀缺的经济资源未能得到有效应用，弱化了市场在资源配置中的决定作用。三是在政府与企业之间形成张力。受任期制的影响，为完成任期任务，干部力促企业参与扶贫，有些企业可能会在其中受益，而有些可能会受损，参与贫困治理的企业的命运受到左右，这与企业自由发展产生了矛盾。因此，农村的贫困治理是双刃剑，放眼未来，在城市化进程的洪流中，如何在贫困人口这一弱势群体和非贫困人口的幸福上进行权衡，仍然是国家实现社会正义的重要课题。

B.8
云南非法移民的社会治理调查报告

——基于江城哈尼族彝族自治县的实证调查

甘开鹏　崔茂崇　赵书亮*

摘　要：　作为一个现实的社会问题，云南边境地区的非法移民不仅
　　　　　涉及国际政治关系，还关系到边境民族地区的边疆安全与
　　　　　社会问题。本研究报告回顾了国内外相关研究现状，以社
　　　　　会治理理论为基础，分析了云南边境地区非法移民的趋势、
　　　　　影响及治理现状，以云南省江城县为具体样本进行了实地
　　　　　数据取样调查，提出了云南边境地区非法移民的社会治理
　　　　　路径。

关键词：　非法移民　社会治理　路径

一　绪论

（一）研究背景

进入 21 世纪以来，随着中国改革开放的持续深入，入境和在华的外国人数量迅速增长，但是，由于我国在涉外管理上制度措施的滞后，仍然沿袭

---

* 甘开鹏，云财经大学财政与公共管理学院教授，博士，主要研究方向：应用社会学；崔茂崇，
云财经大学财政与公共管理学院讲师，博士，主要研究方向：边疆社会治理；赵书亮，云财
经大学财政与公共管理学院讲师，博士，主要研究方向：社会医学。

着计划经济时期的严格限制原则，与全球人口自由流动的趋势极不适应，使得国内的非法移民问题越来越突出。

非法移民是移民的组成部分，从社会学的角度来看，其研究属于移民研究的分支领域。非法滞留移民一般是指非法入境，或滞留时间超过当地政府所准予逗留期限的人，即签证延长被拒绝或签证过期三个月以上、合法身份丧失的人。非法移民在我国通常被称为"三非"人员，即非法入境、非法居留、非法就业的外国人。非法移民问题的产生主要源自移民的自由流动行为与国家的管制政策形成的冲突。

云南省位于中国、东南亚、南亚三大地区结合部，自古以来就是中国面向西南的交通门户。云南边境地区作为全省开放前沿，在深化对外开放、促进区域经济合作、维护国家安全和保持边疆地区稳定中发挥着重要作用。然而，大量来自东南亚国家的非法移民不仅干扰云南边境地区的经济社会建设，还对国家安全造成了不利的影响。特别是近年来，随着云南对外开放力度的不断加大，非法移民问题在云南边境地区更是日益凸显，这就使我们需要考虑该如何加强云南省非法移民的有效治理，控制其过快增长势头，消除其带来的不利影响。

云南边境线长 4060 公里，与缅甸、越南、老挝三个国家接壤，通过澜沧江 – 湄公河与泰国、柬埔寨相连，并与印度、孟加拉国相邻。云南正面临着扩大对外开放的历史机遇，正在努力成为面向南亚、东南亚的辐射中心。然而，云南在加快融入中国对外开放格局的同时，也面临着难以预料的开放风险。随着对外开放的不断扩展，云南边境地区所面临的来自周边国家的非法移民流入压力将会越来越大。如何在开放和发展的同时，妥善做好非法移民治理问题，尽量化解问题带来的不利影响，减轻云南边境地区的防范压力，值得我们进行深入研究。

本报告中的云南边境地区指的是沿国境线分布的保山、临沧、普洱、红河、文山、西双版纳、德宏、怒江 8 个州（市），共辖 3 区 8 市 45 县，国土面积 19.93 万平方公里。

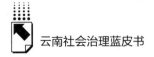

（二）国内外研究现状

1. 国内研究现状

改革开放之前，非法移民现象并不突出，也没有引起学术界的充分关注。改革开放后，随着来华外国人数量增多，非法移民现象逐渐引起了国内学者的重视。但是由于重视不够和统计缺乏，国内非法移民的具体数量尚未有准确统计，只能从有限的新闻报道、政府文件中，窥见其大致的规模和数量，使得关于非法入境管理问题的研究难以取得太大的成果。

近年来，关于非法移民的问题的研究主要围绕着以下两个方面进行。一是翻译和介绍西方成果，目的是为国内非法移民问题提供参考和借鉴。[①] 关于非法移民问题影响研究的路径，是从实证的角度探讨非法移民问题对国内环境的影响，[②] 从涉外婚姻的路径来探讨非法移民问题，针对边境地区跨国婚姻开展研究。[③]

二是从国内实践的角度出发，主要是对非法移民的概念及内涵、产生原因及对策、管制等方面进行分析。

从法律控制的路径来探讨非法移民问题，将非法移民作为一个法律问题对待，更多地依赖立法、司法、执法等法律手段来解决问题。[④]

通过对相关文献的梳理可知，由于历史条件限制，目前国内的非法移民研究起步较晚，且存在以下几个问题。一是研究视角比较零散，缺乏对非法移民问题的有机分析，也缺乏相应的理论框架，定量研究不足。二是较为注重原因和对策分析，但宏观性分析不够，尤其是对导致非法移民问题的经济和制度因素关注较少。受到思维惯性影响，国内大多数研究认为非法移民既

① 周幸峨、阮征宇：《当代国际移民理论研究的现状与趋势》，《暨南学报》2003 年 5 月 25 日第 2 版。

② 李其荣：《国际移民对输出国与输入国的双重影响》，《社会科学》2007 年第 9 期。

③ 董建中：《云南边境民族地区跨境婚姻问题研究》，《西南民族大学学报》2013 年第 3 期。

④ 张泽平：《处理非法移民问题的国际法依据》，《国际问题研究》2008 年第 5 期；郭烁：《大国新问题：在华外国人非法移民的司法对策研究》，《清华大学学报》（哲学社会科学版）2012 年第 5 期。

然属于"非法"，就要依靠法律手段解决，相当一部分成果以法律研究为主，多学科、多角度的关注不够。

2. 国外研究现状

西方对于移民的研究最早可追溯到 19 世纪末期。早期的移民研究主要关注移民史，真正从系统角度对移民问题开展一般性研究的，学界公认起源于英国统计学家莱文斯坦。莱文斯坦针对人口迁移现象总结出了若干移民规律并以此为基础提出了移民的推拉理论。[①] 随后出现的经济均衡移民理论将"个人效用最大化原则"引入移民问题研究，把国家间的收入差距作为国际移民现象产生的根源，认为个人终将寻求能使其福利最大化的国家定居，持续发生的跨国移民现象将使不同国家的工资水平趋于一致，实现整体均衡。国内劳动力更加青睐收入高、有发展前途的体面工作，而不愿意从事报酬低、没有发展前途的低端工作，使得低端劳动力供给不足而产生了引进外部劳动力的需求，吸引了不发达国家移民的大量进入。

移民网络理论则从移民自身的角度出发解释移民现象产生的动机。移民群体导致移民网络的形成，移民网络的存在使得移民行为更加便利，为后来者降低风险，并鼓励更多移民行为的产生。近年来出现的移民系统理论则试图为移民分析提供一种综合性的理论框架，该理论将影响移民行为的国际形势、外交关系、政策法律等宏观结构和影响移民选择的"移民链"等微观结构包括其中，认为移民现象是宏观与微观结构相互影响和作用的结果。

实践证明，上述理论选取不同角度解释国际移民动机，对于移民研究具有一定的参考和借鉴作用，然而，正如美国移民学者波特斯所指出的那样：不要寄希望于出现一种宏大理论能够解释移民的每一个问题、每一个层面，这样的理论只会沦为空谈。相反，他认为应该提倡"中程理论"，通过具体的实证研究，阐释某一领域的特殊问题。也就是说，在移民问题上应当摒弃

---

① Ernest George Ravenstein, The Law of Migration, *Journal of the Royal Statistical Society*, Vol. 48, 1885, pp. 167 – 235; Ernest George Ravenstein. The Law of Migration, *Journal of the Royal Statistical Society*, Vol. 52, 1889, pp. 241 – 305.

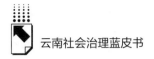
那种狭隘单一的理论思维，结合政治、经济、社会、文化的多学科理论的发展与影响，深入探讨移民问题。

经济影响方面，多数学者肯定了外来移民（包括非法移民）带来的经济积极作用。多数学者认为，非法移民的存在导致国家出现收入再分配和收入净增长的两种效应。收入再分配效应是指非法移民的存在使得国内工资维持在一个较低的水平，有利于企业降低用工成本，促进社会资产从劳动者手中向企业家转移，因而出现了社会收入的再分配。收入净增长效应则是指非法移民的流入导致国内劳动力供给增加，使得劳动力能够以更低价格与其他生产要素相结合，提高了土地、资本、技术等要素的使用效率，形成了所谓的"非法移民红利"。[1] 然而，也有少数学者认为，外来移民会对经济带来一定负面影响，如非法移民的增加挤占了公共财政资源，摊薄了国内福利水平；此外，由于他们的劳动技能普遍较低，更有可能占用公共援助和福利项目，给纳税人带来经济负担。

根据博加斯等人的美国案例研究，尽管非法移民对于美国劳工市场具有多重影响，但是由于其总体数量在劳动力市场中所占比例较小、技能水平与美国本土工人存在较大差异以及美国经济本身存在二元结构影响，他们带来的就业消极影响是有限的。

社会影响方面，非法移民由于存在身份危机，很难融入当地社会。佩库和古赫特奈尔认为，这种游离状态会对社会凝聚产生不良影响，造成"社会脆弱性问题"。[2] 斯蒂芬卡斯尔斯则认为自由移民的增加势必加剧移民群体和本土居民的紧张关系，促进民粹主义和极端右翼政治势力的形成。此处的"自由移民"指的主要就是非法移民。沃尔泽则更为直接地指出，如果一个国家对于外来移民的控制力度达不到社会的普遍期望，民众将会采取潜在的暴力手段进行抵制。然而，也有部分学者认为，民

---

① Gordon H. Hanson, *The Economics and Policy of Illegal Immigration in the United States*, Washington, DC: Migration Policy Institute. 2009.

② 〔瑞士〕安托万·佩库、〔荷〕保罗·得·古赫特奈尔：《无国界移民论人口的自由流动》，武云译，译林出版社，2009，第19页。

众排外情绪的产生和本国非法移民的数量之间并无直接联系，排外主义的形成是由于政府的移民限制政策使得国内民众对于外国人及长着外国面孔的人抱有成见。

国家安全方面，亨廷顿将由非西方人口组成的移民潮称之为异质文明，认为穆斯林给欧洲造成了直接的问题，墨西哥人给美国造成了直接的问题，假设美国政府任由当前的移民趋势持续下去，那么到 21 世纪中叶，美国白人将从总人口的 74% 减少到 50%，拉美裔人口将从 10% 激增到 25%。他还指出，外来移民的增加会损害本土居民的国家认同理念，增长美国社会中的不信任情绪，长此以往，美国将很快分化为由两个民族、两种文化和两种语言构成的分裂国家。梅瑞恩韦纳也将外来移民视为西方世界的最大威胁，他认为，现在西方不是面对明火执仗的外国军队和坦克入侵，而是遭到操有不同语言、供奉不同神灵、信仰不同文化的外国移民的侵犯。斯坦莱利霍夫曼强调，外来移民的大量涌入与西方本国人口的逐渐减少形成了鲜明的对比，并由其发展趋势在西方社会造成了一种恐惧。

综上所述，非法移民所带来的影响在西方社会引起了激烈争论，这些争论也是西方国家移民立场左右摇摆的主要根源，这说明非法移民牵涉面广、影响复杂，不能简单地套用西方现成的研究成果，而是需要结合云南省本土情况具体分析，才能得出符合省情的研究结论。

（三）相关概念界定

鉴于移民概念的复杂性，我们首先分析移民概念构成的关键要素。

第一，移民是一个复合概念，既包括国际移民，也包括国内移民。对于移民的定义，既包括移民的主体，即实施移民行为的人；也包括移民的客体，即移民行为本身。

第二，移民指的是越过一个有效距离的迁移行为。此处的有效距离并不一定特指移动距离的长短，而主要是指跨越行政或政治边界。国内的移民行为通常以越过特定的行政单元为标准；而国际移民的界限则更为明显，指的就是跨越国家的边境。

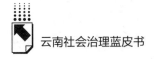

第三，移民是指以定居为目的的迁移行为。迁移的目的是为了定居，因此，以旅游、经商、出差等为目的的迁移行为不能被归结为移民行为。为了准确定义移民，有机构和学者把定居时间作为移民界定的标准，但是，定居的时间标准尚未得到公认和统一。

在移民定义基础之上，非法移民的概念得以形成。目前国内外非法移民的概念主要从以下三个途径来界定。

一是主体式的表述，即从移民活动的行为主体来定义非法移民。经济合作与发展组织将非法移民定义为"其旅行、到达、逗留、就业违背国际协议或国家法律的外国人"。国际移民组织所下的定义则为："在本人所属国之外不持有合法入境证件，或正式入境、居留签证已经失效的移民；既包括违反相关法律的入境者，也包括没有合法身份滞留他国者。"

二是行为式的表述，即从移民活动的行为本身来定义非法移民。如国内学者吴兴佐认为："非法移民即通过非正常途径进行迁移，谋求改变地域身份的移民活动或行为，因其不为接受国承认和许可，所以被称为非法。"

三是列举式的表述，即通过现象分类和列举来定义非法移民。"非法移民既指非法移居到他国的中国公民，更应包括非法进入和非法滞留在我国境内的外国人。"

综合分析，考虑到本报告研究实际，非法移民是移民的一种特殊形式，它既指非法移民的行为本身，也指其行为主体。因此，非法移民的定义需要结合移民的行为和主体来表达。由于本报告的研究对象特指云南边境地区入境的非法移民，因此，将非法移民的主体限定为外国人（具有外国国籍和无国籍的人），并不包括中国公民，而中国公民迁往国外的移民现象也不在本报告研究范围之内。此外，鉴于本报告着重以居留和就业的目的性来区分非法移民，因此，陆上边境地区大量存在着的违反出入境管理规定但并未实施居留和就业行为的轻微违法人员，及"非法入境、合法居留和合法就业的人员"也不包括在内。

综合考虑，本报告对于"非法移民"做出如下界定：非法移民指的是为了寻求更好的生活和发展机会而采取非法或合法的形式入境，违反国内居留或就业法律规定，并以居留和就业为目的滞留入境国国内且具有外国国籍或是无国籍的人。

（四）研究思路与研究方法

本报告拟将案例研究作为研究工具。我们认为，作为一类成熟的社会科学研究方法，案例研究就是针对当代具有代表性的人、社会组织、社会事件，通过系统的数据收集，允许研究者从价值中立的立场出发研究其发生机制以及发展过程，并可以给出普遍性研究结论的一类研究方式。

本报告采用的具体研究方法是个案研究法。具体写作中采用文献研究、问卷调查、深度访谈等方法来获取资料。在研究的过程中，本报告将采取"过程－事件"分析策略。

二 社会治理理论

（一）社会治理理论的提出

社会治理是指具备治理能力的自然人及其集合为实现既定的目的，以所有人类群体为对象，处理人和自然、人和人间的种种行为方式的总称。具体而言，是指政府或民间组织依靠政府权威或其他权威来维护公共秩序、服务人民、满足公民需要，是经过协调、互助、互动的方法处理社会公共事务的过程，它强调多元主体的协商合作。

"治理"一词最早来自古希腊文和拉丁文，原指"控制""操纵""引导"，英文翻译为 governance，最开始主要是指国家的政治活动与管理活动，后来被广泛应用于社会经济领域。治理不再局限于政府，它还包含多元的角色互动与协作，罗伯特·罗茨把治理界定为："治理表示政府管理的概念和之前不同，指一种新的管理过程，或一种变化了了的有序的统治的状况，或一种新的管理社会的方法。治理表示政府在提供公共服务时，采用市场的激励机制与私人部门的管理方式，在相信与互惠的前提下，政府和民间、公共部

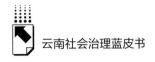

门和私人部门间组成社会协调网络。"①

社会治理主要包含社会治理主体、社会治理客体、社会治理手段、社会治理目标等。社会治理的主体属于社会治理的关键因素，它对社会治理的结果起着决定性作用。社会治理主体是治理行为的实施者，是具备一定治理行为能力的自然人或其组成的集合，它具备自由的治理意志及治理意识。通常，治理的结果与治理主体的综合素质成正比；治理主体的数量越多，达成共识后所实施的治理行为就越趋近于理性。社会治理主体强调多元化，如党政机关、社会团体、企事业单位、行业协会、民间组织等都可以是社会治理主体。

社会治理的客体属于社会治理的基础要素，是社会治理行为指向的客观存在，即社会，也就是生存在一定的自然环境中，拥有特定物质关联的人类群体。治理行为随着治理客体的发展变化而变化，通常治理的客体领域越广，社会治理的内容就越庞大，对治理的要求也越高，治理的效果也越不容易实现。

社会治理的目标属于社会治理的灵魂要素，它取决于治理主体的主观意愿，社会治理的目标是治理主体所要实现的既定的精神需求和物质需求。社会治理的目标越代表社会整体的利益，就越容易获得多数人的理解、支持、参与，治理成本就越低，治理行为就越便于实施，治理效果也就越好。社会治理的目的是平衡不同利益主体间的关系。

社会治理的主要内容有：提供公共服务、调和社会成员关系、维护并保障社会成员合法权益、解决社会矛盾、使社会安定有序。

社会治理的主要类型有：政府治理、合作治理、自主治理。政府治理是指在市场经济的基础上，政府对公共事务进行管理；合作治理是指在面对社会转变、社会问题时，民间组织与政府通过合作来共同管理社会事务，调和社会矛盾，维护社会稳定；自主治理是指民间组织在面对社会转型带来的问题时，增强自我管理与自我调和，自动供给社会公共服务，实现自身发展与

---

① 罗伯特·罗茨：《新的治理》，社会科学文献出版社，2000。

自身服务的过程。

社会治理的方式是采用市场方法和社会组织自愿手段，通过调解、合作、自治、共同参与社会治理。

社会治理的基本原则有以下几条。第一，民主法制原则。党的十八届四中全会强调，要整体促进依法治国，要坚持依宪治国、依据法律治国、依法对社会进行治理，使人们树立法治观念，同时，民主是法治的前提与根基，法治是民主的保证与确认，二者是相辅相成的。因此，还应该加强民主观念，使人民在民主原则下参与到社会治理中来，做到民主参与、民主决议，把社会治理推向新高度。第二，公平公正原则。坚持公平公正的原则，要把权利和义务相统一，要处理好公平和效益的关系，因而，政府在进行社会治理时，要积极弥补市场的不足，通过宏观调控，加大对弱势群体的援助，尽量缩小东部地区与西部地区、沿海地区与内陆地区人们之间的贫富差距，实现机会共享、公平公正。第三，以人为本原则。科学发展观的中心是以人民为根本，要把人民的利益当成全部工作的出发点与落脚点，要不断满足人民的物质需求、精神需求，并促进人的全面发展，处理好经济、政治、社会、文化、生态文明之间的关系，推动生产发展、人民生活富裕，总而言之，一切应以人民为中心。

（二）善治理论

随着市场失灵、政府失灵、政府信任危机的出现，人们开始反思并探讨新的管理方式。20世纪90年代西方的学者提出了治理理念，他们认为政府不是全能的，应该进行改革，使政府成为有效政府，提倡管理对象的多元参与，提议社会管理主体应该多元化。但是单独的治理并非是全能的，也会出现治理失败，因此还应该善治。

善治是一种不同于传统社会管理的社会治理方式，是一种全新的管理理念。善治的本质是实现公民的价值、利益、权利，公民应参与管理。善治是还政于民，是国家权力向社会回归的过程。治理公共事务的方式主要有相互合作、一起协商、确定共同目标等。

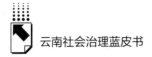
善治理论强调政府和非政府组织的良好协作，强调政府和社会的共同治理，强调公共利益的最大化。它强调公民参与、同公民自愿的合作，强调公民主动、积极、有效地参与公共事务，以便达到良好的治理结果。

善治需要坚持以下几个基本原则。第一，权利与责任相结合原则。非政府组织、政府部门、个人等需要履行各自的义务，并对自身的行为结果负责。第二，认同性原则。公民认可政府的权威与社会秩序的程度以及公民发自内心的、自愿的接受程度直接影响着善治的程度，公民的认同度越高，善治的程度也就越高；公民的认同度越低，善治的程度也就越低。第三，透明性原则。公民有权获得同自身利益相关的政策信息，因此，政府应及时公开各种信息，这样有利于公民参与到社会治理中来。第四，法治性原则。法治在规范公民行为的同时也保护公民的人身权利，保证法律面前每个人都是平等的，维护良好的社会秩序。第五，有效性原则。政府、非政府组织、个人等治理主体要用最少的投入，提供更多、更有效的公共服务与公共产品。

三　云南非法移民的现状、趋势及影响

（一）云南非法移民的现状及发展趋势

1. 云南边境地区非法移民的现状

由于云南边境地区地理环境和社会环境相当复杂，边境地区非法出入境的规模和数量统计工作相当困难。研究者对云南公安边防的资料进行了统计，并用国际通行的计算方法进行了估计。[①] 移民问题专家迈克尔·杰达（Michael Jandl）通过对非法移民的查获数与逃脱数进行研究，提出了通过"查获/逃脱"比例来推测某一国家或者地区非法移民数量的方法，即一个国家或地区所查获到的非法移民数量与成功入境的非法移

---

① 李芳田：《国际移民及其政策研究》，南开大学博士学位论文，2009。

民数量之间存在相对稳定的比例关系。[①] 后来的研究者通过调查发现，非法移民的"查获/逃脱"比例大致为1:2，即每3个非法移民中大约会查获1人，逃脱2人。[②] 云南相比于欧美来说非法移民的情况更复杂，防范更困难。云南大学研究发现，云南非法移民较多的地区有德宏、临沧、文山、西双版纳等，以上几个地区每年查获的非法移民都逾千，其中德宏州2015年查获非法移民多达9000余人，[③] 且近年来各地区普遍呈现增长趋势。研究发现，云南边境地区的"查获/逃脱"比例大致为1:4。[④] 另外，根据董建中的研究，云南边境地区因跨境婚姻问题滞留境内的有2.7万人以上，其中绝大多数都没有办理婚姻登记手续，为非法移民，属于非法移民的存量。将流量与存量相加后，云南边境地区非法移民数量规模相当可观。[⑤]

2. 云南边境地区非法移民的原因

首先，云南边境线长达4000多公里，包括一类口岸16个，二类口岸7个，临时通道89条，边民互市点100多个，还有不计其数的便道、小路散布其中。边境地区基本上没有天然地理屏障，历史上的边民往来十分频繁，友好交往源远流长，但也为非法移民提供了出入境便利。其次，由于经济社会快速发展，云南边境地区吸引力增强。近年来，我国政府高度重视边境区域发展，提出了提高边民生活质量、稳步发展边境贸易、完善综合基础设施、减少贫困人口数量、培育特色优势产业、促进社会事业进步、满足边民文化需求等一系列目标，并提供了有力的政策和资金支持。边民生活水平和收入随着经济社会的发展逐步提高，并与毗邻国家形成了强烈反差，对境外

---

① Michael J and, The Eatimation of Illegal Migration in Europe, *Study Emigrazione/Migration Studies*, 2004, 41 (153), March 2004, pp. 141 – 155.

② F. Heckmann, T. Wunderlich, Transatlantic Workshop on Human Smuggling, *Georgetown Immigration Law Journal*, 2005, (15), pp. 167 – 182.

③ 该数据来源于本报告作者的调研。

④ 宗宏:《云南边境地区非法移民治理研究》，云南大学博士学位论文，2015。

⑤ 董建中:《云南边境民族地区跨境婚姻问题研究》，《西南民族大学学报》（人文社会科学版）2013年第5期。

人员产生了强烈吸引力。① 再次，由于云南边境地区大量劳动力"外流"，使得当地的劳动力不断减少，劳动力资源市场失衡，出现因本地劳动力缺乏、田地无人耕种而廉价从境外请工的现象，劳动力市场和劳动力数量的变化为非法移民入境务工提供了刚性需求。最后，跨境婚姻的存在增加了非法移民问题的应对难度。根据《第六次全国人口普查数据报告》，云南省8个边境州（市）普查实际登记的人口中，性别比达到108.77，超出国际公认的103～107的正常水平范围。云南边境区域性别比例失衡导致以婚姻为目的的非法移民数量不断增加。②

3. 云南边境地区非法移民的发展趋势

根据学者调研获得的数据，针对非法移民数量的变化进行趋势分析，可以得知，近年云南边境地区非法移民人数呈不断增长的趋势，非法移民年均增长超过20%。云南大学针对5年内非法移民人数变化的统计和分析发现，通过趋势外推法处理获取的未来非法移民发展的趋势线呈明显上扬的形势。5年内云南边境地区的非法移民查获人数总体上呈现快速增长，除了其中一年的查获人数略有下降，其余年份都保持了较快的增长势头，自2010年以来5年间迅猛递增，年均增长率高达21.9%。由此可见，云南边境地区非法移民问题值得政府相关部门和全社会的高度重视。③

（二）云南边境地区非法移民的特点及社会影响

1. 云南边境地区非法移民的特点

第一，云南边境非法移民的活动范围逐步扩展。无论是交通便利、开放较早的德宏州，还是相对封闭、山高路险的怒江州，都发现了非法移民，而且连续5年如此。德宏州查获的非法移民数量连续5年位居云南边境州（市）之首，怒江州查获的非法移民数量每年不足千人。一方面，数据表明

① 《兴边富民行动规划（2011～2015年）》，中央政府门户网站，http://www.gov.cn/zwgk/2011-06/13/content_1883222.htm。
② 杨军昌等：《西南民族地区出生人口性别比例失调问题研究》，民族出版社，2010，第2页。
③ 宗宏：《云南边境地区非法移民治理研究》，云南大学博士学位论文，2015。

经济水平和交通状况对非法移民的分布确实有影响，但另一方面也说明了非法移民活动的范围已逐步扩展，即使是在最偏远的州、市也存在。第二，移民来源地高度集中。这种来源地高度集中的趋势印证了移民理论创始人莱文斯坦提出的"移民距离法则"，即人口迁移的数量与距离成反比，也为国际合作治理云南边境地区非法移民提供了方向。① 第三，移民聚集的地区相对分散。非法移民进入云南边境后，大多选择在农村地区居留。若按照国内的统计习惯，将集镇与农村人数合并计算，在农村聚集的非法移民比例高达95%以上。这说明农村地区人口分散、范围广阔，为非法移民滞留提供了隐蔽的环境，也与近年来农村地区劳动力普遍短缺情形有关，该种分散聚集的分布特征，使得非法移民的治理更为困难。第四，非法移民入境目的相对明确。云南边境地区非法移民以婚姻和务工为主要目的。婚姻移民增长虽然略低于务工人员，但人数始终保持首位，反映出因跨境婚姻滞留仍然是云南边境地区非法移民的主要原因。第五，云南边境地区非法移民呈现出女性比例偏高的特点。男女移民人数比例约为1∶2.3。女性非法移民始终是男性的2倍以上，再次说明跨境婚姻是云南边境地区非法移民现象形成的主要原因。②

2. 云南边境地区非法移民的社会影响

尽管从有关资料和形成原因来看，非法移民也带来了一些有利影响，如有利于边境地区性别平衡、弥补部分行业劳动力的不足等。但是，其在政治、经济、社会等领域带来的不利影响则更为深远。

第一，非法移民破坏边境管理秩序、威胁国家安全。由于云南边境地区所处的特殊区位和特殊的地理条件，周边境外人员非法出入境现象较为频繁，现有非法移民大部分是通过非法入境的形式产生的，造成了云南边境"有边难防"甚至个别地方"有边无防"的混乱局面。这种情况的产

---

① Ernest George Ravenstein, The Law of Migration, *Journal of the Royal Statistical Society*, Vol. 48, 1885, pp. 167 – 235; Ernest George Ravenstein, The Law of Migration, *Journal of the Royal Statistical Society*, Vol. 52, 1889, pp. 241 –305.

② 张金鹏、保跃平：《云南边疆民族地区跨境婚姻与社会稳定研究》，《云南民族大学学报》（哲学社会科学版）2013 年第 1 期。

生导致"破窗效应",有可能使边境管理秩序进一步恶化。虽然绝大多数移民只是怀着获得经济利益、改善生活的朴素愿望,但在客观上干扰了边境地区的正常管理秩序。此外,云南边境还承担着防范"三股势力"和查缉跨境枪支、毒品等重大任务,边境管理的失序对国家安全造成了严重的威胁。

第二,非法移民扰乱社会治安秩序,干扰社会稳定。由于非法移民入境后在就业、医疗、住房、土地、户籍、救助等方面的问题难以解决,外出打工又因缺少合法身份而受到限制,生活压力大,社会地位低下,容易受到各方面的歧视。这些因素使得他们对社会的不满情绪逐渐积累,打架斗殴、寻衅滋事等行为常有发生。此外,由于部分非法移民缺乏谋生技能,又不愿从事重体力劳动和最基本的农业生产,为了生存下去,有时采取违法犯罪手段获得财物,危害了边境地区社会稳定。有研究数据表明,非法移民在云南边境地区成为盗抢、贩毒、诈骗、卖淫嫖娼等案件高发的群体。国内学者在云南边境地区河口县的调研也证实,跨境非法移民容易发生违法犯罪行为,并与其他国际犯罪结合,进行或参与走私、洗钱、人口拐卖、贩毒等跨境犯罪。非法移民的特殊身份可能与违法犯罪行为的高发有密切关系。由于许多非法移民是通过非法形式出入境的,公安机关或出入境管理部门并没有留下其准确的身份记录,实际上在管理部门没有任何信息登记,而他们对边境地区相当熟悉,加上边境管理的疏松,又能够轻易逃逸出境,实施违法犯罪行为的成本大大降低,犯罪行为受到惩罚的可能性大大减少。[1] 在这些因素的影响下,一旦这些非法移民遭到不公平对待或是在生活中遇到不如意之处,就容易采取不计后果的极端做法,甚至有可能诱发严重的违法犯罪。虽然这部分人在云南边境地区的非法移民中不占多数,但也足以使非法移民成为影响云南边境地区社会稳定的治安隐患,对当地的社会治理工作提出挑战。

第三,非法移民抢占国内就业岗位。由于涉及不同国家就业市场和总体

---

① 郭烁:《大国新问题:在华外国非法移民的司法对策研究》,《清华大学学报》(哲学社会科学版)2012年第5期。

福利，非法移民产生的经济影响显得十分复杂，有经济学家认为移民对于输入国经济有益，并通过理论模型推演进行了论证，但实际上由于资源、劳动力、土地等要素无法无限供给，移民也不可能实现完全的公平竞争，产品的销售市场也是有限的，所以，随着境外移民的流入，本国劳动力市场的竞争会更加激烈，导致国内劳动者收入降低。虽然大多数国家会采取最低工资标准之类措施对本国劳动者进行保护，但这种做法只是保证了本国劳动者薪酬的刚性。虽然表面上薪酬下降幅度有限，但实际上失业率提高了，因为求职的难度增加了。从云南边境地区劳动力市场结构来看，失业问题与本地劳动者的自愿选择有关，但是，非法移民的流入使劳动力资源市场的结构性问题变得更加严重。虽然非法移民的流入能够对云南边境地区劳动力市场造成的影响难以量化，但是根据现有的资料，非法移民在云南边境地区主要集中在饮食服务、木材加工、洗浴按摩、珠宝制作、汽车修理等劳动密集型行业，以从事体力劳动为主，与本地大量低技能劳动力的就业方向重合，而这部分人恰恰属于需要政府加以扶持和重点保护的就业弱势群体。[①] 随着非法移民数量不断增加，且增长趋势持续不断，不能排除非法移民对当地劳动力市场产生消极影响的可能，一旦形成严重的劳动力过剩、失业激增，将会难以避免地对经济发展产生负面影响。

第四，非法移民强化族群认同，弱化国家认同。由于非法移民在云南边境地区主要以婚姻和就业为主要目的，对于以就业为导向的"打工型"非法移民而言，移民的主要动机是获取经济利益，所以并不以实现长期滞留为目的，中国境内经济环境较好时，他们入境打工，获取收入差额；经济形势下滑时，又转向其他国家或地区寻求机会。这部分非法移民的认同意识不会产生太大矛盾。而对于以定居为导向的"婚姻型"非法移民而言，由于他（她）们长期滞留中国境内，并组建家庭、生儿育女，基本不会返回原来的国家，因此，在他（她）们身上国家认同与民族认同的矛盾就会表现得较

---

① 王艳斌：《中国边境"三非"越南公民问题研究——以崇左市为视角》，《广西警官高等专科学校学报》2011 年第 5 期。

为突出，还会产生扩散效应。有研究者认为，民族认同是云南边境的"外国媳妇"愿意嫁入中国的重要原因之一。调查显示，"外国媳妇"普遍愿意加入中国籍，说明她们初步具备了对居住国家（中国）的基础认同感，但由于生活中需要面临许多现实问题，如户口、医疗、子女以及土地权益等，这些问题长期难以解决又使得她们的国家认同感不能继续加深。[①] 正是由于这种国家认同与民族认同的长期矛盾状态无法解决，使得这部分非法移民成为影响边境地区安全稳定的重要因素。同时，这种认同矛盾的影响也将通过各种纽带联系进一步扩大，进而对更大范围内的国家认同产生影响。

四　云南非法移民社会治理现状

（一）云南非法移民治理的依据与主体

1. 国际社会治理层面

2009 年 6 月 19 日，大湄公河次区域经济合作召开部长级会议，人力资源发展计划作为会议成果之一郑重提出，要打击拐卖人口，促进更安全的劳动力流动，这些属于云南边境地区非法移民的国际治理范畴，也属于更为宏观的间接治理范畴。但是，由于云南边境地区非法移民绝大多数来自越南、缅甸、老挝，因此下文在国际治理层面主要针对与以上国家的合作治理展开。多年以来，中国与邻近国家签署了一系列合约和规定等文本。《中缅边境管理与合作的协定》于 1997 年 3 月 25 日签订，并于 1997 年 9 月 29 日生效。协定规定了边境地区边民在出入国境时应持有出入境通行证、通过双方规定的口岸或临时通道出入国境等具体内容。此外，中国与邻近国家先后签署了《中越政府关于处理两国边境事务的临时协定》《中国公安部和缅甸内政部边防合作议定书》《中老政府边界制度条约》等一系列合约和规定，对

---

① 侯兴华：《保山边民涉外婚姻与边境社会稳定研究》，《保山学院学报》2012 年第 4 期。

移民问题的处理提供了国际层面的依据。[①]

　　由于云南边境地区非法移民的来源较为集中，通常做法是国家之间"一对一"谈判和协商，达成非法移民治理的共识。因此云南边境地区非法移民国际治理的主体是以特殊形式存在的，按照治理双方达成的协定、条约或议定书，遵照国际法中的主体对等原则，由双边政府形成联合主体。从全球治理的理论探索和治理实践来看，由某国政府单独实施的单边治理显然不符合国际上主权对等原则，因此，由双边国家政府通过协定形式共同形成的联合治理主体更符合云南边境地区非法移民治理的实际情况。例如，根据《中越政府关于处理两国边境事务的临时协定》，中国和越南双方建立边境地区地方政府联系制，负责处理边境地区非法移民问题。

　　2. 国家社会治理层面

　　迄今为止，我国还没有制订专门的移民法，在国内法律中也没有"非法移民"这个固定概念，因此，国内并没有统一的非法移民治理法律，关于非法移民的处理依据主要分散在各类法律条文、行政法规或者部门规章之中，主要是在外国人出入境、居留和就业几个方面展开的。[②]《中华人民共和国国籍法》明确了取得中华人民共和国国籍的"出生地标准"：父母双方或某一方为中国公民且本人在中国出生的，具有中国籍；父母双方或一方为中国公民且本人出生在外国的，也具有中国籍，但出生时即具有外国籍的除外；父母无国籍或国籍不明且定居在中国，而本人出生在中国的，具有中国籍。根据以上标准，与我方公民通婚的非法移民在国内的子女具有中国籍，这对非法移民子女的公民身份和法律地位进行了确认。另外，《中华人民共和国出境入境边防检查条例》、《关于制止外国人在华非法就业的通知》、《外国人在中国就业管理规定》、《中国与毗邻国边民婚姻登记管通办法》和《中华人民共和国出境入境管理法》等法律政策文本对移民问题的相关内容分别进行了不同领域和内容的界定。

　　在国家层面上，国家作为整体对于非法移民的治理发挥着基础性作用。

---

① 梁淑英：《非法入境难民的处理原则》，《法学杂志》2008 年第 6 期。

② 甘开鹏：《我国难民保护法律制度的缺失及构建》，《科学经济社会》2010 年第 1 期。

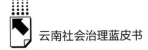

但由于目前国内还没有成立单独的移民管理部门，有关非法移民的治理职责横向分布在公安、边防、外事、民政、海关、宗教等不同性质的机构中，各个机构间互不隶属，存在分工协作。目前，由边防部队在云南边境地区对出入境人员实施边防检查。边防武警由公安部统一领导，主要担负边防、治安管理、对出入境人员和交通工具进行检查；打击、防范沿边地区违法犯罪，管辖在边境管理区发生的偷越国境案及破坏界碑、界桩案等职责。公安机关是对非法移民在国内居留、停留实施治理的主体部门。公安机关属于国家的行政序列机关，其机构职责中与非法移民治理有关的主要包括管理国籍、户政、入境出境事务和外国人在华居留、旅行有关事务，维护国（边）境地区治安。出入境管理局承担出入境事务管理、外国人国内居留停留和维护边境地区治安秩序等职责。人社部门负责拟定吸引境外专家、留学人员归国工作或定居的相关政策及境外人员入境就业管理政策。①

3. 地方社会治理层面

除了国际、国家层面的治理依据外，云南省还根据自身治理需要，制定了一系列管理规定，形成了一批新的治理依据。例如，为了做好云南省中缅边境地区非法移民的治理工作，云南省人民政府于1990年7月13日制定了《云南省中缅边境地区境外边民入境出境管理规定》。该规定适用于居住在中缅边境，未持有我国和缅甸联邦政府颁发的正式护照出入国境，在云南省停留、旅行、居留的境外边民。此外，《云南省中越、中老边境地区人员出入境管理规定》《关于加强外国人在我省就业管理的有关规定》《云南省〈外国人在中国就业管理规定〉实施细则》《云南省边境地区公安边防管理规定》为云南省地方治理移民问题提供了法律和政策依据。

县级以上地方各级人民政府是地方治理层面上非法移民治理的主体，包括公安、边防、外事、人社、宗教等部门。在地方层面上涉及非法移民入境环节治理的主体主要包括：云南省公安边防总队，边境地区德宏、临沧、文山、普洱、红河、保山、西双版纳、怒江8个边防支队，25个边境县公安

---

① 徐军华：《非法移民的法律控制问题》，华中科技大学出版社，2007。

边防大队以及 123 个沿边乡镇边防派出所。边防武警是云南边境地区非法移民治理的第一道防线。云南省公安机关及其出入境管理机构是地方层面上涉及非法移民居留环节治理的主体，负责地方层面的非法移民管理相关工作。

（二）云南非法移民社会治理存在的主要问题

1. 移民治理相关法律和规定较为散乱

目前，云南边境地区关于非法移民治理的法律、法规、政策、条文数量众多，但是难以取得全面协同的整体效果。这并非立法的数量不足，而是其质量不足，主要体现为形式散乱、缺乏整体性。受到国内政策的影响，我国始终没有把本国作为一个移民国家看待，至今尚无一部全面完整反映移民事务的专项法律对国籍管理、停留居留、入境就业、人才引进、难民申请、社会融入、权利保障、调查遣返等内容进行统一的综合管理，而是分散在各个部门。云南边境地区非法移民的治理依据虽然体系庞大、涵盖面广，但是内容繁杂，散见于不同法律、规章、细则甚至补充规定中，不仅形式散乱，而且缺乏统一的效力，治理的标准和期限也时有冲突，还存在遗漏的情况，这些削弱了云南边境地区非法移民治理的整体效力。

2. 治理结构尚未达到系统有序

云南边境地区非法移民治理的主体多由政府机构组成，治理主体在性质上较为单一，具备自上而下的权力体系特征。在云南边境地区非法移民治理的过程中，由于我国长期未能将移民事务作为整体对象来看待，而是按照出入境、居留、就业、入籍、教育等环节将其拆分至不同职能部门，导致了非法移民治理结构的高度分散，各个部门都习惯于从自身角度出发来治理，很少考虑部门间是否形成彼此配合，使得非法移民的治理常处于多头分散的局面，制约了治理的效果。

3. 专项治理效果并不显著

移民问题专项治理效果不佳，一方面源于治理者急于在短期内取得成效的迫切要求，另一方面也归因于治理对象欠缺遵规守法的自觉性。但是专项治理毕竟是应急的手段，不便作为常态化治理方式。在云南边境地区非法移

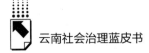
民治理中，经常是开始时可以看到一些短期效果，情况略有改观，但专项治理过后又恢复原样，主要原因在于：人员多为临时组建，缺少制度建设同步跟进，治理行动结束后仍会回到初始状态。而除以上原因，按照国内专项治理惯例，治理行动开始前有关部门一般要宣传政策、组织人员、营造声势、扩大影响，这使得治理对象提前知晓，选择暂避风头，造成"治理已取得效果"的假象。但是，由于导致非法移民形成的根源仍然存在，行动结束后这些人员又很快返回，在政府宣传和实际情况间形成了非法移民活动的"政策缝隙"，因此，专项治理方式不仅收效甚微，反而使非法移民产生错觉，认为整治行动只不过是"做做样子"，从而使治管失去了应有的威慑力，导致非法移民问题不能得到彻底解决。

4. 国际治理合作缺乏权威保障

由于非法移民治理涉及不同国家，选择合作治理也是世界范围内的一种通行做法。由于国际治理往往呈现"无政府的治理"特征，缺乏强制性权威保障，导致治理效率打了折扣。目前，云南边境地区非法移民的国际治理层次参差不齐，既有国家间正式协议合作，又存在临时性协定合作，不同国家对于边境事务管理的重视程度不一也导致云南边境地区非法移民治理处于不平衡状态。[1] 有时某方将查获的非法移民单边遣返，但由于对方国家边境管制疏松，非法移民被遣送后很快又再次入境。以云南省德宏州为例，屡遣屡返的现象非常突出，大大影响了公安人员的工作积极性。[2] 这也进一步说明国际合作治理的必要性，若没有相邻国家之间的有效配合，非法移民治理工作很难取得理想的效果。

（三）云南非法移民社会治理的个案研究

1. 个案简介

本研究选取云南省江城哈尼族彝族自治县为具体个案进行实地数据取样

---

① 宗宏、杨临宏：《在华外国人管理政策的多源流分析》，《南京政治学院学报》2014 年第 5 期。
② 张金鹏、保跃平：《云南边疆民族地区跨境婚姻与社会稳定研究》，《云南民族大学学报》（哲学社会科学版）2013 年第 1 期。

调查。江城哈尼族彝族自治县，简称江城县，为云南省普洱市下的一个管辖县，有李仙江、曼老江、勐野江三条江环绕，因此称为江城。江城县位于云南省南部，边境线长达 183 公里，是云南省唯一与老挝、越南两国接壤的县。本案例的实地调查选取江城县所管辖的 2 个镇、6 个乡：勐烈镇、整董镇、红疆乡、嘉禾乡、宝藏乡、国庆乡、曲水乡、康平乡，并对具体乡镇的公安局、派出所等相关单位的负责人及其相关人员进行了深入的访谈，获得了有关非法移民管理的政策、规定、法令法规、管理模式等信息，从而对整个江城县的非法移民管理发展现状有了比较清晰的把握。通过上述准备工作，并参考了有关公安局、派出所的相关统计数据和相关的建议，最终参照勐烈镇、整董镇公安局的有关统计数据和被访谈者的经验及建议，最终确定了问卷调查的"目标群体"和"目标地区"，具体是：勐烈镇、整董镇公安局及其派出所的工作人员和相关负责人员，他们是非法移民调查访谈问卷 – 管理部门版本的被试；在勐烈镇、整董镇的街道中随机选取餐饮业人员、零售商、出租车司机、老师、汽车修理工、服装店店主、茶叶批发商等人员作为非法移民调查问卷 – 非法移民版本的被试。通过持续 6 个月的实地调查及数据收集，最终完成云南省江城哈尼族彝族自治县非法移民调查问卷数据的收集工作。

2. 非法移民概况

本研究从提升边境民族地区非法移民管理水平及其对策的角度出发对云南省江城县的非法移民概况进行数据统计分析，以期发现江城县的非法移民的具体现状，从而在有实际调查数据的事实现状基础上为边境民族地区非法移民的管理提出相应的对策建议。

（1）研究方法

本案例研究采用 SPSS 23.0 进行数据处理分析，主要用到的研究方法为描述统计。

（2）研究对象

基于个案研究的特殊性，本研究所选取的研究对象是江城县勐烈镇、整董镇的街道中随机选取的餐饮业人员、零售商、出租车司机、汽车修理工、服装店店主、茶叶批发商等；经过多次筛选，剔除本地人口，通过持续6个月的实地调查及其数据收集，最终完成江城县非法移民调查问卷数据的收集工作。

3. 非法移民人口学变量分析

（1）江城县非法移民性别结构

由表1可知，江城县非法移民中，男性为48人，女性为26人，男性非法移民的有效百分比为64.9%，而女性非法移民的百分比为35.1%。通过数据分析结果可知，江城县非法移民中男性人数多于女性人数。

表1　云南省江城哈尼族彝族自治县非法移民性别

性别类别	人数	有效百分比(%)
男性	48	64.9
女性	26	35.1
总计	74	100

（2）江城县非法移民居住年限

由表2可知，云南省江城哈尼族彝族自治县非法移民的居住年限具体情况为：有8人选择居住年限为1年以下，有效百分比为10.8%；有52人选择居住年限为1~5年，有效百分比为70.3%；有9人选择居住年限为6~10年，有效百分比为12.2%；有5人选择居住年限为10年以上，有效百分比为6.8%。通过数据分析结果可知，江城县非法移民中居住年限为1~5年的人数最多，选择居住年限为1年以下和10年以上的人数基本持平，选择居住年限为6~10年的人数比例不大。江城县非法移民中大部分倾向于居住1~5年，有效百分比也最大，为70.3%。

（3）江城县非法移民婚姻状况

由表3可知，江城县非法移民的婚姻状况的具体为：有46人的婚姻状况为未婚，有效百分比为62.2%；有28人的婚姻状况为已婚，有效百分比为36.8%；从整体结果来看，江城县非法移民中未婚人数远远多于已婚人数。

表2　云南省江城哈尼族彝族自治县非法移民居住年限

居住年限	人数	有效百分比(%)	累计百分比(%)
1 年以下	8	10.8	10.8
1～5 年	52	70.3	81.1
6～10 年	9	12.2	93.2
10 年以上	5	6.8	100
总计	74	100	100

表3　云南省江城哈尼族彝族自治县非法移民婚姻状况

婚姻状况	人数	有效百分比(%)
未婚	46	62.2
已婚	28	36.8
总计	74	100

（4）江城县非法移民家庭年收入

由表4可知，江城县非法移民的家庭年收入的具体情况为：有31人的家庭年收入为3万元以下，有效百分比为41.9%；有20人的家庭年收入为6万～10万元，有效百分比为27.0%；有22人的家庭年收入为11万～20万元，有效百分比为29.7%；只有1人的家庭年收入为20万元及以上，有效百分比为1.4%。通过数据分析结果可知，江城县非法移民的家庭年收入存在一定的等级差，家庭年收入多数集中在3万元以下的区间，有效百分比为41.9%。家庭年收入为20万元及以上的仅有1人，说明高收入人群较少，存在贫富差距。

表4　云南省江城哈尼族彝族自治县非法移民家庭年收入

家庭年收入	人数	有效百分比(%)
3 万元以下	31	41.9
6万～10 万元	20	27.0
11万～20 万元	22	29.7
20 万元及以上	1	1.4
总计	74	100

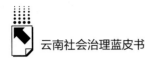

（5）江城县非法移民年龄结构

由表5可知，江城县非法移民年龄具体分布情况为：有22人的年龄是25岁及以下，有效百分比为29.7%；有22人的年龄为26~30岁，有效百分比为29.7%；有19人的年龄为31~35岁，有效百分比为25.7%；只有2人的年龄为36~40岁，有效百分比为2.7%；有9人的年龄为41岁及以上，有效百分比为12.2%。通过数据分析结果可知，江城县非法移民的年龄分布存在一定的等级差，多数人集中在35岁及以下的区间，有效百分比为85.1%；36~40岁和41岁及以上的人口较少。青年人口占多数，中老年人数不多。

表5　云南省江城哈尼族彝族自治县非法移民年龄分布

年龄	人数	有效百分比（%）	累计百分比（%）
25 岁及以下	22	29.7	29.7
26~30 岁	22	29.7	59.5
31~35 岁	19	25.7	85.1
36~40 岁	2	2.7	87.8
41 岁及以上	9	12.2	100
总计	74	100	100

（6）江城县非法移民受教育程度

江城县非法移民受教育具体情况为：有9人的学历水平为文盲，有效百分比为12.2%；有46人的学历水平是高中，有效百分比为62.2%；有18人的学历水平是大专及以下，有效百分比为24.3%；有1人的学历水平是本科，有效百分比为1.4%。通过数据分析结果可知，江城县非法移民的受教育程度存在一定的等级差，其中高中及以下人数最多，存在文盲的情况，大专及本科人数很少，整体受教育水平偏低。

（7）江城县非法移民从业情况

江城县非法移民从业情况为：有4人在民营企业就职，有效百分比为5.4%；只有1人在外资企业就职，有效百分比为1.4%；有8人在国有企业就职，有效百分比为10.8%；有28人在政府机关和集体企业就职，有效百分比为 37.8%；有 5 人在学校及社会非营利性机构就职，有效百分比为 6.8%；有 23 人选择自谋职业，有效百分比为 31.1%；有 5 人报告说因为考试或者探亲等原因从事其他职业，有效百分比为 6.8%。通过数据分析结果可知，江城县非法移民的从业情况结构多样复杂，相对而言，在政府机关和集体企业以及自谋职业的人数较多，在外资企业的仅为 1 人。

（8）江城县非法移民住房情况

江城县非法移民住房情况为：有 9 人的住房方式为自建住房，有效百分比为 12.2%；有 17 人的住房方式为已购房，有效百分比为 23.0%；有 21 人的住房方式为租房居住，有效百分比为 28.4%；有 2 人的住房方式为居住在工棚，有效百分比为 2.7%；有 25 人的住房方式为其他方式，有效百分比为 33.8%。通过数据分析结果可知，江城县非法移民的住房情况不容乐观，租房占大部分，还存在工棚居住人口。

（四）非法移民群体流入方式及其动因

1. 江城县非法移民流入方式

江城县非法移民流入方式具体为：有 8 人的流入方式是出于自己的选择，有效百分比为 10.8%；有 27 人的流入方式是亲朋好友介绍，有效百分比为 36.5%；有 23 人是通过非法中介组织流入，有效百分比为 31.1%；有 14 人的流入方式是出于其他因素，有效百分比为 18.9%；2 人未回答，占 2.7%。通过数据分析结果可知，江城县非法移民以亲朋好友介绍流入的居多。

2. 江城县非法移民流入动因

江城县非法移民流入动因情况为：有 37 人是出于经济需求，有效百分比为 50.0%；有 5 人是出于子女教育原因，有效百分比为 6.8%；有 15 人是出于在家没事可做流入此地，有效百分比为 20.3%；有 6 人的流入没有具体理由，有效百分比为 8.1%；有 1 人是出于其他的原因，有效百分比为 1.4%；10 人未回答，占 13.4。[1] 通过数据分析结果可知，江城县非法移民

---

[1] 以上数据均来源于本报告作者的调研。

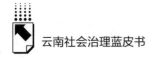

的流入动因主要有以下几个方面：①经济的考虑；②子女教育的考虑；③在家没事做流入；④寻找更加适合自己的职业；⑤其他原因。在所有的动因中，出于经济的考虑还是大部分人选择成为非法移民的主要原因。

五　云南非法移民的社会治理路径

基于上述云南边境地区非法移民的社会影响，以及治理制度不完善的现状，本研究认为，云南边境地区非法移民的社会治理需要在借鉴国内外治理经验的基础上，从国内立法、权力划分、多元主体协作等方面构建边境地区非法移民社会治理模式。

（一）健全我国非法移民社会治理的法律制度

从目前国内非法移民立法现状来看，我国尚未建立完善的非法移民法律制度，已有的一些法律制度也是各自分割，没有制定专门的移民法。从现行国内法律法规来看，涉及非法移民的法律主要包括《中华人民共和国出境入境管理法》《中华人民共和国国籍法》《中华人民共和国护照法》《关于严惩组织、运送他人偷越国（边）境犯罪的补充规定》《国际航班载运人员信息预报实施办法》《中华人民共和国刑法》《中华人民共和国出境入境边防检查条例》《外国人在中国永久居留审批管理办法》等一些对出入境人员进行管理的法律制度或法律文件。然而，上述这些法律文件存在着诸多问题，比如法律文件的制定主体散乱，几乎包括中国各个立法职能部门；立法缺乏前瞻性，不适应目前边境地方去非法移民治理的情形；以地方政府的政策性文件居多，法律效力较低。基于上述立法上的缺陷，本研究认为立法是边境地区非法移民社会治理的前提基础，必须从国家立法和地方立法两个方面入手，才能有效地对边境地区的非法移民进行管制与治理。

1. 完善国家层面的法律制度

国家层面的非法移民治理的相关法律制度主要包括《中华人民共和国出境入境管理法》《外国人在中国就业管理规定》《中华人民共和国刑法》

《中华人民共和国出境入境边防检查条例》《关于严惩组织、运送他人偷越国（边）境犯罪的补充规定》《外国留学生勤工助学管理制度》等。针对国家立法层面而言，应该从以下几个方面入手。

（1）完善刑事司法制度

目前，我国的刑事司法制度在非法移民问题上仍然滞后于社会现实，尤其是面临不断涌入的边境非法移民，刑事司法制度似乎没有发挥应有的有效遏制与严厉打击作用。首先，我国的刑事司法制度需要进一步完善有关非法移民的基础罪名。就现有的基础罪名而言，"偷越国（边）境罪"的罪名覆盖打击面比较窄，难以对非法移民的非法入境、非法出境进行有效打击。因此，我国刑事司法制度有必要修改或增加"非法出入境罪""骗取出入境证件罪"及其他相关罪名，从而进一步完善现行刑事司法制度上的基础罪名。其次，在附加刑上提高打击力度，特别是在行政拘留期限和罚金上加大力度，因为根据现有的《中华人民共和国出境入境边防检查条例》和《关于严惩组织、运送他人偷越国（边）境犯罪的补充规定》等相关条例，我国刑事司法制度对边境地区非法偷渡者的行政拘留期限为15天，罚金为5000元，这种附加刑的打击力度是比较弱的，特别是5000元的罚金已经与现实经济发展水平不相称，起不到有效打击和威慑的作用。[1]

（2）健全出入境法律制度

目前，我国政府对边境地区的非法移民的法律管制主要以2013年《中华人民共和国出境入境管理法》为主，辅于其他相关法律文件，如1995年的《中华人民共和国出境入境边防检查条例》《外国人在中国境内工作管理办法》，1996年的《外国人在中国就业管理规定》，等等。根据这些法律制度或法律文件，边境地区的非法移民管理被划分到多个部门分割管理，在边境检查控制、出入境证件控制（护照、签证、驱逐出境）、国内执法控制、移民管理信息网络等方面均由多个不同的政府部门管理，导致非法移民治理

---

[1] 于志刚：《城市、国家的国际化与偷渡犯罪的刑事政策》，载《清华大学学报》（哲学社会科学版）2014年第2期。

的管理权限分散、职权界限混乱。因此，本研究认为，我国应该尽快借鉴西方国家的非法移民治理经验，制定《中华人民共和国移民法》，制定涵盖外国人边境检查控制、出入境证件控制（入境、出境、护照、签证、驱逐出境）、国内执法控制（居留、就业）、移民管理信息网络，从而形成统一的法律制度，消除现在多部门多头管理、各自为政的管理体系。[①]

2. 完善地方层面的法律制度

在地方层面，云南省对边境地区非法移民的管理和治理主要依托 1990 年 7 月 13 日制定的《云南省中缅边境地区境外边民入境出境管理规定》《云南省中越、中老边境地区人员出入境管理规定》《关于加强外国人在我省就业管理的有关规定》《云南省〈外国人在中国就业管理规定〉实施细则》《云南省边境地区公安边防管理规定》等法律文件。然而，2010 年之后，2013 年国家层面相继出台了新的《中华人民共和国出境入境管理法》《外国人入境出境管理条例》《中国边民与毗邻国边民婚姻登记办法》等法律法规，因此，云南省现有的非法移民管理法律文件已经滞后 20 余年，应该尽快根据 2013 年《中华人民共和国出境入境管理法》重新制定相关法律文件；且越南、老挝、缅甸都与云南省毗邻，非法移民的性质极其相似，应该整合原有的三部法律文件，从"统一立法"视角入手，制定一部针对云南边境地区非法移民的《云南省边境地区境外边民入境出境管理规定》。

（二）形成多元主体共同参与的社会治理模式

从社会治理理论而言，任何社会问题的治理必须依托政府、市场与社会，并恰当地处理好政府、市场与社会三者之间的关系。然而，在云南边境地区的非法移民社会治理过程中，社会治理模式仍然遵循着政府主导的传统治理逻辑，社会力量参与程度偏低，因此如何构建一个由政府、市场、社会共同参与的多元主体介入的社会治理模式显得尤其重要。

首先，作为社会治理的主要主体之一，政府如何有效地对云南边境地区

---

① 魏荣春：《非法移民管控法律制度研究》，华东政法大学硕士学位论文，2015，第 54~56 页。

的非法移民进行治理是一个值得深思的问题。在云南边境地区非法移民的社会治理过程中，中央政府和地方政府最需要完成的工作就是为边境地区非法移民的社会治理提供足够的、有效的公共服务，即通过基础建设（经济建设、法制建设、文化建设）来提升非法移民的社会治理保障力度。这些公共服务应该包括边境设施建设、边境人力资源建设、边境社会控制和边境文化治理等。

其次，在政府主导的社会治理模式中，应引入社会力量参与边境非法移民的社会治理。云南边境地区的社会问题具有复杂性、边疆性和民族性的多重特征，其中夹杂着各种复杂的境内或境外因素，如毒品、犯罪、民族迁徙、国际关系等，需要引入各种社会力量参与，包括基础社会组织（居委会、村委会、社区）、基层群众（边境村民）和非政府组织等力量。[1] 其实，在社会调研过程中，我们也发现云南边境地区的很多边境村落聚居着许多非法移民，尤其是因为婚姻关系、务工原因、政治原因而长期滞留于中国境内的非法移民，但当地村委对此现象基本上是不予以禁止，这已经成为一种普遍存在但又客观认可的社会现象。

（三）进一步强化非法移民社会治理的国际合作

由于云南与越南、老挝、缅甸等国家接壤，云南边境地区的非法移民也就涉及不同国家之间的利益，因此，协调和发展非法移民社会治理的双边或多边合作体制就显得尤为重要。[2]

首先，国际社会需要在现有国际合作机制的基础上，形成和发展双边或多边的非法移民国际合作机制。在合作机制的领域方面，国际社会需要进一步在共同边界建设、警务合作、经济援助、信息共享、接受和遣返非法移民的双边协助、法律对接等方面实现双边或多边合作；在合作机制的范围方面，非法移民的原籍国、过境国和目的国需要进一步强化合作，不能仅仅局限于发达国家与发展中国家之间、移民输入国与移民输出国之间或欧盟成员

---

① 宗宏：《云南边境地区非法移民治理研究》，云南大学博士学位论文，2015，第145页。
② 梁西：《国际法的社会基础与性质》，载邵沙平、余敏友主编《国际法问题专论》，武汉大学出版社，2002，第3页。

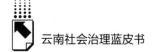

国、东盟成员国之间，而应该扩展到所有涉及非法移民的国家逐渐的双边合作；在合作机制的形式方面，国际社会除了采取一些传统的非法移民治理手段（宣言、声明、谅解备忘录或者双边友好互助协定）之外，还需要更多地采取一些具有法律效力的政策或措施，如双边协定或多边协定等。[①]

其次，根据互利互惠原则，国际社会应有效地推进跨国劳务合作，减少非法移民的跨界迁徙。云南边境地区非法移民不断涌入，从另一个侧面也反映出不同国家边境地区劳动力的需求，由于不同边境地区经济发展的不平衡性，劳动力往往涌入经济较发达的边境地区，从而产生了非法移民问题。有的学者就提出，通过合法引入跨国劳工、开放边境劳务市场的形式来有效解决跨国移民问题，[②] 甚至有的学者提出需要就跨国劳工或外籍劳工问题进行立法，从而建立并开放外籍劳工市场。[③]

最后，完善治理非法移民的国际公约，制定多边国际条约。国际法律条约或多边条约是开展国际非法移民合作的基础，也是国际非法移民控制与治理的法律依据。目前，国际非法移民合作的相关条约主要包括1957年《有关偷渡者的国际公约》、2000年《联合国打击跨国有组织犯罪公约》以及《偷运移民议定书》。然而，在1957年《有关偷渡者的国际公约》中，有关"偷渡者"的界定尚需要进一步完善或修改，因为"偷渡者"一词并非学术上普遍认可的概念，因此，如何统一和规范相关国际条约中关于非法移民的定义，将直接关系到国际非法移民的有效管制。另外，除了国际公约之外，各国需要进一步签订更多的多边或双边协议，欧盟或东盟成员国之间的内部合作也亟须进一步强化，制定统一的移民法律法规。[④]

---

① 徐军华：《非法移民的法律控制问题研究》，武汉大学博士学位论文，2005，第164～165页。
② 林华：《中国不妨引进外籍劳工》，《中国外资》2011年第3期。
③ 宗宏、杨临宏：《在华外国人管理政策的多源流分析》，《南京政治学院学报》2014年第5期。
④ 徐军华：《非法移民的法律控制问题研究》，武汉大学博士学位论文，2005，第167～168页。

B.9
云南生态治理报告

李永康　杨得志　马琼丽*

摘　要： 云南省地处我国西南边疆，是一个集山区、民族、边疆于一体的内陆省份。本报告基于边疆社会治理的大背景，分析云南省的生态治理。因此主要关注人的生产、生活等社会活动与生态环境的互动关系，即自然生态环境为人类生产、生活所创造的便利条件；生态脆弱对人类生产、生活所造成的危害；人类生产建设活动对生态环境造成的破坏及修复治理；云南省推进生态文明建设中的举措及其亮点等。

关键词： 云南　生态安全　生态文明　生态治理

一　序言

　　云南省位于中国西南边陲。气候上，云南省位于中国东部亚热带季风气候区、青藏高寒区与南亚热带季风气候区的结合部。地势从西北向东南呈阶梯状逐级下降，其相对高差达 6663.6 米，为全国罕见。云南是一个多民族的省份，有 26 个世居民族。云南省与老挝、越南、缅甸、泰国等南亚和东南亚国家相邻，共有 25 个边境县，国境线长达 4060 公里，是一个集山区、

---

*　李永康，云南财经大学公共管理学院副教授，管理学博士，主要研究方向：公共人力资源开发与管理、公共管理；杨得志，云南财经大学公共管理学院副教授，法学博士，主要研究方向：行政法与政治哲学；马琼丽，云南财经大学公共管理学院讲师，法学博士，主要研究方向：公共行政学。

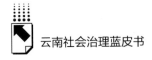

民族、边疆于一体的内陆省份。

云南省全境东西最大横距864.9公里，南北最大纵距900公里，总面积39.4万平方公里，占全国陆地总面积的4.1%，居全国第八位。全省土地面积中，山地约占84%，高原、丘陵约占10%，盆地、河谷约占6%。平均海拔2000米左右，最高海拔6740米，最低海拔76.4米。从整体位置看，云南北依广袤的亚洲大陆，南连位于辽阔的太平洋和印度洋之间的东南亚半岛，处在东南季风和西南季风控制之下，又受青藏高原区的影响，从而形成了复杂多样的自然地理环境。全省森林面积1992.4万公顷，森林覆盖率55.7%，林地面积2501万公顷。全省建立各种级别的湿地类型自然保护区17处，保护范围达到20.75万公顷。申报建设国家湿地公园12个，保护范围达5.27万公顷。

云南植物种类繁多，热带、亚热带、温带、寒带的植物类型都有分布，全国3万多种高等植物，云南全省有19365种，占全国的50.2%。其中有国家重点保护野生植物153种，国家一级重点保护野生植物45种；国家二级重点保护野生植物108种。丰富的植物资源使云南获得"植物王国""香料之乡""药材宝库""天然花园"等美誉。云南野生动物资源十分丰富。全省共有脊椎动物2273种，占全国的52.1%。其中国家一级重点保护野生动物60种，国家二级重点保护野生动物182种。云南是一个世所罕见的天然动物园。① 云南矿产资源异常丰富，是地质科学研究的一块"宝地"。世界上已知的140多种有用矿种中，云南找到了113种。有50个矿种的保有储量居全国前10位。其中铅、锌、锗、锡、铟、铂、铜、镍等有色金属的保有储量居全国前三位。② 全省已建各种类型、不同级别的自然保护区161个（其中国家级21个、省级38个、州市级56个、区县级46个），总面积约286万公顷，占全省国土面积的7.3%。

云南省天然湖泊众多，湖泊面积30平方公里以上的有滇池、洱海、抚

---

① 数据来源：《云南省2015年度环境状况公报》，云南省环保厅。

② 数据来源：云南省林业厅、环保厅等相关部门，特此致谢。

仙湖、程海、泸沽湖、杞麓湖、星云湖、阳宗海、异龙湖，称"九大高原湖泊"。九大高原湖泊中，流域面积及湖面面积最大的是滇池，流域面积2920平方公里，湖面面积309平方公里；蓄水量最大及最深的是抚仙湖，蓄水量206.2亿立方米，最深158.9米，是我国重要的战略水资源；流域面积、湖面面积最小及最浅的是异龙湖，流域面积360.4平方公里，湖面面积31平方公里，蓄水量1.24亿立方米，平均水深3.9米。① 由于气候、地质、物种等的独特性和特殊性，云南旅游资源十分丰富。

在边疆社会治理大背景下，本报告主要关注人的生产、生活等社会活动与生态环境的互动关系，尤其是人类生产建设活动对生态环境造成的破坏及修复治理等方面。

二 生态治理成效

（一）自然生态保护成效显著

1. 加强生物多样性保护

云南全面推进《2010国际生物多样性年云南行动腾冲纲领》的贯彻落实，依托西南林业大学组建了云南生物多样性研究院，逐步完善云南省生物多样性保护基金会各项制度；召开了云南省生物多样性保护联席会议第三次会议，举办了"云南省生物多样性大型图片展"等宣传活动，发布了《云南省生物多样性保护西双版纳约定》，印发了《云南省生物多样性保护战略与行动计划（2012~2030年）》；设立了5000万元的生物多样性保护专项资金，组织实施了一批生物多样性保护和利用示范项目并取得明显成效；《云南省生物多样性保护条例》制定工作取得积极进展，中国生物多样性博物馆建设项目前期工作有序推进；完成了"云南省生态环境十年变化遥感调查与评估"项目，并顺利通过国家验收；启动全省生态保护红线划定工作，

---

① 云南省九大高原湖泊保护与治理概况由云南省环保厅提供，特此致谢。

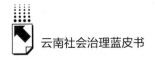
拟定了云南省生态保护红线划定工作方案和技术方案。

此外，云南还积极推动《云南省生物多样性保护战略与行动计划 (2012～2030年)》（以下简称《战略与行动计划》）的实施，印发了《战略与行动计划》主要任务分解方案的通知、关于贯彻落实《战略与行动计划》的通知，指导16个州（市）编制《战略与行动计划》州（市）实施方案，结合生物多样性保护专项资金项目深入推动《战略与行动计划》的实施，一批生物多样性保护项目取得一系列可喜成果。①

云南启动了全省第二次野生动植物资源调查工作，完成了滇西北18个县生物多样性补充调查和德宏州5个县（市）的生物资源调查，开展了中甸叶须鱼、厚唇裂腹鱼、宁蒗裂腹鱼、小口裂腹鱼、斑鳖、鼋、云南闭壳龟、绿孔雀、羚牛等国家重点保护野生物种或特有物种及亚洲钳嘴鹳和紫翅椋鸟2种鸟类在云南的扩散及其生态影响调查与评估；实施肿柄菊、银胶菊、福寿螺、小龙虾4种重要外来入侵物种的扩散机制评估，以及综合防控及持续干旱对云南省生物多样性影响评估及对策研究。有效推进了国家重点保护物种的保护、外来物种防控和极端气候下生物多样性保护与管理等工作。此外，制定了《云南生态系统定位研究网络建设发展规划（2012～2020年)》和《云南省自然保护区生物多样性监测技术规程和管理办法》，建成生态系统定位站5个，开展了自然保护区主要保护对象、典型生态系统、重点保护野生动植物资源的监测和巡护监测体系建设。

编制实施了《云南省极小种群物种拯救保护规划纲要（2010～2020年)和紧急行动计划（2010～2015年)》，积极开展富民枳等23种极小种群野生植物和滇金丝猴等14种极小种群野生动物和拯救、保护及恢复工作，建成14个保护小区（保护点）、6个近地保护园、4个物种回归实验基地，迁地保存近2万种植物，离体保存各类野生物种质资源13704种111846份，大树杜鹃、滇藏榄等17个野生植物种和绿孔雀、密棘髭蟾等5个野生动物种种群呈稳定增长状态，滇池金线鲃、齿瓣石斛、长叶苏铁等物种人工繁育

① 数据来源于云南省环保厅自然保护处，特此致谢。

获得成功，巧家五针松、华盖木和滇池金线鲃原生地回归或放流进展顺利，西黑冠长臂猿、紫水鸡等特有物种的保护成效明显。

大力推进中国西南野生生物种质资源库建设，完成 3000 种 10129 份种质资源的标准化整理和整合，采集了 15028 份重要野生植物种质资源，共享的种质资源信息超过 10000 份，并实现了 710 种 1764 份种质资源的实物共享。①

启动维西县民族文化与生物多样性保护、云南省生物遗传资源及相关传统知识获取与惠益分享制度和政策研究等项目，生物遗传资源及相关传统知识保护得到加强。

举办"云南省生物多样性大型图片展"、保护红嘴鸥环境保护宣教，开展滇池金线鲃放流活动等宣传活动，公众生物多样性保护意识不断增强，各级部门生物多样性保护管理水平不断提高。

启动了云南跨境生物多样性保护现状调查与对策研究，与缅甸、老挝、越南等国家探索跨境生物多样性保护的重点区域、合作方式及可行性对策，推动云南省与周边国家生物多样性保护合作不断深入。

2. 开展对资源开发生态环境的监管

首先开展矿山生态环境的监察，对突出的环境问题进行现场检查，督促企业整改存在的环境问题，并对企业违法问题进行查处。有效处理尾矿库泄露事件，对企业环境违法问题进行处罚。开展全省 27 座三等以上尾矿库安全环境隐患排查，对存在不同程度环境安全隐患的 26 座尾矿库督促企业限期整改。以川滇环境监察联合执法为契机，每年组织云南、四川两省联合对金沙江流域溪洛渡、向家坝、乌东德、白鹤滩和观音岩水电站施工期及部分水电站运行期现场检查，开展鲁地拉、南盘江老独寨、金沙江梨园等水电站环保"三同时"及澜沧江流域部分水电站施工期现场检查。积极做好石蒙、武昆、锁蒙、大丽高速公路及大瑞、玉蒙、蒙河、宣威至沾益县铁路等建设项目环保"三同时"现场检查，对企业环境违法问题进行处罚。

---

① 数据来源于云南省环保厅等相关部门，特此致谢。

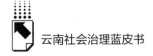

3. 推进生态文明体制改革和生态创建

云南省委省政府在深入学习党的十八大、十八届三中全会及习近平总书记关于生态文明建设的重要讲话精神的基础上，出台了《关于争当生态文明建设排头兵的决定》（简称《决定》），全省上下掀起了学习贯彻《决定》精神、加快美丽云南建设步伐的热潮。为深入推进生态文明体制改革，省政府成立了专项领导小组，多次召开专项会议，研究部署生态文明体制改革工作，并印发实施了《云南省全面深化生态文明体制改革总体实施方案》，全省生态文明体制改革正有序展开、顺利推进。全省把生态创建作为推进生态文明建设的重要抓手，制定和修订了《云南省生态文明州市县区申报管理规定（试行）》《云南省省级生态村申报及管理规定（试行）》《云南省省级生态乡镇（街道）申报及管理规定（修订)》，开展了生态文明建设信息管理系统建设，进一步完善生态建设示范区审查上报、验收命名、监督管理、抽查复查长效机制，引导督促地方政府大力开展生态创建。

"十二五"期间，全省16个州（市）、100多个县（市、区）开展生态创建，启动了普洱、丽江、玉溪3个国家级和昆明市盘龙区、红河州弥勒市、西双版纳州勐腊县、保山市腾冲县、临沧市临翔区、文山州富宁县6个省级水生态文明试点建设。昆明市西山区、呈贡区、石林县、晋宁县、宜良县和西双版纳州景洪市、勐腊县、勐海县8个县市区被省政府命名为云南省生态文明县市区，完成了西双版纳州景洪市、勐海县、勐腊县和昆明市石林县4个国家级生态县（市）技术评估。建成国家级生态乡镇85个、省级生态文明乡镇212个、省级生态文明村29个，目前尚有60多个国家级生态乡镇、203个省级生态文明乡镇待复核命名，创建活动呈现出蓬勃发展态势。①

4. 土壤环境保护与综合治理积极推进

云南在全国率先由省人民政府印发实施了《云南省近期土壤环境保护和综合治理方案》；建立了云南省土壤环境保护和综合治理联席会议制度，为全国第一个建立省级协调机制的省份，召开了联席会议第一次会议，明确

---

① 数据来源于云南省环保厅，特此致谢。

了联席会议各成员单位的工作任务和责任分工；组织开展全省土壤污染状况调查结果发布各项准备工作，制订了发布工作方案，开展全省土壤重金属总量与背景值、人为活动增量之间的关系研讨会；积极落实近期土壤环境保护和综合治理工作任务，全面推进 16 个州（市）土壤环境保护和综合治理方案编制工作，目前昭通、普洱已报市政府批准实施，昆明、红河、玉溪已上报政府审批，曲靖、文山、楚雄、德宏、丽江正在组织编制，其他 6 个州（市）均已不同程度启动。启动了云南省土壤环境保护优先区域和土壤污染重点治理区划定工作，确定了两区的划定范围；积极做好云南省列入国家重点项目的 4 个项目前期准备工作，并通过努力争取，"怒江州兰坪县金顶镇农田重金属污染治理项目"被列入国家第一批启动的 30 个土壤修复重点项目之一。

5. 自然保护区综合监管得到加强

一是全面贯彻落实《国务院办公厅关于做好自然保护区管理有关工作的通知》精神，印发了《云南省人民政府关于进一步加强自然保护区建设和管理的意见》《云南省人民政府办公厅关于做好自然保护区管理有关工作的意见》。

二是认真履行省级自然保护区评审委员会职责，召开省级自然保护区评审委员会会议，对乌蒙山、元江、阿姆山、拉市海、文山、观音山等 10 多个国家级、省级自然保护区的总体规划、范围和功能区调整进行评审，提出审批建议和意见。"十二五"期间，轿子山、元江、云龙天池、乌蒙山 4 个省级自然保护区晋升为国家级，寻甸黑颈鹤自然保护区经省政府批准晋升为省级自然保护区。完成元阳观音山、红河阿姆山省级自然保护区范围调整及丽江拉市海高原湿地省级自然保护区范围和功能区调整。纳板河流域、会泽黑颈鹤国家级自然保护区总体规划获省政府批复。

三是积极争取国家资金，推动国家级自然保护区能力建设。组织纳板河流域、会泽黑颈鹤保护区、苍山洱海、大山包黑颈鹤保护区等国家级自然保护区申报中央各类资金项目。"十二五"期间，共争取中央预算内投资下达国家级自然保护区建设经费 8054 万元。

四是切实加强自然保护区综合管理。配合国家 7 部门完成云南省 17 个

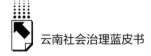

国家级管理成效评估，完成全省自然保护区基础调查与评估，完成19个国家级、36个省级自然保护区全国环境卫星遥感监测人类活动情况监察。文山新马房水库、大瑞铁路、玉磨铁路建设重大项目等十余个涉及国家级自然保护区的建设项目获得环保部审核同意。

6.九大湖保护治理取得积极成效

云南省高度重视九大高原湖泊保护治理工作，在湖泊保护与治理工作中，一是坚持保护优先，湖泊生态功能不断提升。划定生态红线，严格控制开发利用对湖泊生态环境的影响，通过生态措施和工程措施，为湖泊保护构筑坚实的绿色屏障。二是坚持治污为要，湖泊生态功能不断提升。实行源头监控、过程严管，综合运用工程、科技、管理等措施，严格控制入湖污染物。三是坚持制度创新，湖泊治理长效机制日益完善。初步形成了一湖一法、依法监管、政府负责、综合管理等一整套长效管理机制。四是坚持多措并举，资金投入力度不断加大。按照"政府推动、多元投资、市场运作"的思路，不断加大湖泊保护治理投入。在流域经济快速增长、人口环境压力不断加大的情况下，九大高原湖泊水污染综合防治工作取得积极成效。

（1）水质优良湖泊继续保持稳定，各项目标任务较好完成

对水质优良的抚仙湖和泸沽湖，始终坚持生态优先、保护优先原则，通过划定生态保护红线，实施分区管理，明确禁止开发管理区，严格限制开发，实行源头严控、过程严管、违法严惩和湖泊保护"一票否决"，有效控制了开发利用对湖泊生态环境及水质的影响。特别是对于抚仙湖，始终坚持湖泊优先、生态优先、保护优先原则，划定了生态红线，实施分区管理，明确禁止开发管理区、核心保护区及控制开发管理区，严格限制开发，实行源头严控、过程严管、违法严惩和湖泊保护"一票否决"，有效控制了开发利用对抚仙湖流域生态环境及水质的影响。近年来，狠抓"四退三还"（退塘、退田、退人、退房，实现还湖、还林、还湿地），在抚仙湖流域拆除一级保护区至环湖公路外侧50米范围内临违建筑34万平方米，完成村落环境整治222个，退出一级保护区农田8410亩，种植乔木等景观苗木50万株，恢复湿地2398.5亩，开展抚仙湖北岸2.8公里生态调蓄带建设，增加生态

涵养林 39743.96 亩, 在入湖河道末端建成 16 块共 1000 亩人工湿地及湖滨带, 完成 14 条主要入湖河道整治, 确保抚仙湖水质稳定。[①]

（2）水质良好湖泊水质持续改善

对水质良好的洱海、程海、阳宗海, 突出保护为主的原则, 通过产业结构调整、农业农村面源治理及村落环境整治、控污治污、生态修复和建设等措施进行综合治理, 主要入湖污染物总量基本得到控制。特别是对于洱海, 坚持减源、截污、修复、再利用"四措并举", 全力实施生态修复、环湖截污、城镇垃圾收集、污水处理系统建设、流域农业农村面源污染治理和流域水土保持"六大工程", 建成城市污水处理厂 5 座、集镇污水处理厂 9 座、村落污水收集处理系统 155 座。取消洱海养鱼网箱 11184 箱、机动渔船动力 2574 台（套）, 实施退塘还湖 4324 亩、退耕还林 7275 亩、退房还湿地 1705 亩; 恢复环洱海湖滨带 58 公里, 建成生态湿地 1.8 万亩, 推进苍山十八溪生态修复工程, 确保低温、优质水入湖（苍山十八溪分别为清碧溪、茫涌溪、隐仙溪、梅溪、中溪、锦溪、灵泉溪、莫残溪、双鸳溪、黑龙溪、白鹤溪、桃溪、阳溪等, 多年平均天然水资源量为 2.028 亿立方米, 占洱海入湖水资源总量的 22.9%）。将洱海保护治理工作纳入干部政绩考核, 共约谈监管不力、责任不落实的领导干部 130 人, 问责 47 人。启动了"三清洁"（清洁家园、清洁水源、清洁田园）环境卫生整治活动, 让湖泊保护治理融入经济社会发展的各个方面。针对洱海是我国典型富营养化初期湖泊的现状, 已初步探索出了一条"循法自然、科学规划、全面控污、行政问责、全民参与"的"洱海保护治理模式"向全国推广, 为我国湖泊保护治理树立了一面旗帜。

（3）重污染湖泊水质明显改善

对星云湖、杞麓湖、异龙湖等重度污染湖泊, 实施全面控源截污、入湖河道整治、农业农村面源治理、生态修复及建设、污染底泥清淤等强化综合治污措施, 目前水质恶化趋势得到遏制, 主要污染指标明显改善。特别是滇池, 取得了一系列成果。一是基本形成了截污治污体系, 入湖污染物大幅削

---

① 数据来源于云南省环保厅等相关部门, 特此致谢。

减。主城区污水日处理能力由"十一五"末的110.5万立方米增加到199万立方米,既控制了新增污染,也减少了存量污染。二是面山及"五采区"(采石、采砂、采矿、取土、砖瓦窑地区域)植被得到恢复,流域生态状况明显改善,生物多样性不断恢复。三是首次实现规模化生态补水,入湖水资源结构发生重大变化(牛栏江–滇池补水工程于2013年12月28日通水,设计每年向滇池补水5.66亿方,截至目前,工程已累计向滇池补水10.8亿方)。四是水质明显改善。与"十一五"末期(2010年)比较,滇池水质由重度富营养转为中度富营养,营养状态指数由71.04下降为64.47,降幅9.2%;水体中主要污染指标氨氮下降72.8%、总磷下降56.9%、总氮下降46.8%。入湖河道水质变化情况更为明显,与2010年比较,16条河流水污染指数平均值由22.0下降为7.8,降幅64.5%。[①]

(二)完善环境保护基本公共服务体系的成效

1. 推进区域环境保护基本公共服务均等化

统筹城乡"两污"设施建设,全省570个建制镇中,32个建制镇建成生活污水处理设施,新增污水处理能力9万立方米/日,配套管网122公里;130个建制镇建成生活垃圾处理收运设施,其中常住人口3万人以上的建制镇新增生活垃圾无害化处理设施能力为0.1万吨/日。积极开展农村环境综合整治,推行农村环境综合整治目标责任制考核试点,因地制宜开展垃圾热解等适用于山区农村的技术推广,全省12422个建制村已有861个开展综合整治,农村环境综合整治项目试点示范效应良好。保山市开展垃圾减量化、无害化、资源化就地处置试点,"先建后补"解决农村垃圾处理问题。普洱市加大财政投入,不等不靠开展农村环境综合整治。临沧市以"洁净临沧"行动为载体积极推进农村环境综合整治。此外,完成了"云南省生态环境十年变化遥感调查与评估"项目,并顺利通过国家验收,全面掌握了全省2000~2010年生态环境变化情况,建立了基础地理信息系统数据库,对提

---

① 数据来源于《云南省九大高原湖泊保护与治理概况》,云南省环保厅提供,特此致谢。

升全省环保科研人员采用新技术、新手段开展生态环境研究、监测和监管能力起到极大的促进作用，全省数字生态环境研究水平得到明显提升。组织西双版纳州和玉龙县开展国家主体功能区建设试点示范工作。开展流域生态健康评估试点，生态环境功能保护和管理不断加强。

2. 保障农村饮用水安全

全面排查日供水规模 20 立方米以上的农村供水工程，建立水质不达标工程负面清单，以项目为单元实行一个项目一个对策，科学合理提出提升水质达标率的措施和办法，采取分项目、分片区销号管理。分类推进水源保护区或保护范围划定，对日供水规模 1000 立方米以上的饮用水水源限期划定保护区或保护范围，对日供水规模 200 立方米以上的饮用水水源限期划定保护范围，对日供水规模 20～200 立方米的饮用水水源全面落实编码管理。全面加强农村饮用水水源地周边环境监管和综合整治，全面排查环境风险隐患并建立风险源名录，对可能影响水源环境安全的化工、造纸、冶炼、制药等重点行业、重点污染源加强执法监管和风险防范，坚决避免突发环境事件影响水源安全。完善净化消毒设施，新建、改扩建规模以上农村供水工程，严格按照规程规范开展净化消毒等水处理工艺设计和施工建设，确保供水水质达标。"十二五"以来，全省共投资 43.4 亿元（其中中央投资 34.72 亿元，省级 4.81 亿元，州市县及群众自筹 3.87 亿元），建成 1000 人以上集中式饮用水水点 27491 个，共解决 881.38 万人（其中农村人口 783.73 万人，农村学校师生 97.65 万人）饮水安全问题，占总解决人口的 65.29%。在解决的人口中，氟超标 2.32 万人、砷超标 0.12 万人和饮用苦咸水 12.39 万人已全部安排实施，解决率已达 100%。同时，通过农村环境综合整治试点示范，已建成集中式饮用水水源地防护设施 76 套，修建隔离防护设施约 19.7 公里，设置饮用水水源保护区标志 569 个，项目区村庄饮用水水源地得到切实保护。[1]

3. 提高农村生活污水和垃圾处理水平

坚持把农村生活垃圾、污水作为重要整治内容，因地制宜，集中和分散

---

[1] 数据来源于云南省环保厅，特此致谢。

处理相结合，探索和推广适合全省农村实际的农村生活垃圾、污水处理处置技术模式和管理方式，完善氧化塘系统、人工湿地、土壤渗滤、生态沟、一体化装置、微动力生态滤池等一批村落污水处理技术，各地探索、试点建设了垃圾热解、垃圾焚烧、垃圾热解汽化等垃圾处置技术，同时积极鼓励群众垃圾源头分类、有机质堆沤、废旧物资回收利用。到 2015 年年底，通过环境整合整治已建成农村生活污水处理设施 1791 套，年生活污水处理量达 464 万吨，每年可实现化学需氧量（COD）减排量 4.98 万吨、氨氮减排量 0.4 万吨。同时，优化布局，采用定点收集清运与就地减量化热解处理等方式，建成农村生活垃圾收集处理设施 7166 套，每年处置生活垃圾 170 万吨。① 随着农村环境保护长效机制逐步建立，全省整治工作实现了从单一村庄整治向连片整治转变，从重点村整治向特色村庄和辐射带动效应明显的连片村庄整治转变，从多村连片向整乡推进、整县推进转变。

4. 提高农业种植、养殖业污染防治水平

推进生态农业示范园区、现代农业庄园、农业专业合作社和旅游观光休闲农业等建设，鼓励多样化规模经营，规范种植规程，促进种植业结构的调整。在洱海、抚仙湖、星云湖、杞麓湖流域推广绿色防控技术，在滇池、抚仙湖、星云湖、洱海、异龙湖、程海流域开展测土配方施肥 230.78 万亩，有效控制农业面源污染。积极推广有机种植和开展无公害农产品认证，8 家企业的有机食品生产基地通过环境保护部考核，无公害农产品认证突破 5000 万亩，"三品"认证 2137 个，"三品一标"已发展成为安全、优质、生态、高效、创汇的公共农产品品牌。大力实施双室堆沤肥池建设，采取过腹还田、青贮饲料等措施，提高农作物废弃物的综合利用水平。开展了农膜回收利用及污染治理调研，形成《云南省环境保护厅关于加强废旧地膜回收利用工作的报告》上报省政府，切实提高废旧地膜回收率和综合利用率，有效减少农业种植中的白色污染。鼓励养殖业实施废弃物综合利用，提高畜禽养殖废弃物的综合利用水平，因地制宜选择适合当地特点的养殖规模和污

---

① 数据来源于云南省环保厅，特此致谢。

染治理模式，积极促进养殖业由传统养殖方式向清洁养殖方式转变。

5. 改善重点区域农村环境质量

云南省高度重视农村环境保护工作，遵循"预防为主，保护优先；分类指导，分区推进；统筹规划，重点突破"的原则，以实施"七彩云南保护行动"和新农村建设为契机，坚持把农村环境整治与新农村建设、扶贫开发、统筹城乡发展和美丽乡村建设、提升城乡人民环境行动相结合，围绕三峡库区上游水污染防治重点区域、沿边改革开放试验示范区、少数民族聚居区、生态建设示范区、国家传统村落、"美丽乡村"建设示范点等重点区域，争取中央农村环保资金42199万元，实施了442个村庄的农村环境综合整治试点示范；在中央资金的引导下，投入省级环保专项资金12193万元，开展160个村庄的农村环境综合整治试点示范；获得中国传统村落农村环境综合整治资金38850万元，对259个中国传统村落开展农村环境综合整治。① 通过典型引路，整治示范成效不断扩大，涌现出一批环境优美、民族团结和睦、群众安居乐业的民族村寨，一些严重影响群众生产、生活的突出环境问题得到解决，一批村庄的环境状况和村容村貌发生很大变化，农村人居环境得到了明显改善。

6. 提高环境监管基本公共服务保障能力

云南省环保厅制订了《云南省2013～2015年环境监测能力建设方案》，投入14267万元用于环境监测站能力建设，完成了16个州（市）共计45个空气自动监测站新标准能力建设，支持了57个环境监测执法业务用房建设和40个监测站仪器设备填平补齐，部分监测站还将具备专项监测和应急监测能力，极大地提升了全省环境监测能力和水平。到2015年年底，全省132个环境监测站（其中省级环境监测站1个，地市级环境监测站16个，县级环境监测站115个）中，云南省环境监测中心站标准化建设已通过国家验收，15个地市级环境监测站和50个县级环境监测站通过标准化建设达标验收，全省环境监测站标准化建设达标验收率为50%。② 全省16个地市

① 数据来源于云南省环保厅，特此致谢。
② 数据来源于云南省环境监测站，特此致谢。

级环境监察支队和 126 个县级境监察大队均未达到环境保护部《关于印发
〈全国环境监察标准化建设标准〉和〈环境监察标准化建设达标验收管理办
法〉的通知》（环发〔2011〕97 号）文件规定的建设标准，地级以上城市
环境保护执法队伍基本达到能力建设标准的比例和县级环境保护执法队伍基
本达到能力建设标准的比例均为零。

（三）生态安全建设取得明显成效

生态安全是全世界可持续发展所面临的一个新主题和全新研究领域。生
态安全指人的生活、健康、安乐、基本权利、生活保障来源、必要资源、社
会秩序和适应环境变化的能力等方面不受威胁的状态。人类活动是生态安全
最主要的威胁来源，本报告将从大气资源安全、水资源安全、生物物种安
全、环境风险管理等角度介绍云南省生态安全取得的成效。

1. 大气资源安全逐步改善

大气资源安全是指大气质量维持在可接受的水平或非威胁和非伤害的水
平。"十二五"期间，云南省政府印发《云南省人民政府关于印发云南省
"十二五"低碳节能减排综合性工作方案的通知》（云政发〔2012〕81 号）、
《云南省人民政府关于进一步加强"十二五"全省主要污染物总量减排工作
的若干意见》（云政发〔2012〕149 号）和《云南省人民政府办公厅关于印
发云南省"十二五"主要污染物总量减排考核实施办法的通知》（云政办函
〔2013〕68 号），与 16 个州（市）政府签订了减排目标责任书，分解落实
责任；并印发《云南省人民政府关于加强机动车排气污染防治工作的意
见》，有序推进机动车环保标志管理。同时，加大减排投入，大幅增加了省
级减排专项资金预算，并形成了每月一会商、一通报、一约谈、一监督的工
作机制。推进制糖、橡胶、农业源等新领域减排。丽江市、楚雄州减排检测
体系建设推进迅速，管理有效。主要有以下几方面成就。

第一，地级以上城市空气质量总体得到改善。2014 年全省 16 个地级以
上城市中，昆明市、曲靖市和玉溪市实施了环境空气质量新标准，三个城市
空气质量均达到《环境空气质量标准》（GB 3095—2012）二级；其余 13 个

地级以上城市按照《环境空气质量标准》（GB 3095—1996）进行评价，大理市、香格里拉市空气质量达到一级，保山市、丽江市、昭通市、临沧市、楚雄市、蒙自市、普洱市、文山市、景洪市、芒市、六库镇环境空气质量达到二级。[①] 2015 年，文山市、保山市隆阳区的细颗粒物（PM2.5）年均值超过二级标准，超标倍数分别为 0.09 倍和 0.06 倍，其余 14 个城市环境空气质量年均值达到二级标准。按空气质量指数（AQI）评价，16 个城市优良天数比例为 93.1% ~ 100%，其中丽江市古城区和香格里拉市为 100%，景洪市为 93.1%，全省平均为 97.3%。16 个地级以上城市累计超标共 158 天，其中重度污染 1 天、中度污染 7 天、轻度污染 150 天，首要污染物以细颗粒物（PM2.5）为主，占 63.9%；其次是臭氧，占 32.9%。昆明市主城、曲靖市麒麟区、玉溪市红塔区优良天数比例分别为 97.8%、97.0%、99.5%。

第二，化学需氧量（COD）排放总量减少。2014 年，全省化学需氧量排放量 53.38 万吨，2015 年化学需氧量排放总量 51.03 万吨，其中工业源排放量 146677 吨，农业源排放量 68183 吨，城镇生活源排放量 281477 吨，生活垃圾集中式治理设施排放量 13927 吨。2015 年比 2010 年下降 9.52%，比 2014 年下降 4.40%，完成国家减排任务。

表 1　云南省化学需氧量（COD）排放情况

单位：万吨

2010 年(COD)排放量	2014 年(COD)排放量	2015 年(COD)排放量
56.40	53.38	51.03

资料来源：云南省环保厅。

第三，氨氮（$NH_3 - N$）排放总量减少。2014 年全省氨氮（$NH_3 - N$）排放量为 5.65 万吨，2015 年全省氨氮排放总量 5.49 万吨。其中工业源排放量 3650 吨，农业源排放量 10994 吨，城镇生活源排放量 38606 吨，生活

[①]　如无特别说明，数据来源于云南省环保厅以及《云南省 2015 年度环境状况公告》。

垃圾集中式治理设施排放量 1655 吨。2015 年比 2010 年下降 8.50%, 比 2014 年下降 2.83%, 完成国家减排任务。

表2　云南省氨氮 (NH$_3$ - N) 排放情况

单位: 万吨

2010 年(NH$_3$ - N)排放量	2014 年(NH$_3$ - N)排放量	2015 年(NH$_3$ - N)排放量
6.00	5.65	5.49

资料来源: 云南省环保厅。

　　第四, 二氧化硫 (SO$_2$) 排放总量明显减少。推进钢铁行业二氧化硫排放总量控制, 90 平方米以上的 30 座钢铁烧结机、球团设备已全部完成烟气脱硫改造。加强水泥、煤化工、有色等行业二氧化硫和氮氧化物治理, 对熟料生产规模在 1000 吨/日以上的 99 条水泥生产线安装脱硝设备, 完成焦化、合成氨二甲醚等 7 家企业和两家有色企业二氧化硫减排工程。对完成二氧化硫和氮氧化物治理的设施均已安装在线监控监测设施。2014 年全省二氧化硫 (SO$_2$) 排放量为 63.67 万吨, 比 2010 年下降 9.55%。2015 年上半年全省二氧化硫 (SO$_2$) 排放量为 28.43 万吨, 较 2014 年上半年下降 11.10%。2015 年全年二氧化硫排放总量 58.37 万吨, 其中电力行业排放量 107823 吨, 钢铁行业排放量 55373 吨, 平板玻璃制造行业排放量 3312 吨, 其他行业排放量 417231 吨, 完成国家减排任务。2015 年比 2010 年下降 17.09%, 比 2014 年下降 8.32%, 超额完成国家减排任务。

表3　云南省二氧化硫 (SO$_2$) 排放情况

单位: 万吨

2010 年(SO$_2$)排放量	2014 年(SO$_2$)排放量	2015 年(SO$_2$)排放量
70.40	63.67	58.37

资料来源: 云南省环保厅。

　　第五, 氮氧化物 (NO$_X$) 排放总量减少。2014 年全省氮氧化物 (NO$_X$) 排放量 49.89 万吨, 2015 年氮氧化物排放总量 44.94 万吨, 其中电力行业排放量 55829 吨，水泥行业排放量 95868 吨，平板玻璃制造行业排放量 2472 吨，机动车排放量 187568 吨，其他行业排放量 107629 吨。2015 年比 2010 年下降 13.58%，比 2014 年下降 9.92%，完成国家减排任务。

表4　云南省氮氧化物（NO_X）排放情况

单位：万吨

2010 年(NO_X)排放量	2014 年(NO_X)排放量	2015 年(NO_X)排放量
52.00	49.89	44.94

资料来源：云南省环保厅。

第六，非化石能源占一次能源消费比重明显增加。云南省政府出台《云南省能源消费总量控制工作方案》，通过提高非化石能源占比，增加风能、太阳能、生物质能等可再生能源供给，降低煤炭在一次能源消费中的比重。2015 年，全省能源消费总量和增长都控制在国家下达的任务目标以内，非化石能源占一次能源消费比重高达 42% 左右（国务院 2015 年的指标为 11.4%），超额完成国家减排任务。

第七，全部实现单机容量 30 万千瓦以上（含）燃煤机组加装脱硫硝设备。全省 20 万千瓦以下燃煤机组"十一五"期间已全部淘汰，现役 20 万千瓦以上（含）燃煤机组"十一五"期间已全部完成脱硫系统改造，截至 2015 年，全省完成脱硫装机容量 1240 万千瓦，占火电总装机的 100%。单机容量 30 万千瓦以上（含）的燃煤机组共 30 台，全部实施延期脱硝改造和机组脱硫旁路烟道封堵改造。全省单机容量 30 万千瓦以上（含）燃煤机组加装脱硝设施的容量所占比例为 100%。

表5　云南省单机容量 30 万千瓦以上（含）燃煤机组加装脱硫硝设施情况

单机容量 30 万千瓦以上（含）燃煤机组台数	加装脱硫硝设施的机组台数	单机容量 30 万千瓦以上（含）燃煤机组总装机容量（MW）	加装脱硫硝设施的机组装机容量（MW）
30	30	12400	12400

资料来源：云南省环保厅。

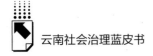

第八，"黄标车"淘汰超额完成国家任务指标。淘汰 2005 年前注册运营的"黄标车" 23.47 万辆，其中 2014 年淘汰 18.51 万辆，2015 年淘汰 4.96 万辆。

2. 水资源安全得到保障①

水资源安全就是指水资源的可持续利用，或者是水资源的供需动态平衡。"十二五"期间，云南省政府先后召开滇池、抚仙湖水污染综合防治工作会，安排部署九湖水污染防治工作。玉溪市实施沿湖四县生态建设目标任务考核，大理州开展洱海流域"三清洁"活动，丽江市开展程海流域环境违法行为有奖举报。云南省共实施九湖水污染防治综合规划项目 295 个，总投资 548.74 亿元，后调整为总项目 292 个，总投资 548.99 亿元。截至 2015 年 8 月底，完工 159 个，在建 112 个，开展前期工作 20 个，未启动 1 个（阳宗海再生水利用配套网管、蓄水装置建设工程），完工率 54.45%，开工率 92.81%，累计完成投资 265.33 亿元，投资完成率 48.33%。云南省政府成立督导组，修订了九湖"十二五"规划目标责任考核办法以及九湖专项资金管理办法，并开展了九湖"十二五"规划终期评估。此外，云南省积极推进《三峡库区及其上游水污染防治规划》实施，江边、三块石、横江桥、普度河桥、降低桥 5 个断面水质满足年度水质控制目标。强化牛栏江、沘江、南盘江等水污染防治重点流域的水质动态分析及出境跨界河流断面水质监测。

第一，地表水国控断面劣 V 类水质情况。2014 年，全省 69 个地表水国控断面中，劣 V 类水质的断面 15 个，占地表水国控断面的 22%。2015 年年底，西坝河通过治理，水质由劣 V 类上升为劣 IV 类水质；2016 年西坝河水质为 III 类，综合污染指数为 2.29，比当年三月的 2.59 下降了 11.58%。云南省调整后的国控断面大多分布在滇池及入湖河流，劣 V 类水质和不达标断面居多，导致云南省地表水国控断面劣 V 类水质的比例与国家规划目标尚有一定差距。2014 年，好于 III 类的水质断面 42 个，占地表水控制断面的

---

① 数据来源于环保厅相关部门，特此致谢。

61%，较2013年上升3个百分点。

第二，城镇污水新增处理能力及污水管网新增长度情况。云南省于2008年9月全面启动城镇污水处理厂及配套管网设施建设，并制定了《云南省城镇污水及再生利用设施规划（2008～2012年)》和《云南省城镇污水处理及再生利用设施"十二五"规划（2011～2015年)》，全省累计投入省级以上补助资金70.61亿元，完成投资161.3余亿元。2008年9月至2015年10月31日，云南省已近建成城镇生活污水处理厂154座，进入住房和城乡建设部信息系统和环境保护部在线监测系统的144座，投入运行污水处理厂142座，设备调试安装2座，投入运行率98%，污水总处理能力从规划实施前127.05万吨/日增加到327.30吨/日，实现了所有县城都具备污水处理能力。"十二五"期间，全省新增城镇污水处理能力112.66万吨/日（其中续建96.70万吨/日，新增71.25万吨/日)、污水再生规模96.7万立方米/日、污泥处理能力200吨/日，COD进水浓度平均达到255.16mg/L，污水处理总量24575万吨，城镇生活污水处理率和再生水利用率达到84.85%和26%。

2008年9月至2015年10月31日，全省城镇污水处理配套管网累计建成7304公里，其中"十二五"期间新增污水配套管网5210.35公里（续建4410.78公里，新增799.57公里)。截至2015年年底，全省污水管网总长8299.35公里，其中城市污水管网总长4957.97公里，县城污水管网总长3219.41公里，重点镇管网总长122公里。

第三，规模化畜禽养殖场和养殖小区建设固体废物和污染储存设施情况。"十二五"期间，全省共投入39500万元开展规模化畜禽养殖污染防治。昆明市建成5000立方米沼气工程；大理州结合养殖规模因地制宜采用沼气池、畜禽粪便晾晒棚、堆积发酵池、污水处理池等开展畜禽粪便资源化利用，仅洱海区域就完成畜厩改造4万平方米，污水处理池3000立方米，大理新希望蝶泉乳业生态牧场建成一个1000立方米沼气工程，规模化畜禽养殖场粪便综合利用率达到100%，散养户固态粪便经堆积发酵生产农家肥还田利用，液态尿液经三格式处理池后作为农灌用水进入农田或者排入村污

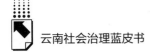

水处理管网，从源头上控制畜禽粪便直接进入洱海水体；玉溪市江川县星云湖流域完成生物发酵床建设 9728 平方米，通海县杞麓湖径流区完成排污沟及管道 1705 米、堆粪间 179 平方米，完成化粪池改造 405 平方米、厩舍改造 19720 平方米、沼气池改造 1475 平方米、完成沼气及污水处理池 149 平方米、排污沟 1210 米和微生物发酵床、堆粪区 770 平方米；丽江市永胜县程海流域改扩建生猪标准化养殖场 2 个，完成标准化猪舍建设 910 平方米、排污沟 110 米、排污管道 465 米、堆粪场 181 平方米、排污净化池 50 立方米、供水管道 2230 米、道路硬化 220 平方米、防疫消毒室 45 平方米、消毒池 2 个。截至 2015 年 9 月 20 日，全省 1836 个规模化畜禽养殖场和养殖小区有 934 个完成了固体废物和废水储存处理设置的配套建设，畜禽养殖场和养殖小区配套完善固体废物和污水储存处理设施的比率达到 50.87%。

第四，地级以上城市集中饮用水水源地水质全分析情况。全省地级以上城市集中饮用水水源地共 37 个，有 34 个水源地开展了水质全分析，达到 92%。

第五，重点流域水污染防治工程完成情况。云南省制定并积极实施《重点流域水污染方位规划（2011～2015 年)》，滇池治理项目 101 个，截至 2015 年，滇池治理"十二五"规划的 101 个项目完成 67 个，累计完成投资 289.79 亿元，占规划批复投资额的 82.1%。三峡库区及其上游流域水污染防治确定的 114 个项目已完成 14 个，调试阶段 14 个，在建 25 个，前期阶段 50 个，未启动 11 个，累计完成投资 15.96 亿元。

3. 国土资源安全

国土资源安全是指国土资源的数量、质量和结构始终处于一种有效供给的状态，即在动态上满足当代人和未来世代人发展的需要。"十二五"期间，云南省国土资源管理在"保障发展"和"保护资源"二者之间实现了有效均衡。全省坝区优质耕地中基本农田面积保护率由 66.3% 提高到 81.9%，合理增加建设用地总规模 260.9 万亩，整理复垦开发各类土地 613.5 万亩，新增耕地 97.9 万亩。"十二五"末单位 GDP 消耗建设用地较"十一五"末下降 44%。地质、矿产服务保障水平持续提高，累计投入各类勘查资金 103 亿元，评价 4 个超大型、22 个大型矿床，探获煤 42 亿吨、铁矿石 17 亿吨、磷 7.8 亿吨、铝土矿 2 亿吨。①

第一，严格保护耕地，坚守耕地红线。积极开展永久基本农田划定，扎实开展"兴地睦边"等土地整治工作，"十二五"期间全省新增建设项目占用耕地全部实现占补平衡，实现了补充耕地项目全程数字化监测监管。

第二，提高土地集约利用水平。清理盘活存量建设用地，强力推进闲置土地整改，深入推进批而未供土地的清理利用，完善工业用地供应和使用制度，实施土地使用标准控制，推进建设项目节地评价。

第三，进一步规范矿产资源勘查开发管理。健全完善矿业权三级联网审批制度，避免权力寻租。推进找矿突破战略行动、矿山储量动态测量，新增了一批矿产资源量。

4. 环境风险管理

环境风险管理是指根据环境风险评价的结果，按照恰当的法规条例，选用有效的控制技术，进行削减风险的费用和效益分析，确定可接受的风险度和可接受的损害水平，进行政策分析及社会经济和政治因素考量，决定适当的管理措施并付诸实施，以降低或消除事故风险度，保护人群健康与生态系统的安全。

第一，环境风险管理机制建设情况。云南省修订实施《云南省环境突发事件应急预案》，将有效预防和妥善应对重大突发事件作为地方人民政府的重要任务并将其纳入环境保护目标责任制。建立健全信息共享、会商研判、联防联控和舆情应对机制，完善环境突发事件应急体系建设和应急预案，及时有效处置环境舆情。加快环境污染责任保险制度，印发《云南省人民政府办公厅关于开展环境污染责任保险试点工作的通知》，积极推动环境污染责任保险试点，逐步完善云南省环境污染责任保险试点，鼓励环境污染强制责任保险实施范围以外的企业积极投保环境责任保险。配合环保部开展《环境污染损害评估推荐方法》的制定和全国环境污染损害评估鉴定机构的推荐工作，昆明环境污染损害司法鉴定中心被列入全国第一批环境损害鉴

---

① 数据来源于云南省国土资源厅。

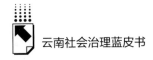

定评估推荐机构目录。完善以预防为主的环境风险管理制度，落实企业主体责任，全面推行企业稳定达标排放，切实加强企业防范重大污染事故的能力，对重点风险源、重要和敏感区域定期开展专项检查。成立了云南省环境应急中心，曲靖市、保山市、昭通市和勐腊县、富宁县已有编制批复并设立了应急机构并配备相关人员，其他 13 个州县环境保护部门也在积极申请应急机构。

第二，核与辐射安全管理工作情况。云南省 12 个州（市）建立了辐射管理科或管理机构，8 个州（市）成立了辐射环境监测（监督）站，完成了 129 个县（市、区）辐射环境监测设备配备。全省组织开展了辐射安全监督员证核发工作，完善核与辐射安全评审和辐射安全许可证制度，下放辐射类建设项目环评和辐射安全许可证审批权限，全省共办理辐射类行政许可审批及备案 5087 项，开展了 6 次全省性的辐射安全检查专项行动，开展核安全文化宣传贯彻推进专项行动以及 I 类放射源在线监控和移动式放射源定位监控试点工作。完成了云南省放射性废物（源）储存库扩建及安全保卫设施能力提升，共收储废旧放射性源 1029 枚，放射性废物 113.32 千克。制定了《云南省环境保护厅辐射事故应急响应方案》，建成了 1 个省级核与辐射应急监测调度平台，建成 2 套省级和 4 套州（市）应急检测系统。妥善处理了 3 起一般辐射事故，未发生特别重大、重大和较大的辐射事故。

三　生态环境治理存在的问题

（一）环境污染事件时有发生

2013 年 4 月，中新网曾报道小江遭污染成"牛奶河"，涉事企业和政府相关部门责任人受到严惩。2014 年 11 月 28 日，云南媒体报道东川区小江再现"牛奶河"。[①] 2014 年，云南两环境案上环保部公布重点案件黑名单。一是江南铁合金有限公司项目因周边地表存在水铁超标、土壤镉超标和大肠

---

①　朱虹、唐启荣：《涉案企业停产整顿罚款 60 余万元》，《云南信息报》2014 年 12 月 2 日。

菌群超标等问题，未通过竣工环保验收。二是渝滇化工有限责任公司厂区场地土壤污染严重，且未开展治理修复工作，已被牟定县工商局吊销营业执照。[①] 从 2016 年 1 月 1 日起，"史上最严环保法"正式施行，为治污祭下一剂法典猛药。昆明市环保局网站公布云南大甸食品有限公司擅自停用污水处理设施偷排污水。为此，昆明市环境保护局下发行政处罚决定书，责令其停止生产，决定处罚 10 万元。[②] 该案成了新环保法实施后昆明公布的第一案。

（二）自然生态保护工作存在的薄弱环节

第一，生态与生物多样性保护工作缺乏协调工作机制，相关工作按要素分头管理，职能交叉或分散严重，部门之间认识不统一、协调难度大，有关重点工作或规划很难有效推动和落实，原云南省生物多样性保护联席会议已被取消，生物多样性保护工作和《战略与行动计划》的实施较难协调。

第二，农村环境形势十分严峻，农村生活污水和生活垃圾问题突出，环境污染压力不断加大。农村环境基础设施薄弱，农业源污染治理未得到重视，农村环境监管不到位。

第三，云南省土壤环境形势不容乐观，土壤环境保护和综合治理任务十分艰巨，土壤环境现状底数不清，土壤环境保护与污染治理技术保障不足、监测能力弱，污染治理资金缺口大。

第四，涉及自然保护区的建设项目不断增多，保护与开发的矛盾日益突出，自然保护区监管压力增大。自然保护区管理机制不顺，部门协调难度大，管理机构不健全等问题依然存在。

（三）环境基本公共服务体系建设中的问题

由于投资标准低、地方财政配套困难等原因，全省完善环境基本公共服

---

① 管弦：《环保部公布 9 月重点案件　云南两环境案上黑名单》，《春城晚报》2014 年 10 月 28 日。

② 管弦：《新环保法昆明第 1 案　牛栏江上游洗洋芋排污罚 10 万》，《春城晚报》2015 年 1 月 6 日。

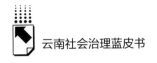

务体系建设中仍然存在诸多问题。

第一，推进环境保护基本公共服务均等化进展缓慢，环境功能区划及生态红线划定工作启动较晚，《青藏高原区域生态建设与环境保护规划（2011～2030年)》实施效果不理想，全省570个建制镇中仅32个建成生活污水处理设施、130个建成生活垃圾处理设施，12065个建制村中仅有861个开展了综合整治，广大村镇环境基础设施非常薄弱，农村环境整治任务繁重。农村环境保护任务点多面广，农村饮水安全建设方面仍然存在诸多困难和问题，城乡供水一体化尚未开展，农村生活污水和垃圾处理水平及农业种植、养殖业污染防治水平有待提高。环境监管能力建设资金投入不足，全省环境监测站标准化建设验收达标率仅为50%，地级以上城市和县级环境保护执法队伍基本达到能力建设标准的比例均为零，基层环境监管能力薄弱，环境监管能力有待提升。"十三五"期间应大力开展以下重点工作：积极推进环境保护基本公共服务均等化，做好环境功能区划及生态红线划定工作，构建生态安全体系，深入实施《青藏高原区域生态建设与环境保护规划（2011～2030年)》，加大农村环境连片整治试点示范和"两污"设施建设投入力度。

第二，全面开展农村环境保护，推进农村饮用水水源地保护区或范围的划定工作，提高农村生活污水和垃圾处理水平及农业种植、养殖业污染防治水平，严防城市和工业污染向农村转移。

第三，加大环境监管能力资金投入力度，全面开展环境监管体系标准化建设，有效提升环境监管能力。

第四，继续加大社会监测市场的开放力度，加强对第三方监测机构的管理，促进其健康有序发展。

（四）九湖保护治理仍然面临很大困难

1. 保护治理压力巨大

九湖流域人口不断增加，产业结构调整步伐缓慢，工业、农业、城市和旅游的快速发展与湖泊治理保护矛盾突出，人民群众对环境质量的要求在不断提高，这对目前水质尚未得到稳定改善的湖泊来说，治理保护的压力将进一步加大，任务更为艰巨。

2. 水环境质量不容乐观

九湖流域污染源尚未得到全面治理，污染物排放总量尚未得到有效控制，湖泊污染控制和治理的难度进一步加大。截至目前，滇池、星云湖、异龙湖、杞麓湖未能达到水环境功能要求。

3. 资金投入缺口较大

云南是西部边疆、民族、贫困地区，经济发展水平低，截至2015年8月底，九湖水污染防治"十二五"规划项目仅完成48.33%资金投入，后续治理资金缺口较大；建设的主体过于单一，没有充分调动民间资金参与项目建设。

4. 环境监管还有待加强

企业污染处理设施擅自停运，偷排、漏排和超标排放污水的违法违规行为时有发生。

（五）云南省生态安全面临的形势与存在的问题

1. 自然灾害进入多发频发期

由于云南省地理地质环境特殊、气候条件复杂、全球气候异常变化，加之印度洋板块沿滇缅弧向东俯冲和青藏地块侧向挤压双重动力作用的影响，地震以及暴雨、干旱等极端天气事件频发，时空分布出现新变化；特大洪涝灾害、山洪地质灾害、森林火灾等发生的可能性加大；部分水坝存在安全隐患；有害生物对局部地区农林业生产和生态环境造成的危害加重。

2011年，全省先后发生低温雨雪冰冻和旱灾等自然灾害，因灾死亡105人、失踪2人，1881.49万人受灾，紧急转移安置18.08万人，直接经济损失196.3亿元。2012年，全省先后发生旱灾、景谷"7·31"洪涝、彝良"9·7"地震和"10·4"山体滑坡等自然灾害，因灾死亡232人，失踪10人，2306.35万人受灾，紧急转移安置29.71万人，直接经济损失201.7亿元。2013年，全省先后遇到干旱、镇雄"1·11"和"1·31"特大山体滑坡、洱源 "3·3" 和 "4·17" 地震、富源 "7·2" 洪涝、盐津 "7·5" 山体滑坡、迪庆 "8·28" 和 "8·31" 地震以及云龙 "9·8" 泥石流等自然灾害，因灾死亡 165 人、失踪 14 人，2512.6 万人受灾，紧急转移安置 7.54 万人，直接经济损失 249.61 亿元。2014 年，先后发生了楚雄州禄丰县 "2·26"、保山市隆阳区 "4·12"、昆明市西山区 "4·16"、昆明市安宁市 "5·21" "5·24" 等多起森林火灾。[①] "十二五" 以来，自然灾害不仅继续保持多发频发态势，而且受灾人口、经济损失等逐年增加。

2. 水污染防治工作任务繁重

（1）地表水控制断面劣 V 类水质未达到规划目标

"十二五" 期间，国务院给云南省下达的地表水国控断面劣 V 类水质的比率是不超过全部 69 个国控断面的 15%，2014 年该比率为 22%，2015 年该比率为 20%。2015 年，劣 V 类水质的国控断面分别为滇池草海中心、滇池灰湾中、滇池罗家营、滇池观音山东、滇池观音山中、滇池观音山西、滇池海口西、滇池南、滇池白鱼口、滇池断桥、澄海湖中、螳螂川富民大桥、新河积善村段、海河范家村新二桥，云南省国控断面劣 V 类水质主要集中在滇池流域。该流域水污染是云南省今后较长时间内最为重要和棘手的环境问题，滇池湖体及入湖河流水质在短时间内难以达到规划功能要求。但是，云南省国控断面水质好于Ⅲ类的比例占地表水控制断面的比率超过了国家规划 60% 的要求。

（2）重点流域水污染防治工程完工率有待提高

根据 2014 年和 2015 年滇池治理项目（101 个）以及三峡库区及其上游流域水污染防治项目（114 个）的开工、完成以及前期阶段情况，云南省的重点流域水污染防治工程完工率未达到国务院的指标要求。

3. 污染减排形势严峻

2015 年，云南省地区生产总值完成 13717.88 亿元，城镇化率达到 43% 左右；"十二五" 期间，云南省的 GDP 年均增长率为 11.1%，化石燃料消

---

① 数据来源于云南省地震局等部门，特此致谢。

费仍有很大增长。云南省是国家重要的能源基地和原材料基地，把云南省建设成为我国面向西南开放桥头堡战略、西部大开发战略、"西电东送"和"云电外送"等一系列国家战略和重大项目建设，将使云南省能源和原材料产业大幅度增长，从而造成全省化学需氧量、氨氮、二氧化硫、氮氧化物排放的增加。加快经济发展与完成主要污染物总量减排目标任务的矛盾十分突出。虽然2015年以上主要污染的排放量都达到了国务院下达的任务指标，但总体上，云南省的污染减排形势依然严峻。

4. 环境风险防范压力大

随着桥头堡战略的实施、云南省对外开放进程加快、工业化加速发展特别是重工业的发展，突发性环境事件呈现增多的趋势，环境违法行为时有发生。自然灾害引发的次生环境问题也不容忽视，安全生产、交通事故等引发的次生突发环境事件持续上升。重金属、持久性有机物、放射性物质、危险废物和危险化学品等风险因素加大。云南省境内有4条国际河流（上游），有4060公里的国境线和20多个国家一类、二类口岸，突发性环境事件的风险较大，一旦发生，很容易转变成国际事件。与新时期环境分析防范和环境监管能力建设的需求相比，全省环境监管整体能力还较低，系统提升不够，缺乏必要的整合与联动。此外，检测和检查业务用房缺口较大，设备运行与更新改造经费难以得到有效保障，人员编制不足，人员素质总体不高。环境管理的基础能力，包括环境信息、环境科技、环境统计、环境宣传、基础调查等，与需求还有较大差距。监测网络还需进一步完善，重点流域和多条重要出境河流水质自动监测站建设滞后，水质自动监测断面占全省监测断面数的比率不到5%。全省核与辐射环境安全监管也存在机构不健全、能力建设不足的情况。

5. 国土资源管理面临的核心问题是资源供求矛盾日益尖锐

一方面，云南省耕地红线是到2020年年末耕地保有量8970万亩（约占全国的1/20），基本农田保护面积7431万亩，全省资源环境承载力相对较弱；另一方面，云南省进入加快发展工业化、农业化、城镇化的新时期，资源需求刚性增长，资源供需缺口持续加大，矛盾突出。

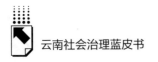

四 推进生态治理的战略部署与对策

云南省委省政府及相关职能部门对云南边疆地区生态治理存在的问题保持了清醒认识，并带领和团结全省各族人民，全方位形成推进生态治理的战略和对策。

（一）推进生态治理战略

1. 深刻把握生态文明建设和环境保护的新思想、新战略

党的十八大以来，习近平总书记提出坚持"两山论"和绿色发展理念。总书记指出，生态文明建设是我们突出的短板，生态环境保护不仅是民生问题，处理不好，会变成社会的主流问题。总书记指出，"绿水青山就是金山银山"，绿色发展理念是一场革命，是一次深刻的改革，涉及思维方式、生产方式、生活方式以及价值理念的重大变革，要"像保护眼睛一样保护生态环境，像对待生命一样对待生态环境，推动形成绿色发展方式和生活方式"，打破了把发展与保护简单对立起来的思维束缚，指出了发展和保护的内在统一、相互促进和协调共生，要把生态环境优势转化成经济社会发展的优势。要引导企业主动采取绿色生产方式，鼓励公众自觉践行绿色生活方式，推动形成人人节约资源、保护环境的社会风尚。

党的十八届五中全会强调，必须牢固树立并切实贯彻创新、协调、绿色、开放、共享的发展理念。其中，绿色发展强调的是人与自然和谐共处，要做到既要绿水青山，也要金山银山，从根本上解决资源环境问题。

云南省委九届十二次全会要求，把创新作为引领跨越式发展的第一动力，把协调作为跨越式发展的内在要求，把绿色作为跨越式发展的重要保障，把开放作为跨越式发展的必由之路，把共享作为跨越式发展的本质要求，贯穿到云南省"十三五"经济社会发展的全过程和各方面，要求我们用生态文明建设和环境保护的新理念、新理论、新思想武装头脑，闯出一条符合云南实际和时代要求的跨越式发展路子。

在党中央、国务院和省委省政府的领导下，云南省逐步形成了生态治理的新战略，即必须坚持绿色发展，争当生态文明建设排头兵。倡导全社会共同行动，全面推进环境信息公开，加强公众参与，建立健全环境保护举报平台和制度，形成政府、企业、公众共治的环境治理体系。

2. 全面构建生态治理的八大体系①

（1）确立环境质量改善目标体系

城市空气环境质量持续优良并有所提升，声环境质量持续达标并得到有效控制，辐射环境质量继续保持良好。以六大水系和九大高原湖泊为主的水环境质量得到切实改善，地表水、省控以上断面无劣类水质和严重富营养化状态。全面完成污染减排指标，有效防范环境风险，使生态安全屏障功能稳定。

（2）健全环境法规制度体系

完善环境保护系列法规，积极推进《云南省环境保护条例》修订，加快推进《生物多样性保护条例》制定。完善环境标准体系，修订符合云南省实际的环保领域相关标准。制定"三同时"相关政策要求，依法行政，促进规范和公平的市场竞争秩序建立。

（3）完善环境预防防控体系

建立生态保护红线管控体系，合理划分生态保护空间。完善环评管理体系。坚持预防优先，强化空间、总量、准入三条红线，建立依法、科学、公开、廉洁、高效的环评管理体系。完善环境应急体系和能力建设，妥善高效处置环境突发事件。

（4）构建环境综合治理体系

构建水、大气和土壤多污染物综合控制和城乡污染综合治理体系，统筹推进污染防治。分类制定重点区域、重点流域、重点行业、重点污染物的污染治理措施，构建重点突出的综合治理体系。

---

① 张纪华（云南省环境保护厅厅长）：《提升生态环境质量　助推云南绿色发展——2016年全省环境保护工作会议工作报告》，2016年1月22日，http://www.zhb.gov.cn/xxgk/gzdt/201601/t20160122_326783.shtml。

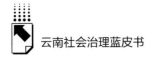

（5）加强自然生态保护体系

加强生物多样性保护，严格控制自然保护区范围和功能区的调整，鼓励具备重要生态保护价值的区域建立自然保护区。完善自然保护区管理体系，将生物走廊带、保护小区等作为生态保护的重要补充手段。

（6）强化环境监管执法体系

落实省以下环保机构监测监察执法垂直管理。整合优化环境质量监测点位，建立布局合理、功能完善、天地一体的环境监测体系。完善环境行政执法和环境司法衔接，坚持环境监管网格化管理，建立重心下移、力量下沉的环境监察执法体系。

（7）落实环境保护责任体系

加快建立落实环保督察、自然资源资产负债表、离任审计、损害责任追究、环境保护"党政同责""一岗双责"等制度体系。逐步建立企业环境信用评价体系，激励和约束企业主动落实环保责任。建立公众参与环境管理决策的制度，形成政府、企业、公众共治的责任体系。

（8）建立健全保障体系

加强人才培养和储备，开发利用大数据等技术及院士工作站等科研平台，开展多污染物协同控制的方法技术研究应用，做好科技人才支撑。积极推行政府与社会资金合作，多渠道筹措和加大资金投入，优化环境保护专项资金保障。推行全领域、各行业的第三方治理，做大做强环保产业。

（二）推进生态治理的对策

1. 自然生态环境治理的对策

（1）建立生态保护红线

建立工作议事协调机构和专家委员会，加快推进工作方案报批工作，正式组织开展划定工作；配合省人大做好《生物多样性保护条例》制定专题调研工作，加快立法进程；建立中国生物多样性博物馆建设工作机制，组织做好项目建议书、可行性研究报告的编制和报批等工作，争取尽早立项，并开展博物馆建设工作；储备一批项目，积极争取国家生物多样性保护重大工程支持，深入推动《战略与行动计划》的实施，加强生物多样性保护优先区域、重点领域、重要生态系统和物种的保护，促进物种资源的可持续利用。

（2）持续扩大农村环境综合整治试点示范工作

一是围绕重点区域，突出重点，集中连片，以整县推进为主，积极争取中央支持，加大省级投入，扩大农村环境综合整治。二是合力推进，加强传统村落保护与发展，将农村环境综合整治作为中国传统村落保护发展规划和实施方案的重要内容之一，充分发挥联席会议职能，协调推进传统村落环境综合整治。三是提升技术服务，结合云南农村特点，积极推广垃圾热解等环境整治实用技术。四是规范项目管理，进一步健全长效机制，鼓励乡镇设立基层环保机构，扩大乡镇级环保专（兼）职骨干队伍建设，不断加强农村环保监测监察能力建设，加大农村环境整治宣传。

（3）继续指导督促州（市）完成土壤环境保护和综合治理方案编制工作

组织召开"云南省土壤环境保护和综合治理联席会议第二次会议"，进一步检查监督各成员单位重点工作落实情况。全面完成云南省土壤环境保护优先区域和土壤污染重点治理区划定工作，并研究制定"两区"内的土壤环境保护及综合治理政策措施。组织实施"怒江州兰坪县金顶镇农田重金属污染治理项目"等国家重点项目，并确保项目取得实效。筛选、储备、申报一批有针对性、可操作性、重点突出的土壤环境保护和综合治理项目。继续开展国家有机食品生产基地的申报考核工作，鼓励更多的企业申报。关注国家"土壤污染防治行动计划"出台动态，开展云南省实施细则编制相关工作。按照国家统一部署，积极配合环保部开展云南省土壤污染状况详查。

（4）全面落实自然保护法规精神

全面贯彻落实《国务院办公厅关于做好自然保护区管理有关工作的通知》精神，完善自然保护区经费保障机制，加强自然保护区法制建设，加强对涉及自然保护区建设项目的监管，加强自然保护区能力建设，切实做好云南省自然保护区管理工作，促进自然保护区事业健康发展。

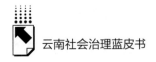

（5）开展生态环境损害赔偿制度改革试点

2016 年 8 月 30 日上午，习近平总书记主持召开中央全面深化改革领导小组第二十七次会议并发表重要讲话。会议审议通过了《重点生态功能区产业准入负面清单编制实施办法》《生态文明建设目标评价考核办法》《关于在部分省份开展生态环境损害赔偿制度改革试点的报告》等文件。会议强调，编制重点生态功能区产业准入负面清单意义重大；要因地制宜制定限制和禁止发展的产业目录，形成更具针对性的负面清单；要强化省级党委和政府生态文明建设主体的责任，重点评价各地区生态文明建设进展总体情况，考核国民经济和社会发展规划纲要中确定的资源环境约束性目标以及生态文明建设重大目标任务完成情况。会议同意在吉林、江苏、山东、湖南、重庆、贵州、云南 7 省市开展生态环境损害赔偿制度改革试点。① 云南应该紧紧抓住这一契机，落实生态环境损害赔偿制度。

2. 推进生态文明建设的举措

2014 年，在省委省政府的高度重视下，云南省以推进生态文明体制改革为牵引，以确保完成节能减排任务、顺利通过滇池国家考核为目标，加强生态建设，着力破解突出环境问题，改善区域环境质量，全力构筑生态环境安全格局。推进生态文明、建设美丽云南的发展理念在云岭大地深深扎根。

（1）体制改革持续推进

加强生态文明建设必须依靠长效机制和制度，生态文明体制改革的步伐必须加快。2014 年，省委专门成立了"生态文明体制改革专项小组"，强统筹，抓协调，有序推进各项改革工作。一年时间里，专项小组持续推进体制改革工作。②

一是抓工作重点要点。《云南省全面深化生态文明体制改革总体实施方案》审议通过，《云南省大气污染防治行动实施方案》《云南省环境保护厅部门预算管理改革实施方案》《加强我省县域发展各项规划对接工作的指导

---

① 《云南将开展生态环境损害赔偿制度改革试点》，《春城晚报》2016 年 8 月 31 日。
② 胡晓蓉、刘晓颖：《推进生态文明 建设美丽云南》，《云南日报》（第四版）2015 年 1 月 7 日。

意见》等文件印发。

二是抓法治和规范建设。《云南省国家公园管理条例（草案）》《国家公园标识系统指南》《云南省自然保护区管理机构管理办法》《云南省生物多样性保护条例（草案）》《云南省生态文明建设目标体系（送审稿）》纷纷起草，《云南省环境保护条例》启动，同时启动了生态保护红线划定研究工作。

三是抓难点热点问题。对生态环境损害责任终身追究相关问题的研究工作展开，对自然资源资产离任审计、任中审计的探索取得实质性成效；关于建立限制开发区域和生态脆弱的国家级贫困县考核评价体系工作的实施方案编制工作正式开始；重要生态功能区转移支付全面启动。

四是抓政府创新管理。目前，《云南省跨界河流、高原湖泊水质生态补偿试点方案》正在拟制；全省水务改革加快推进，建立了全省三级取水许可台账和取水信息库；《云南省主体功能区划》正在积极推进落实。

"十三五"期间，要继续完善生态文明建设的相关制度，使生态文明建设有强大的制度保障。

（2）加大生态文明建设力度

继续落实"十二五"期间批准的生态文明城市、乡村建设。"十三五"期间，仿照已经建设好的生态文明样板城市和乡村，争取经费逐步扩大生态文明城市和乡村建设。

3. 推进环境保护基本公共服务均等化治理的策略

第一，积极推进环境保护基本公共服务均等化，做好环境功能区划及生态红线划定工作，构建生态安全体系，深入实施《青藏高原区域生态建设与环境保护规划（2011～2030年）》，加大农村环境连片整治试点示范和"两污"设施建设投入力度。

第二，全面开展农村环境保护，推进农村饮用水水源地保护区或范围的划定工作，提高农村生活污水和垃圾处理水平及农业种植、养殖业污染防治水平，严防城市和工业污染向农村转移。

第三，加大环境监管能力资金投入力度，全面开展环境监管体系标准化

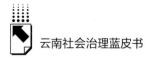

建设，有效提升环境监管能力。

第四，继续加大社会监测市场的开放力度，加强对第三方监测机构的管理，促进其健康有序发展。

4. 推进九湖治理的对策

在今后九湖保护与治理工作中，将坚持以改善湖体水质、恢复水生态系统为目标，以调整周边产业结构、大幅度削减入湖污染物为中心，实行水污染防治目标与治理重点任务相结合、污染控制单元与污染物总量削减相结合、污染物总量削减与工程建设项目相结合、工程建设项目与绩效目标相结合，注重水污染综合防治的实效。同时，围绕环湖截污、水源地保护、外流域引水等方面，创新建设模式，细化工作措施，推进重点工程项目建设。根据九大高原湖泊不同的环境问题及其成因，坚持"一湖一策"，把握共性、突出个性、分类治理，进一步加大保护治理工作的力度。

B.10
信息化条件下云南
推进社会治理的探索与实践

李重照*

摘　要：　党的十八届三中全会提出"推进国家治理体系和治理能力现代化"的总目标，部署了推进社会领域制度创新、推进基本公共服务均等化、加快形成科学有效的社会治理体制等一系列重要任务。本报告介绍了云南省在推进政府上网、信息公开、政民互动、在线服务等方面的成效及特征，深入分析以信息化推进边疆民族地区社会治理和公共服务过程中存在的主要困难，并提出相应的发展建议。

关键词：　云南　社会治理　信息化

随着信息技术的迅猛发展，世界各国、各地区都积极利用新兴技术创新发展、深化应用，持续提升政府治理能力，以应对新一轮社会经济变革所带来的机遇和挑战。党的十八届三中全会提出"推进国家治理体系和治理能力现代化"的总目标，部署了推进社会领域制度创新、推进基本公共服务均等化、加快形成科学有效的社会治理体制等一系列重要任务。面对新的形势，边疆民族地区如何因地制宜、改进社会治理方式、创新社会治理体制、提高社会治理水平、推进治理能力现代化，成为当前推进信息化建设和发展的重要任务。

---

* 李重照，云南财经大学公共管理学院讲师，博士，主要研究方向：电子治理、跨部门共享与协同。

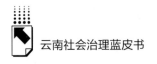

一 发展现状

近年来，在中央政府的统一指导和推进下，云南省加快发展电子政务，围绕政府上网、信息公开、政民互动、在线服务等展开规模化建设，公共服务和社会治理领域业务应用稳步推进，为边疆民族地区深化行政管理体制改革、加快服务型政府建设提供有力支撑。

（一）实施政府上网工程，提升政府行政效能

以电子政务基础网络、政府门户网站和部门核心业务系统建设为重点实施的政府上网工程，是推进边疆民族地区信息化深入发展的重要基础和保障。

1. 电子政务网络基础设施逐步完善

2003 年起，云南省相继开展了电子政务一至四期工程，建成覆盖省级各委办厅局、16 个州（市）、129 个县（市、区）的电子政务专网，实现电子政务外网连通省、州（市）、县（市、区）三级政府部门。2005 年，各省级部门在电子政务网上建立 5 个部门专网和 30 多个全省性业务系统。目前，全省正积极推进连接省、市、县、乡四级，功能完善、安全可靠、统一整合、全光纤化的电子政务外网平台建设，并逐步实现与国家电子政务外网对接。电子政务网络的建设为在线服务、电子监察、政府 OA 等业务应用系统提供安全、可靠的网络支撑。

2. 政府门户网站内容和功能不断健全

2002 年，在云南省委省政府的高度重视下，省信息化领导小组要求全省各级政务部门结合自身特点，大力整合行政资源，推进基于互联网的面向公众、企事业单位的政务门户网站建设。云南省人民政府门户网站、省级部门和地方各级政府网站陆续开通，云南省政府采购网、云南省建筑业管理信息网等一批专业性的门户网站建设完成并上线运行。2008 年，以省政府网站为龙头，覆盖 68 省级部门、16 个州（市）、129 个县（市、区）的政府

网站群建设完成。2015年，云南省人民政府办公厅先后出台《关于开展第一次全国政府网站普查的通知》《关于加强政府网站信息内容建设的实施意见》，要求摸清全省政府网站建设的现状及问题，大力加强政府网站信息内容建设，全面提升政府网站建设质量和水平。目前，各级、各类政府门户网站已发展建设成为政府信息公开的主要渠道、沟通社情民意的重要途径、服务社会公众的综合平台。

3. 业务系统建设应用深化

在国家推进金字工程的大背景下，各职能部门大力推进核心业务系统建设，建立了纵向贯通各级直属部门的业务支撑体系，各级部门业务应用覆盖率逐年提升，其中财政、公安、人社、国土、工商、税务、住建、卫计等部门主要业务信息化覆盖率达到100%。① 云南省住房公积金监管部门梳理各州（市）住房公积金管理业务，开发运行云南省住房公积金监督管理系统，对已经或可能发生违规行为及其他可能出现风险的情况进行及时预警，纠正违规使用住房公积金的行为，为国家有关部门、省政府制定政策和州市住房公积金管理委员会决策提供依据。各项核心业务信息系统在使用中不断完善、深化，为边疆民族地区加强社会管理、改善民生服务、提升行政效能起到了良好的保障支撑作用。

（二）加快政府信息公开，推进透明政府建设

社会主义民主政治发展和信息传播方式变革，提高了边疆少数民族地区群众对政府工作知情、参与和监督的意识与需求，对各级行政机关如何推动信息公开，保障公民、法人和其他社会组织依法、依规获取政府信息的权利提出了新要求。

1. 统一建设政府信息公开门户网站

2007年，云南省出台《云南省政府信息公开网站建设指导意见》，明确按

---

① 王长胜主编《电子政务蓝皮书：中国电子政务发展报告（2008）》，社会科学文献出版社，2009。

照统筹规划、统一标准、统一建设、分步实施的原则，由省信息产业办公室统一建设政府信息公开平台，各级各部门按要求分别建设完善信息公开网站，政府信息公开数据库、服务及管理系统、统计监督系统逐步建设完成。2008年5月，省政府信息公开门户网站上线运行，各省级政府部门、16个州（市）和129个县（市、区）政府信息公开子网站相继开通，各级信息公开网站作为政府门户网站的一个专题链接进入政府网站，为各行政机关提供高速、便捷、安全的政府信息公开网络平台，为更多社会主体了解政府打开窗口和渠道。

2. 多渠道强化政府信息主动公开内容

2015年，云南省人民政府办公厅印发《关于进一步做好2015年政府信息公开重点工作的通知》，要求全面强化政府信息主动公开内容，深入推进行政权力清单、财政资金使用、公共资源配置、重大建设项目、公共服务和公共监管等重点领域信息公开，及时发布各类政府信息。截至2015年11月，省、16个州（市）、129个县（市、区）已全部向社会公开行政审批目录，累计公开审批项目3.26万项。省政府门户网站和云南机构编制网同步向社会公开发布省直60个部门行政职权6321项、与行政职权相对应的责任事项32640项。省政府采购网发布招标或采购公告22397条、中标或成交结果公告16896条、合同公告8322条、投诉处理结果公告73条、其他政府采购文件2712条。省公共资源交易信息网共发布各类公共资源交易信息55069条，省建设工程招标投标监督管理网发布招投标公告6366条、中标公示5587条。① 到2015年年底，全省各级部门通过政府网站、政府公报、新闻发布会、政务微博微信、报刊、广播电视、手机短信等便于公众知晓的方式和渠道公开政府信息1852077条，累计主动公开政府信息2858537条，受理公开申请11351件。其中省级受理信息公开申请263件，予以答复263件；各州、市受理信息公开申请11088件，予以答复11088件。② 信息公开

---

① 《云南省人民政府2015年政府信息公开年度报告》，http：//www.yn.gov.cn，2016年8月31日。

② 《云南省人民政府2015年政府信息公开年度报告》，http：//www.yn.gov.cn，2016年8月31日。

范围、内容、渠道的拓展和深化，既满足公众了解和获取政务信息的需求，又保障公众参与和监督政府工作的权利，政府信息公开水平和公开能力逐步提升。

（三）拓展政民互动渠道，促进公众参与决策

为充分发挥互联网通达社情民意的渠道作用，按照云南省政府推进阳光政府四项制度建设的要求，逐步开通网上信访系统、政务信息查询专线、微博微信互动平台，在政府门户网站开通领导信箱、投诉咨询、意见征集等栏目，为公众参与政府决策提供了多元化渠道。

1. 网上信访系统反映民意诉求

2007 年，云南省德宏州网上信访工作成效显著，得到中央领导肯定，要求认真总结德宏州网上信访经验，并部署若干地方进行试点和推广，积极探索反映民意和诉求的新渠道。5 月，由省电子政务网络管理中心开发的网上信访系统上线运行；12 月，云南省网上信访系统全面开通。信访群众可通过全省统一的网上信访系统平台和受理窗口在线递交信访件和查询本人信访事项的办理结果；各级信访机构和部门在平台上受理网上信访件，回复信访件处理结果信息，系统实现简单的专办、交办、督办、统计功能。目前，全省 52 个省级部门、16 个州（市）、129 个县（市、区）网上信访系统都正常运行，截至 2016 年 8 月，信访系统累计办理信访件 316217 项，正在办理 22190 项，未办理 9618 项。

2. 96128专线提供政务信息咨询

2008 年，按照统一规划、统一号码、统一平台的总体部署和统一购买服务、分级负责监督管理的模式，全省建设 16 个 96128 政务信息查询电话专线平台，其中昆明市和省级机关共用一个平台，其余 15 个州市各建立一个平台。2009 年年 6 月，96128 政务热线在全省开通，为公众提供政府部门办公电话查询、办事流程引导、政务信息解答等电话转接服务。2009 年年底，已设立服务电话 1 万多部，组建过万人的话务员和联络员队伍，电话专线覆盖 8811 个省级行政机关及部分中央驻滇单位。通过查询专线，由话务员面

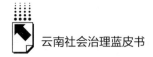

向公众进行相关职能部门的电话转接，由各行政机关联络员承接信息查询的解答及回复。2015 年，云南省 96128 政务信息查询电话专线累计应答电话 461874 通，转接电话 75358 通，转接成功率 93.74%，满意率 98.34%，为公众提供了多渠道的信息服务平台。

3. 政务微博、微信平台加强政民互动

随着社交媒体、移动互联网用户的增长，各级政府部门积极利用政务微博、微信等新媒体工具，发布各类权威信息，与公众进行交流互动。2009 年，云南省人民政府新闻办公室开通官方微博"@微博云南"，是国内首个省级政府认证的微博账号。2010 年，云南省委组织部官方微博"@云岭先锋"、云南省高级人民法院官方微博"@云岭法徽"相继开通。2011 年，"@微昭通""@魅力曲靖""@微博保山""@昆明发布"等州市官方微博平台及"云南国税""云南旅游""云南交警""云南人民检察院""微丽江"等政府部门微信公众号陆续开通，通过微博、微信，政府各部门定期向市民推送新闻、政策法规、宣传教育等信息，一些平台还开通业务办理、信息咨询、法律援助、在线投诉等服务。2013 年年底，云南省政务机构官方微博共 1917 个，政务公职人员微博共 422 个。2015 年，全省通过政务微博发布政府信息 342444 条，其中，省级发布 23586 条，各州、市发布 318858 条。通过政务微信共发布政府信息 116434 条，其中省级发布 12511 条，各州、市发布 103923 条。[①] 微博、微信等移动平台的开通，创新拓展了信息发布和政民互动的渠道，不仅有利于提升政府形象、引导舆论，还有效地促进了公民参与决策，提升政府决策科学化、民主化水平。

（四）开通网上服务大厅，提升公共服务水平

在加快服务型政府建设的大背景下，信息技术在促进和提升政府服务能力方面表现突出，云南省以改革行政审批为突破口，加快电子化行政审批应

---

① 《云南省人民政府 2015 年政府信息公开年度报告》，http：//www.yn.gov.cn，2016 年 8 月 31 日。

用系统的建设，逐步推进对企事业单位和公众需求旺盛的公共服务项目实施在线服务，深入推进跨部门、跨行业的业务协同。

1. 行政审批网上服务大厅上线运行

2013 年，按照《云南省人民政府关于深入推进行政审批制度改革的意见》和《云南省人民政府办公厅关于印发云南省行政审批网上服务大厅建设工作方案的通知》要求，全省启动行政审批网上服务大厅建设，由省级统一规划开发包括后台管理、通用审批、投资项目审批、事项管理和电子监察 5 大系统在内的应用平台，集中部署提供运行环境支撑。要求各级各部门组织清理优化行政审批服务事项和业务管理流程，梳理录入审批服务事项，建设完善本级网上大厅核心栏目内容，逐步实现分级开展网上咨询、申报、预审、办理、查询、反馈和监督，构建连通横向部门，贯通省、州（市）、县（市、区）三级的网上联动审批和协同服务平台。经过先期在省内州市开展试点建设和上线试运行，2015 年 6 月，可办理 4.6 万余项审批服务事项的云南省级行政审批网上服务大厅正式开通，16 个州（市）、滇中产业新区和 39 个县（市、区）网上大厅同步开通运行，其中玉溪、大理、普洱 3 个州市和滇中产业新区所辖的全部县（市、区）大厅均开通运行。服务大厅开辟网上办事、投资服务、中介超市、监督投诉、公开公示、个人主页等栏目，按照行政区划排列的受理机构和部门一应俱全，行政审批事项涉及社保、医疗、养老、就业、社区服务等各民生行业。网上办事模块分为个人办事和单位办事，其中个人办事包括交通出行、医药卫生、文化体育、户籍管理、就业创业等 22 个类别；单位办事包括设立变更、投资审批、财务税务、年检年审、资质认证等 29 个类别。企事业单位或公众可以在线查询办事指南，下载、填写并提交办事申请表格，查询办件进度及结果，进行反馈和投诉。2015 年 9 月，《云南省人民政府办公厅关于进一步规范政务服务平台建设的意见》明确提出从规范行政权力事项、规范服务平台建设、规范政务服务工作、规范长效管理机制四大方面不断完善政务服务平台建设，优化政务服务，提升行政效能。

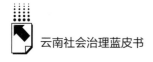

2. 移动平台创新公共服务应用方式

随着移动互联技术和网络覆盖率的发展、提升，边疆民族地区民众使用移动终端登录政府网站的人数逐年递增，为满足移动端用户需求，云南省政府网站开通 WAP 门户，公众可以随时随地使用移动终端访问政府网站，及时、高效地获取信息和服务。2015 年 7 月，玉溪市政府与腾讯合作，开通"玉溪发布"微信平台，玉溪成为云南省首个开通"城市服务"的州市。市民能够使用手机微信登录城市服务大厅，获取医院预约挂号、水电费缴纳、机动车交通违法查询、职工医保余额查询等 21 项便民、利民、惠民的全天候在线服务。2015 年 12 月"昆明发布"开通，设置微知昆明、微看昆明和城市微服务三大模块，其中城市服务的指尖办事模块提供快递查询、长途汽车购票、公交站点查询、天然气缴费等 9 项在线服务。移动服务平台不仅向公众提供随时随地的互联网＋服务，还拓宽了政府信息公开和政民互动的渠道，推动公共服务事项和社会信息服务进一步向基层延伸。

二 发展特征

从信息技术与边疆地区治理的融合发展历程可以看出，早期建设是围绕政府内部信息化建设展开的，聚焦于政府自身行政效能的提升。随着网络基础设施的逐步完善和移动互联技术快速发展，为满足和响应社会主体的需求，服务渠道、窗口和载体成为建设的重点。十八大以来，进一步加快服务型政府和法制政府建设、推动信息和服务从内容到质量的提升、组织机构和体制机制建设日益增强、州市政府在为民服务和社会治理领域的创新应用成为这一时期的主要发展特征。

（一）组织机构和体制机制建设日益增强

1. 高层领导组织协调

2002 年以来，为统筹推进信息化建设与发展，在中央政府的推动下，云南省委省政府高度重视，成立由省长任组长，省委常委、常务副省长任副组长的云南省信息化领导小组，从政策方向、资源配置、组织协调、人员调度等方面统筹协调全省信息化工作。2015年，为适应信息化建设工作和发展需求，云南省信息化领导小组更名为云南省信息化和信息产业发展领导小组，在省工信委设办公室，领导小组不定期召开会议，讨论全省信息化发展的总体方向、目标及主要任务。

2. 工作机制建立健全

领导小组建立联席工作会议制度，不定期组织召开信息化和信息产业发展领导小组会议，提出信息化发展的指导思想、方向和原则，明确主要目标与任务，调动各方的积极性和主动性，解决实施过程中存在的问题，统筹协调多部门合力推进全省信息化建设工作。在信息公开工作中，建立了主要领导定期听取情况汇报，分管领导亲自抓督促、抓协调、抓落实，及时研究和解决工作中存在难题的工作推进机制；明确省政府办公厅作为信息公开工作主管部门，负责指导、监督、协调和推进全省政府信息公开工作，省监察厅、省工信委分别负责监督检查、信息安全和信息安全保障体系建设工作。保山市在推进信息惠民国家试点工程建设过程中，总结提出八项工作协调机制，即领导决策机制、建设运营机制、信息共享机制、业务协同机制、投融资机制、产业推进机制、安全保障机制、监督考核机制，明确项目联席工作会议制度、项目评价制度、专家评审制度，并形成工作周报及信息简报制度。

3. 政策文件保障支撑

2005年，为指导和规范推进全省电子政务建设工作，根据《云南省电子政务实施意见》的要求，结合省级各部门电子政务建设规划，出台《云南省电子政务2005~2007年建设规划》，要求大力推进电子政务建设及应用工作。2006年，出台《云南省电子政务管理办法》，促进经济社会信息化建设和科学发展。2008年，云南省第十一届人民代表大会常务委员会第二次会议通过《云南省信息化促进条例》，旨在促进信息化建设、规范信息化管理、全面提升信息化水平。在信息公开方面，云南省人民政府办公厅先后印发《云南省政府信息公开网站建设指导意见》、《云南省人民政府信息公开工作评议考核办法的通知》和《关于实施〈中华人民共和国政府信息公开条例〉若干事项通知》，切实推动政府信息公开。2013 年，云南省人民政府办公厅印发《关于进一步做好 2015 年政府信息公开重点工作的通知》，重点强调发挥政府信息对人民群众生产、生活和经济活动的作用。省食药监局出台《云南省人民政府食品安全委员会关于印发 2014 年云南省食品药品信息化监管建设试点名单的通知》，人社厅出台《云南省人力资源和社会保障厅关于推进公共就业信息全国联网工作的通知》。一系列政府政策文件的出台，为推进以信息技术加强社会管理和公共服务明确了发展方向，营造了良好的环境，提供了有效保障支撑。

4. 专业机构保障支撑

2003 年，云南省信息化领导小组会议同意组建云南省电子政务网络管理中心，主要负责承担技术规划、网络建设管理、安全认证管理、网站管理、部门间信息交换、统一服务平台、技术规范、技术职称、技术培训等工作。经过十多年的建设与发展，全省 16 个州市都组建了电子政务网络管理中心，建立起技术支撑和运维保障团队。2015 年 11 月，保山市成立大数据管理局，全面创新州市政府信息化建设管理体制机制，大数据管理局将作为专业支撑机构为保山市发展大数据产业、集聚大数据资源、挖掘大数据价值、创新大数据应用保驾护航。2016 年 5 月，玉溪市政府加快与地方高校的合作，市发改委和工信委创新管理方式，联合命名成立地市级工程实验室/工程技术中心，作为服务边疆地区社会经济发展的专业智力支撑机构，属云南省内首创。

（二）州市政府实践创新积极踊跃

2010 年以来，昆明、玉溪、曲靖、保山、红河、大理等州市积极申报国家试点示范工程，分别被认定为国家信息消费、信息惠民、宽带中国、智慧城市等的试点示范。在建设过程中，各州市紧紧围绕体制机制和方式方法创新，拓展公共服务有效途径，增强民生领域信息服务能力，取得了良好成效。

1. 玉溪市医疗卫生综合信息平台

面对各级各类公立医院相对独立封闭运行、信息资源共享难、诊疗水平不高、健康档案和电子病历不全、重复检查诊疗、费用负担过重等问题，玉溪市提出以"农村为重点、自下而上"的建设路径，采取边研发、边部署、边完善的方式，从村、乡镇级逐步向县级延伸部署应用系统，建成集基本诊疗和公卫管理于一体的市级卫生信息数据中心、卫生云平台、综合卫生服务系统、综合卫生管理系统和居民健康自助服务系统，形成"一个中心，一个平台，三大应用系统"的区域卫生信息化体系，有效整合电子健康档案和电子病历等卫生信息资源，形成互联互通的格局，使得下级检查、上级诊断成为可能，逐步实现"小病不出乡镇，大病不出县城，预防在基层"的目标。截至目前，市平台已成功向省平台推送数据，与市直属 4 家医疗机构、23 家县级医院数据中心实现对接，支撑全市 75 所乡镇卫生院和社区服务中心、613 个村卫生室等基层医疗卫生机构应用上线，综合上线率达95.3%。每天进入市级云卫生平台工作的医务人员达 5000 多人次。2016 年年底，基层医务人员使用系统已累计完成门诊诊疗 800 余万次、入出院 9 万多人次、结算费用超过 8 亿元。

2. 文山州基层服务型党组织综合平台

基层党组织是党联系群众的桥梁和纽带，是做好群众工作最基本、最直接、最有效的力量。2013 年以来，为充分发挥基层党组织战斗堡垒作用，利用密切联系群众的优势，落实"党务＋政务"融合惠民服务，文山州对原有"农事 e 网通"网络为民服务体系进行改造升级，建设全州统一的基层服务型党组织综合平台。按照"项目化、集成化、网络化"原则，通过"电脑屏、电视屏、手机屏"三屏互联互通方式，建设"党建资讯""党务管理""党员教育""政务服务""便民服务"5 大服务模块，多渠道、多内容为群众服务，实现"党务＋政务"的创新型惠民服务模式，打造覆盖州、县、乡、村、组五级组织，服务高效、规范运行的综合服务平台，全面推进资源整合，实现"平台软件统一、办理事项统一、办事流程统一、服务管理统一、收费标准统一、工作职责统一"的目标。2014 年，已完成全州 880

个村（社区）4M 以上宽带接通，完成州级平台建设并建成各级综合服务平台站点 980 个（县级监督管理工作站 8 个、县级为民服务中心站点 8 个、乡镇级站点 104 个、村级站点 860 个）。全州 8 县（市）本着边建设、边使用、平稳过渡、逐步优化的原则，积极使用平台为群众服务，共发布先锋资讯 625 篇、党务类信息 631 条次、政务类信息 5504 条次，受理为民服务事项 4282 件，办结 3220 件。全州平台设备运行良好，电视端开机 12246 次、登录电脑端 40776 次。

3. 保山市"6995"综合管理服务平台

为解决边疆民族山区火灾和山体滑坡的应急救援力量薄弱、空巢老人和留守儿童等弱势群体孤立无援、社会治安和服务保障力量不足等问题，保山市本着简单、便捷、易用、实惠的原则，创新运用现代通信技术对传统的"十户联防"网格化管理模式进行升级，建设"6995"（谐音：来救救我）综合管理服务平台，用"一图、二簿、三优先、四卡、五员、分片包干"实现整体联动，以"三活、四清、五到家"延伸服务到户，用"人防、物防、技防"确保网格安定，实现服务民生与社会管控并驾齐驱，构建"治安联防、警民互动、邻里互助、生产互帮"的社会管理网络，增强群众治安联防、抗灾救援以及应对风险的能力。2015 年，全市已有 63 万农户加入"6995"信息平台，农村覆盖率达 100%。系统投入使用以来，群众拨打"6995"报警信息近 18072 条次，拨打"6995"开展烤烟、核桃、茶叶、甘蔗、蚕桑、大春粮作等生产互助达 40000 多次，拨打"6995"用于滑坡、火灾、房屋塌陷等抢险救灾、交通事故救援、急重患者救治、留守老人儿童妇女救助等邻里互帮 4500 多次，共挽回人民群众各种经济损失 1600 余万元。目前，"6995"管理服务平台不断丰富完善，在服务对象上由农村向城区拓展，服务方式上从单一管理型向惠民服务型拓展，逐步推进社区管理、食品药品安全、农产品流通、生态环境保护、公共危机防治预警等维护经济社会安全领域的信息共享和业务协同，强化多部门联合监管，完善党委、政府与社会力量联动的社会管理网络，重点解决多民族地区社会管理问题。

三 存在问题

云南省在利用信息技术加强边疆民族地区社会治理和公共服务方面取得成绩的同时，还存在基层信息化发展水平滞后、跨部门业务协同难、多主体参与社会治理氛围不足等问题。

（一）基层信息化发展水平滞后

受地理区位和社会经济发展程度等因素制约，基层政府在运用信息技术加强社会管理和提升公共服务方面的水平相对滞后，主要表现在业务系统覆盖率低、技术保障力量薄弱、公共服务渠道单一等方面。

1. 业务系统覆盖率低

当前，县级政府部门使用的绝大多数业务信息系统都是由中央或省级部门在纵向层面推进建设的，受技术、资金等因素制约，按照辖区内管理和服务应用需求建设的业务应用系统并不多。由于没有系统支撑，大部分管理和服务事项都需要公民或企业填写纸质表格、现场提交，各部门派专人进行审核、整理和存档，不仅工作周期长，还占用物理空间，造成了人力、物力的浪费，信息采集的格式和存储形式都无法支撑部门间基于信息系统进行数据查询和共享。

2. 技术保障力量薄弱

受财政状况、地理区位、政策环境等因素影响，边疆少数民族地区人才集聚效应弱，信息化队伍存在严重结构失衡、总量不足等问题。随着业务管理服务系统建设进一步向基层延伸，技术服务及运维保障人员严重不足，无法满足基层信息化发展对系统开发运维、安全保障、数据分析、流程优化等的需求，集中表现在大量基层政府网站建成后，在运行、维护、升级方面缺乏技术保障，网站栏目长年不更新，信息公开内容陈旧，政民互动渠道关闭，在线服务业务梳理工作没有开展。

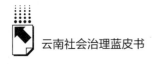

3. 公共服务渠道单一

受语言文化、教育程度和网络覆盖率等因素的影响，边疆少数民族地区公众信息技术应用能力较弱，邻里交流、公告栏和电视广播仍是老百姓获取信息的主要渠道。目前，县级政务服务中心已全部建设完成并接入网上行政审批大厅，但乡（镇、街道）、村（社区）的便民服务中心和为民服务站的业务系统接入率还很低，无法提供在线办事服务。就目前而言，即使接入网上服务，实现在线全流程办理的事项还很少，大部分服务事项只能通过网点工作人员代办，办理周期长、信息反馈速度慢，老百姓办事仍存在"多次往返跑、重复交材料"等问题。

（二）跨部门业务协同难度较大

长期以来，政府信息系统建设缺乏统一标准和规范，各业务系统兼容性差，区域内跨部门数据共享和业务协同困难的现象仍然存在。

1. 系统建设重复分散，兼容性差

由于缺乏统一的顶层设计，职能部门各自为政，虽然开展了自上而下、自成体系的应用系统建设，这些系统也已经基本覆盖到县（市、区）一级并正在向乡（镇、街道）一级延伸，但大部系统建设侧重于政府内部业务应用，无法有效支撑地方政府推进社会管理和公共服务。一些电子政务发展较快的州市先行投资建设了政府项目投资管理和OA办公等系统平台，但与后期国家、省级政府统一建设的系统参照标准不统一，无法实现有效对接，重复投资、分散建设情况严重，一些部门有多套系统同时运行，工作人员在工作中往往需要登录多套系统重复录入数据，影响甚至降低了工作效率。同时，新兴的移动服务平台也呈现出碎片化、普适性差、标准不统一、多头管理、公众参与程度低等诸多问题。

2. 跨部门数据共享程度低

从数据质量上看，政府部门采集数据的方式主要包括网上填报和纸质填报，除按照已有信息系统格式和标准采集和录入的数据外，其余各类资料均采取纸质保存方式，电子化程度低，无法通过系统进行共享。近年来，出现

数据向省级平台归集上收的趋势，数据向上归集之后，没有制定相应跨层级、跨部门数据共享机制，加剧了部门间业务协同的难度。少数部门因为业务往来数据需求量大且较为频繁，开发了简单的数据接口，但绝大部分数据交换仍是通过私人关系或领导协调获取，文件传递多是通过邮件发送或硬盘拷贝，由于缺乏数据共享方面的法律法规和政策文件，大量涉及公民隐私、商业机密甚至国家安全的数据在交换和存储中都存在安全隐患，缺乏数据共享使用的安全保障防范机制。部分有意愿交换数据的部门，因弄不清楚数据共享的范围、边界和方式，加之数据交换等技术标准欠缺，导致自己部门的数据出不去，需要的数据进不来，各部门在业务开展中需要的数据绝大部分通过自行采集，增加政府人员工作量的同时还导致公众和企业重复填报材料事件频发。

（三）多主体参与社会治理氛围不足

以信息技术加强社会治理和公共服务的核心在于撬动多主体共同参与，政府网站互动性差、信息公开内容不全、政民互动渠道不畅，影响了公民参与政府决策的程度和意愿。政府数据开放规模小、质量低，制约了公众和企业运用大数据技术创新政府数据在社会管理和公共服务领域的应用与服务，多主体参与社会治理氛围尚未形成。

1. 公众参与政府决策渠道不畅、意愿不强

随着社会主义民主政治的推进，公众参与在政府决策中发挥了越来越重要的作用。信息时代，政府网站成为公众参与政府决策的主要渠道，但是一些政府网站政民互动渠道不畅，不能及时有效回应公民的建议和诉求，公众的参与权、表达权、监督权得不到有效发挥。政务信息公开内容不完全，更新周期长，信息获取操作繁琐，网站信息内容和质量都不能有效支撑公众参与政府决策，大大降低了公民登录网站获取信息和参与政府决策的程度和意愿。

2. 政府数据开放规模小、质量低

在政府数据开放方面，一是政府所开放数据的数量不多，标准不一，无

法满足社会各创新主体增值开发、利用的需求；数据开放还未提上议程，公众和企业可获取数据质量和规模小，在获取、分析和利用数据方面，都是依靠自行搜集或购买获得需要的数据或信息，增加了成本的同时降低了公众和企业开发利用数据的积极性。二是由于没有统一的平台进行数据开放，各个部门普遍使用门户网站将数据以新闻发布或信息公开的方式提供给企业或公众，少部分数据分散出现在各个平台上，甚至分散在同一个部门的不同平台上，企业无法直接有效利用数据。三是"僵尸"数据普遍存在。政府部门公布的数据普遍为静态数据，绝大部分数据以年为单位更新或按需更新，由于更新频度的不确定性，导致数据无法作为稳定、可靠的数据源被广泛应用。

四　对策建议

全球信息技术飞速发展使得政府和社会共同运用新技术、新媒体创新社会治理和公共服务成为趋势。边疆民族地区应立足于社会经济发展现实需要，围绕深化行政管理体制改革和加快服务型政府建设的总体要求，全面提升基层信息化水平，推进跨部门业务应用协同深化，打造多方协作的社会治理新模式。

（一）全面提升基层信息化水平

多年建设经验表明，政府业务系统的建设和使用对加快转变政府职能，提高行政效率、效能，增强政府管理和服务能力具有重要意义，应结合基层政府实际工作，大力加强业务应用、人才队伍和服务渠道建设，全面提升基层信息化水平。

1. 提升业务系统应用效能

从辖区内管理和服务应用需求出发，按照统筹规划、集约建设、规范管理的思路，稳步推进基层业务系统建设，建立以业务为驱动、以技术为支撑的协同工作机制，提高业务系统的覆盖范围和应用效能，逐步打破部门内部各科室、部门间互相割裂、各自为政的局面，切实推进农业、医疗、就业、社保、教育等领域管理和服务信息系统改进升级，有效提升基层部门工作效能。大力加强民生领域业务应用系统建设，提升基层信息服务能力，真正实现让数据多跑路、老百姓少跑路。

2. 加强服务队伍建设

以人才引进、配套保障、政策服务等为重点，全方位建立人才引进机制，加大边疆民族地区对所需人才的吸引和聚集力度，保障和推进基层信息化建设。加大宣传和学习培训力度，促进各地先进经验交流，分析发展形势和趋势，强化信息化应用能力，提升现有技术人员的专业技能业务水平，提升基层干部计算机操作水平、各类业务软件的运用能力和信息化意识，拓宽各部门管理和服务人员的视野与思路。

3. 打造多渠道公共服务体系

通过线上服务与线下服务相结合的方式，综合运用多种服务提供渠道，提升公共服务均等普惠水平。首先，完善线下渠道。整合公共服务信息资源，通过广播电视、呼叫中心、公告栏及面对面交谈等方式，为信息弱势群体提供信息服务。整合政府和社会服务资源，建设覆盖所有区域的实体服务站点，接入网上政务大厅，建立代办和协助办理程序，逐步实现公共服务事项全人群覆盖和"一站式"办理。其次，优化线上服务。以需求为导向，推进"互联网＋政务服务"，构建便民服务一张网，实现多渠道服务"一网"通办。再次，线上与线下服务渠道全面打通，打造信息公开、公共服务、互动交流相融合的线上线下一体化服务体系，实现政府和公众之间的无缝沟通及对接。

（二）推进跨部门业务应用协同深化

从政府部门间业务协同的需求出发，推动公共服务的跨部门、跨系统互联互通、信息共享，全面推进政府间数据资源共享，加强基于信息共享的业务流程再造和优化，形成跨部门数据共享共用格局。

1. 加强顶层设计，推进政府信息系统互联

以规划为引领，统筹利用已有资源，在平台建设、业务应用、政府信息

资源开发利用、技术服务体系、信息安全、标准规范等方面合理布局、统筹发展，建设和完善人口、法人、地理空间、宏观数据等基础信息资源库，建设长效信息资源共享和安全保障机制，推动各层级、各部门的业务系统互联互通，有效改变信息系统碎片化的现状，推进政府信息系统向集约、安全、可持续方向发展。

2. 统一标准规范，促进政务信息资源共享

通过规章制度确定区域内信息共享范围、程度和方式，制定统一共享使用标准与规范，厘清各部门数据管理及共享的义务和权利，落实各部门数据共享的责任与要求。构建信息资源共享和业务协同框架，建立部门资源共享机制和业务协同机制，有效整合政府部门数据资源，促进政府信息资源跨部门、跨行业共享。建设政府数据共享交换平台，推进人口、法人、自然资源和空间地理、建筑物、宏观经济等数据集中采集、存储，多方利用，推进政府数据和社会数据的整合应用，不断提升各领域信息资源的采集获取能力，提升政府数据的一致性和准确性。制定《政府信息资源目录》《政府信息资源交换目录》，加快建设政府部门、事业单位等公共机构的数据标准和统计标准体系，推进数据采集、政府数据开放指标口径、分类目录、交换接口、访问接口、数据质量、交易数据、技术产品、安全保密等关键共性标准的制定和实施。为各部门提供更加及时、有效、高质、精确的信息资源，充分发挥政务信息资源共享在深化改革、转变职能、创新管理中的重要作用。

（三）打造多方协作的社会治理新模式

在信息化条件下，推进电子民主，推动数据开放，引导和鼓励社会主体积极参与公共决策和服务供给，推动社会和谐发展，提升边疆民族地区社会治理水平的有序合力。

1. 推进电子民主，提升公众参与政府决策积极性

充分利用移动互联网传播速度快、传播方式灵活等特点，推动各级各部门积极利用微博、微信、移动政务平台等新技术、新媒体工具，不断拓宽政府网站的传播渠道，实现政府网站与微博、微信的有机融合。整合、精简、

优化政府网站，统一网站建设标准规范，完善信息检索服务功能，整合网站信息查询入口，增加搜索引擎，建设数据库。进一步完善政府网站的政民互动功能，畅通和优化政民互动渠道，积极探索公众参与的新模式，加强政策解读栏目内容建设，主动回应社会关切，将政府网站打造成一个立体、多面、高效的政民交流平台，有效支撑政府与公众、政府与市场、政府与社会组织间的交流互动。健全和落实政府信息公开机制，保障公众的知情权、参与权、表达权和监督权，满足公众对行政过程的参与需求，提升社会公众参与政府决策的意愿和积极性，使公共政策制定更科学、权力运行更透明，为边疆民族地区公共参与政府决策提供看得懂、信得过、能参与、可监督的良好环境。

2. 推动政府数据开放，鼓励社会各方参与管理与服务创新

在依法加强安全保障和隐私保护的前提下，通过制定数据开放整体规划，有步骤、有针对性地推进政府数据开放。根据国内沿海城市推进政府数据开放的经验来看，通常做法是从制度上保障数据开放的合法性，制定统一的数据开放标准和规范，建立数据资源目录，明确数据获取权限及使用范围，加强数据资源归集、共享与开放过程中的安全制度建设，在此基础上开发和建设统一的数据开放服务平台，落实数据开放和维护责任，优先推动医疗、信用、交通、卫生、就业、社保、地理、教育、农业、质量、气象等民生保障服务相关领域的政府数据向社会开放，赋予政府、企业、公众和社会组织不同的权限，使其可以在平台上有偿或无偿获取公共数据。通过政府数据开放，引导企业、行业协会、科研院所等组织机构主动采集并开放数据，建立政府和社会互动的大数据采集机制。在数据开发利用方面，可借鉴英国、上海等国家和地区采取开放数据创新大赛等形式，吸引公众、企业、社会组织无门槛的参与到公共数据公益性、增值性开发应用，激发大众创业、万众创新活力，推动数字创新成果与经济社会各领域深度融合，构建多元化服务供给格局。

B.11

云南民族团结工作回顾与思考

郗春嫒　罗金焕*

摘　要：　云南是一个多民族共居的省份，再加上其独特的地理环境，民族团结工作显得尤为重要。民族地区的繁荣和发展离不开民族团结，在省政府的积极带领下，云南民族团结工作取得了很大的进展，这对云南民族地区的经济发展起到了很好的促进作用。本报告对近几年云南民族团结工作进行了回顾，并对目前民族团结工作中所存在的问题提出了一些建议，以期对云南民族团结工作起到积极推动作用。

关键词：　云南　民族地区　民族团结工作

多民族共同繁衍生活是地处祖国边疆的云南省的一大特点，做好民族工作一直是关系到全省改革发展稳定、关系到云南各族人民幸福的大事。做好民族工作，最关键的核心工作是搞好民族团结。多年来的历史经验表明，倘若没有云南各民族的团结与进步，就没有边疆地区的和谐与稳定。自十一届三中全会以来，云南省委省政府在党中央国务院的引领下，坚持把党的方针政策与云南实际紧密结合，积极探索和实践出了一条特色鲜明的民族工作路径，开创了云南各民族共同发展、和谐繁荣的局面，营造了边疆社会稳定、

---

*　郗春嫒，云南财经大学副教授、硕士生导师，民族学博士后，主要研究方向：民族文化传承与少数民族地区社会发展；罗金焕，云南财经大学硕士研究生，主要研究方向：民族地区人力资源开发与民族地区发展。

民族团结的"云南现象",成为我国民族工作道路、理论、制度成功实践的生动典范。

一 云南民族团结工作背景及历程

(一)云南民族基本情况

云南是一个多民族的省份,居住着4600万各族同胞,少数民族人口超过1500万,有8个民族自治州、29个自治县(见表1)。2013年,云南省对边境民族地区的人口进行了调查(见表2)。由以上数据可知,民族众多是云南的一大特点,只有坚持民族团结,才能让各民族共同繁荣发展,因而民族工作是云南省工作的重中之重。回顾历史可以发现,要想实现边疆地区的社会繁荣发展,必须要云南各民族同心协力、团结向前。少数民族工作毫无疑问理应成为云南省工作的重中之重。同时,云南省具有独特的地理位置,地处边境;而在边境地区,少数民族人口占了边境县总人口的一半多,边境地区的民族工作在云南省民族团结工作中也不可忽视(见表1)。

表1 云南省民族结构

民族类别	数目
世居少数民族	25
跨境民族	16
特有民族	15
人口较少民族	8

资料来源:《云南省民族工作的成就与经验》(内部交流资料),2015。

表2 云南省边境地区概况

民族自治州	5个	
民族自治县(市)	22个	
国土面积	9.25万平方公里	占全省国土面积的23.47%
2013年人口数	总人口679.5万	占全省总人口的14.5%
	少数民族人口399.8万	占边境县总人口的58.8%
		占全省少数民族人口的25.5%

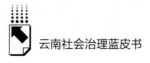

续表

边界线长	4060 公里	国家级一类口岸 13 个
		二类口岸 7 个
		边民互市点 103 个
		边境通道 90 多条

资料来源:《云南省民族工作的成就与经验》(内部交流资料),2015。

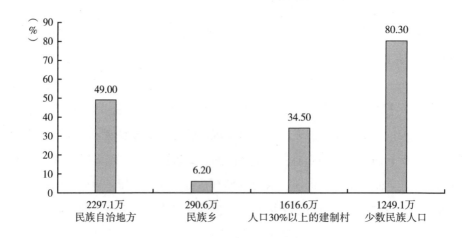

图1 2013 年云南民族地区人口分布情况

资料来源:http://www.ynethnic.gov.cn/pub/ynethnic/gzdt/yw/20150114_1736.html。

表1、表2、图1描述了云南省少数民族结构、少数民族数量、边境地区基本情况。这是云南民族团结工作开展的一个宏观背景,民族团结工作关乎民族繁荣与发展,关乎边疆稳定与和睦,只有准确掌握民族团结工作的背景,才能把握民族团结工作的特点和规律,才能齐心协力谋得民族团结工作更好发展。

(二)云南省民族地区"十二五"发展成效

云南省紧紧围绕"把云南建设成为我国民族团结进步、边疆繁荣稳定示范区"的国家战略,积极开展民族团结工作,以实施《云南省加快少数民族和民族地区经济社会发展"十二五"规划》《云南省扶持人口较少民族发展规划（2011～2015 年）》《云南省兴边富民工程"十二五"规划》等一系列专项规划为平台，整合资源，集中力量，不断加大对少数民族和民族地区的扶持力度。① 截至 2013 年年底，3 个规划累计投入资金 1974 亿元，具体情况见表 3。

表 3　2013 年云南省少数民族地区资金投入

单位：亿元

文件	金额
《云南省加快少数民族和民族地区经济社会发展"十二五"规划》	1092
《云南省扶持人口较少民族发展规划(2011～2015 年)》	102
《云南省兴边富民工程"十二五"规划》	780
累　　计	1974

资料来源：http：//www. ynethnic. gov. cn/pub/ynethnic/gzdt/yw/20150114_ 1736. html。

在表 3 中，3 年里专门针对民族地区经济发展投入了总计 1974 亿元资金，可见政府对民族地区发展的重视程度。在云南省各级部门的大力支持下，云南省民族地区综合实力不断得以提升（见表 4）。

表 4　2013 年云南民族地区综合实力提升情况

	金额	高于 2010 年的倍数	年均增长(%)
民族自治地方实现地区生产总值	4606.6 亿元	1.64	18.00
人均地区生产总值	20105 元	1.58	16.50
社会消费品零售总额	1386.6 亿元	1.62	17.40
地方财政公共预算收入	423.3 亿元	1.87	23.10
地方财政公共预算支出	1597.9 亿元	1.8	21.60
实现全部工业增加值	1494.6 亿元	1.65	18.00
民族自治地方进出口贸易	80.6 亿美元	2.07	27.80

资料来源：《云南省民族工作的成就与经验》（内部交流资料），2015。

---

① 李若青：《以和谐发展推动民族团结稳定示范区的建设》，《云南民族大学学报》（哲学社会科学版）2011 年第 6 期。

加强民族地区基础设施建设，不断改善民生，一直都是云南省各级部门工作努力的方向，在表5和表6中可以看到，固定资产投资、交通基础设施、水利建设方面体现了基础设施不断改善；人均收入、教育、医疗卫生、低保、植树造林、水污染治理方面体现了云南省民族地区民生得以不断改善。

表5　2013年云南省民族地区基础设施改善情况

民族自治地方完成固定资产投资（不含农户）	3710.2亿元	是2011年的1.8倍	年均增长32.7%	
民族地区农村的交通基础设施	8个自治州均通高等级公路,预计到2015年高等级公路率达97.4%	沥青（水泥）路率达100%	乡镇到建制村通公路率达100%	建制村公路路面硬化率达60%以上
	民族地区公路里程达15.9万公里	乡镇通畅率达96%	建制村通达率达99%	通畅率达47%
水利建设	投入民族地区水利建设资金530亿元	共新增和改善灌溉面积275万亩	解决和改善供水受益人口560万	
	新建民族地区农村户用沼气14.37万户	节柴灶18.98万户	太阳能热水器18.93万台	

资料来源：《云南省民族工作的成就与经验》（内部交流资料），2015。

表6　云南民族地区民生改善情况

项目	投入	成效	增幅或数量	备注
人均收入	城镇居民人均可支配收入2.0236万元		年均增长13.90%	
	农民人均纯收入达到0.5772万元		年均增长18.80%	
教育	教育专项补助资金183.03亿元			
	民族自治地方普通高等院校12所	在校生75507万人	比2010年增加了19656人,增长35.2%	
	普通中学1081所	在校生117.9万人		
	中等职业学校129所	在校生13.2万人		
	小学6860所	在校生181.8万人		

续表

项目	投入	成效	增幅或数量	备注
医疗卫生	农村医疗救助补助资金 12.99 亿元	资助 742.06 万人参加新农合	新农合参合率达 97.2%	
	民族医药扶持资金累计投入 1.95 亿元	民族自治地方医院、卫生院 1344 所	医疗机构床位 8.8 万张	
	卫生机构人员 11.1 万人	执业（助理）医生 3.13 万人		
低保	农村低保补助资金达到 30.18 亿元	年均增长 2 亿元左右	月人均补助水平达到 108 元	
植树造林	完成造林任务 2161.7 万亩	净增森林蓄积 6964.55 万立方米	森林覆盖率提高到 54.6%	
水污染治理	累计投入水污染治理资金 189.62 亿元	农村环境综合整治示范项目 1024 个	直接受益人口 104 万人	
	累计建成 10 个国家级生态示范区	55 个国家级生态乡镇 3 个国家级生态村 276 个省级生态乡镇		
	生态功能区转移支付增加到 30.7 亿元		年均增长 42.80%	
	资源枯竭城市转移支付增加到 6.5 亿元		年均增长 16.50%	

资料来源：http：//www. ynethnic. gov. cn/pub/ynethnic/gzdt/yw/20150114_ 1736. html。

云南省是少数民族众多的省份，地处横断山脉，交通不便，导致民族地区经济发展缓慢。对此，云南省针对民族地区进行了脱贫项目投资，具体数据见表7。

表7　云南省民族地区脱贫项目投资情况

完成项目投资 4803 亿元	规划投入 48.1 亿元实施怒江州扶贫攻坚
	投入 3.6 亿元开展宁蒗扶贫攻坚大会战
	投入资金 11.1 亿元全面完成独龙江整乡推进整族帮扶三年行动计划
	计划投入 100 亿元启动红河州南部山区综合开发
贫困改善	贫困人口由 558 万人减少至 340 万人，减少 218 万人
	贫困发生率由 29.1% 下降为 17.8%，降低了 11.3 个百分点

资料来源：《云南省民族工作的成就与经验》（内部交流资料），2015。

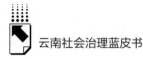

云南悠久灿烂的民族文化，是一笔宝贵的财富。在云南省委省政府所开展的民族团结工作中，民族文化作为软实力具有重要地位。在最近几年里，云南民族文化进一步繁荣，文化产业不断发展壮大（见表8）。

表8　云南省民族地区民族文化发展情况

广播电视	广播人口覆盖率达96.27%
	46个广播电台（站）用15种少数民族语言广播
	电视人口覆盖率达97.28%
	9个电视台（站）用少数民族语种制作、播放电视节目
图书刊物	农家书屋覆盖全省85%的建制村
	出版发行有14个民族18个文种的各类图书
	发行12个民族19种文字的报纸和2个刊物
文化遗产	公布8590项非物质文化遗产保护名录
	非物质文化遗产传承人达3698人
	各级各类博物馆达40多个，收藏各类文物20多万件
	保护古籍文献3万多册（卷），口传古籍1万多种
	翻译、整理、出版了少数民族的古籍4000余种500多万册
编译项目	《纳西东巴古籍译注全集》
	《中国贝叶经全集》
	《彝族毕摩经典译注》
文化保护区	全省有66个省级民族传统文化保护区
	实施了283个民族特色村寨建设
	其中41个被国家民委命名为"中国少数民族特色村寨"
2012年，全省文化及相关产业实现增加值301.8亿元	
文化产业园（区）	云南民族村
	楚雄彝人古镇
中小型民族文化企业群	鹤庆新华银器村、大理周城扎染村、腾冲荷花玉雕村
	石林阿着底刺绣村、剑川狮河木雕村
	昆明民族民间工艺品交易市场
民族文化产品	《映象·丽江》《丽水金沙》《勐巴拉娜西》
	建水紫陶、鹤庆银器、会泽斑铜
	永仁石砚、个旧锡器、大理石器
民族产业与旅游	云南民族村、东巴谷文化生态旅游公司
	西双版纳、大理、丽江、迪庆、楚雄等旅游点

资料来源：http://www.ynethnic.gov.cn/pub/ynethnic/gzdt/yw/20150114_1736.html。

（三）云南民族团结工作历程

自 2011 年以来，云南省政府针对民族团结做了大量工作，也取得了很大进展，现对云南民族团结工作重要历程做简要回顾。

2011 年 5 月，国务院提出要把云南建设成我国"民族团结进步、边疆繁荣稳定"示范区。

2011 年 9 月，习近平批示指出要为实现这一目标不懈奋斗。①

2012 年 5 月，云发〔2012〕9 号文明确指出要做出十大示范、实现三大跨越，在 2015 年取得显著成效，于 2020 年全面建成示范区。为切实推进此计划实施，该文指出自 2013 年始，用 3 年时间，结合十大示范，推动示范区建设示范点创建工程（简称"3121"工程），即在全省范围内重点联系自治州 3 个，选择县 10 个、乡镇 20 个、自然村（社区）100 个作为示范点实施建设。②

2012 年 7 月，云南省建设"民族团结进步、边疆繁荣稳定"示范区动员大会召开，这标志着民族团结示范区建设全面启动。

2012 年 8 月，云南省委宣传部、云南省民委协同云南网举办"建设民族团结进步、边疆繁荣稳定示范区"网上系列访谈活动，该活动共计 5 期。

2013 年 1 月，按照 16 字要求，围绕经济发展、民族关系、民生改善、民族文化、民族工作、民族教育、民族法制、生态文明、民族理论、干部培养十个方面的示范建设，云南省重点实施"3121"工程。③

2013 年 6 月，示范区建设规划审核总结会在云南省民委召开，民委副主任对之前相关单位开展的工作进行总结，对规划总体情况进行点评，并对下一步需要做的工作提出具体要求。

---

① 《国务院关于支持云南省加快建设面向西南开发重要桥头堡的意见》，《中华人民共和国国务院公报》2011 年第 32 期，第 4 页。
② 《关于建设民族团结进步、边疆繁荣稳定示范区的意见》，中共云南省委、云南省人民政府颁布。
③ 《云南省着力实施示范区建设"3121"工程》，《今日民族》2013 年第 2 期。

2013 年 12 月，围绕把云南建设成为我国"民族团结进步、边疆繁荣稳定"示范区的国家战略，云南省构建和夯实州、县、镇、村、户等各具特色、多层次、全方位的建设体系。

2013 年，云南省相关部门整合资金近 700 亿元，深入推进《云南省加快少数民族和民族地区经济社会发展"十二五"规划》《云南省兴边富民工程"十二五"规划》《云南省扶持人口较少民族发展规划（2011～2015 年)》。①

2014 年 3 月，在昆明举行云南省"民族团结进步、边疆繁荣稳定示范区建设领导小组会议"。

2014 年 4 月，云南省民委在昆明举办持续 5 天的第二期"民族团结进步、边疆繁荣稳定示范区建设"专题培训班。

2015 年 9 月，第二次"民族团结进步、边疆繁荣稳定示范区建设领导小组会议"在昆明召开。

2016 年 4 月，国家民委及云南省民委考核验收组对大理州创建全国民族团结进步、边疆繁荣稳定示范州工作进行考核验收。

2016 年 7 月，国家民委及云南省民委考核验收组对西双版纳州创建全国民族团结进步示范州工作进行考核验收。考核验收期间，全省其他 15 个州市民族工作部门的领导和负责创建工作的人员现场进行观摩互学、互观互检，昆明市等 5 市相关人员在会上进行交流发言。

从以上历程可知，云南省委省政府近年对民族团结工作进行了认真组织、实施及落实，成效显著。

（四）"3121"工程简介

自 2013 年始，云南省拟历时 3 年，结合十大示范，实施示范区建设 3121 示范点创建工程（简称"3121"工程），即在全省范围内重点联系 3 个自治州，选择 10 个县、20 个乡镇、100 个自然村（社区）作为示范点，先

---

① 《加快脱贫发展步伐力推兴边富民行动——云南"十一五"少数民族和民族地区经济社会发展新布局》，《今日民族》2006 年第 2 期。

行先试、重点帮扶、以点带面、推动全局。建设"3121"工程示范点的目标是打造精品、塑造典型，示范带动、推动全局，并且要求示范点建设要做到"四个注重"：一是要注重宣传引导，二是要注重帮扶指导，三是要注重资源整合，四是要注重人才培养。建成各具特色、符合实际、标杆引领的示范典型，以跨越发展促民族团结，以边疆繁荣促边疆稳定，力争到2015年，试点县GDP和农民人均纯收入与4年前相比实现翻番，增长率高于全省平均水平，率先达到示范区建设目标。

从2013年开始，对于民族地区建设的"3121"工程，云南省各级政府给予了高度重视，这项工程对民族团结工作起了不可磨灭的作用。省政府对此投入的资金以及建成情况见表9。

表9　3121 示范工程建设情况

单位：亿元

	投入资金	建成
"十县百乡千村万户示范点创建工程"三年行动计划	100	10 个示范县
		100 个示范乡镇
		1000 个示范村
		10000 个示范户
2013 年	34.83	10 个示范县
		31 个示范乡镇
		321 个示范村建设
贡山独龙江乡、巍山永建镇、昆明金星社区		第一批民族团结进步典型
大理州和西双版纳州		全国首批民族团结进步示范单位

资料来源：《云南省民族工作的成就与经验》（内部交流资料），2015。

二　云南省推进民族团结工作的具体做法

第一，坚持政治平等互信、经济扶持互助、文化包容发展、社会建设共建共享，提出"决不让一个兄弟民族掉队，决不让一个民族地区落伍"的要求，加快少数民族地区发展，坚持分类指导，具体问题具体分析。

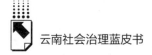

第二，加强民族文化建设，提倡各民族文化"求同存异"，充分发挥民族文化软实力在经济社会发展中的促进作用，增进各民族文化交流。建设民族特色村寨，打造了一个个各具不同民族特色、环境优美的村镇，如"民族团结进步示范村""兴边富民工程示范村""民族团结进步示范社区"等。增强了民族特色的品牌效应，与旅游业相结合推动经济发展。

第三，坚持大力培养选拔任用思想积极向上、品德优秀、熟悉民族工作的干部，大力培养少数民族干部和代表人士，对他们大胆选拔、放手使用、充分信任，在全国率先实现了在省直部门中都有 1 名以上世居少数民族担任厅级领导干部；实现了在省直机关中，至少有 1 名全省人口在 5000 人以上少数民族的厅级干部；有 16 位少数民族同志担任全省 16 个州市的党政主要负责人；县级党委书记中，少数民族占 33%。[①] 以上举措使得少数民族干部队伍日益成长壮大。

第四，坚持完善民族团结工作方面的法律法规，并且积极贯彻落实相关法律法规和政策。云南省率先在全国颁布《实施〈中华人民共和国民族区域自治法〉办法》，同时颁发云南省《民族民间文化保护条例》、《促进民族自治地方科学技术进步条例》和《迪庆藏族自治州民族团结进步条例》等地方法规。同时，针对自治州及县制定的一些单行条例也有力地维护了自治地方的合法权益，同时也极大地推动了民族自治地方经济社会的蓬勃发展。

三 云南民族团结工作面临的问题

（一）组织管理方面

组织管理在战略上具有核心作用，团结工作开展的好与坏、程度的深与

---

① 《云南省民族工作成就突出 加速兑现"云南承诺"》，云南网，2014 年 9 月 23 日，http：//www.ynradio.com/index/2014 - 09/23/cms213031article.shtml。

浅，与组织管理有着直接关系。云南省民族地区的工作总体局势很好，但在管理方面也存在许多不足之处。一是下级政府对上级政府颁布的政策措施认识不到位、重视程度不够、宣传程度不够、规划编制不认真，这些均会导致难以达到预期效果；二是下级政府对自己的定位不准确，高度、广度、深度不够，没有理解上级政府政策的真正目的；三是有的民族地区民族特色不突出，对自身优势和特色认识不足，盲目随大流，丢失了自身竞争力；四是缺乏创新，云南省少数民族文化各有特色，都经历了时间的考验，有着古老的年代感，如果只是一味地传承而不发展创新、与时俱进，民族文化有可能泯灭在时代发展的潮流中。

（二）公共投入方面

随着经济的不断发展，如何科学合理地分配和使用公共投入资金、充分发挥资金的最大效用，这是云南民族团结工作中必须面对的重要问题，公共投入不均衡可能导致民族地区经济发展不平衡（见表10）。

表 10　云南省民族地区经济情况

2013 年	民族自治地方人均生产总值 20105 元	低于全省 4978 元
		低于全国 21802 元
	农民人均纯收入 5772 元	低于全省 369 元
		低于全国 3124 元
地区发展不平衡	人均地区生产总值	最高的迪庆州达 32368 元
		最低的文山州 15502 元
		较低的怒江州 15936 元
	人均地区生产总值绝对数	最高香格里拉县 46305 元
		最低的福贡县 7867 元

资料来源：http：//www. ynethnic. gov. cn/pub/ynethnic/gzdt/yw/20150114_ 1736. html。

公共投入的不均衡和数量上的不足导致基础建设不完善，发展差距大导致民族地区公共服务均等化程度低、自我发展能力弱（见表11）。

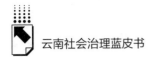

表 11　公共服务均等化程度情况

交通	全省 8 个自治州中 2 个州未通高速公路
	78 个民族自治县中有 6 个县不通高等级公路
	铁路网密度和人均铁路里程综合排名居全国第 29 位
教育	19 个民族人均受教育年限低于全省平均水平 7.6 年
	苗族、瑶族、傈僳族、拉祜族、德昂族 5 个民族人均受教育年限低于 6 年
	7010 个建制村中,大专以上在读和毕业人数仅占总人口的 1.2%
7010 个建设村中	162 个没有卫生室、1008 个没有文化室、1420 个没有农家书屋
	4186 个没有农家超市、3975 个不通宽带
所辖的 69285 个自然村中	5570 个不通公路、17697 个没有安全饮用水
	4679 个不能有效接收广播电视

资料来源:《云南省民族工作的成就与经验》(内部交流资料),2015。

（三）经济发展方面

云南各族群众普遍有强烈的发展愿望,均想脱贫致富,但由于群众自身条件不足,发展基础、个人能力和机遇条件不同,决定了他们彼此之间具有贫富差距。民族地区团结工作的开展应该与脱贫相结合,以改善民族地区民生来促进共同繁荣发展。民族地区的主要任务之一就是脱贫致富,但是面对民族地区贫困的现实,脱贫致富工作也很难开展（见表 12）。

表 12　云南省民族地区贫困情况

特殊困难地区涉及的 10 州市中	自治州 6 个	占自治州总数的 75%
91 个贫困县中	民族自治县 64 个	占民族自治县总数的 82%
2013 年	民族自治地方贫困人口 340 万人	
	贫困发生率 17.8%,高于全省平均水平 0.1 个百分点	
全省 80 个扶贫工作重点县中	民族自治县 56 个	占民族自治县总数的 71.8%
7010 个建制村中	贫困人口 473.3 万人	贫困发生率为 29.3%
	高于全省 11.6 个百分点	
农民人均纯收入 3797 元	仅为全省和全国平均水平的 61.8% 和 42.7%	

对于民族地区的经济发展,单靠民族文化难以强有力发展,所以必须依靠工业产业发展,但是由于云南省民族地区工业化程度低,第一、

第二、第三产业对 GDP 的贡献率低于全国平均水平和全省平均水平（见表 13）。

表 13　云南省民族地区工业化程度情况表

民族自治地方财政自给率仅为26.5%	低于全省12.8个百分点	
城镇化率为31%	低于全国22个百分点	低于全省9个百分点
全省民族地区城镇化率最低地区	怒江州仅为25.31%	
	迪庆州仅为28.17%	
	全国的平均水平	全省的平均水平
第一产业对GDP的贡献率(23.10%)	10.00%	16.20%
第二产业对GDP的贡献率(42.00%)	43.90%	42.00%
第三产业对GDP的贡献率(34.90%)	46.10%	41.80%

资料来源：http：//www.ynethnic.gov.cn/pub/ynethnic/gzdt/yw/20150114_1736.html。

（四）人力资源方面

民族干部对民族地区团结工作的开展有着积极促进作用，一是因为民族干部对民族文化具有更深的了解，对民族地区的情况也有着具体的认识；二是因为民族干部的任用，能有效地激励民族地区工作人员的工作积极性。目前，云南省民族地区少数民族干部人才仍然面临总量不足、整体素质不高、结构不够合理的情况，民族干部队伍人才紧缺，存在严重的人力资源困乏问题。

四　进一步做好云南民族团结工作的思考

（一）推进分类指导，完善相关法律法规

领导重视与否，直接关系到民族团结工作能否有效开展，组织领导要能高瞻远瞩，各方面均要起到带头示范作用，组织规划应科学合理有效。

云南省特有的人文地理环境，使得民族团结工作不可盲目随大流，要做

好民族团结工作，首先必须客观分析云南各民族实际情况，认识到各民族发展不均衡的现状，坚持实事求是，一切从实际出发，因地制宜，实施分类指导。

要想切实保障少数民族和民族地区各族群众的合法权益，就必须坚持各民族在法律面前一律平等的原则。加强民族地区法制建设，加强民族团结宣传力度，加强民族工作信息化建设，使民族地区民族团结工作的开展有法可依，信息能在群众中流通不受阻。群众能广泛参与到民族团结工作中来，树立其主人翁意识，突出群众主体地位，保证群众知晓、群众参与、群众建设、群众受益，使其能积极配合政府部门建设自己的家园。

（二）加大公共投入力度，促进经济发展

要进一步加强基础设施建设，就应该加大公共投入的力度，充分挖掘特色优势产业并把它们的潜力发挥出来，这样才能促进经济发展。民族团结工作所面对的难题包括：少数民族贫困群众基本安居房、增收产业、公共基础设施和基本公共服务等。政府只有加大财政支出，才能从根本上解决问题。政府要发挥宏观调节的作用，加大公共投入的力度，完善基础设施建设是为了优先保障与改善群众生产生活条件，只有把民族地区群众基本需求问题解决好，才能保障民族地区的稳定与发展。

（三）开发民族文化资源，推动少数民族脱贫致富

民族地区的民族特色独一无二，是发展的优质资源，也是致富的优质资源。要坚持政府主导，着力推进民族民间文化传承创新，以本地企业为带动点，以少数民族群众为主体，大力发展旅游业，突出地方特点、民族特色，打造民族文化精品工程，形成独特的民族文化品牌，树立良好的民族形象，向社会提供更多更好的公共文化产品。在民族文化与文化产业融合发展过程中带动群众脱贫致富，如政府开展的"3121"示范点工程就指出，少数民族村寨建设可与发展旅游业相结合，以此带动民族地区经济发展，从而促进

民族文化繁荣发展。在发展的同时也要注意民族特色的保护，如民族歌舞、民族音乐、民风习俗、民族服饰、特色民居等。

（四）加强人才队伍建设

民族团结工作的开展还要与加强少数民族干部人才队伍建设相结合，要把少数民族干部和人才队伍建设作为一项改善人力资源的要事来对待，充分相信、同等任用各族民族干部，朝着结构合理、能力过硬、素质优秀的目标而努力。任用民族干部能有效调动民族地区团结工作开展的积极性，有效激发民族工作人员的工作热情，更为重要的是要注重培养、和任用熟悉民族地区环境、政策和民族团结工作的领导干部。可通过定向培养、定向录用的方式，提高各民族干部的能力和素质，为民族团结工作的开展提供智力支持和人才保障。

参考文献

龙成鹏：《一家人过日子——云南故事》，《今日民族》2016 年第 2 期。

王一鸣，乔蕊：《加强跨界民族工作，促进云南民族团结——跨界民族研究的理论与现实》，《今日民族》2007 年第 9 期。

王正伟：《进一步加强民族工作，全面推进示范区建设——在云南民族工作调研座谈会上的讲话（摘录）》，《今日民族》2013 年第 5 期。

王正伟：《谱写民族进步团结进步中国梦的云南新篇章——在贯彻落实中央民族工作会议精神推进云南民族团结进步、边疆繁荣稳定创建工作部省联席会议上的讲话（摘要）》，《今日民族》2014 年第 11 期。

《看云南，引领示范——2012 年云南民族工作回顾与展望》，《今日民族》2013 年第 2 期。

《调查先行，研究指路——云南省民委系统 2013 年度重点调研选题成果集萃》，《今日民族》2014 年第 2 期。

靳薇：《云南民族工作面临的困难和问题（节选）》，《今日民族》2013 年第 11 期。

附件：

附件 1　近年来云南省委省政府颁发的民族工作方面文件汇总表

文件名称	文号	印发时间
《中共云南省委　云南省人民政府关于进一步加强民族工作促进民族团结加快少数民族和民族地区科学发展的决定》	云发〔2009〕13 号	2009.9.9
《中共云南省委　云南省人民政府关于加快边远少数民族贫困地区深度贫困群体脱贫进程的决定》	云发〔2010〕6 号	2010.9.3
《中共云南省委　云南省人民政府关于深入实施"十二五"兴边富民工程的决定》	云发〔2011〕15 号	2011.9.10
《中共云南省委　云南省人民政府关于建设民族团结进步边疆繁荣稳定示范区的意见》	云发〔2012〕9 号	2012.6.27
《云南省人民政府贯彻落实国务院关于进一步繁荣少数民族文化事业若干意见的实施意见》	云政发〔2010〕136 号	2010.9.10
《云南省人民政府关于进一步加快较少民族发展的决定》	云政发〔2011〕177 号	2011.8.30
《云南省人民政府关于进一步加强城市民族工作意见》	云政发〔2012〕118 号	2012.8.21

附件 2　云南省 78 个民族自治地方县市名录

昆明市	禄劝县*	寻甸县*	石林县*	
玉溪市	峨山县*	新平县*	元江县*	
丽江市	玉龙县*	宁蒗县*		
普洱市	西盟县*	江城县*	镇沅县*	孟连县*	澜沧县*
	宁洱县*	景东县*	景谷县*	墨江县*	
临沧市	双江县*	耿马县*	沧源县*		
楚雄州	大姚县	永仁县	元谋县	武定县	禄丰县
	楚雄市	双柏县	牟定县	南华县	姚安县
红河州	个旧市	开远市	蒙自县	屏边县*	建水县
	元阳县	红河县	金平县*	绿春县	河口县*
	弥勒县	石屏县	泸西县		
文山州	文山县	砚山县	西畴县	麻栗坡县	马关县
	丘北县	广南县	富宁县		
西双版纳州	景洪市	勐海县	勐腊县		

续表

大理州	大理市	漾鼻县*	祥云县	宾川县	弥渡县
	南涧县*	巍山县*	永平县	云龙县	洱源县
	剑川县	鹤庆县			
德宏州	瑞丽市	潞西市	梁河县	盈江县	陇川县
怒江州	泸水县*	福贡县*	贡山县*	兰坪县*	
迪庆州	香格里拉县	德钦县	维西县*		

＊为民族自治县。

附件3 云南省 2013 年民族乡名单（148 个）

昆明市（4个）	晋宁县（双河彝族乡、夕阳彝族乡）
	宜良县（耿家营彝族苗族乡、九乡彝族回族乡）
曲靖市（8个）	富源县（古敢水族乡）
	罗平县（鲁布革布依族苗族乡、旧屋基彝族乡、长底布依族乡）
	师宗县（龙庆彝族壮族乡、五龙壮族乡、高良壮族苗族瑶族乡）
	会泽县（新街回族乡）
玉溪市（10个）	红塔区（小石桥彝族乡、洛河彝族乡）
	江川县（安化彝族乡）
	通海县（里山彝族乡、高大傣族彝族乡、兴蒙蒙古族乡）
	华宁县（通红甸彝族苗族乡）
	易门县（浦贝彝族乡、十街彝族乡、铜厂彝族乡）
保山市（10个）	隆阳区（瓦马彝族白族乡、瓦房彝族苗族乡、杨柳白族彝族乡、芒宽彝族傣族乡）
	施甸县（摆榔彝族布朗族乡、木老元布朗族彝族乡）
	龙陵县（木城彝族傈僳族乡）
	昌宁县（珠街彝族乡、湾甸傣族乡、耈街彝族苗族乡）
昭通市（17个）	昭阳区（布嘎回族乡、守望回族乡、小龙洞回族彝族乡、青岗岭回族彝族乡）
	鲁甸县（桃源回族乡、茨院回族乡）
	大关县（上高桥回族彝族苗族乡）
	永善县（马楠苗族彝族乡、伍寨彝族苗族乡）
	镇雄县（林口彝族苗族乡、果珠彝族乡）
	威信县（双河苗族彝族乡）
	彝良县（龙街苗族彝族乡、奎香苗族彝族乡、树林彝族苗族乡、柳溪苗族乡、洛旺苗族乡）

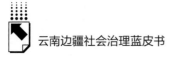

续表

丽江市(16个)	古城区(金江白族乡)
	永胜县(羊坪彝族乡、六德傈僳族彝族乡、东山傈僳族彝族乡、东风傈僳族乡、光华傈僳族彝族乡、松坪傈僳族彝族乡、大安彝族纳西族乡)
	华坪县(新庄傈僳族傣族乡、通达傈僳族乡、永兴傈僳族乡、船房傈僳族傣族乡)
	玉龙纳西族自治县(石头白族乡、黎明傈僳族乡、九河白族乡)
	宁蒗彝族自治县(翠玉傈僳族普米族乡)
普洱市(9个)	思茅区(龙潭彝族傣族乡)
	墨江哈尼族自治县(孟弄彝族乡)
	西盟佤族自治县(力所拉祜族乡)
	澜沧拉祜自治县(谦六彝族乡、酒井哈尼族乡、安康佤族乡、发展河哈尼族乡、文东佤族乡、雪林佤族乡)
临沧市(13个)	临翔区(南美拉祜族乡、平村彝族傣族乡)
	凤庆县(郭大寨彝族白族乡、新华彝族苗族乡、腰街彝族乡)
	云县(忙怀彝族布朗族乡、栗树彝族傣族乡、后箐彝族乡)
	永德县(乌木龙彝族乡、大雪山彝族拉祜族傣族乡)
	镇康县(军赛佤族拉祜族傈僳族德昂族乡)
	耿马傣族佤族自治县(芒洪拉祜族布朗族乡)
	沧源佤族自治县(勐角傣族彝族拉祜族乡)
德宏傣族景颇族自治州(5个)	潞西市(三台山德昂族乡)
	梁河县(九保阿昌族乡、曩宋阿昌族乡)
	盈江县(苏典傈僳族乡)
	陇川县(户撒阿昌族乡)
怒江傈僳族自治州(3个)	泸水县(老窝白族乡、洛本卓白族乡)
	福贡县(匹河怒族乡)
迪庆藏族自治州(3个)	香格里拉县(三坝纳西族乡)
	德钦县(拖顶傈僳族乡、霞若傈僳族乡)
大理白族自治州(17个)	大理市(太邑彝族乡)
	祥云县(东山彝族乡)
	宾川县(钟英傈僳族彝族乡、拉乌彝族乡)
	弥渡县(牛街彝族乡)
	永平县(厂街彝族乡、水泄彝族乡、北斗彝族乡)
	云龙县(团结彝族乡、表村傈僳族乡)
	鹤庆县(六合彝族乡)
	永平县(厂街彝族乡、水泄彝族乡、北斗彝族乡)
	云龙县(团结彝族乡、表村傈僳族乡)
	鹤庆县(六合彝族乡)

楚雄彝族自治州 (4个)	南华县(雨露白族乡)
	大姚县(湾碧傣族傈僳族乡)
	永仁县(永兴傣族乡)
	武定县(东坡傣族乡)
红河哈尼族彝族 自治州(6个)	蒙自县(鸣鹫苗族镇、期路白苗族乡、老寨苗族乡)
	开远市(大庄回族乡)
	河口瑶族自治县(桥头苗族壮族乡)
	金平苗族瑶族傣族自治县(者米拉祜族乡)
文山壮族苗族自 治州(16个)	文山县(东山彝族乡、柳井彝族乡、坝心彝族乡、秉烈彝族乡、红甸回族乡)
	砚山县(阿舍彝族乡、维末彝族乡、盘龙彝族乡、干河彝族乡)
	麻栗坡县(猛硐瑶族乡)
	丘北县(八道哨彝族乡、舍得彝族乡、树皮彝族乡、腻脚彝族乡、新店彝族乡)
	富宁县(洞波瑶族乡)
西双版纳傣族自 治州(7个)	景洪市(景哈哈尼族乡、基诺山基诺族乡)
	勐海县(格朗和哈尼族乡、布朗族山布朗族乡、西定哈尼族布朗族乡)
	勐腊县(象明彝族乡、瑶区瑶族乡)

B.12

云南民族宗教工作

木 薇*

摘　要：　云南是多个少数民族聚居的地区，属于我国的边疆地区。云南的少数民族不仅人口众多，而且民族关系错综复杂。边疆少数民族地区普遍信仰宗教，宗教在边疆地区的社会生活中发挥十分重要的作用，在这样的背景下，宗教问题与民族问题相互交叉、相互影响，凸显出宗教问题复杂化的特点。上述情况，不仅深刻影响边疆地区的发展和稳定，也给国家的稳定带来了严峻的挑战。因此民族问题和宗教问题，成为边疆社会治理中必须长期应对、应该认真考虑的重要问题。

关键词：　宗教　云南　社会治理

　　宗教在边疆社会治理过程中事关民族团结、社会稳定和边疆巩固。云南地处我国西南边陲，与缅甸、老挝、越南等国家接壤，国境线长达4060公里，境内聚居着白族、纳西族、景颇族、拉祜族、傣族、藏族、普米族、傈僳族等民族，佛教、天主教、基督教、伊斯兰教、道教五教俱全，原始宗教和民间信仰别具特色，宗教文化资源丰富多彩。同时云南的宗教是南亚、东南亚宗教文化圈的重要组成部分，也是我国民族问题和宗教问题的重要组成部分。云南宗教的基本特征大致有以下几点。

＊　木薇，云南财经大学讲师，博士，主要研究方向：全球化与少数民族传统文化、民族社会工作。

第一，云南边疆社会中宗教信仰类型齐全，少数民族信教情况复杂。云南地处边疆地区，是我国宗教种类最多的省份，各少数民族几乎都保留了原始宗教和民族民间信仰。信教总人数约占全省总人数的 10%，有宗教神职人员 12000 人，正式登记的宗教活动场所 6993 处，爱国宗教团体 272 个。①

表 1　云南宗教信仰基本情况

宗教类型	宗教派别	信教人数
佛　教	南传上座部佛教、汉传佛教、藏传佛教	300 万
伊斯兰教	格底目、哲合林耶、伊赫瓦尼	70 万
基 督 教	内地会、循道公会、神召会、五旬节会、安息日会、浸信会、浸礼会、长老会、圣公会、青年会、基督会	45 万
道　　教	天仙派、龙门派、全真派	28 万
天 主 教	方济各会、巴黎外方传教会、圣心会、伯大郎会、十字修女会	5 万
民间信仰	自然崇拜、图腾崇拜、鬼魂崇拜、祖先崇拜、本主信仰、毕摩信仰、苯教、东巴信仰	数字不明

资料来源：云南省宗教事务局：《关于推进"云南省民族团结进步边疆繁荣稳定示范区建设"》(2014 年 1 月)。

云南也是我国民族种类最多、少数民族信仰最多的省份。据 2010 年第六次全国人口普查数据，云南共有 4296.6 万人，其中少数民族的总人口 1533.7 万余人，少数民族的人口占全省总人口的 33.37%，民族成分包含我国所有的 56 个民族，其中 5000 人以上的世居民族 26 个。世居民族之多居全国首位。云南的少数民族都有自己的宗教信仰，并以信仰佛教、伊斯兰教、基督教和原始宗教为主。原始宗教及民间信仰至今仍对云南少数民族的社会生活和精神生活有着不同程度的影响，具有普遍性和本土性。

① 云南省宗教事务局：《关于推进"云南省民族团结进步边疆繁荣稳定示范区建设"》(2014 年 1 月)。

表2　云南少数民族宗教信仰基本情况

宗教类型	信仰民族
伊斯兰教	回族
南传上座部佛教	傣族、布朗族、阿昌族、德昂族
藏传佛教	藏族
基督教	拉祜族、佤族、哈尼族、苗族、傈僳族、傣族、怒族、独龙族、景颇族
天主教	部分彝族、苗族、景颇族、怒族
道教	瑶族、壮族、水族、布依族以及部分白族、阿昌族、纳西族

　　第二，云南宗教多元和谐，地方性和民族性特点突出。云南的宗教与多种民族、多种社会、多种历史文化相融合。云南边疆地区少数民族有些宗教的内容和形式，如圣地、神林、教堂、节日、礼仪、祈福、禁忌等已经演变成了当地风俗习惯。另外，云南的宗教具有形态多样性和文化的丰富性。例如，纳西族所信仰的东巴教，原来所属的宗教形态是原始宗教，信仰万物有灵，崇拜自然、崇拜祖先，但是东巴教受苯教和藏传佛教的影响尤其深刻，特别是苯教进入丽江纳西族地区之后，同纳西族固有的宗教习俗相结合，逐渐形成了具有地方本土特色的东巴教和东巴经；大理白族的本主崇拜融入了佛教、道教的信仰元素；瑶族的度戒仪式也融入了道教的色彩；还有一些地方存在儒释道合流的现象。这些都表明宗教对民族传统文化的影响较为深远，从而也表现出宗教民族化的特征，形成了地域－民族－宗教紧密结合的文化模式。在这种文化模式中，为维系本民族的存在和延续，宗教的民族认同感和群体的整合功能表现得较为突出。云南的宗教还呈现出一个民族信仰多种宗教、同一区域不同的民族信仰同一宗教的特点，正所谓"一族多教"和"一教多族"，形成了云南宗教文化多元的发展模式。

　　第三，宗教信仰与当地贫困问题相互交织。地处边疆的云南，是集边远、山区、民族和贫困为一体的省份，呈现宗教和民族、贫困问题相互交织的特点，云南世居的26个少数民中，根据社会发展水平、贫困程度、人口因素、人口分布等的不同分为云南特有民族，"直过民族"、特困民族、人口较少民族、散居民族和跨境民族等不同类型，这些民族多居于山区或是半山区，交通闭塞、起点低，经济水平发展滞后，贫困面积大，贫困程度深，这些地区也是云南宗教信仰的聚集区和分布区。例如，贡山县棒当乡迪麻洛村是集边疆、涉藏区、民族、宗教、贫困于一身的地区，2014 年有 624 户 2159 人，主要居住着藏族、怒族、傈僳族、独龙族等民族，信仰天主教、基督教和藏传佛教，信教群众 1178 人，占总人口的 55%。2014 年年末，农村经济收入 507 万元，农民人均收入 1848 元。虽然比 2009 年农村经济总收入增加了 151 万元，人均纯收入增加了 671 元，但是相对于内地发达地区收入和示范区要求差距较大。①

第四，云南的宗教和边疆问题、国家安全问题相互交织。云南地处西南边陲，西面和南面与缅甸、老挝、越南接壤，并与泰国、印度、孟加拉国、柬埔寨等国相邻，边疆贫困问题、毒品问题、艾滋病问题、战乱移民问题严峻。虽然云南的宗教活动总体保持平稳，但局部地区和个别宗教的活动仍然不稳定，发生个体性事件的可能性仍然很大。例如，缅甸政局不稳，涌入德宏、临沧等地区的移民和难民人数众多，他们大多信仰基督教和佛教，对边境社会的稳定和宗教秩序造成负面影响。

第五，宗教文化旅游具有独特的地位，并能促进边疆地区的经济发展。云南的宗教旅游文化资源丰富，具有民族特色，在全国乃至全世界的旅游文化资源中占据重要的独特地位，这些丰富的宗教文化旅游资源同当地的自然环境融合在一起，形成了助推经济发展的优势资源。例如，著名的佛教圣地鸡足山、武定的狮子山、道教宫观群巍宝山；还有昆明、西双版纳、大理、德宏、丽江、香格里拉的藏传佛教、汉传佛教等宗教资源，是其他省份和地区无法媲美的；基督教、天主教和伊斯兰教的教堂和清真寺在全省都有分布，并构成了壮观的人文历史景观；加上宗教节庆活动的民族歌舞娱乐，形成了云南宗教文化旅游的乡土性和独特性。

---

① 中共贡山县委统战部：《贡山县民族团结进步边疆繁荣稳定示范村创建工作取得初步成效》（2015 年 1 月）。

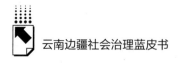

一 云南社会宗教治理中存在的问题

在中国，边疆问题和民族问题存在天然的联系，这是在边疆地区长期的历史发展过程中形成的。由于少数民族集中分布在边疆地区，边疆也是典型的多民族聚居区。而"民族"又与"宗教"保持着天然的联系，宗教也成为民族文化重要的组成部分，并深刻影响着边疆民族的社会生活。边疆稳定问题涉及国家安全、经济建设、文化建设等多方面的问题，随着云南省加快建设面向西南开放重要桥头堡、连接南亚和东南亚国际大通道战略的实施，宗教功能的发挥和社会影响更加明显和复杂，云南宗教工作的社会治理面临一系列新情况和新问题，主要有以下几点。

第一，在基层工作中，部分干部对宗教政策理解和贯彻不到位。宗教问题往往和民族问题、经济社会发展问题交织在一起。面对错综复杂的宗教问题，部分基层领导干部对党的宗教信仰自由政策了解不全面，在解决宗教信仰的问题上容易出现偏颇，个别地区甚至出现土地资源以信教群众和不信教群众来划分的极端情况。同时由于对宗教的特殊复杂性掌握不清楚，有的领导干部在宗教工作中还存在一些薄弱环节，对宗教工作不会管、不想管、不敢管现象依然存在。在有的地方，政府部门对宗教工作重视程度不够，责任心不强，措施无力，防范不到位。

第二，境外宗教渗透的形势依然严峻。宗教作为社会运转的子系统与国家安全息息相关。在云南，宗教信仰存在的重点地区大都处于山区和贫困地区，极易受到境外民族分裂势力、宗教势力的渗透和破坏，影响民族团结和导致社会不稳定的因素依然存在。例如，中缅边境的基督教渗透情况较为严峻，中缅两国有边界线2185公里，其中1997公里与云南接壤，中缅边境云南段共涉及云南的怒江、保山、德宏、临沧、普洱和西双版纳6个州市，下辖35个县市区，由于边境沿线各少数民族来往密切，同时基督教具有扩张性的传播特点，目前，有可能利用基督教对云南进行渗透的境外组织较多。目前有10余家境外广播电台全年用少数民族语对怒江广播，非法宗教和非政府组织渗透严重。①

　　第三，贫困依旧是制约宗教和谐发展的根本因素。宗教虽然属于意识形态领域，但是与社会政治经济制度、社会总体发展水平相关，与自然环境及气候也有联系。

　　第四，宗教领域热点难点问题日趋凸显。云南由于边疆、山区、民族、贫困、宗教种类多且具特殊和复杂性，宗教领域热点、难点问题日益突显。涉及宗教的利益矛盾上升，一些地方因拆迁宗教房产而过度开发宗教资源或损害宗教界权益的现象仍然存在。部分宗教教职人员信仰淡薄、戒律松弛、教风不端。一些佛道教寺庙宫观存在管理混乱、假僧假道诱骗游客信众钱财等问题。伊斯兰教教派矛盾问题依然突出，宗教极端思想在有的地方仍有传播，非法宗教势力和极端势力的活动还没有得到有效遏制。基督教私设聚会点屡禁不止，城市中各类基督教团契以及非法组织的活动日趋活跃。达赖集团不断利用宗教进行分裂破坏活动。罗马教廷与我争夺天主教领导权，独立自主自办受到挑战。② 例如，西双版纳州是南传上座部佛教的主要集中地。2013 年有 586 所佛寺，有近 200 所空壳佛寺，即有佛寺而没有住持。因此，每当各村寨举行关门节、开门节、泼水节等的宗教活动时，信教群众就到境外（缅甸、老挝）邀请外国僧人到境内村寨主持佛寺活动，这些境外僧人入境时，没有合法的出入境证件和手续。目前境内滞留的境外僧侣近 100 人。长此以往，不仅会侵犯和危害合法宗教权益，而且将对社会和广大信教群众产生严重的危害，给边境安全带来隐患。

二　云南社会治理中民族宗教问题的新趋势

　　边疆地区的民族宗教问题在历史过程中形成，并在漫长的演变过程中积淀了丰富的内涵。这些问题在发展演变的过程中，也会被深深地印上不同的

---

① 《怒江州民宗委关于建设民族团结进步边疆繁荣示范区工作调研报告》（2014 年 1 月）。
② 云南省宗教事务局：《关于推进"云南省民族团结进步边疆繁荣稳定示范区建设"》，2014。

社会历史条件的痕迹，进而形成不同时代的特征。今天，中国正在经历现代化和快速融入全球化的过程，边疆地区和边疆民族都正在发生着历史的巨变。

近些年来，随着国际国内形势的发展变化，边疆地区的民族宗教形势也出现一些值得关注的新动向，呈现出以下一些情况。

信教群众增多，宗教的影响更加广泛。近年来，边疆地区宗教的一个明显发展动向，便是各宗教组织积极发展教徒，信仰各宗教的群众呈现较快增长的势头。云南省的宗教状况是我国边疆地区宗教状况的一个缩影，近年来，云南省信教人数不断增长，其中，藏传佛教、南传上座部佛教、天主教、伊斯兰教信教人数增长相对平稳；汉传佛教、道教和基督教信教人数增长较快。随着边疆地区宗教的不断发展，信教群众日益增多，各宗教依托不断发展的宗教组织及复杂的宗教教义，其影响在本区域乃至国家层面都表现得很明显，尤其是在市场经济发展带来急速而深刻的社会变迁的时代背景下，宗教获得了广泛的发展空间，并成为社会中一种重要的价值系统，其社会影响力不断上升。

宗教情势的另一个重要走向便是世俗化。宗教的世俗化，可以理解为部分宗教功能逐渐被非宗教性的社会功能所取代，或宗教与社会影响出现此消彼长的趋势。宗教世俗化的倾向，在基本方面表现为宗教越来越关心世俗事务，关注生态环境、伦理道德，并参与社会民政事务的运作，在社会福利和社会保障方面发挥作用，这种关注、参与，将会成为宗教在现代社会中的一大功能。例如，云南省佛教界积极参与中国佛教界提出的"人间佛教"，伊斯兰教界积极进行禁毒培训，基督教、天主教等积极参与救灾扶贫工作，这些都起到了积极的作用。宗教世俗化的另一表现形式，则是以商业手段来开放宗教寺院，即将商品经济活动和价值观念引入宗教殿堂，并将寺观文化逐渐商品化，宗教经营场所主要涉及商业、服务业、饮食加工、运输、房地产与旅游业等。其中，最突出的是在一些地区，宗教文化与旅游文化相互交织。佛寺、道观大都在名山宝地，自然景观独具特色，加上碑林石刻、传说故事，在现代旅游业中的地位日益显现，寺观教堂既是宗教活动场所，又成为广受欢迎的旅游景点。总体上看，宗教活动更为重视社会道德功能和人际感情的投入，世俗化的商品经济活动和价值观念逐渐被引入宗教活动，宗教组织、宗教领袖、宗教活动与世俗活动的结合日益紧密。

境外宗教组织的渗透和邪教组织增多，境外宗教组织的渗透活动加剧，是边疆宗教情势的又一特点。这种渗透大致有两种情况：一是出于政治目的，境外宗教组织打着宗教的旗号，企图颠覆我国政权和社会主义制度，利用宗教问题制造事端和挑拨民族关系；二是企图控制我国的宗教团体，干涉我国的宗教事务，在我国境内建立宗教组织和活动据点并发展教徒。以上两种情形有时也相互交叉，这两种渗透形式都有很强的隐蔽性，但其实质都是政治方面的问题，因此危害性很大。以云南省为例，根据 2013 年年底的调查，境外利用基督教对云南省渗透的宗教组织，较 5 年前增加了 1 倍，除美国、中国香港地区、缅甸等长期对云南省进行渗透的国家和地区以外，近年来韩国、泰国的基督教势力的渗透活动也十分突出，而且渗透手段不断翻新。境外宗教组织以活动为掩护，通过非宗教渠道对我国边疆地区进行宗教渗透。如缅甸北部的十多所基督教神学院，以包食宿、学费、发零用钱、发给来回路费等手段，引诱我国一些少数民族青年基督教徒出国读书。[①] 隶属美国理查德·俄姆布瑞德传教会的"印缅爱与行动公益会"，以缅甸的木姐、南坎两市为阵地，大肆对云南省进行宗教渗透活动，在中缅边境地区传播基督教并发展教徒，向中国境内散发经书和刊物。该组织曾在云南省瑞丽市的目脑路建立简易的教堂，并在此基础上组建"中国宗教传播执行委员会"，拉拢中国边民入教，同时在我国边境相关人员中，调查了解我国境内信教人员情况及我国党政军领导干部的信教信息。[②] 此外，境外基督教组织还经常组团或个人到云南边境和少数民族地区，利用边疆民族地区信徒的生产生活条件比较落后、防范和抵御境外渗透意识较差等特点，

---

① 参见张桥贵主编《云南跨境民族宗教社会问题研究（之一）》，中国社会科学出版社，2008，第 66 页。

② 参见张桥贵主编《云南跨境民族宗教社会问题研究（之一）》，中国社会科学出版社，2008，第 55 页。

施小恩小惠以收买人心，建立联系并伺机渗透。

边疆地区的宗教问题受到境外因素的影响逐渐增大，随着边境地区开放，边民交往密切，国内宗教界与国际宗教界的对外交往活动日趋活跃，外来因素对边疆地区宗教问题的影响和渗透也较为突出。云南边境线长达4060公里，在地缘关系方面，接三国，近八国，云南省沿边8个地州25个县、16个民族的信教群众在与缅甸、越南、老挝等的边境附近居住，自古以来就有边民互市及通婚的习俗，又有与境外边民类似的宗教信仰，这样的区位特点，使得边疆地区的民族宗教问题容易受到境外因素的影响，并由此形成斩不断理还乱的复杂局面。

宗教问题与民族问题是紧密结合在一起的，边疆地区的许多民族信仰宗教，但凡有着某一宗教信仰的民族，对于这个民族中的每一个成员来说，其宗教感情与民族感情、宗教习俗与民族习俗、宗教心理与民族心理、宗教意识与民族意识、宗教文化与民族文化等，都是相互交错、相互渗透甚至难分难解的。各个民族信仰的宗教常与民族文化相结合，从而成为该民族的价值体系和信念系统的主要部分，同时，宗教又以民族和民族文化为载体，因此民族问题往往打上了宗教的烙印，或以宗教信仰形式出现，民族问题往往也体现出鲜明的民族特色。随着边疆民族宗教问题的不断发展，在新的历史条件下出现一些新的特点，其中一些特点较为突出，还有一些特色和趋势正在形成的过程中，但是无论是哪种趋势，其发展演变的动向都是值得关注的。

由于边疆地区的宗教产生的矛盾和问题逐渐增多，并与我国现阶段矛盾多发的形势相互对接，国内各个阶层的社会流动性有不断增强的样态，新的社会阶层逐渐形成，这是中国社会转型的一个明显特征。云南省边疆民族地区也跟随这一趋势发生同样的社会结构变化，市场经济的建立和社会资源占有经常变动，边疆民族地区各个民族之间的社会交往行为也逐渐增多、频率较高，在这样的情况下，难免出现社会公共资源分配不均的情况，社会矛盾也较以前增多。其中一些呈现出普遍性的趋势，比如社会保障问题、就业问题等，社会关系较为融洽和需求层次低的情况被打破，甚至出现了一些影响全局和破坏力度较大的宗教问题。从总体上说，边疆民族旺盛的政治参与需求以及政治表达的愿望还无法满足，如果这些旺盛的政治参与热情被境外势力利用和煽动，在一定范围内就会演化成破坏性较大的宗教问题，使当地的民族关系局势呈现复杂化的态势。

民族宗教问题有时也与敌对势力的破坏联系在一起。自改革开放以来，我国的宗教信仰逐渐摆脱自我封闭的状态，对外交流日益频繁，开始走上国际宗教活动的舞台。一些境外势力利用宗教加紧对我国进行渗透和破坏。纵观近年来国内重大的民族宗教事件，大都有境外敌对势力在其中推波助澜。这些敌对势力有些就是宗教极端势力、民族分裂势力和国际恐怖主义势力，它们以宗教极端面目出现，以民族独立为目的，一方面制造舆论蛊惑人心，另一方面大搞暴力恐怖活动，以此破坏边疆地区的社会安定。例如，达赖集团利用藏传佛教在信教群众中的特殊影响以及信教民众崇拜活佛的传统，采取各种手段谋求西藏"独立"，从事分裂祖国的活动。

三　云南社会治理中民族宗教问题的治理建议

党中央提出构建社会主义和谐社会的重大任务，就是要使社会主义物质文明、政治文明、精神文明建设与和谐社会建设全面发展，由社会主义经济建设、政治建设、文化建设三位一体发展为社会主义经济建设、政治建设、文化建设、社会建设四位一体。构建社会主义和谐社会重大任务的提出，适应了我国改革发展进入关键时期的客观要求，体现了广大人民群众的根本利益和共同愿望。正确对待和妥善处理边疆地区的民族宗教问题，是云南边疆地区构建社会主义和谐社会的重要前提，民族宗教关系是边疆地区最重要的社会关系之一，它不仅是客观存在的，而且在发展和演变的过程中不断表现出新的内涵和特点，进而对边疆地区乃至整个国家产生深刻影响。云南边疆地区民族宗教问题的治理状况，还直接影响着边疆治理的其他任务的完成，因此，慎重处理和对待边疆地区的民族宗教问题，是云南边疆社会治理任务中具有重大意义的内容。

（一）固本强基，促进民族宗教和谐发展

云南边疆地区经济社会发展滞后，生活贫困是许多民族宗教问题产生的根源。云南边疆地区经济社会发展滞后，主要表现在地方政府的财政支出方面。一方面，云南边疆地区地方政府的财政入不敷出，而且支出远远高于收入。另一方面，云南边疆地方政府的财政收入远远低于内地，尤其是东部沿海发达地区。云南边境地区社会发展的滞后，还表现在边疆地区的贫困问题方面，多民族聚居的边疆地区，是我国贫困发生率较高的地区。在云南省的35个边境县市中，有25个县市分别属于国家级和省级的贫困县，其中有22个县市为国家级特困县。云南边疆少数民族地区的贫困问题，不仅涉及面广而且程度深。2015年，云南省红河州红河县的20万名哈尼族群众中，处于绝对贫困和低收入状态的人口就有将近10万人。而在全国范围内，少数民族中的绝对贫困人口，占全国绝对贫困人口的比重大约为45%。①

（二）加强民族宗教工作力量

云南是宗教工作较重的省份，目前基层宗教工作力量较弱，不利于宗教工作的开展和宗教文化安全。基层宗教工作力量薄弱，主要表现在机构和人员配置方面，目前相关宗教工作机构在机构改革中一再被削弱。② 理顺和规范宗教工作机构，加强边疆基层宗教工作力量，是加强党和政府对宗教工作领导的组织保障。

（三）理论与实践相结合，进一步提升民族宗教事务管理能力

中国特色社会主义宗教理论把宗教纳入社会主义社会管理体系中，因此，理论上，宗教事务管理部门要掌控各大宗教的基本知识和发展规律，提高对宗教问题的认识；掌握党和国家的宗教政策、法律、法规，充分认识宗

---

① 参见方盛举《中国民族自治地方政府发展论纲》，人民出版社，2015，第53~54页。
② 云南省宗教事务局：《关于推进"云南省民族团结进步边疆繁荣稳定示范区建设"》（2014年1月）。

教活动的重要性和特殊性，准确把握宗教工作面临的新情况、新问题。方法上，立足团结、稳定和发展三个时代命题，坚持和强化以正面引导和鼓励为主，以思想教育为主，坚持走群众路线和以群众工作为主的工作方法，特别是在边境民族地区，由于宗教意识深厚，边民往来频繁，活动随意性较大，境外宗教影响较大，因此应特别注意以人为本的现代管理理念和科学的工作方法。

（四）完善和创新宗教社会管理

完善和创新对民族宗教的社会管理，要坚持区别对待、分类指导的原则，把握政策，正确区分敌我矛盾和人民内部矛盾，注意由文化差异引发的宗教问题，突出工作重点，强化工作措施，利用"政策引导、社会整合、文化调适"的路径，认真解决宗教工作中的重点和难点问题，总结行之有效的工作经验，针对各地实际情况逐步推广。针对云南地处边境、多民族、多宗教的实际情况，在创建和谐寺观教堂的活动中，"提倡富强、民主、文明、和谐，倡导自由、平等、公正、法治，倡导爱国、敬业、诚信、友善，积极培育社会主义核心价值观"，增进广大信教群众对国家和中华民族的认同，促进传承优秀民族文化和维护社会和谐稳定的自觉性。

（五）加强"三支"队伍建设，提高管理水平

合理的机构设置和高素质的人员队伍是做好边疆民族地区宗教工作的保障。尽管云南省"三支"宗教人才队伍的建设得到了新的提升，取得了阶段性成果，但是宗教院校发展滞后，宗教人才队伍难以满足信教群众的需求，加强"三支"队伍建设和宗教院校建设，建立一套适应时代发展、符合宗教特点的培养模式仍是当前宗教工作的重要任务。要切实做好边疆民族地区宗教干部选拔工作，把那些政治素质较好、具备宗教知识、善于做群众工作的人充实到宗教干部队伍中；同时要加强党政领导干部和宗教管理干部的学习和培训，在各级党校及行政院校举办的党政干部培训中，加入宗教政策、宗教理论的内容，不断提高干部队伍的政策意识、管理水平和工作能

力。要不断加强宗教教职人员队伍的建设，以爱国爱教、构建和谐社会、关注民生、关注现实、关注经济社会发展为重点，加大对年轻教职人员的培养，培养出一批既有较高宗教学识又爱国爱教、能与社会主义社会相适应的宗教教职人员；培养基层宗教专职协管员，促进宗教的自我完善。另外，应多部门、多渠道加强宗教院校的建设。宗教院校是培养宗教人才的摇篮，目前云南省宗教院校的基础设施薄弱，办学经费不足，教学条件滞后，院校建设中拆迁、土地等问题矛盾突出，需要以相关政策为依据，多部门、多渠道加强宗教院校综合建设。同时，需要规范经堂寺院、加强审批和管理，完善教师聘用和招生制度，提高宗教办学水平和质量。

（六）统筹管理，综合治理

将宗教与民族团结、社会稳定问题纳入国家未来发展规划和云南省面向西南开放的桥头堡发展战略通盘考虑，结合民族团结进步、边疆繁荣稳定示范区建设，以及禁毒防艾、扶贫开发、基层党建、千里边疆文化长廊建设、东南亚南亚大通道建设及安全保障等问题一揽子解决。加强和完善宗教管理机构设置，增加宗教工作经费。一是保证少数民族信教群众正常宗教生活需求，解决宗教生活中的突出问题。制定出台专门的宗教教职人员养老保险政策制度，变通执行国家有关政策规定，将更多的宗教教职人员纳入社会保障范围。二是建议把国家宗教活动场所修缮和恢复重建工作纳入改善少数民族生产生活基础设施建设范畴，每年拨付一定资金，分期分批地修缮边境和宗教重点地区具有标志性、窗口性、影响力的宗教活动场所，增强党和政府在信教群众中的影响力和凝聚力，抵御境外的渗透。三是完善维护团结稳定、宗教和谐的长效机制，关心、帮助和团结广大宗教界人士和信教群众。

Abstract

This report is the 2016 annual report of the "Yunnan frontier minority area social construction and social governance" in Yunnan University of Finance and Economics (Blue Book of Yunnan frontier society governance) . It was written by the relevant scholars of Yunnan University of Finance and Economics School of public administration and the relevant functional departments of Yunnan provincial government.

In the third Plenary Session of the 18th CPC Central Committee, the party clearly put forward the innovation of social governance, promoting the modernization of national governance system and governance capacity, and realizing the innovation of social governance from social management to social governance. In the fifth Plenary Session of the 18th CPC Central Committee put forward strengthening and innovation of social governance is an important starting point that strengthen and improve the party's leadership, provide a strong guarantee for the "13th Five-Year" plan.

Yunnan is located in the southwest border of china, it has border length, multi-ethnic, multi religious, multicultural, a wide distribution of mountain, poor areas, deep poverty and other natural, cultural and economic characteristics, and its social governance also showed typical characteristics of nationality and region. Yunnan's social governance has great significance to integrate into "The Belt and Road" national development strategy, build Yunnan border opening new heights, become a radiation center for Southeast Asia and South Asia and promote the development of Yunnan across the border.

This report is divided into a general report and 11 sub reports. Under the new normal Yunnan border areas of social governance, this general report combs social governance research trends and policy direction, focuses on the analysis of the special nature of social governance in Yunnan border areas and governance

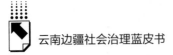

initiatives. Each branch of the report mainly adopts the methods of literature research, field research, comparative study, case study and other methods to study the social, economic, cultural and ecological areas of Yunnan. The report focuses on the culture of Yunnan governance, public safety management, travel management, social organization governance, education management, rural poverty governance, illegal immigration and social governance, ecological management and e-government management and other fields, combines with the actual Yunnan, comprehensively analyzes the current situation, existing problems and management measures of social governance of Yunnan. At the same time, the report comprehensively sorts out and reviews the progress of national unity and ethnic and religious work in Yunnan, ethnic issues and religious issues in Yunnan's community governance must be a long-term response, a serious consideration of the important issues.

Overall, in the new situation of economic and social development, social governance of Yunnan will face a major historical opportunity and challenge, need to focus on the social governance strategy proposed by the central government, combine with the reality of Yunnan, future oriented, fully grasp the particularity and the specific problems facing Yunnan frontier of social governance, explore and summarize the Yunnan society the new management mode and successful experience. In this regard, this report makes a useful exploration and try.

Contents

I General Report

Abstract: Yunnan is located in the southwest border of china, it has a wide distribution of mountain, border length, multi-ethnic, multi religious, multicultural and other natural and human characteristics. Yunnan frontier social governance faces many problems, such as frequent natural disasters, fragile ecological environment, public security situation is grim, poor areas, deep poverty, border illegal immigrants and so on. These initiatives that promote and innovate the social governance in the border area of Yunnan are the key to promoting social stability and social development in the border areas of Yunnan in the new normal.

Keywords: Economic New Normal; Yunnan; Social Governance; Harmonious Development

II Topic Reports

Abstract: Cultural governance as an important part of social governance has a unique governance style and function. In recent years, the border cities of Yunnan province combine the traditional culture and modern culture harmoniously, and take the traditional culture, folk customs, religious belief and other cultural elements connect with modern social governance theory, in view of the diversity of ethnic culture and cross-border minorities, to explore the distinctive mode of cultural governance. At the same time, due to the particularity of frontier, ethnic, poverty in Yunnan province, the cultural governance still faces new challenges. This report put forwards the corresponding countermeasures based on the full investigation, and hopes to be a reference for the cities of Yunnan province in practice.

Keywords: Cultural Governance; Yunnan's Practice; Effect Evaluation; Path and Method

B. 3　Research Report on Public Safety Management of Yunnan

Han Quanfang, Ge Shaolin, Xiao Bin, Li Kun,

Wang Xin and Xu Waiwei / 067

Abstract: Public safety is an important manifestation of social stability, good social order, is an important guarantee of people's live and work in peace. The report shows that the current public security in Yunnan mainly displays natural disasters, such as earthquake disaster, landslide and debris flow disaster; accident disaster such as mining accidents, traffic accidents; social security incident such as drug crime, the spread of AIDS, terrorist attacks, the border public security. On the basis of the above, the existing problems and countermeasures of the public safety management in the border areas of Yunnan are analyzed.

Keywords: Public Security; Governance; Yunnan

B. 4 Research on Tourism Governance in Yunnan Province

Zou Zaijin, Jiang Ke, Liu Yan and Shen Fangzhu / 094

Abstract: Since wide attention on the governance of tourism was called by theoretical and industrial circles in 1980s, people continuously explore and construct its theoretical system, on the other hand, actively practice, and achieved fruitful results. Though tourism governance in Yunnan Province started late, it played a huge role in the sustained rapid and healthy development of tourism industry. To begin with constructing the framework of tourism governance, the report first analyses the present situations and the existing problems in Yunnan tourism governance, based on which, then put forward the countermeasures to promote and perfect Yunnan tourism governance.

Keywords: Yunnan; Tourism; Governance

B. 5 The Report of Social Organization Governance of Yunnan Province

Ma Guofang, Zheng Xiujuan and Xu Man / 122

Abstract: Overnment and society in terms of the social construction. Yunnan has been actively implementing the decisions of the Eighteenth Party Congress. And, a series of specific measures to cultivate and deve It is very urgent to make an empirical research and verify the interaction between glop social organizations have been put forward. However, compared with some coastal provinces, Yunnan province has been socially and economically less developed due to being located in the southwest frontier, which hinders the development of social organizations. Without a strong motive power, these organizations have to grow very slowly in Yunnan. Therefore, the local government is urged to create a favorable policy environment, positive public opinion as well as sufficient space to develop and display for social organizations in order to strengthen their autonomy and self-reliance. In this way, their social function, especially, the one being a bridge between the government and society, between the government and the market, and the one to serve economic growth and social development can be well enhanced.

Keywords: Yunnan Social; Organization; Governance

B. 6　Education Governance In Yunnan Province

Yang Li, Chen Meixia, Lin Yun, Lu Dan and Yuan Xiaoli / 147

Abstract: Along with development of education in our country, there is a profound change of relationship among university, government and society, establishing new relationship and benign interaction, in order to promote the modernization of education management. In this paper, based on the research of the current situation about education development inYunnan province, analyzing the education governance and problems in Yunnan province, based on the governance theory, coming up with the countermeasures in regard to the development of education governance in Yunnan province.

Keywords: Yunnan; Education; Education Governance

B. 7　The Rural Poverty Governance Report of Yunnan

Li Pengfei, Zhao Yonglun, Liu Hong, Wan Taiyong,
Hu Wei, Yin Zhaoyi and Gao Yinchun / 193

Abstract: This topic based on the reality of the national policy for poverty alleviation and hard working for poverty alleviation in Yunnan province, Firstly systematically reviewed the five stages of rural poverty alleviation and development work of frontier region in Yunnan since 1978; Secondly, it analyzed main methods and achievements of rural poverty governance in Yunnan frontier regions during the period of the twelfth five-year; Thirdly, it thoroughly analyzed the difficulties and the causes of rural poverty governance in Yunnan frontier regions and put forward countermeasures and Suggestions on the basis of a large number of theory research and practice research, and placed its prospects on poverty governance of border areas in Yunnan province. Finally, the paper aimed to present the successful mode of poverty governance of border areas in Yunnan province from specifically successful case to whole area by attaching successful cases for poverty alleviation of Binchuan and Binchuan's new poverty alleviation reduction mode case—He village "6 +" grape industry.

Keywords: Rural Areas; Poverty Governance; Problems; Countermeasures

B. 8　Study on the Social Governance of Illegal Immigrants of Yunnan

Gan Kaipeng, Cui Maochong and Zhao Shuliang / 232

Abstract: As a realistic social issue, the illegal immigrants in the border area of Yunnan not only relate to the international political relations, but also relate to the border security and social problems in the border area. Based on the theory of social governance, this research report has returned to the domestic and foreign related research present situation and analyzed the trend of illegal immigrants in the border area of Yunnan. At the same time, this research also puts forward the social governance path of illegal immigrants in Yunnan border areas taking Jiangcheng Autonomous County of Yunnan Province as the sample of Hani field data sampling survey.

Keywords: Illegal Immigrants; Social Governance; Path

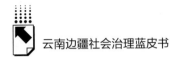

B. 9　Yunnan Ecological Governance Report

Li Yongkang, Yang Dezhi and Ma Qiongli / 263

Abstract: Yunnan province is located in the southwest of China, is an inland province with mountains, ethnic groups and border. This report is the analysis of ecological governance in Yunnan Province based on the background of the social governance of the border areas. Therefore, it mainly focuses on the interaction between the human social activities of production and life and ecological environment. Including the convenient conditions that natural ecological environment supplies for human life; The harm that ecology fragile causes to human production and life; The destruction of the ecological environment caused by the construction of human production and its restoration and treatment; The construction of ecological civilization in Yunnan province to promote initiatives and highlights etc.

Keywords: Yunnan; Ecological Security; Ecological Civilization; Ecological Governance

B. 10　The Informatizaion-based Exploration and Practice of

Promoting Social Governance in Yunnan　　*Li Chongzhao / 297*

Abstract: The Third Plenary Session of the 18th CPC Central Committee puts forward the general goal of " promoting the modernization of national governance system and management ability. " Series of important tasks are taken to advance institutional innovation in the social sector, to boost the equalization of basic public services, and to accelerate the formation of a scientific and effective social management system. This paper introduces the achievements and characteristics of Yunnan province during working on the promotion of online government, information disclosure, the interaction between government and people, and online services. This paper further analyses main problems in promoting social governance and public services in frontier minority areas under informatizaion-based context, and puts forward some corresponding suggestions for development.

Keywords: Yunnan; Social Governance; Informatizaion

B. 11　Review and Reflection on the Work of National Unity inYunnan　　　　　*Xi Chun-ai, Luo Jinhuan* / 316

Abstract: Yunnan is a multi-ethnic living province, coupled with its unique geographical environment, Yunnan province to do the work of national unity is particularly important, the prosperity and development of ethnic regions cannot do without national unity, Under the leadership of the government of Yunnan Province, the national unity work has made great progress, it is an important role in promoting Yunnan economic development in minority areas. This paper reviews the recent years the work of national unity in Yunnan, and put forward some suggestions on the work of national unity in the existence of the problem, The authors hope the proposed suggestions can play a certain role to the national unity of Yunnan in this paper.

Keywords: Yunnan; Ethnic Regions; The work of National Unity

B. 12　Yunnan Minority Religious Work　　　　　*Mu Wei* / 336

Abstract: As a region inhabited by various ethnic minorities, Yunnan is a border region in China. The ethnic minorities living in Yunnan not only involve a large population, but the relationship between those ethnic minorities is also very complicated. Ethnic minorities in those areas universally have religious beliefs. Religion plays a vital role in the social life of people in border areas. Under such a background, religious problems and national problems are overlapping with each

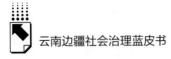
other and mutually affecting each other, highlighting the complicatedness of religious problems. The above situation not only profoundly affects the development and stability of border areas, but also brings severe challenges to the stability of the country. Therefore national and religious problems have become important problems that must be constantly coped with and seriously thought about in the social governance of border areas.

Keywords: Religion; Yunnan; Social Governance

❖ 皮书起源 ❖

"皮书"起源于十七、十八世纪的英国，主要指官方或社会组织正式发表的重要文件或报告，多以"白皮书"命名。在中国，"皮书"这一概念被社会广泛接受，并被成功运作、发展成为一种全新的出版形态，则源于中国社会科学院社会科学文献出版社。

❖ 皮书定义 ❖

皮书是对中国与世界发展状况和热点问题进行年度监测，以专业的角度、专家的视野和实证研究方法，针对某一领域或区域现状与发展态势展开分析和预测，具备原创性、实证性、专业性、连续性、前沿性、时效性等特点的公开出版物，由一系列权威研究报告组成。

❖ 皮书作者 ❖

皮书系列的作者以中国社会科学院、著名高校、地方社会科学院的研究人员为主，多为国内一流研究机构的权威专家学者，他们的看法和观点代表了学界对中国与世界的现实和未来最高水平的解读与分析。

❖ 皮书荣誉 ❖

皮书系列已成为社会科学文献出版社的著名图书品牌和中国社会科学院的知名学术品牌。2016年，皮书系列正式列入"十三五"国家重点出版规划项目；2012~2016年，重点皮书列入中国社会科学院承担的国家哲学社会科学创新工程项目；2017年，55种院外皮书使用"中国社会科学院创新工程学术出版项目"标识。

S子库介绍
ub-Database Introduction

中国经济发展数据库

涵盖宏观经济、农业经济、工业经济、产业经济、财政金融、交通旅游、商业贸易、劳动经济、企业经济、房地产经济、城市经济、区域经济等领域，为用户实时了解经济运行态势、把握经济发展规律、洞察经济形势、做出经济决策提供参考和依据。

中国社会发展数据库

全面整合国内外有关中国社会发展的统计数据、深度分析报告、专家解读和热点资讯构建而成的专业学术数据库。涉及宗教、社会、人口、政治、外交、法律、文化、教育、体育、文学艺术、医药卫生、资源环境等多个领域。

中国行业发展数据库

以中国国民经济行业分类为依据，跟踪分析国民经济各行业市场运行状况和政策导向，提供行业发展最前沿的资讯，为用户投资、从业及各种经济决策提供理论基础和实践指导。内容涵盖农业，能源与矿产业，交通运输业，制造业，金融业，房地产业，租赁和商务服务业，科学研究，环境和公共设施管理，居民服务业，教育，卫生和社会保障，文化、体育和娱乐业等100余个行业。

中国区域发展数据库

对特定区域内的经济、社会、文化、法治、资源环境等领域的现状与发展情况进行分析和预测。涵盖中部、西部、东北、西北等地区，长三角、珠三角、黄三角、京津冀、环渤海、合肥经济圈、长株潭城市群、关中—天水经济区、海峡经济区等区域经济体和城市圈，北京、上海、浙江、河南、陕西等34个省份及中国台湾地区。

中国文化传媒数据库

包括文化事业、文化产业、宗教、群众文化、图书馆事业、博物馆事业、档案事业、语言文字、文学、历史地理、新闻传播、广播电视、出版事业、艺术、电影、娱乐等多个子库。

世界经济与国际关系数据库

以皮书系列中涉及世界经济与国际关系的研究成果为基础，全面整合国内外有关世界经济与国际关系的统计数据、深度分析报告、专家解读和热点资讯构建而成的专业学术数据库。包括世界经济、国际政治、世界文化与科技、全球性问题、国际组织与国际法、区域研究等多个子库。

法 律 声 明